明末清初天主教史文獻新編

中

周岩　編校

國家圖書館出版社

中册目錄

楊淇園先生超性事跡

〔意大利〕艾儒略口述　〔明〕丁志麟筆受
周岩標點

《楊淇園先生超性事跡》説明

《楊淇園先生超性事跡》，明代西洋傳教士艾儒略口述，丁志麟筆受（舊題丁志麟著）。

丁志麟，生平不詳，僅知其爲艾儒略弟子。

此書是最早翔實記錄楊廷筠信奉天主教過程的一部著述。方豪神父在《中國天主教史人物傳·楊廷筠》中十次援引《楊淇園先生超性事跡》的片斷，可見此書史料之翔實，對研究楊廷筠之重要。

《楊淇園先生超性事跡》見於著録者有：

高迪愛氏《中西書目》，編號 nouv. Fonds 3370。

日本天理圖書館《稀見書目》和《漢書之部》第三《天學初函》二十二册。涼庵題詞，明版。

《古郎氏中國書目》，編號1097。該書巴黎國家圖書館藏本署「晉江丁志麟筆受，三山陳克寬參閲」。

版本有北京大學圖書館藏梵蒂岡教廷圖書館影印本。本書即據此標點整理。

楊淇園先生超性事跡

艾儒略口述　丁志麟筆受

淇園楊先生，諱廷筠，浙西錢塘人。楊氏科第，甲於武林。公性質軒朗，以好學樂善稱。壬辰成進士，歷督學御史京兆少府。其自督學解組歸也，左右圖書，手未嘗輟帙。越撫朱公，深相敬慕，將使都人士矜式，爰選西湖佳勝，藉臯比而推公講席。公倡道學，結真實社，討論勤修，遐邇知名。其優婆、比丘，襲乾竺衣鉢之傳者，恒以禪乘中之。於是公之門，有禮僧之室焉，持珠受偈者環堵。公雅好施與，凡寺刹臺殿，多所修建。

先是西泰利瑪竇先生，來賓於廷，倡明天主之道，公蓋習聞其説而未之悟也；公友太僕卿李我存諱之藻，實先從事焉。歲辛亥，我存公官南都，與利先生同會郭仰鳳、金四表交善。比告歸，遂延郭、金二先生入越，適乃尊疾篤時，因即以終傅之事重託之。公聞李封君歿，往唁，見二先生，欣然叩其宗旨。既而瞏覩主像，竦息瞻拜，恍若大主臨而命之也，因延先生至家厚禮之，杜卻囂塵，一意窮聖學指歸。先生爲開示主恩，發明教誡，而後洞然知天地萬物，同歸一天主之生養。於是仰視重玄，俯悼微躬，感生成之極恩，幸迷途之已豁，而曩時修齋佞佛之念，幡然更始矣。

一日忽謂先生曰：「天主之當奉，固也，謂其爲天地萬物之主也；吾聞釋氏乃西方聖人，即並奉之，亦何傷乎？」先生解之曰：「不然，主一而已，胡可並也？握天地之大權者，謂之主；明天地之大主，而翼翼昭事無違者，謂之聖；世未有非天主生之人，則亦未有歧天主之聖矣。今釋氏戴天函地，不知有天主全能大恩，是爲至愚；知有主而不知畏，不知事，是爲至悖；譬之食毛踐土，而不知有君，斯其人之知慮心思，不愚夫愚婦若矣；知有君矣，不忠於其君，而欲自帝自王，斯又亂臣賊子之尤矣。釋氏既欲尊其心性，而滅上主全能，背上主大恩，獨自抗傲，吾故曰，非愚則悖，如是而並奉之可乎？」公深服先生之言，因論究經旨。語及天主降生爲人，受難以代贖世罪，公意天主至尊無上，何爲至此，戒勿復言，懼褻天主也。先生乃爲發明其故，以證天主降生之實，且曰：「降生之事，正與天主相稱。蓋天主至尊而又至善，善之理在於相通，彌善則彌欲通其善也；極其善，則極其相通；未盡其相通之情，則未極其至善之功也。天主化生萬類，夫既已大通其德於極矣，然而通其能，未通其體，則至善之情未盡也，故天主以爲未足，至於親降受生，以天主性合乎人性，以無上至尊之主，而爲萬民萬世贖罪之身，則其相通之情，至此極矣，無以加矣！天主至善之心，於是而始盡矣！故謂吾主降生，代贖世罪。非惟不褻其尊，正以見至尊至善之極功也。」公欣然擊節，稱賞不置。一日，金四表先生，及粵中會士鍾念江，與公論道，因發明西禮大祭之義，以面像之間，天主實式臨之，其義深遠，而猶慮公之未諶也，則更爲反覆歷示以證之。公矍然曰：此安所事揣摩爲者？吾主愛世之心無已，其降生贖世之事之恩，非出無稽，更何復有致疑者乎？因矢志爲主功臣，求領聖洗。

夫聖洗，蓋初奉教所行以滌夙罪者也。領洗之規，首遵十誡，誡中一嚴邪淫，第以夫婦爲正，毋二色也。曩公因乏嗣，故置側室。公子二，由庶出。比公固請聖洗，而先生未許。公躊躇且久，私謂我存公曰：「泰西先生乃奇甚，僕以御史而事先生，夫豈不可？而獨不能容吾一妾耶？若僧家者流，必不如是。」我存公喟然歎曰：「於此知泰西先生，正非僧徒比也。聖教誡規，天主頒之，古聖奉之。奉之，德也；悖之，刑也。德刑昭矣，阿其所好，若規誡何？先生思救人，而不欲奉己，思挽流俗，而不敢辱教規，先生之德也，其所全多矣。君知過而不改，從之何益乎？」公忽猛醒，痛改前非，屏妾異處，躬行教誡。於是先生鑒其誠，俾領洗焉。公致虔以奉主像，擇地置堂，蠲潔供具，堂中帷幕，乃以御賜罽緌爲之。曩者菩薩之堂，泥金之相，沉檀珍寶諸奉，俱以瓦礫置之矣。公之封翁，素有德望，聞公從聖教，輒喜之，亦躬自澡勵，獲霑聖澤。太夫人既耄而憒，日惟長齋繡佛，持誦涅槃，與之談教誡，講理道，如寒灰不然，枘鑿不合。公低回無計者久之，惟是呼籲天主，引躬自悼，並戒家之人，嚴守聖齋，冀主默啓。時公年邁六旬矣，衣不解結、食不再進者旬餘，遂致形容憔悴，氣體尫羸。母訊其故，公乃俯首自訟不已。母復訊之，則泫然出涕曰：「兒不德，不能事吾母，致惑邪説，而背正教，兒之罪也。異日者，母淪永苦，兒百其身莫可贖矣！」太夫人乃悲而悟，悟而愈悲也，欷歔言曰：「吾今信矣，爾曷不早言之，而自苦若是。吾今信矣，惟子是從，無復疑矣！」於是亟求領洗。一堂之中，歡悦相慰，以爲從迷而得路，出幽而視明也，爰感鴻慈，闔家奉齋，旬有餘日，咸謝主恩焉。既而公顧悼衆迷，深慚獨醒，傷正學之榛蕪，悲邪説之流行，思揚聖教，接導群生，爰於宅畔擴建主堂，爲同教瞻禮之地，延泰西會士諸先生住其中，時與衆人講解《聖經》。武林人士靡然嚮風矣。

居無何而太公夫人先後遐舉，太公年八十有四，太夫人年八十有三。公居苫次，盡志盡誠。武林故尚佛事，往往齋僧雜道，廣宣經懺，喧鐃鼓於長夜，爇楮幣以終朝，見公闃不聞聲，則咸議焉。親昵宗黨，至有爲公婉規切諫。公命取《家禮》示之曰：「此非吾儕所共遵守者哉？禮莫備於《家禮》，宗儒準古喪祭，垂之萬禩，不過如是，安所取於今之念佛功果爲也？」衆皆默然，而猶私擬公儉於待親。於是七七之期，公權佛事之費，而倍施捨之。老羸殘疾、犴獄孤寡，咸沾惠焉，衆乃知公大有所見而然。既釋苫蓋，宅墳塋，則依聖教隆重之禮，尊嚴具備，不與俗同。其地惟取崇潔，屏絕堪輿之説，以爲禮遵三代，去古未遠，後人希世福，而附會之，禮之所不敢出也。夫人之生也，於何而來？其死也，於何而歸？存而順之，沒而寧之，俾其得全歸復命於上主。孝子於親，如是焉止。沿俗而棄古禮，循人而悖上主，悲哉其胥於迷矣！世俗尚鬼，而公重人；世俗狥人，而公奉主；主與人相感之際，公蓋有以窺其微，而深明其毫髮之不爽也。故寧踈於人，而必不少懈於上主。旦暮誦禱之課，七日瞻禮之期，大小聖齋之日，公既倡率家人，就宅中之主堂，殫形神以趨赴。迨於公堂中，尤必以身先衆，輸誠致恭，仰而祈祝，俯而訟悔，任舉一事一物，略無苟且者。

爾時武林有放生會，歲每縻費數千，悉市鱗介羽毛而縱之。公既奉教，知愛物不如仁民，迺鳩薦紳善士同志者，共興仁會。規簡而當，義博而精。每月就主堂中，隨所願捨笥貯焉。令忠謹之士，司其出入。饑者食之，寒者衣之，渴者飲之，病者藥之，旅者資之，虜者贖之，死者藏之。四方無告之民，利賴無算！而公軫念，更有加及於微弱者。貧窶之人，寒凍殊苦，多患皸瘃，公諭家人，日伺典鋪中所鬻敝衣垢裳，收而滌緝之，栫絮則市而楮之，歲施數百所，全活頗衆。鄉之人，有志課其子弟而乏力者，爲義館之設，量才擇師，任其來學。

文有期，行有規，時躬檢課，而迪以性學，於是公之里閈，入孝出弟，舉多端士也。一日，行見同教親柩外露，未獲所藏者，公惻然曰：「若翁即吾翁也，忍令至是！」爲之購隴畝，築墳墓，並令教中貧乏者咸葬焉。又於隴中立一聖堂，以行大祭，祝祈主眷，祐其靈魂，其用意周摯若是，他可知矣。

時艾思及先生在講座，更爲廣之，曰：「公憐民而多方拯之，其功固不淺矣！第憐貧而未憐富，第憐病之在身，未憐病之在心也。」公曰：「將如何？」艾先生曰：「愚謂施人以財，未若兼施人以訓。財及於人身，訓及於人心，財爲一時之惠，訓爲終身之澤也。因言而施，因施而廣，施之爲功大矣。夫聖教書籍一帙，僅數錢耳，施貧不足，施富有餘，今有富貴人於此，予以數錢則艴然怒，予以書籍則翻然喜也，施受固不同矣，彼知吾言之富，不知吾費之儉也。」緣是多刻聖學書籍，廣傳正教。艾先生又告公曰：「夫爲善之功，貴於恒久，彌久則功彌大。今仁會之施，一出一入，入者有限，施者不易窮乎？不若權子母而施之。惟是置田宅，計羨餘，歲施其所出之數，此長久計也。」公深以爲然，遂置産千金，抵今施不匱焉。

公既欽崇正學，推廣善端，貧富同霑，生死咸戴，其家伯叔亞旅，從公入教者以百數；

間有浸淫異端、媚佛求福者，公輒阻之，亦皆化而歸正焉。公居家，晝則舉行善課，夜則置淨几，爇名香，聚家人及大小臧獲於一堂，延諸先生端坐，相與發明教旨。蓋公知家庭有罪，歸於家長，是以慰誨提撕，亹亹不倦。至於邦之人，亦以公爲表率，志士仁人，洗心滌慮，嚮化者寖盛！至若平日所躬自克勵，用當韋絃者，約有四端：曰愛人，曰克己，曰忍辱，曰甘難。顧愛人者，先愛其親；誨人者，先誨其子弟。公之子有過，則庭訓責之；家人有犯其命，則每恕之；若犯教規者，必不恕也。蓋恕人之愛淺，而以不恕爲愛，其愛人深矣！凡修德之士，以防私爲要，故克己之功最不可緩也。公時加警策，至束棕帶腰間，頻年坐寢不貼床席，以遏欲於未萌。其克己篤切如此！人於七情之中，惟怒易發而難制，教中七克，含忍其一，若非用力既久，難言犯而不校也。憶公嘗乘輿入市，騶從駢集，有醉人被觸，恃酒訕公不止，途之人弗堪也，從者欲執治之，公止勿較，歸語人曰：「吾平生時聞謏佞，而今忽來讟言，庶幾可贖前愆乎？」人服公之雅量。

公初奉教時，同鄉沈宗伯疏彈西學，公不阿權勢，慨然殫力，發明正理，而尤慮西士之不安也，則請寓其家。或有以難告者，公曰：「師弟相從，義也。居恒聞道，自謂生死不渝，一朝臨難而棄之，寧惟不慊於情，即學問亦非矣。」流言之日，適公楚憲命下，故止不行。或趣公，公徐曰：「某卻有一事放不下處。」詰其故，則曰：「不有居者，孰顧西士？」沈公乃告公曰：「西士之事，今置之矣。」公莞然曰：「某卻要公不置，猶且望於公，伐某親之也。」由是益知公之見義勇爲，非浮慕道學，逃虛獵名者比。而公之用心嚴密，尤有足述者。計其靜默誦經之時三：曰朝，曰晝，曰暮。其省察之端四：曰思，曰言，曰行，曰缺。時不疎放，事無玩愒。公猶閔閔皇皇，若不及也。蓋曰：「世之自謂無過者，皆不從事省察者也。不省察，則過不自知，而反自以爲善，無善功矣。」故凡進於善者，皆其不自謂善者也。爲善之事有限，爲善之心無窮，吾第偶爲一善而善之，未爲者固多，故吾第覺吾之未能焉，不敢謂吾之已善也。夫不敢以無罪爲功，反以無功爲罪。此其功，在乎身體力行，而要非吾主默啓其心，扶翼其行，未易幾矣！公所以旦夕禱告，祈主默佑，然猶自謂日在過中也；不惟內自訟而已，訟必改，改必告，告必補，每依滌罪正規，設誠而致行焉。凡遇瞻禮之日，肅恭謙抑，求爲告解，補贖前愆。即公事忙冗，不廢操存。又雅慕西士退靜歲省之法，遂乃自定日期，屏棄塵棼，謝絶交際，獨居一室，請艾先生指引，存省默想之功，因省奉教以後，種種罪端，總求解赦，凡曩時痛悔不真，告解未盡，補贖未全者，既已定心澄慮，密與主通，然後求領聖體；既領聖體，益覺修力彌堅，主恩彌厚也。公見人遷善，不勝欣躍。一瞻禮日，有多人士領洗，輒歡心達於顔色，謂艾先生曰：「吾見新奉教者，心實喜而敬之。何也？茲世界尚混混然，聖教未明之時也，乃有卓識之士相率而來，豈不可敬？若至聖教大行，而後奉教者，不足異也。」里中有爲公譽者，謂公生平行事，無一不善，獨有一不善處，是從聖教。公聞之，咨歎曰：「某生平行事，無有一善，乃獨有一善處，是從聖教。」噫！共一主也，此以爲正，彼以爲不正；共一事也，此以爲善，彼以爲不善。善不善，亦豈徒口説爲準哉？然公幸而爲此一善，公不爲此一善，則種種善事，何自生耶？艾先生曰：「余素勸公爲此一善者，故第略述之，以不忘故人云。若夫宦跡善事，余又安足以知之，一聽之口碑史筆可也。」

公立天主堂與居宅相連，喜得昕夕與諸先生促膝論學，然慮日久不便，屢欲另搆一所。天啓七年丁卯秋，偶遊他邑，忽切念此舉，不可少緩，急急言旋，遂改造聖堂於武林門内觀巷。工竣，而公疾篤，若謂立堂之願已滿，去世之期未遠也。公歿，其次公子，將田房原契，贈泰西先生。嗣後西來先生，故於武林者，未有葬地，因取公所購舊墳，捐入聖堂，爲諸先生前後藏魄之所。而長公之子，又充田若干畝，爲守塋之需。凡此皆善繼祖父之志者也，公可謂有子若孫矣！公享年七十有一，砥礪篤修，至死不懈。易簀前數日，命取楮筆，闡明天主事理，歷解疑端，娓娓不置。人憂而止之曰：「宜稍寧神，毋煩思索。」公執之固曰：「聖教妙理，人未能詳，我深知之，俟我寫盡此意，而辭此世，豈容默然不言耶？」既成帙，俱定篇名，命梓行世。臨終悉依教規，備行諸禮。先告解，後領聖體、聖油，以堅定心志，存養靈魂於永訣之際，預示死期。死之日，遠近親故，如喪考妣。邦人上諸當道，舉公鄉賢，雖未足酬其萬一，亦足以徵公德之感人者深矣。

公所以深明天學義理，躬行不怠者，蓋其好善之心，虔誠虛受，徼承主牖；且先後迓諸泰西先生，如龍精華、畢今梁輩，朝夕促膝，惟窮究天學奥旨，或有未明，不憚再三送難，以求理盡心慊。嘗對艾師談論，歎曰：「余與諸先生細論十有四載，無日不聆妙義，大快吾衷。惜乎，世人不肯傾心研究，故鮮能深造於斯道者！」公著述有《代疑編》、《代疑續編》、《聖水紀言》、《西學十誡註解》、《西釋辨明》、《廣放生説》等書，要皆發明天主之道，精微透切，爲世所珍。

按淇園楊公懿行隱德，亦不勝其悉數也，大都爲者不盡聞，聞者不盡筆。其自既認大主之後，居恒必與泰西諸先生處，而形神之功，力行不怠。故善承諸先生之訓者，莫如楊公；而深悉楊公之行者，亦莫如諸先生也。邇者艾先生自武林入閩，余幸而從遊，艾先生每津津道之。余思兹世，錮於習聞，其聆聖學，卓然進修者有幾；今獨於楊公見之，竊仰止焉。聞其行跡，喜爲筆記，而不覺其不文。嗟嗟！非謂此足令楊公不朽也，蓋使後之同志者，可觀而法焉。斯固艾先生之情也，抑亦步趨者之願也！

天學傳概

〔明〕黄鳴喬撰　周岩標點

《天學傳概》説明

《天學傳概》，黄鳴喬撰。黄鳴喬，字啓融，號友寰，福建莆田人。明萬曆三十二年甲辰科（一六〇四）進士，列三甲一〇九名。《天學傳概》鈔本誤作「壬辰進士」，謬矣。守袁州，因忤權貴罷官歸田，灑然於生死窮通之際，曾自作挽聯云：「一官每惹風波，骨不媚人，纔得早閑十畝；七秩盡邀天貺，生如作客，何須佔住多年。」

黄鳴喬於崇禎十二年（一六三九）撰《天學傳概》。徐宗澤神父《明清間耶穌會士著譯提要》著録，謂「是一本天主教傳入中國之簡史。末言天主教之見重於朝廷及西士之品格，此足證天主教之爲真教」。黄鳴喬非天主教徒，更非耶穌會士，徐宗澤神父之著録，實爲誤收。

《天學傳概》僅見鈔本，不分卷；《古郎氏中文書目》有著録，編號爲Chinois6875-1。

本書在標點、整理過程中，鑒於書中一些名詞術語帶有一定專業性，作了若干註釋，以便閲讀。

天學傳概 明崇禎十二年己卯

壬辰進士福建黃鳴喬撰

中國之有天主教也，昉自唐貞觀九年。維時大秦國有阿羅本〔一〕者，奉經像以太宗詔行天下，名曰景教〔二〕，累朝崇重。所稱盛德元勳如房、杜及汾陽〔三〕諸公，皆投誠禀仰，爲之羽翼，事載關中碑頌〔四〕，可考也。厥後山海修阻，西士不獲接踵，漸至沉晦。萬曆初，泰西利先生瑪竇者，偕友數人，航海九萬里，來貢方物。因獻天主經像，蒙神宗皇帝供奉御前，賜賓等寵晏，太官受禄，由京敷教，譯經著書。一時碩彥，翕然景從，迄今廣被。利公歿，禮部題請奉旨敘卹，賜葬阜成門外地二十畝、房屋三十八間，爲其同會龐迪我等，供奉天主及祝釐之所。至天啓癸亥〔五〕，旨召西士龍華民、陽瑪諾等，赴京聽用。今上三年，虜氛告急，華民、陸若漢等，矢志効忠，率西洋住粤士民公沙〔六〕等貢銃，寧遠、涿州屢用退敵，奉旨賜名「神威」。迨登萊之役，公沙等盡忠死難，皆蒙恩賜祭葬，又禮部題薦，以西儒羅雅谷、湯若望、鄧玉函等，精習曆法，旁通諸學，隨蒙欽召入京。同大學士徐〔七〕等，開局修曆，進呈御覽曆書一百四十餘卷，考謬訂差，積勞有日，至崇禎九年，曆法告成。值虜迫城下，兵部疏薦雅谷等料理御前，領發神器。虜退城守有功，疏覆西儒守素學道，不願官職，勞無可酬，蒙旨優給田房以資口食。是西儒之傳教於斯者，歷歷著功於朝，受恩高厚，正足見其學之純粹，而教之不誣也。

且其立教要旨，以事天地之主宰爲宗，本以忠孝慈愛爲工夫，以悔罪投誠、預備生死大事爲究竟，一切懿訓良規，悉皆公正，於以護身，靈風世俗，豈惟裨益良多，抑亦捨此一教，救拔無門。至於闢除邪教，尤爲正人心、循天理之要端。世人不察，反訏爲非，或有因其不用楮錢，詆爲不奉祖宗。不知天主教誡，最重者第一誡，孝敬父母。生則養，盡志盡物，歿則事，如生如存，載在經典，昭然可據，豈有導人不孝不順之理乎？至於非鬼之諂，《魯論》〔八〕所譏，紙錠之燒，《家禮》〔九〕已斥。古來真儒正道原是如此，何獨於天學而疑之？或又見行教者不受無名之餽，間反施濟於人，不審從來，意其擅黃白之術〔一〇〕。不知諸儒涉遠行教，本國雅重其德，歲給廩餼附商，而欲使其足己無營，一心謀道。其在京者，又蒙皇家優給，豈有異術費人揣摩乎？且向之貢銃効死，與夫退賊有功者，忠義之誠，可貫金石；正修之行，無愧聖賢！此固閣部名公以及一時高賢，相與論説講求，知其踪跡，毫無陰翳；夫安德而横誣也？乃有玉石不分，欲以天主聖教，與無爲左道同觀者。亦思無爲之教，妖幻拂經，愚昧墜其局中，往往至於滅倫犯義。天教則至真至確，掖人於善，必欲其力；阻人於惡，必欲其盡。諸所著述，皆可上告之聖君賢相，以贊襄治理；下證之傑士英人，以修明學術。今以除邪之故，而波及之，是猶穮蔉之家，芟稂莠，併嘉穀而除之也。是豈祛邪崇正者，所宜出此者？

今上丁丑〔一一〕冬，有「以修曆推測有違，反誹天學，干冒　宸聰，奉旨等推測疎遠，已有旨了。何得更端求勝，且本內內毀滅等語，全無忌憚」。又十一年禮部題敘湯若望等「創法講解」之功，又薦其「道氣沖然，理應褒異」，遂蒙諭旨，特賜扁楔，署曰「欽褒天學」。煌煌天語，嘉矜遠人，可謂渥矣。今吾閩之初敷教者，爲艾先生儒略。原與諸西儒同居京國，繼爲相國文忠葉公〔一二〕屈致入閩。凡當道大人、縉紳先生，接其德範者，莫不破格優禮，絕無異端。論年來有從他方泛海擅入福寧地方，致生群疑，隨蒙當道斥回本國。又因白蓮、無爲，異教擾亂，或有混紫爲朱，指薰爲蕕，誠恐一時或有未晳，而正學偶致沉溟。以故泉興〔一三〕諸紳衿，各具呈守道臺前，仰祈諄諭，以揚道風。蒙守道曾公祖〔一四〕，於《莆牒》判云：「艾儒略與利瑪竇，同社同業，自入中國來，向以講道迪德爲務，並無他營，與異端不同。仰福州府查行繳後。」又判《泉牒》云：「西士艾儒略，學道人也，其修詣與吾儒不同者，豈可與無爲邪教同類而共逐之乎？仰府給示，並諭各縣遵照行。」夫以聖天子之禮，待既如彼士大夫之公論，又如此直道在人，當有能辦之者。但虞以訛傳訛，或致鴞鸞並視，爲此揭其大概，以告達人。

倘欲備詳，則有天學諸書行世，且有傳教西儒可以面證。是所望於有道君子，虚衷稽寔，共扶正道，庶幾不負歷朝柔遠至意，亦得慰嘉賓遠來，迪善補益王化一段苦心也。

注釋

〔一〕「阿羅本」：唐代來華之傳教士，《唐會要》卷四十九作「波斯僧阿羅本」。貞觀九年（六三五）入長安，受唐太宗之禮遇，譯書講學，景教大行，至唐高宗仍受封爲「鎮國大法主」。他具有很高的宗教地位，相當於省主教兼中國景教總監督。生卒年不詳。

〔二〕「景教」：唐代對傳入中國之基督教聶斯托利派（Nestorianism）之稱謂。

〔三〕「房、杜及汾陽」：指房玄齡、杜如晦和郭子儀。

〔四〕「關中碑頌」：即《大秦景教流行中國碑》，碑立於唐德宗建中二年（七八一）。明天啓三年或五年（一六二三或一六二五）在西安城外五里崇仁寺出土，或説原在盩厔（今陝西周至）。今碑存陝西博物館。

〔五〕「天啓癸亥」：天啓三年，一六二三年。

〔六〕「公沙」：即公沙的西勞，西文名作Goncalvo Teixeira Gorrea（？—1632）。崇禎二年率葡國士卒四百名、大炮十尊，自澳門啓程，解救爲後金所困之涿州。功成，赴京受封領賞，崇禎帝賜西洋大炮爲「神威大將軍」。後陣亡於山東登萊。曾撰《西洋大銃來歷略説》。

〔七〕「大學士徐」：即徐光啓。當時徐光啓主持崇禎曆書修訂。

〔八〕「《魯論》」：即今本《論語》。

〔九〕「《家禮》」：舊題宋朱熹撰，五卷附錄一卷，記冠婚喪祭等禮儀規範。清人考證或非朱熹所作。

〔一〇〕「黄白之術」：指道家所謂煉丹化成金銀之法術。

〔一一〕「丁丑」：崇禎十年，一六三七年。

〔一二〕「文忠葉公」：即葉向高。葉向高延耶穌會士艾儒略入閩傳教，事詳《三山論學記》。

〔一三〕「泉興」：指福建泉州地區。

〔一四〕「曾公祖」：即曾櫻。

崇禎曆書·奏疏

〔明〕徐光啓等撰　周岩點校

《崇禎曆書·奏疏》説明

《崇禎曆書·奏疏》，明徐光啓、李天經等撰。

中國曆法古已有之，歷朝歷代屢有修訂，然由於理念滯後，其於推算之中多有差忒。明初洪武朝，博士元統取元郭守敬之授時術删定而成《大統曆》；後，太祖復命參用隋唐以來行於中國之回回曆進行推算。關於此後之曆事，《四庫全書總目·新法算書》提要作了如下描述：「明自成化以後曆法愈謬，而臺官墨守舊聞，朝廷亦憚於改作，建議者俱格而不行，萬曆中大西洋人龍華民、鄧玉函等先後至京，俱精究曆法，五官正周子愚請令參訂修改，禮部因舉光啓、之藻任其事，而庶務因循，未暇開局。至崇禎二年，推日食不驗，禮部乃始奏請開局修改，以光啓領之……於是光啓督成曆書數十卷，次第奏進；而光啓病卒，李天經代董其事，又續以所作曆書及儀器上進，其書凡十一部。」上述曆書因奏上於崇禎朝且始刻於崇禎朝，故名《崇禎曆書》。

《崇禎曆書》收入自崇禎二年（一六二九）至七年（一六三四）譯撰之《曆書》，前後分五次進呈於崇禎皇帝，前三次由徐光啓進呈，後兩次由李天經進呈。

第一次於崇禎四年正月二十八日進呈，進呈書目：《曆書》一套六卷，内《曆書總目》一卷、《日躔曆指》一卷、《測天約説》二卷、《大測》二卷；《曆表》一套十八卷，内《日躔表》二卷、《割圓八線表》六卷、《黄道昇度表》七卷、《黄赤道距度表》一卷、《通率表》二卷。

第二次於崇禎四年八月初一日進呈，進呈書目：《測量全義》十卷、《恒星曆指》三卷、《恒星曆表》四卷、《恒星總圖》一摺、《恒星圖像》一卷、《揆日解訂訛》一卷、《比例規解》一卷。

第三次於崇禎五年四月初四日進呈，進呈書目：《月離曆指》四卷、《月離曆表》六卷（以上係羅雅谷譯撰），《交食曆指》四卷、《交食曆表》二卷（以上係湯若望譯撰），《南北高弧表》十二卷、《諸方半晝分表》一卷、《諸方晨昏分表》一卷（以上係羅雅谷、湯若望指授監局官生推算）。

第四次於崇禎七年七月十九日進呈，進呈書目：《五緯總論》一卷、《日躔增》一卷、《五星圖》一卷、《日躔表》一卷、《火木土二百恒年表並周歲時刻表》三卷（以上係羅雅谷譯撰），《交食曆指》三卷、《交食諸表用法》二卷、《交食表》四卷（以上係湯若望譯撰），《黄平象限表》七卷、《木土加減表》二卷、《交食簡法表》二卷、《方根表》二卷（以上係羅雅谷、湯若望指授監局官生推算），恒星屏障一架（係湯若望製）。
第五次於崇禎七年十一月二十四日進呈，進呈書目：《五緯曆指》八卷、《五緯用法》一卷、《日躔考》二卷、《夜中測時》一卷（以上係羅雅谷譯撰），《交食蒙求》一卷、《古今交食考》一卷、《恒星出沒表》二卷（以上係湯若望譯撰），《高弧表》五卷、《五緯諸表》九卷、《甲戌乙亥日躔細行》二卷（以上係羅雅谷、湯若望指授監局官生推算）。
以上所列五次進呈之曆書共一百三十七卷，即是《崇禎曆書》的全部內容。
徐光啓、李天經進呈之《曆書》係繕寫而成，旨在進呈御覽。李天經進呈書稿之後，又會同曆局人員將徐、李五次進呈的《曆書》加以編次，刊刻成書，並總其名曰《崇禎曆書》。關於明刻明印本《崇禎曆書》在崇禎朝付梓，明刻明印本題爲「明工部虞衡清史司郎中楊惟一梓」。關於明刻明印《崇禎曆書》的完成規模，目前已不可考；據徐光啓後人所作《徐氏家譜》內「翰墨考」，著錄《崇禎曆書》一百二十六卷；該《家譜》內所收徐光啓之子徐驥所撰《文定公行述》，著錄一百三十二卷；《明史·藝文志》所載亦一百二十六卷；清嘉慶九年（一八〇四）阮元《疇人傳·徐光啓》一節同爲一百二十六卷，並附有目錄。二〇〇九年十二月，上海古籍出版社出版了潘鼐先生彙編的《崇禎曆書附西洋新法曆書增刊十種》。潘先生在該書

「前言」中指出：「按此目錄與五次進呈書目對比，出入頗多，與今所輯現存明刻明印書目對照，亦有同有異。」胡厚宣先生爲該書作序，指出：「潘先生潛心天文學史研究數十年，多有所成……今又將耗十餘年精力陸續蒐集的徐光啓、湯若望等人纂輯的《崇禎曆書》散落於國内外的版本合爲一書。是書乃全輯本，共二十三種八十四卷，僅四種十二卷爲清順治二年本。」

《崇禎曆書》的編纂對於我國古代曆法的改革是一次飛躍性的突破，它奠定了我國近三百餘年曆法的基礎，爲中國天文學由古代向現代發展奠定了一定的理論基礎與技術支持。

《崇禎曆書》中的一個重要部分，就是《治曆緣起》，它是禮部與曆局爲依新法修治新曆所上的歷年奏疏，與《崇禎曆書》的形成密不可分，且《曆書總目》即含於其中。潘先生在《崇禎曆書附西洋新法曆書增刊十種》的《崇禎曆書·前言》中指出：「現在知道，徐光啓去世後初次刊行的《治曆緣起》祇收徐一人的作品，至崇禎六年（一六三三）十月初七日臨殁進繳敕印疏爲止，共五卷。其後續刊合共十二卷，四百零六葉，日期伸延至崇禎十二年五月十六日李天經疏爲止。順治二年（一六四五）湯若望改編《崇禎曆書》爲《西洋新法曆書》時，對《治曆緣起》也作了改編。將明代刻本改爲八卷，日期至明崇禎十七年（一六四四）正月初二日明臨亡爲止，共四百十四葉。明刻明印本與清順治刻本不同處有兩方面：一是明印本爲十二卷，篇幅到同年同月爲止，比順治本多出二十七篇，一百零六葉。其中，徐光啓領銜的多八篇。二是原刻本内凡皇帝的名稱，以及『聖鑒』、『聖旨』、『欽命』等字樣，順治本都已挖去，凡換行抬頭的地方都削板用〇代替。」此外，王重民先生在所輯《徐光啓集》的附錄三《治曆緣起十二卷明刻明印本》中指出：「《崇禎曆書》本《治曆緣起》……更可寶貴的是關於日食月食的奏疏都有方位圖，更是《西洋新法曆書》所没有的。」

關於明刻明印《崇禎曆書·治曆緣起》的書名，有的版本與下文將要介紹的清湯若望之《奏疏》一體題爲《奏疏》；王重民先生在上引文章中說到：「《崇禎曆書》本的《治曆緣起》我見過三部，一在羅馬，祇殘存一册，一在紐約，一是全國解放後北京圖書館新收入的。全書凡分十二卷，總四〇六葉……紐約藏本還有題爲《治曆緣起》的目錄三葉（書口刻『治曆緣起目』五字），包括卷一至卷五的目次，這說明崇禎曆局的奏疏從一開始就稱爲『治曆緣起』。」

《治曆緣起》收入了徐光啓、李天經等人分别在明崇禎朝上奏進呈曆書、儀器的官文書，收入了他們主持推算、觀測日月交食及延攬人才以及其他有關曆事、國事的官文書，還有其爲堅持他們的曆法理念而進行論辯批駁的官文書；同時，還編入了崇禎朝各有關大員與部門就上述事宜而撰製的有關官文書。《治曆緣起》内容極其豐富，既是天主教曆算類文獻中的主要典籍，也是中國科學技術史，特别是中國天文學史上不可或缺的重要史料。

本書所收《奏疏》十二卷内容，顯係《治曆緣起》（十二卷本）之内容，其所據版本，是否爲本書《〈大西利先生行跡〉前言》中提及的國家圖書館善本部藏奏疏十二卷，因周岩遺稿中未曾記載，不敢妄斷，祗得存疑，尚望有關專家賜教。中國科學院圖書館藏《奏疏》，一函八册，第五册爲《治曆緣起》中湯若望改編《崇禎曆書·治曆緣起》十二卷本爲《西洋新法曆書·治曆緣起》八卷本時所增刊之崇禎十二年至崇禎十七年内容，本書亦據以爲底本，將兩種文獻合而爲一，以求集兩種《治曆緣起》之大成，奉獻於讀者。

以頂格表敬爲主要特徵的中國古代官文書之提行抬頭制度，自秦漢沿襲至明清，空格、平抬、單抬、雙抬、三抬以至四抬，等級森嚴，該《奏疏》十二卷亦然。編校時，爲節約篇幅計，依《徐光啓集》行文格式，補刊了「聖」、「御」、「皇上」等字樣，一律不再提行，亦不空格。現據《增訂徐文定公文集》、《治曆緣起》以及《明實録》等書及其他史籍彙校，並按編年兼顧内容的原則於每卷（册）内調整了奏疏的次序。

奏疏卷一

皇帝勅諭太子賓客禮部左侍郎兼翰林院侍讀學士徐光啓：

朕惟授時欽若，王者所以格天觀運；畫圖羲和，所以底日夷考。大衍繫卦，九疇五紀之書，馮保保章之職，辨三辰而察九野，至詳且備。然造曆者多門，而乩疑者互證。甘石莫究，裨梓難通，及至眎祲考祥，言盈轉縮，天保迷於申卯，孔氏示於辰房。代有成就，誰衷聚訟。自〔太祖〕[一]闢乾大統，驗七政之交會，爲行度無差。迨〔神宗出震〕[二]延禧，推三生之命苞，而屢議修舉。誕及朕躬，膺兹〔帝〕[三]命。頃因日食不合，會議宜請更修，特允廷推，命爾督領改修曆法事務。爾宜廣集衆長，虛心採聽，因數察理，探賾推玄。據爾所陳四款之三十三條，按之歲功五行之二十四氣。凡歲差歲實之異，測日測月之歧，三大三小爲定朔定望之樞，一大一小爲平朔平望之準。法宜稽於四應，氣宜印於二分，黃道赤道之遠近懸殊，度多度寡之增減靡泥，算天行而置閏，定中極以握衡，合與犯之互乖，經與緯之相錯。漏壺窺晝夜之長短，圭表轉左右之交旋。總之遲速之天象可摹，而積久則進退多爽；異同之師法可質，而守株則疎密胥乖。析之則天時人事，陽德陰功，須究釐於分秒；約之則觀象測景，候時籌策，憑儀器以推求。西法不妨於兼收諸家，務取而參合。用人必求其當，製象必覈其精。較正差訛，增補闕略，庶宿離之不忒璿璣，而工績之咸熙璧輪應琯。和協八風之律，職符二正之司，闡千古之曆元，成一朝之巨典，朕則爾庸。倘玩忽罔功，因仍乖次，責有攸歸，爾其慎之，故諭。

崇禎二年九月十三日。

校記

〔一〕〔二〕〔三〕據中科院圖書館藏《奏疏》補。

五月初三日題：

頃該文書官楊澤恭捧到聖諭：「欽天監推算日食前後刻數俱不對。天文重事，這等錯誤，卿等傳與他，姑恕一次，以後還要細心推算。如再錯誤，重治不饒。欽此。」臣等是日赴禮部，與尚書何如寵、侍郎徐光啓候期救護。據光啓推算：本日食止二分有餘，不及五刻，已驗之果合，亦以監推爲有誤。乃蒙皇上蚤已鑒及，仰見我皇上克謹天戒，無一時一刻稍敢迨遑。臣等謹即傳示禮部，轉行該監申飭外，原奉聖諭尊藏閣中。又同時發下宣大督師王象乾馬折改票一本。適樞臣王洽來見臣等於東閣。臣等業將聖意反覆與商，其中利弊原委，非部奏不能詳悉。謹擬令樞臣，詳議具覆，並揭回奏以聞。

禮部揭爲日食事：

今將豫算本年五月初一日乙酉朔日食曆三種，開列於後：

據《大統曆》推算：

日食三分二十四秒

初虧　巳正三刻　西南

食甚　午初三刻　正南

復圓　午正三刻　東南　共八刻

食甚日躔黃道參宿九度一十分三十三秒

據《回回曆》推算：

日食五分五十二秒

初虧　午初三刻　西南

食甚　午正三刻　正南

復圓　未初三刻　東南　共八刻

食甚日躔黄道申宫二十九度四十六分九秒

用新法推算：

順天府　二分有奇

初虧　巳正三刻二分算外下同　西南

食甚　午初二刻六分　正南

復圓　午初四刻六分　東南　共五刻四分

應天府　六分有奇

杭州府　六分三十秒有奇

廣州府　九分有奇

瓊州府　食既

大寧開平等處　不食

食甚日躔黄道申宫二十九度四十五分零五秒

崇禎二年四月二十九日。

禮部題爲日食事：

祠祭司案呈奉本部送本月初三日奉上傳諭内閣：「欽天監推算日食前後刻數俱不對。天文重事，這等錯誤，卿等傳與他，姑恕一次，以後還要細心推算。如再錯誤，重治不饒。欽此。」欽遵。傳出到部送司，隨行該監查取推算官員職名。據該監五官夏官正等官戈豐年等回稱，備陳日食時刻少差，切照本監所用《大統曆》，乃國初監正元統所定，其實即元太史郭守敬等所造《授時曆》也。二百六十年來，曆官按法推步，一毫未嘗增損，非惟不敢，亦不能，若妄有竄易，則失之益遠矣。切詳曆始於唐堯，至今四千年，其法從粗入細，從疎入密，漢唐以來有差至二日一日者，後有差一二時者，至於守敬《授時》之法，古今稱爲極密。然中間刻數，依其本法尚不能無差，故向來遵用推算，每有一二刻不合；若在早晚，又不止一二刻矣。此其立法固然，非職自能更改，亦非敢鹵莽失誤也。豈惟職等，即守敬以至元十八年成曆，越十八年爲大德三年八月，已推當食而不食，大德六年六月又食而失推，載在《律曆志》，可查也。是時守敬方以昭文殿大學士知太史院事，亦付之無可奈何。

蓋一時心思技術，已盡於此，不能復有進步矣。夫彼立法者尚然，况職等斤斤守法者哉！切聞創始難工，增修易善，自古以來每覺差訛，即令專門宿學之臣，爲之修改。故漢曆改五次，魏至隋改十三次，唐至五代改十六次，宋改十八次，金元改三次，獨我朝二百六十年〔來〕[二]未經修改，中間又有年遠數盈及歲差增損諸事，致差之因非一端也。今欲循守舊法，向後不能無差；欲行修改，更非淺陋所及。遵奉聖諭嚴切，措躬無地，爲此備陳情愫等因，到部送司。案呈先該欽天監題稱：推算到崇禎二年五月初一日乙酉朔，日食三分二十四秒，初虧巳正三刻西南，食甚午初三刻正南，復圓午正三刻東南。至期劄委本司主事黄鳴俊公同測驗，回呈據該監五官靈臺郎孔文進等手本回稱：先該曆科夏官正戈豐年等推算到崇禎二年五月初一日乙酉朔日食，候至午初一刻觀見日食，初虧西南，午正一刻食甚正南，約食三分餘，測參宿度分，午正三刻復圓東南，等因到司，與先題互異，例應罰治。案呈到部，臣等看得本月初一日日食，原題初虧巳正三刻，而今在午初一刻，則已差二刻矣；乃原推復圓在午正三刻而實在午正一刻，又差二刻矣。據推算官戈豐年等稱：此所用《大統曆》乃國初監正元統所定，實元郭守敬《授時曆》之成法也。曆官按書推步，一毫不敢擅自增減，今驗日食時刻俱不合，以爲原法固然。臣等查考近來交食，果有先後一二刻至三四刻者，其分秒之數亦有多寡不對者，必求符合，須將今曆大加修改。測驗布算，務求萬分精密，十倍勝於守敬，乃可定今日之所以差，又期他日之可以不差耳。且曆法大典，唐虞以來咸所隆重，故無百年不改之曆。我高皇帝神聖自天，深明象緯，而一時曆官如元統李德芳輩，才力有限，不能出郭守敬之上，因循至今。後來專官修正則有童軒、樂護、華湘等，著書考定則有鄭世子載堉、副使邢雲路等，建議改正則有俞正己、周濂、周相等，是皆明知守敬舊法本未盡善，抑亦年遠數贏，即守敬而在，亦須重改故也。況《曆法》一志，歷代以來載之國史，若《史記》、《漢書》、晉唐《書》、宋元《史》，尤爲精備，後之作者稟爲成式，因以增修。我國家事事度越前代，而獨此一事，略無更定。如萬曆間纂修國史，擬將《元史》舊志謄錄成書，豈所以昭聖朝之令典哉！萬曆四十年十一月朔日食，先天四刻，有兵部員外郎范守己具疏參駁，臣部曾經覆請修改，至四十一年正月十五日月食不合，又經覆請，未奉皇祖諭旨，是以迄今尚用舊法。今本監曆官既荷聖恩寬宥，又復具呈前來，意亦謂元初至今相沿三百五十年，無能改正，而一旦於彼責成，非其識力所及。且崇禎三年應月食者一，四年應日食者一，月食者二，臨時必不能無差，又諸臣所惴惴焉不寧者。如蒙皇上垂念制作大事，伏乞敕下臣部，照依萬曆四十年原議修改，庶國典有光，而世業疇人亦藉手以免於罪戾矣。

崇禎二年五月初十日〔上〕〔二〕，本月十三日奉聖旨：曆法皇祖曾議重修，今日食刻數復差，允宜更正。依卿等所請修改，一應事宜，再著另行具奏。

校　記

〔一〕〔二〕據《治曆緣起》補。

禮部爲欽奉明旨，修改曆法，謹開列事宜，請乞聖裁事：

祠祭清吏司案呈：照得本年五月初一日日食，先該欽天監推算，刻數不對。初三日奉上傳：「欽天監推算日食，前後刻數〔俱〕〔二〕不對。天文重事，這等錯誤，卿等傳與他，姑恕一次，以後還要細心推算。如再錯誤，重治不饒。欽此。」隨該本部具題：查得曆法久未經修，推算難免錯誤，請乞查例修改等因，奉聖旨：「曆法皇祖朝曾議重修，今日食刻數復差，允宜更正。依卿等所請修改，一應事宜，再著另行具奏。欽此。」欽遵。抄出到部送司，案呈到部。臣等查得萬曆四十年十一月朔日食，欽天監推算得未正一刻初虧，而兵部員外郎范守己候得申初一刻，則是先天四刻，以此累疏駁正。該監亦稱候得初虧在未正三刻，則是先天二刻，以此具疏爭辯。臣部看得四刻二刻，總非密合，所以然者，《授時曆》本元初郭守敬諸人所造，而《大統曆》因之，比於漢唐宋諸家誠爲密近，尚未能確與天合。加以年遠數盈，至今三百五十年未經修改故也。以此具疏覆請，乞博選知曆之人，講求考驗，務期悉合天度，超越前古，以垂永久。未果施行。今兩奉聖旨，仰見我皇上欽若敬授之至意，稽古垂憲之鴻猷，臣等雖才識駑下，敢忘竭蹶，以副隆指。謹依四十年十二月及四十一年正月部議二疏事理，斟酌增損，開列款目，具疏上請，伏候命下，遵奉施行。

計開：

一議選人員。竊惟治曆明時，古人以爲重事，臣等不敢繁稱，止據《元史》所載，以宰相王文謙、樞密張易主領裁奏於上，仍命左丞許衡參預其事，王恂、郭守敬並領太史院事，分掌測驗推步於下。而又博徵楊恭懿諸人助之。然猶[二]五年而成，六年而頒行，十年而進書五種二十六卷，後三十年續進書九種七十九卷，則成之綦難已。高皇帝驅逐胡元，北遯沙漠[三]，典章散失，止存《授時》成法數卷，元統等因之爲《大統曆》，僅能依法布算，而不能言其所以然之故。後來有志之士，亦止將前史《曆志》，揣摩推度，並未有守敬等數年實測之功力，又無前代灼然可據之遺書，所以言之而未可行，用之而不必驗也。夫莫難於造曆，莫易於辨曆，天之高，星辰之遠，而先期布算，使時刻分秒，毫髮不差，非積久測驗，累經修改，其勢不能，是故難也。若欲辨術業之巧拙，課立法之親疎，則以日月交食，五星淩犯，豫令推算，臨時候驗，時刻分秒，合即是，不合即非，若數一二，安可欺乎？是故易也。今日用人，務求其能合者而已。即法未遽成，務精擇其言其書，可以必合者而已。臣部四十等年原疏，推舉五人：爲史臣徐光啓，臬臣邢雲路，部臣范守己、崔儒秀、李之藻，今三臣俱故，獨臣光啓見在本部，似可督領其事，恭候皇上任使施行。至臣之藻以南京太僕寺少卿丁憂服滿在籍，如蒙聖明錄用，伏乞敕下吏部，查明履歷，酌量相應員缺，起補前來，協同任事。臣部仍劄委祠祭司官一員，職司分理。但以《元史》及國初舊事考之，又似非一二臣工所能獨就、所能速成者。尚須博訪遍求，選擇共事，庶集衆思以底成績，則又俟督領之臣，另行斟酌題請，伏惟聖裁。

一議博訪取。按《大明會典》：凡天文地理等藝術之人，行天下訪取考驗收用。弘治十一年令訪取精通天文者，試中取用。嘉靖三年科臣建議部覆保舉，於是以戶科給事中樂護、工部主事華湘俱陞光祿寺少卿，提督欽天監事。然二臣終不能改守敬之舊，所以至今寢閣。今亦不敢遽謂海內無人，但私習天文，律有明禁，而監官不知律意，往往以此沮人，是以世多不習，或習之而不肯自言耳。臣等考之《周禮》，則馮相與保章異職，稽之職掌，則天文與曆法異科，蓋天文占候之宜禁者，懼妄言禍福，惑世誣人也。若曆法則止於敬授人時而已，豈律例所禁哉！今議臣部訪求，及通行各省直，不拘官吏生儒、草澤布衣，但有通曉曆法者，具文前來。其言天文者一概不取，即明曆者亦不必遽行起送，先取其著述文字，並令豫算交食淩犯數條，或製造儀器式樣，並申到部查核，果有裨益，方行取用，庶真材得以自見，而贋鼎濫竽無能雜進矣。但據臣等所見聞，近世言曆諸家，大都宗郭守敬舊法，比於見在監官，藝猶魯衛，無能翹然出於其上也。至若歲差環轉，歲實參差，天有緯度，地有經度，列宿有本行，月五星有本輪，日月有真會似會，皆古來所未聞，惟西國之曆有之，而舍此數法，則交食淩犯，終無密合之理。高皇帝嘗命史臣吳伯宗與西域馬沙亦黑翻譯曆法，蓋以此也。萬曆四十年監正周子愚建議，欲得參用，務令會通歸一，今亦宜倣其說，參用西法。果得會通歸一，即本朝之曆，可以遠邁前代矣。伏乞聖裁。

一議用錢糧。修曆事重且繁，用人既多，經費亦巨，如《元史》所說鄭重若斯，即當時用度可想見已。今時詘不能舉贏，則取人必求實幹，造器必求實益，供億必不可虛冒，時日必不可虛度，庶事成而費亦可省也。如官俸除見任外，其餘擇職事稍簡衙門，見缺補用。欽天監亦考取見任曆官三四員聽用，則官俸省矣。若訪取〔四〕草澤知曆人等，必須心精手巧，確當一臂之用者，不得過十人。欽天監天文生，考取其心手精敏、能書善算者〔五〕，不得過十五人。則餼廩省矣。又如觀象臺見在渾儀簡儀正方案等，體大費巨，目今墊平修整，即可施用。就有新式，未敢議造。若必須製用者，量造小樣，或兼用銅木材料，以爲準則，所費不多。其臺上下舊議造房數間，今亦止須修舊，以便測驗人員更番歇息。其開局之處，查得宣武門內有舊創〔六〕首善書院，係在空閑，堪以整理暫住，則造作省矣。以上諸費，除見任見役官生俸給照常支領外，其餘應添給本色者，量行戶部添給，應估計修整者，量行工部修整。其紙劄筆墨等費及零星合用，查得臣部所屬太醫院，及訓科訓術僧道錄司等項，有上納事例銀兩收貯戶工二部者，舊議於中咨取應用，合無暫准前議，臣等酌量減省，擇其必不可已者量行取用。仍造四柱文册，按季奏聞達部；事竣之日，仍造總册奏報。伏乞聖裁。

一 議考成績。按《唐書》載僧一行造《大衍曆》，七年而僅成草稿；元郭守敬等造《授時曆》，十年而始進書籍。今古書盡亡，測驗推步，必須星迴歲轉；著述講究，動經年月。若更優游時日，未免積久躭延，不止失時，亦且多費。臣等議得開局之後，宜倣《周禮》日考日成、月考月要之法，每月終，將日逐測驗推算簿類報臣部；季終，將三月内所成簿籍書册或所造儀器法式總報臣部，進呈御覽。事竣之日，將已未進呈者，一併具奏。至若成造重大儀器，及刊刻全書，以章一代之鴻摹，以垂萬世之法式，及効勞官生人等，計功議敘諸事，至期容臣部酌量議擬，請旨施行。伏乞聖裁。

崇禎二年七月十一日〔上〕〔七〕，本月十四日奉聖旨：這修改曆法四款，俱依議。徐光啓見在本部，著一切督領。李之藻速與起補，蚤來供事。該部知道。

校記

〔一〕《治曆緣起》無「俱」字。

〔二〕「然猶」，《治曆緣起》作「猶然」。

〔三〕「驅逐胡元，北遯沙漠」，《治曆緣起》、中科院圖書館藏《奏疏》俱作「倡興大業，元朝所有」。

〔四〕「訪取」，《治曆緣起》作「訪求」。

〔五〕「能書善算」，《治曆緣起》作「能善書算」。

〔六〕「舊創」，《治曆緣起》作「首創」。

〔七〕據《治曆緣起》補。

禮部題爲欽奉明旨，修改曆法，謹開列事宜，請乞聖裁事：

照得修改曆法已經本部具題，於七月十四日奉聖旨：「這修改曆法事宜四款，俱依議。徐光啓見在本部，著一切督領。李之藻即與起補，蚤來供事。該部知道。欽此。」欽遵，到部。臣等奉旨改修曆法，欽命見在本部左侍郎徐光啓一切督領，所有各衙門應行事宜，必須敕書關防，以慎重大典，相應題請，合候命下，行移翰林院撰文，本部鑄給關防施行。緣係云云事理，未敢擅便，謹題請旨。

崇禎二年七月二十一日〔上〕〔一〕，本月二十四奉聖旨：是，與做督修曆法關防〔二〕。

校　記

〔一〕據《治曆緣起》補。

〔二〕《治曆緣起》八卷本中，《曆書總目》於此疏後。

奏疏卷二

太子賓客禮部左侍郎兼翰林院侍讀學士臣徐光啓謹奏，爲恭承恩命，自揣無能，謹陳愚見，以祈聖明採擇事：

臣以庸愚，備員佐禮，曠官素食，每抱兢慙。頃因日食不合，伏蒙欽允臣部所請，修改曆法。臣以昔年舊議，厠名其間，欽奉聖旨：「這修改曆法事宜四款，俱依議。徐光啓見在本部，著一切督領。李之藻速與起補，畀來供事。該部知道，欽此。」欽遵。臣聞命自天，有如蚊負，雖知才識短淺，而君父之命，所不敢辭。除報名廷謝外，切念：曆數一家，今爲絕學，而臣濱海豎儒，無從師授，萬曆四十等年禮臣謬相推舉者，亦爲臣能虛心採聽，庶或因人成事，以襄大典，非謂臣能創立矩矱，自勝前人也。十八年來，益加衰老，舊學遺忘，勉肩重任，亦率循素志，廣集衆長，冀幸得當，以報欽命而已。臣惟古來言曆者有二誤：其一，則《元史》曆議，言考古證今，日度失行者十事；夫已則不合，而歸咎於天，謬之甚也。其一，則宋儒言天必有一定之數，今失傳耳。夫古之曆法當時則合者多矣，非不自謂已定，久而又復不合，則豈有一定可拘哉！臣所聞者，天行有恒數而無齊數也。有恒者，如夏至日長，冬至日短，終古不易；不齊者如長極漸短，短極漸長，終歲之間無一相似。歲法如此，他法皆然，以至百千萬年，了無相似；而用法商求，仍歸輳合，遲速永短，悉依期限，此天地之所以爲大也。今所求者，每遇一差，必尋其所以差之故；每用一法，必論其所以不差之故。上推遠古，下驗將來，必期一一無爽。日月交食，五星淩犯，必期事事密合。又須窮原極本，著爲明白簡易之說，使一覽瞭然。百世之後，人人可以從事，遇有少差，因可隨時隨事，依法修改。且度數既明，又可旁通衆務，濟時適用，此則臣之所志而非臣之所能，故不無望於衆思群力之助也。謹陳急要事宜四款，分三十三條，上〔呈〕〔二〕御覽。伏惟聖明裁擇施行。事緒繁多，有踰限制，懇祈聖鑒，臣不勝激切惶悚待命之至。爲此具本，謹具奏聞。

計開：

一、曆法修正十事：

其一，議歲差。每歲東行漸長漸短之數，以正古來百年、五十年、六十六年等多寡互異之說。

其二，議歲實小餘。昔多今少，漸次改易，及日景長短歲歲不同之因，以定冬至，以正氣朔。

其三，每日測驗日行經度，以定盈縮加減真率、東西南北高下之差，以步日躔。

其四，夜測月行經緯度數，以定交轉遲疾真率、東西南北高下之差，以步月離。

其五，密測列宿經緯行度，以定七政盈縮、遲疾、順逆、違離、遠近之數。

其六，密測五星經緯行度，以定小輪行度遲疾、留逆、伏見之數，東西南北高下之差，以推步淩犯。

其七，推變黄赤道廣狹度數，密測二道距度及月五星各道與黄道相距之度，以定交轉。

其八，議日月去交遠近及真會似會之因，以定距午時差之真率，以正交食。

其九，測日行，考知二極出入地度數，以定周天緯度，以齊七政。因月食考知東西相距地輪經度，以定交食時刻。

其十，依唐元法，隨地測驗二極出入地度數，地輪經緯，以定晝夜晨昏永短，以正交食有無多寡先後之數。

右十事俱目前切要。其餘備細條目，未敢瀆陳，伏乞聖裁。

一、修曆用人三事：

其一，中外臣僚、臣部所舉南冏臣李之藻，已蒙錄用，仍令蚤來。其餘果有嵩門名家，亦宜兼收，容臣等隨時訪求。有立法超卓、陳議精當者，具實奏聞，以待簡用。

其二，用西法。高皇帝嘗得《回回曆》法，稱爲乾方先聖之書，令詞臣吳伯宗等與馬沙亦黑同事翻譯，至今傳用。惜亦年遠漸差。萬曆間西洋歸化陪臣〔二〕利瑪竇等尤精其術，四十等年曾經部覆推舉，今其同伴龍華民、鄧玉函二臣，見居賜寺〔三〕，必得其書其法，方可以較正訛謬，增補闕略。蓋其術業既精，積驗復久，若以《大統》舊法與之會通歸一，則事半而功倍矣。

其三，修曆合用人員，如測驗推步、製造儀器及能書善算者，臣部已經條列，但目前未能齊集。姑就見在堪任者，著令効用，再俟訪求招致。有實用者，半年之後聽臣部類齊考試，各取所長，不敢濫收，以滋糜費。考後在事諸人，若著述論議、推算簿籍、造作儀象，凡係進呈及見用存貯者，俱册記本人姓名，使各見所長。且在今可以上下其食，他日可以差次其功。至諸人所用廩糧本折，容臣部分理司官，酌量案呈，另行具奏，伏乞聖裁。

一、急用儀象十事：

其一，造七政象限大儀六座，俱方八尺，木匡、銅邊、木架。

其二，造列宿紀限大儀三座，俱方八尺，木匡、銅邊、木架。

其三，造平渾懸儀三架，用銅圓徑八寸，厚四分。

其四，造交食儀一具，用銅木料方二尺以上。

其五，造列宿經緯天球儀一架，用木料油漆，大小不拘。

其六，造萬國經緯地球儀一架，用木料油漆，大小不拘。

其七，造節氣時刻平面日晷三具，用石長五尺以上，廣三尺以上。

其八，造節氣時刻轉盤星晷三具，用銅徑一尺，厚二分。

其九，造候時鐘三架，用鐵，大小不拘。

其十，裝修測候七政交食遠鏡三架，用銅鐵木料。

右諸事俱目前急用。餘可接續製造者，未敢備開。其舊法須用銅者，爲費不貲，今兼以銅鐵木料成造，小者全用銅鐵，總計所費，數亦不多。懇祈敕下工部，隨時應用。臣部依前覆議，按季類奏。但木料止堪暫用，事完仍須精銅鑄式，以垂永久。伏乞聖裁。

一、度數旁通十事：

其一，曆象既正，除天文一家言災祥禍福、律例所禁外，若考求七政行度情性，下合地宜，則一切晴雨水旱，可以約略豫知，修救修備，於民生財計大有利益。

其二，度數既明，可以測量水地，一切疏濬河渠、築治堤岸、灌溉田畝，動無失策，有益民事。

其三，度數與樂律相通，明於度數即能考正音律、製造器具，於修定雅樂可以相資。

其四，兵家營陣器械及築治城臺池隍等，皆須度數爲用，精於其法，有裨邊計。

其五，算學久廢，官司計會多委任胥史，錢穀之司關係尤大；度數既明，凡九章諸術，皆有簡當捷要之法，習業甚易，理財之臣尤所亟須。

其六，營建屋宇橋梁等，明於度數者力省功倍，且經度堅固，千萬年不圮不壞。

其七，精於度數者能造作機器，力小任重，及風水輪盤諸事以治水用水，與凡一切器具，皆有利便之法，以前民用，以利民生。

其八，天下輿地，其南北東西縱横相距，紆直廣袤，及山海原隰、高深廣遠，皆可用法測量，道里尺寸，悉無謬誤。

其九，醫藥之家，宜審運氣；曆數既明，可以察知日月五星躔次，與病體相視乖和順逆，因而藥石針砭，不致差誤，大爲生民利益。

其十，造作鐘漏以知時刻分秒，若日月星晷，不論公私處所、南北東西、欹斜坳突，皆可安置施用，使人人能分更分漏，以率作興事，屢省考成。

右十條於民事似爲關切。臣聞之《周髀算經》云：「禹之所以治天下者，勾股之所繇生也」，蓋凡物有形有質，莫不資於度數故耳。此須接續講求，若得同事多人，亦可分曹速就，伏乞聖裁。

崇禎二年七月二十六日〔上〕[四]，本年八月初一日奉聖旨：這條議曆法，立論簡確，列款明備。修正歲差等事，測驗推步、參合諸家，西法自宜兼收，用人精擇毋濫。李之藻著速催前來；儀象急用，工部委官督造；度數旁通有關庶績，一併分曹料理。該衙門知道。

校記

〔一〕據《治曆緣起》補。

〔二〕「歸化陪臣」，《治曆緣起》、中科院圖書館藏《奏疏》作「天學遠臣」。

〔三〕「寺」，中科院圖書館藏《奏疏》作「宇」。

〔四〕據《治曆緣起》補。

太子賓客禮部左侍郎兼翰林院侍讀學士督修曆法臣徐光啓謹題，爲欽奉明旨，修改曆法，謹呈開列事宜，請乞聖裁事：

照得臣於本年七月十四日奉旨督領修曆事務，即於次日選用知曆人並匠役等，製造儀器。原題大儀九座，今因工料未敷，先完三座，略可給用，已移置本局安頓訖。今月十五日止領敕書，並本部鑄給欽降關防，隨行欽天監擇日具題，奉旨已於本月二十二日開局訖。所有合用官生人等支給，並儀器工料，謹酌量中數，列款具題請旨，伏惟聖明裁定，敕下各該衙門欽遵施行。

一、支給：

一、協理、分理官各一員，光禄寺日給酒食等項，似應同纂修官照品支給。

一、欽天監官原題選取官三員；今據稱曆官七員，藝能相等，而局中又不必七員俱到，合無日輪二員供事；其二員似應照纂修館署丞等官事例支給。

一、後有取用官員，俱斟酌前例，一體給與。

一、西洋歸化陪臣〔二〕二名，萬曆間原有光禄寺下程廩給，似應該寺酌量，照舊給與。

一、選取徵用知曆人，不拘吏監生儒，原題准選用十名，今欲分別三等藝能：其一，能明度數本原講解意義傳教官生者；其一，測驗推步精密不差者；其一，製造大小儀器工巧合法者。三項皆屬上等，每名每月給米一石，銀一兩八錢。其有兼長特出、三藝俱全、一人當數人之用者，酌量加給。但今三月以來，訪取僅得三人，其藝能不及者不敢濫收；後有續取者照例支給。

一、曆科天文生考取能書善算者，原題准選用十五人，今局中不必多人，止輪三名常川供事，每名除月糧外加給米五斗，鹽菜銀九錢。其餘但有成書並工謄錄者，計日支給，每名每日給銀五分。諸人中有術業進益能及上等者，照前加給。已上二款，一時人數或缺，逐名扣給；有掛名曠廢者，計日除減。

一、督修協理各用書辦一名，每名月給銀九錢。看管儀器局夫一名，廚夫一名，每名月給銀六錢。

一、每月用呈文紙一千張，岡連紙一簍。

一、曆局觀象臺二處，每月用煤六十斤。

一、寒月四個月，每日用木炭四十斤。

一、工料：

一、七政列宿大儀九座，每座約工料銀三十兩。若會有銅鐵木植，約用工價銀二十兩。

一、平渾懸儀三架，每架約工料銀三兩。

一、交食儀一具，約工料銀五兩。

一、天球地球儀二架，每架約工料銀六兩。

一、平面日晷三具，每具約工料銀五兩。

一、星晷三具，每具約工料銀一兩。

一、自鳴鐘三架，中樣者每架價銀五十兩，大者及小而精工者價值甚多，今不必用。

一、望遠鏡三副，每架約工料銀六兩。鏡不在數。

前器止目前急用，他可續造者不在此數。至於分晝界限，工力精細，有小器一具應費百日之功者，俱知曆人幹辦。另有前項本身廩給，不在工料之數。又諸器未經成造，難以定估，人數亦有多寡不齊，通俟按季造成四柱支銷文冊，具奏達部。

一、該局房屋合應工部量行修理，當加添者量行加添，並量備桌椅器物數事。

崇禎二年九月二十三日具題，二十六日奉聖旨：這修曆官生人等支給，並儀器工料等項，俱著依議辦給。該衙門知道〔二〕。

校記

〔一〕「歸化陪臣」，《治曆緣起》、中科院圖書館藏《奏疏》作「天學遠臣」。

〔二〕《治曆緣起》八卷本，第一卷至此止。

太子賓客禮部左侍郎兼翰林院侍讀學士督修曆法臣徐光啓等謹題，爲修改曆法事：

崇禎二年七月十一日該本部題爲日食事，十四日奉聖旨：「這修改曆法四款，俱依議。徐光啓見在本部，著一切督領。李之藻速與起補，蚤來供事。該部知道。欽此。」欽遵。隨行一面製造儀器，續於九月十五日祇領敕書關防，二十二日開局。行據欽天監開送選取官生戈豐年、周胤等到局，分番測驗晷景。臣之藻祇奉簡命，亦於去冬十一月自原籍杭州府起程前來，行至揚州、滄州兩處，爲因血疾再發，醫療躭延；今幸獲痊，已於本月初六日陛見訖，旋即到局，協同臣光啓恪遵原議規則，督率該監官生，在局供事，推求測驗，改正諸法。先是臣光啓自受命以來，與同西洋陪臣[二]龍華民、鄧玉函等，日逐講究翻譯，至十月二十七日計一月餘，所著述翻譯《曆説》《曆表》稿草七卷。忽因警患，臣光啓屢奉明旨，拮据兵事，因之輟業，獨兩遠臣與知曆人等自行翻譯，復得諸色《曆表》稿草八卷。日稽月省，臣等凜凜職業，不敢怠荒。獨念天道幽遠，曆學精奥，自古聖喆皆不能爲一定之法，獨郭守敬稱爲絶倫，今復與天不合，則其法亦未精密。臣等佔俾老儒，所誦習者不過漢唐宋元史册之所紀載，資性愚蒙，亦豈能自出聰明，高睨往古。第今改曆一事，因差故改，必須究其所以差之故而改正之。前史改曆之人皆不其然，不過截前至後，通計所差度分，立一加減乘除，均派各歲之下，謂之改矣，實未究其所以然也。臣等昔年曾遇西洋利瑪竇，與之講論天地原始，七政運行，並及其形體之大小遠近，與夫度數之順逆遲疾，一一從其所以然處，指示確然不易之理，較我中國往籍，多所未聞。臣等自後每聞交食，即以其法驗之，與該監所推算，不無異同，而大率與天相合。故臣等竊以爲今兹修改，必須參西法而用之，以彼條款，就我名義，從曆法之大本大原，闡發明晰，而後可以言改耳。臣等藉諸臣之理與數，諸臣又藉臣等之言與筆，功力相倚，不可相無。然而布算既密，事緒亦繁，汗牛充棟之書，臣等方愁精力有限，歲月易銷；不意本年四月初二日臣鄧玉函患病身故。此臣曆學專門，精深博洽，臣等深所倚仗，忽茲傾逝，向後緒業甚長，止藉華民一臣，又有本等道業，深懼無以早完報命。臣等訪得諸臣同學尚有湯若望、羅雅谷二臣者，其術業與玉函相埒，而年力正强，堪以効用。及今西洋掌教陪臣〔一〕陸若漢南行，即令訪求速來，共襄盛典，事理亦便，伏乞敕下臣部，就便行文，敦諭二臣，並行所在官司，資給前來，庶令人出所長，早奏厥績。臣等竭其愚昧，諮訪商量，一則通曉曆法之人，悉宜收集京師；一則此二臣者皆係外國賓旅，請乞皇上明旨徵求，重其事亦重其人，故不免以一事之微，仰瀆聖聽。至於各省直地方，有學術能窺原本，推步確見左驗者，臣等再勤博訪取用，未敢一一瀆陳也。謹題請旨。

崇禎三年五月十六日具題，本月十九日奉聖旨：曆法方在改修，湯若望等既可訪用，著地方官資給前來。該衙門知道。

校記

〔一〕「陪臣」，《治曆緣起》、中科院圖書館藏《奏疏》作「遠臣」。

禮部尚書兼翰林院學士協理詹事府事督修曆法臣徐光啓等題，爲修改曆法事：

先該臣等於本年五月十六日題爲前事，十九日奉聖旨：「曆法方在改修，湯若望等既可訪用，著地方官資給前來。該衙門知道。欽此。」欽遵。通行咨訪去後，訪得陪臣〔一〕羅雅谷見寓河南開封府，隨經訪府知府袁楷具文起送，資給前來，於今月初二日到京。理合具題，伏候命下，令赴鴻臚寺報名，習儀見朝，隨令到局，與陪臣〔二〕龍華民一體供事。其湯若望另俟訪取到日，具題請旨施行。

崇禎三年七月初六日奉聖旨：羅雅谷准朝見，到局供事。該部知道。

校記

〔一〕〔二〕「陪臣」，《治曆緣起》、中科院圖書館藏《奏疏》作「遠臣」。

禮部尚書兼翰林院學士協理詹事府事督修曆法臣徐光啓謹題，爲月食事：

竊照本年十月十六夜望月食，已該禮部具題奉旨施行，臣等仰承欽命，職專修改，今雖功緒伊始，未有全書定法，然西洋二臣所有諸書，亦具載本法。祇因東西相去數萬里，交食時刻早晚相去約二十七刻，曆家謂之里差。此數非從月食時測驗數次，不能遽定。今與二臣約用其法，酌量加減推算，得本日月食分秒時刻起復方位，仍具圖象及欽天監原推二法，一併開坐上聞。伏乞敕下禮部，令監督司官至期會同臣等及該監官生登臺測候。如果密近，便可循跡推求，倘猶疎遠，則當立法增損。不惟驗今日之異同，亦可備他日之擬議，庶幾庶仰副皇上欽若至意，而臣等亦得一心營職，勉效其尺寸矣。緣係月食事理，未敢擅便，謹題請旨。

計開：

崇禎三年十月十六日辛酉夜望月食分秒時刻並起復方位：

依《大統曆》推算：其法月體一十五分

月食七分一秒約二分之一弱

月未入已復光一分六十一秒

月已入未復光五分四十秒

初虧　寅正三刻　五更三點　東北

食甚　卯正二刻　曉刻　正北

復圓　辰正初刻　在晝　西北

食甚、月離黃道昴宿四度二十三分一秒。

依《回回曆》推算：

月食七分六十四秒二分之一强

月未入見復光七十一秒

月已入未復光六分九十三秒

初虧　卯初初刻　東北

食甚　卯正二刻　正北

復圓　辰正一刻　西北

食甚、月離黃道酉宮二十七度四十分四十秒。

依西洋法加減推算：原法月體一十二分，今改從《大統曆》一十五分

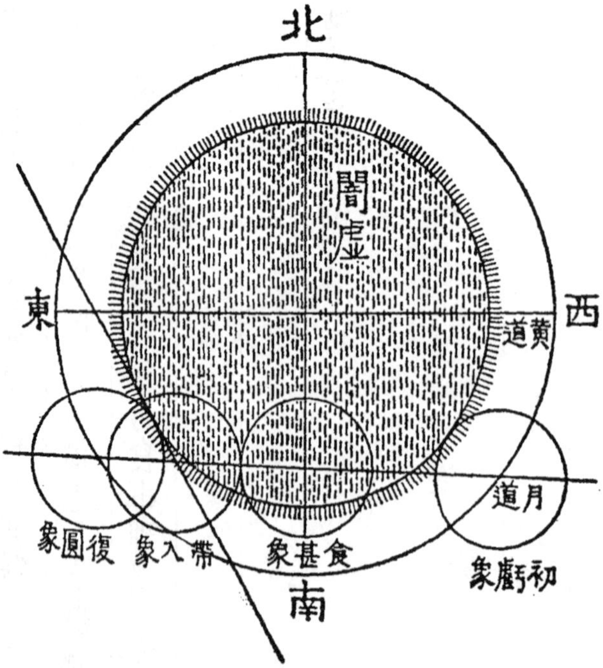

崇禎三年十月十六日夜望月食圖

月食一十一分一十三秒七十五微約四分之三弱
月未入已復光五分二十一秒
月已入未復光五分九十二秒七十五微
初虧　在寅正一刻八十九分二十五秒算外　東北
月輪在地平上三十一度一十二分
食甚　在卯正初刻六十七分九十四秒算外　正北
月輪在地平上一十一度三十分
復圓　在辰初三刻五十一分六十二秒算外　西北
月輪在地平下七度五十分
共食限一十四刻一十二分二十七秒
月離躔度：
初虧、月離黄道經度在大梁之次二十六度三十分
緯度離黄道南六十二分九十四秒
食甚、月離黄道經度在大梁之次二十七度八分一十四秒

緯度離黄道南五十五分五十秒

復圓、月離黄道經度在大梁之次二十七度八十六分四十七秒

緯度離黄道南四十八分三十三秒

右凡言算外者在過此時刻之後，如初虧在寅正一刻八十九分二十五秒，算外則必過寅正一刻而交寅正二刻，又過正二刻之八十九分而交九十分，又過九十分之二十五秒而交二十六秒，則初虧之時即寅正二刻已過八十九分二十五秒近寅正三刻矣，非謂方交寅正一刻即初虧也。食甚、復圓，俱倣此。凡曆法中歲月日時宫度分秒俱倣此。

崇禎三年九月二十日〔上〕〔一〕，本月二十三日奉聖旨：這月食分秒時刻並起復方位，各曆推算互異，卿至期率同監督司官及該監官生登臺測候審驗，具奏。該部知道。

校記

〔一〕據《治曆緣起》補。

禮部尚書兼翰林院學士協理詹事府事督修曆法臣徐光啓等謹題，爲奉命修曆，因事暫輟，謹略陳事緒，以明職守事：

竊照臣光啓於崇禎二年七月十四日奉旨督領修正曆法事務，於九月十五日止領敕書，二十二日開局供事。一月有餘，與歸化陪臣龍華民、鄧玉函等前後翻譯著述書表七卷，製造大儀三座，不意忽遭虜警，臣光啓奉命協同料理城守事宜，繼以造銃訓丁等事，獨兩陪臣與知曆人一二輩常川供事，譯成《立成表》八卷。其二臣所著述《方言》稿草，尚多未經翻譯，不敢開具。至本年五月以後，臣之藻、陪臣羅雅谷前後到局，偕臣光啓撰述翻譯，復得《書表》六卷，先後共成書籍立成表一十九卷。案照禮部原題議考成績一款内稱，每季終將簿籍書册類報該部，進呈御覽。今臣等奉命經年，而大半輟業，然鳩工合作已及三月，前項書表理合進呈。但緣多事以來，止咨到戶部事例銀一百兩，製造儀器等項支用訖。工部錢糧乏竭，事勢倥偬，臣光啓又營他務，向未咨取。至今月初九日咨到事例銀三百兩，而該監官生並工辦曆，未能繕寫，謹將前項書籍儀器名目開坐上聞，仍將《書表》稿草一十九卷送閣部諸臣查看訖，容臣等竢辦曆畢日，行欽天監鳩集官生，領給工食，次第繕寫進呈御覽。緣係奉命修曆，因事暫輟，謹略陳事緒，以明職守事理，理合具本，謹具題知。

計開：

《書表》一十九卷

《測天約説》二卷

《大測》二卷

《元史揆日訂訛》一卷

《通率立成表》一卷

《散表》一卷

已上係臣光啓同陪臣龍華民、鄧玉函等譯撰。

《測圓八線立成長表》四卷

《黄道昇度立成中表》四卷

已上係陪臣鄧玉函等同知曆人等翻譯通算。

《曆指》一卷

《測量全義》二卷

《比例規解》一卷

《日躔表》一卷

已上係臣光啓臣之藻同陪臣羅雅谷譯撰。

大儀器三座：

七政象限大儀二座

測星紀限大儀一座

已上係陪臣鄧玉函同知曆人陳于階等製造。

崇禎三年九月二十日〔上〕〔一〕，本月二十三日奉聖旨：這奏修曆事緒，知道了。原議按季考成，既因事暫停，譯成書表著繕寫完日進覽。該部知道。

校記

〔一〕據《治曆緣起》補。

禮部尚書兼翰林院學士協理詹事府事督修曆法徐，爲欽奉明旨，修改曆法，謹開列事宜，請乞聖裁事：

准禮部咨，准都察院咨。據巡按四川監察御史馬如蛟，呈奉本院劄，先該本部咨題前事，内開博訪得資縣儒學生員冷守中，執有成書，言論娓娓，謹令抄錄原書，先行呈覽。如果堪用，行文起取等因到院，移咨過部，轉咨查覽等因准此。看得曆法一家，本於《周禮·馮相氏》會天位辨四時之敘，於他學無與也。從古用《大衍》用樂律，牽合傅會，盡屬贅疣。今用皇極經世，亦猶二家之意也。此則無關工拙，可置勿論。惟是曆之始，事先定氣朔；曆之終事，必驗交食。今崇禎四年辛未歲前冬至，《大統曆》推在庚午十一月十八日亥正一刻。本部從前推步，臨期測驗，定在十九日丑初一刻五分四十一秒，則於《大統曆》已是先天一十二刻有奇，而於來術所推在酉初四刻，又先於《大統》一十六刻，則比於本部新法，共先二十八刻有奇。燕趙蒼素，不啻遠矣。然而此事奥賾難宜，逝駒莫挽，彼此是非，孰從定之，亦姑未論。獨辛未年日月交食，此可豫推，尤難掩覆。合離疏密，毫髮畢呈，此不必以口舌爭也。考是年四月十五日戊午夜望月食，欽天監推到食限一十四分九十九秒，初虧於正東，爲丑初三刻；食既爲丑正三刻；食甚爲寅初二刻；生光爲寅正一刻，復光於正西，爲卯初初刻。本部新法所推，則食限二十六分六十秒，其在順天府則初虧在丑初一刻内第二十五分三十秒；食既在丑正一刻内第五十一分二十三秒；食甚在寅初一刻内第六分四十三秒；生光在寅初四刻内第五十九分零二秒；復圓在卯初初刻内第二分二十三秒。

又依各省直道里，約略推得先後時刻，不暇遍舉。今止論四川成都府，則初虧在子正初刻九十一分一十三秒；食既在丑初一刻二十六分六十七秒，食甚在丑正初刻七十分六十三秒；生光在寅初初刻二十六分四十秒；復圓在寅正初刻五十分七十三秒。蓋順天府復圓之時，月輪準在地平上未入；四川復圓之時，月輪尚在地平上一十五度有奇。來術云加時在晝，則此相左之，甚而明白易見。本部原疏嘗云：莫難於造曆，莫易於辨曆。蓋爲此也。今時日既在，指顧事理，又若列眉，合無聽令本生同該地方陰陽人等，至期詣公府，一同候驗。如果加時在晝，即其法憂絕千古，本部當盱衡俟之。如或在夜，則尚宜虛學習學，以成先志。蓋三百年來，此道寥寥，苟有志焉，樂與其進也。再照月食分數，寰宇皆同，不比日食，多寡隨處各異，特緣地有經度，東西易地，則先後時刻，亦隨處不一。如前所推蜀省時刻，乃依《廣輿圖》計里畫方之法，揣摩推算未委，果否相合，如必欲得真數，又須以本地交食之數驗之。至期得地方官令本生同陰陽人等，測定初虧真正時刻分秒，備細具申轉咨前來，使本部得藉手以告成事，是所甚願也。爲此合咨貴部，煩爲查照，轉咨施行。

崇禎三年十一月。

咨禮部文，爲恭進《曆元》以正曆數等事：

准禮部咨，准通政司咨。據保定府滿城縣玉山布衣魏文魁，爲前事具疏，令伊男魏象乾賫捧《曆元》一部到司，看得魏文魁雖云考正曆法，然未經試驗，不敢輕進御覽，合資考驗等因到部，相應轉咨，查照考驗等因，准此。看得滿城縣耆儒魏文魁，知其名二十餘年矣。頗聞邢觀察《律曆考》多出其手。近刻《曆測》、《曆元》二書，則功力識見，加勝於前。蓋苦心力學之士，無論一時草澤，即百年來治曆名家，翹然自負，藉甚有聲者，所不逮也。但事干進奏，銀臺謂未經考驗，不敢輕進，良爲有見。而本儒身在原籍，無憑咨核，姑就近刻二書，及送到交食一單，略舉一二，令再爲商求，務期畫一，徵前驗後，確與天合，因而推步成曆，不惟生平績學可以自見，本部亦得取資藉力，以襄大典矣。百年絕緒，非不欲速其成，潛隱碩儒，非不樂與其善，但與其奉旨之後，考究異同，致稽題覆，不若計定於前，應時報命之爲愈也。辭句頗繁，粘連別幅，爲此合咨貴部，希爲查照轉達施行，須至咨者。

崇禎四年六月初一日。

計開：

一議交食。據單開崇禎四年四月十五日夜望月食。今考驗食分，則爲密合，加時後天一刻，亦爲親近。獨二年五月朔日食，監推三分二十四秒，初虧巳正三刻，回回科推五分五十二秒，初虧午初三刻。臨期實候得食止二分，初虧巳正四刻，與本部所據新法密合，此改修之議所起也。今《曆測》稱三分九秒，初虧巳正三刻，則食多一分，時先五刻；《曆元》稱日食一分二十一秒，初虧午初初刻，則食少一分，加時密合，而兩書自相違異，食差將及二分，加時不啻五刻，此宜再加研察，並將兩術算草，備細開報，以憑查核，務須追合天行，方可議定成法，以垂永久。至今年十月朔，監推日食二分六十四秒，初虧未初一刻。本局新法推食二分有奇，初虧午正一刻，而單開食止九十七秒，初虧未初二刻，則食少一分有奇，加時後天五刻。此法異同，不須諍論。宜待臨時候驗，疎密自見耳。

一議冬至。據《曆測》不用《授時曆》加減歲實，亦不用《大統》定用歲實，而用金重修《大明曆》小餘二十四刻三十六分，則各年冬至，宜遞加二十四刻三十六分，方合古來成法。今查《曆元》稱崇禎元年戊辰，測己巳歲天正冬至，得癸未日午正二刻；崇禎三年庚午，測辛未歲天正冬至，得甲午日子正初刻。兩年之間，實差四十九刻，平分之得二十四刻五十分，亦爲密近。但天啓七年丁卯，測戊辰歲天正冬至，得戊寅日卯初二刻，而前推己巳歲天正冬至，得午正二刻，則差二十九刻，與小餘不合者四刻六十四分，兩測兩推，必居一誤矣。所宜再加研究，以求必合者也。

右二則略舉目前易見之事，欲須審定畫一，但山居既無儀器，推測得此，已屬苦心。今欲必求確合，當於候臺測驗，本部新局，亦粗備一二，可以審詳。或本儒年至，未得輒便前來，亦可令嗣子門生，測量分數，細加較算，縱未能即合天行，於自立之法，自譔之書，不宜參商矛盾，以啓駁正之端。若臨期果有疑義，不妨實告本部，共圖剖析，事關國典，不至如往代曆師，珍其敝帚也。再查二書中，復有當極論者，今略舉數事如左，計好學深思者，必能豁然領悟，不至厭其繁細也。此事豈不繁不細，可鹵莽而得者哉。

其一，歲實自古以來，代有減差，至《授時》減爲二十四分二十五秒，依郭法百年消一，今當爲二十一分有奇。而《曆元》用楊級、趙知微之三十六秒，翻復驟加，與郭法懸殊矣。今詳郭法寖次減率，考古驗今，實非妄作，決宜遵用。而《曆元》所用，又似實測得之，是以確然自信，仍非臆説。二義參差，將何決定，根尋究竟，則皆是也，又皆非也。其中義據，巧曆茫然。所宜亟論者一。

其一，句股弧矢，曆學之斧斤繩尺也。每測皆尋弧背，每算皆求弧矢。而今曆測中，猶用圍三徑一，開方求矢之法。此之半徑，則六十度八十七分五十秒之通弦耳。此而可用，則六十度八十七分五十秒之弧，與其通弦等乎？半之則三十度四十三分七十五秒之弧，又與其正弦等乎？是術一誤，何所不誤？所宜亟論者二。

其一，冬夏二至，不爲盈縮之定限。今考日躔春分迄夏至，夏至迄秋分，此兩限中，日時刻不等，又立春迄立夏，立秋迄立冬，此兩限中，日時刻亦不等。此皆測量易見、推算易明之事，則太陽盈縮之實限，宜在夏冬二至之後，而各有時日刻分，代有長消加減。所宜亟論者三。

其一，舊曆言太陰最高得疾，是入轉内事；表測高下，是入交内事。若云交即是轉，緣何交終轉終，兩率互異。既是二法，豈容混推，以交道之高下，爲轉率之遲疾也。交轉既是二行，而月行轉周之上，又復左旋，所以最高向西行則極遲，最低向東行乃極疾，正與舊法相反。五星高下遲疾，亦皆准此。所宜亟論者四。

其一，日食法謂在正午則無時差，非也。時差言距，非距赤道之午中，乃距黄道限東西各九十度之正中也。而黄道限之正中，在午中前後有差至二十餘度者。若依正午加減，烏能必合？所宜亟論者五。

其一，交食限定爲陰曆距交八度，陽曆距交六度亦非也。本局考定陰曆當十七度，陽曆當八度。月食則定限南北各十二度。所宜亟論者六。

其一，《曆測》云：「宋文帝元嘉六年十一月己丑朔，日食不盡如鈎，晝星見。今以郭氏《授時曆》推之，止食六分九十六秒，郭曆舛矣。」不知所謂舛者，何也？若郭曆果推得不盡如鈎，晝星見，則真舛耳。今云六分九十六秒，乃是密合，非舛也。夫月食天下皆同，日食九服各異，前史類能言之。南宋都於金陵，郭曆造於燕中，相去三千里，北極出地差八度，日食分數，宜有異同矣。其云不盡如鈎，當在九分左右，而極差八度，都在十一月，則食差當得二分弱。郭曆推得七分弱，非密合而何？本局今定日食分數，首言交，次言地，次言時，一不可闕。所宜亟論者七。

右七則因本書所有，略引其端，事頗賾隱，更僕未罄。此外有當論定者，不止百數，必欲集成大業，固當一一講究，勒爲全書，令傳習者洞曉其法，可以隨試輒效，後來者通知其意，可以因時改革，或復墨守其説，則各就本法，自成一家之言，以待天驗，以質公評，斯亦前朝之恒事，無足爲嫌者也〔一〕。

校記

〔一〕《學曆小辯》錄魏文魁《貴局二議七論，其中有是非二字謹領教，略答一二》，署滿城玉山布衣魏文魁，全文如下：「一議交食。據崇禎四年四月十五日月食，魁以第二男魏星乾、第二孫魏理漕候漏測驗。本縣縣尹葛允昇、縣學生員張爾翥同測驗。蠡縣人甲午舉人賈訥、己未進士王行健，測驗三處，測得食既生光刻分。魁以法推得分秒，以著《曆元》，乞貴局大方家更正。咨云『獨崇禎二年五月乙酉朔日食，《曆測》稱三分九秒，初虧巳初三刻』，是刊書者誤也。魁之原稿所存日食一分三十九秒，復圓午初三刻，將日食分秒，作成定用倍而減之。初虧自見，臨時測驗，數處報來及禮部有聞。又著《曆元》，乞貴局更正。

一議冬至。據《曆測》，不用加減歲實，亦不用《大統》歲實，而用金重修《大明曆》歲實。非余用也，原是《授時曆》、《大統曆》四餘用也。貴局不查，疑余用之。余之所用歲實者，不假思索，皆從天得。《曆元》著明千載合天不謬，真而不僞，諒之諒之。咨單中又云：『或本儒未得，輒便前來。』斯言過也。魁疏潛隱未上，《曆元》未盡，□□不知下落何處，未奉旨議並無召命，私自來京，惹人哂恥，而來何爲耶？

其一，歲實自漢以來，代有減差。至《授時曆》減爲二十四刻二十五分，是郭守敬自言。自大明壬寅歲距至元辛巳歲，八百一十九年，以積年而一積日，得歲實非減而得之也。守敬祇有這一長處，其月策轉終，交終交泛等，並皆仍舊矣。百年消長各一，決不可用。《曆元》不從，用楊級、趙知微之三十六秒，《曆元》妙而神術，人何而得知耶？郭守敬法考古驗今，真是妄作。決不可遵用。如是遵用，貴局遵用，在魁不然，何謂也？守敬云：『自大明壬寅歲來，壬寅歲天正冬至乙酉日夜半後三十二刻。祖冲之立表所測，守敬用百年消長推之，得甲午日八十刻，失一日二十四刻。』守敬云：『天道有失行。』是天失行邪，是人之法失行邪？而百年消長，遵是乎？非乎？魁用衆君子所測，今年崇禎四年辛未歲天正冬至甲午日夜半後五十分，爲應上距大明壬寅歲一千一百六十九年，乘歲實三百六十五日二十四刻二十七分，得中積減氣，應以甲子去之，餘以減甲子，得乙酉日二十九刻天正冬至，與天合。又以《授時》至元辛巳三百五十年乘歲實，得中積減氣，應以甲子去之，餘以減甲子，得己未日夜半後六刻冬至與天合。

其一，句股弧矢，曆學之斧斤繩尺也。猶用圍三徑一，是術一誤，何所不誤？貴局責誤者，不責其源清而責流濁。余《曆測》、《曆元》，所著《句股弧矢三乘》之術，以誤三百五十餘年。誤起於元翰林學士知制誥同修國史樂城李冶，其後太史令郭守敬遵而用之。既然圍三徑一之誤必也，用太一之文，三而一二二三之數也，弧矢割圓三乘之誤，貴局定有良見，著爲書何如？使魁收入《曆元》，以傳後世。

其一，太陰而用圭表，所測是真，遲疾者何云非，非非也。夫測太陽二至，前後晷景，年年有之矣。若測太陰，高低晷刻，有年有月，非測太陽之比也。非是年是月不得測驗，四年半測高，四年半測低，九年一率，遲疾一更。自劉洪粗知，而不知半立有差，今以尖圓法，得平立定三差，盈縮遲疾咸備，在《曆元》卷之二。天啓癸亥歲，日低月高之會，測法細錄，報貴局查之。

其一，日食法，謂在正午，則無時差是也，非非也。所謂時差者，言旦夕也，不言距度也。食在夕者，酉初一刻，時差多，定朔小，餘必是七十二刻，時差六刻有奇，日食在午，正初刻者，定朔小，餘必是五十刻。不知時差自何而來。在《曆元》卷之二交食元中講之甚明。貴局非也，是孰非邪？以定朔小餘五十刻，問司曆氏時差幾何？渠止會推數，不明曆理，待報自知也。

其一，日食限定爲陰曆距交八度，陽曆距交六度，亦是也，非非也。陰曆過此限不食，且如宋仁宗天聖二年甲子歲五月丁亥朔，曆官報當午日食五分有奇。候之不食，以諸曆推算，皆食五分有奇，《授時曆》推之亦然。郭守敬云：『天道失行。』以魁之術推之，是日得陰曆八度三分，果然不食。嗟，嗟，歷代無一人知曆數，湮沒至今，不亦傷乎？今貴局定陰曆當十七度，陽曆當八度，月度則定限南北各十二度。此夷外之曆學，非中國之有也。魁不可得而知之也，何謂也？言陰曆定限八度，陽曆定限六度者，是距交前後二度相並也。自陰陽八度六度之前後，漸漸而寬，寬至六度弱，漸漸而窄，窄至距交陰八陽六二度相並，乃會食之所也。《弧矢三乘》尖圓之法，正謂此云。

其一，《曆測》云：劉宋文帝元嘉六年己巳歲十一月己丑朔日食，不盡如鉤，晝星見，河北地盡暗黑如夜，秦中地震。貴局言南宋都金陵三千里，郭《曆》造於燕，去河北止千里，非三千里，不可辯論，何謂也？貴局報今年四月十五日夜望月食，朝鮮虧時與山西太原府同，則可知矣。夫北極出地南北異，東西同，求日出日入則可，而南北日出入異。異者，北極出地高下之故也；東西雖同者，謂日出卯日入酉也。若交食時刻相同則不然。夫交食者，或當交或交之前後，移刻則交過之，而日躔月離，去交遠矣。如陝西臨洮、蘭州、河州等處，西去上谷纔五千餘里，上谷西距太原又四百餘里，北極出地雖同是言，日之出入，與交不干。假如西域巳時，即中國未時也，如是日月有食，定巳時邪，定未時邪？欲修曆數必也。數理明達，方任其事。余觀貴局，多曆理明達者乎？諺云：『水深丈，探人深。』語激是也，是也。」

禮部爲欽奉明旨修改曆法，謹開列事宜，請乞聖裁事：

祠祭清吏司案呈奉本部送八月十六日准都察院咨。七月二十八日據四川巡按監察御史劉光沛呈稱：本年五月初五日據四川布政司經歷司呈，奉本司劄付，本年三月二十日，蒙職案驗前事，奉本院勘劄，准禮部咨祠祭清吏司案呈奉本部，送准禮部尚書兼翰林院學士協理詹事府事督修曆法徐咨稱：內准禮部咨，准本院咨，據巡按四川監察御史馬呈奉本院勘劄，先該本部咨題前事，內開博訪得資縣生員冷守中執有成書，言論娓娓，謹令抄錄原書先行呈覽，如果堪用，行文起取等因。到院移咨，過部轉咨查覽等因。仰司呈堂查照劄案内事理，轉行資縣喚令生員冷守中到司。至期地方官督令本生，公同陰陽人等，參驗交食真正時刻分秒，備錄具報，以憑轉報施行。蒙此同日，又蒙本院案驗爲日食事，奉本部勘劄，准禮部咨祠祭清吏司，案呈奉本部，送禮科抄出禮部尚書兼翰林院學士協理詹事府事督修曆法徐題奉聖旨：「覽奏月食方隅晷刻，互有同異，便著監督官測候，及各省直奏報，參驗自見，所陳四事務，講求詳確，以資修改，該部知道。欽此。」仰司呈堂查照劄案内備奉明旨内事理，即便轉行合屬府州縣，至期參驗，備錄時刻，的確開報，以憑轉報，回銷施行。蒙此俱經通行合屬遵照行令成都府轉行資縣，申送生員冷守中到司。諭令本生先將月食分秒開報，至期互相參驗。據本生具呈手本，開報崇禎四年四月十五日交，十六日月食。寅正二刻初虧，卯初二刻食甚，卯正二刻復圓。月食一十三分二十八秒，至崇禎四年〔四月〕〔二〕十五日戊午夜，該本司署印分守川西道參政賀自鏡，會同按察司署印軍驛屯鹽茶水道布政司參政曾棟、都司軍政掌印都指揮僉事高銘、僉書林天庚、團練參將王國臣，督率合府文武官吏、師生、陰陽、醫學、僧綱道紀人等，前詣都司陳設，自十五日戊午夜，候至己未子時，據成都府陰陽官生鄭良等，報初虧子正初刻三更三點，正東；食既丑初三刻四更三點；食甚丑正初刻四更四點；生光寅初三刻五更二點；復圓寅正二刻五更五點，正西；呈報在卷。查得生員冷守中預報初虧時刻，參驗交食，差錯二時，曆法未精，不必言矣。即陰陽官所報時刻更點，亦未必一一按接也。第據衆目所共見者，初虧在東南，食甚在正南，月光盡掩無餘，良久光始東生，復圓則在西南。月將西沈，天色欲曙，日尚未出也。想治曆家始能推算分刻的，確非草澤所能測度也。除冷守中遵奉部文，諭令虛心再加習學外等因緣繇，前來合行呈報，爲此具繇呈乞照驗，請禮部原奉勘合字號，並賜註銷施行等因到院，據此擬合就行，爲此合咨貴部，煩爲註銷施行，咨部送司，准此相應轉咨，案呈到部，擬合就行，爲此合咨前去，煩爲查照知會施行，須至咨者。

崇禎四年八月二十八日。

校記

〔一〕據《治曆緣起》補。

奏疏卷三

禮部尚書兼翰林院學士協理詹事府事督修曆法臣徐光啓謹奏爲月食事：

臣於九月十九日具題前事，二十三日奉聖旨：「這月食分秒時刻並起復方位，各曆推算互異，卿至期率同監督司官及該監官生登臺測候審驗，具奏。該部知道。欽此。」欽遵。於今十月十六日夜望率同監督司官梁衍泗及該監堂屬官生葉震春等到臺測驗。臣用新造候時星晷一具，逐時逐刻測候，到寅正一刻九十分算外見初虧東北，至卯正初刻七十分算外食甚約一十一分以上，難定秒微，因闇虚體大三倍於月，掩月西行，食甚時刻頗久，適遇陰雲遮掩，以至月入地平，無從考其已未復光分數，較臣原題月食分秒起復方位，似不甚遠。至該監官生於臺下就壺漏二器，多寡稍有異同，似不難較勘畫一也。臣欽奉明旨，理合回奏，爲此具本，謹具奏聞。

崇禎三年十月十七日具題，二十四日奉聖旨：考驗曆法全在交食，覽奏臺官用器不同，測時互異，還著較勘畫一，具奏。

禮部尚書兼翰林院學士協理曆事府事督修曆法臣徐光啓謹題，爲奉旨回奏事：

臣於十月十七日登臺測候月食，具本回奏，奉聖旨：「考驗曆法全在交食，覽奏臺官用器不同，測時互異，還著較勘畫一，具奏。欽此。」欽遵。隨行督率該監堂屬官並知曆人等到臺，前後較勘三次。設立表臬及用合式羅經，於本臺日晷簡儀立運儀正方案上，較定本地子午真線，以爲定時根本。據法當製造如式日晷，以定晝時；造星晷，以定夜時；造正線羅經，以定子午。若晨昏陰雨，當造如式行漏，與該監所有銅漏比驗畫一，以濟二晷所不及。但備辦界畫，工力甚細，今工尚未竣，而較勘略定，理合先行奏聞。臣等竊照定時之法當議者五事：一曰壺漏，二曰指南針，三曰表臬，四曰儀，五曰晷。其一，壺漏等器規制甚多，今所用者水漏也。然水有新舊滑濇，則遲疾異；漏管有時而塞，有時而磷，則緩急異。定漏之初，必於午正初刻，此刻一誤，無所不誤，雖調品如法，終無益也。故壺漏者特以濟晨昏陰雨晷儀表臬所不及，而非定時之本。所謂本者，必準於天行，則用表、用儀、用晷，晝測日，夜測星，是已。其二，指南針者，今術人恒用以定南北，凡辨方正位，皆取用焉。然所得子午非真子午，向來言陰陽者多云泊於丙午之間，今以法考之，實各處不同。在京師則偏東五度四十分，若憑以造晷，則冬至午正先天一刻四十四分有奇，夏至午正先天五十一分有奇。然此偏東之度，必造針用磁，悉皆合法，其數如此。若今術人所用短針、雙針、磁石同居之針，雜亂無法，所差度分或多或少，無定數也。今觀象臺有赤道日晷一座，及正方案，臣等以法考之，其正方案偏東二度，日晷先天半刻，計在當時亦用羅經與表臬參定，故差數爲少。若專用羅經者，恐所差刻分多少亦無定數，而大抵皆失於先天。據此以候交食時刻，即其失不盡在推步也。今但用表臬或儀器以求子午真線，或依偏針加減，別造正線羅經，以與舊晷較勘，差數立見矣。三曰表臬者，即《周禮》匠人置槷之法，識日出入之景，參諸日中之景，以正方位。今法置小表於地平，午正前後累測日景，以求相等之兩長景，即爲東西；因得中間最短之景，即爲真子午。其術更爲簡便也。四曰儀者，本臺原有立運儀，用以測驗七政高度，臣等即用以較定子午。於午前累測日高度、分至於長極而消，則因最高之度即得最短之景，此午正時南北真線也。五曰晷者，造成平面晷體依前儀器表臬南針三法，參互考合，務得子午卯酉真線，因以法分布時刻，加入節氣諸線，即成平面日晷。若今時所用圓石欹晷，是爲赤道晷，亦用所得子午線較定。此二晷者，皆可得天正時刻，所謂晝測日也。若測星之晷，亦即《周禮》夜考極星之法。然周時北極一星，正與真北極同壤；

今時久密移，此星去極三度有奇，《周官》舊法不復可用。故用重盤星晷，上盤書時刻，下盤書節氣，展轉相加，依近極二星用時指垂權，測知天正時刻，所謂夜測星也。總五事而論之：壺漏用物用其分數，南針用物用其性情，然皆非天不因，非人不成。惟表、惟儀、惟晷，悉本天行，私智謬巧無容其間，故可爲候時造曆之準式也。今若於準表、準儀、準針任用一事，因之以造日星二晷，又因二晷以較定壺漏，用加減輕重之法令遲疾如意，則天正時刻人人通知，在在畫一矣。如是而交食時刻尚有後先，則失在推步也。然而推步之學，其中事理有須申明奏聞者。蓋自漢迄元一千三百五十年，凡六十八改而後有《授時》之法，是皆從粗入精，先迷後得，謂古法良是，後來失傳誤改者，皆謬論也。自元至今又三百五十年，略無修正，並郭守敬之遺書一百餘卷，悉皆散逸，徒取其僅存之粗跡，爲熙朝之大典，詎是事宜？而昔日臺官阻撓特甚，此則前代曆家義所不敢出也。近蒙聖明加意釐正，諸臣專己成心，悉已捐除。而見臣等著述稍繁，似有畏難之意。不知其中有理、有義、有法、有數。理不明不能立法，義不辨不能著數。明理辨義，推究頗難；法立數著，遵循甚易。即所爲明理辨義者，在今日則能者從之，在他日則傳之其人，令可據爲修改地耳，非必在臺諸臣悉皆曉暢也。若立成諸表皆先爲一定之法，一成之數，如舊用測圓術求距度一率，即須展轉乘除，窮日之力；而臣等翻譯原文二萬一千六百率，又改從《大統》，加減演算爲三萬六千率，用之推步，展卷即得。其他諸法，亦多類此。此則今之愈繁，乃後之愈簡；以臣等之甚難，開諸臣之甚易，何足畏哉！此臣等所嘗面諭，而今以入告，庶諸臣知臣言之不欺，旁觀者知曆法曆理，一成俱成，遠尋前緒，下啓來兹，實未易也。緣係奉旨回奏事理，除赤道晷恒是先天半刻可用，原晷修改或臨時扣減定算平面晷，可於正方案界畫其星晷，行漏羅經，待工完之日，付該監臺官施用，並指授造法、用法外，合應先行回奏。爲此具本，謹具題知。

崇禎三年十一月十四日〔上〕〔一〕，二十八日奉聖旨：曆學甚微，其理數法象，必須悉心互參，不可偏執。覽奏製器測晷及指傳臺官等事，具見詳審，知道了。該部知道〔二〕。

校記

〔一〕據《治曆緣起》補。

〔二〕《治曆緣起》八卷本，第一卷至此止。

禮部尚書兼翰林院學士協理詹事府事督修曆法徐光啓奏：

爲因病再申前請，懇祈聖鑒以完大典事。臣等近推本年十一月十八日冬至時刻，用儀器三事，累測日躔，如法布算，與該監原推不合；而該監原推與近來議曆者所言又不合。

欲求晝一，使人人暢曉，確然無疑，當於臯表二器酌就一巧便之法。因於二十八日前往觀象臺再行備細考驗計畫，不意偶然失足，顛墜臺下，致傷腰膝，不能動履。見今延醫調治，據例止應註籍，未宜輒以上聞。而在臣特不得不言者，爲修曆事務勢難闕人故也。案查去年七月十一日禮部爲日食事條陳四款，内一款言治曆重事，須博訪遍求，選擇共事，庶集衆思，以底成績，則又俟督領之臣，另行斟酌題請等因，本月十四日奉聖旨：「這修改曆法四款俱依議。徐光啓見在本部，著一切督領。李之藻速與起補，蚤來供事。該部知道。欽此。」續於本年七月二十六日臣復具奏，爲恭承明命，自揣無能，謹陳愚見以祈聖明採擇事，内開「專門名家，亦宜兼收，容臣等隨時訪求，有立法超卓、陳議精當者，具實奏聞，以待簡用」等因，八月初一日奉聖旨：「這條議曆法，立論簡確〔二〕，列款明備。修正歲差等事，測驗推步，參合諸家，西法自宜兼收。用人精擇毋濫。李之藻著速催前來。儀象急用，工部委官督造；度數旁通有關庶績，一併分曹料理。該衙門知道。欽此。」臣自兹奉命以後，料理未幾，旋遭報警，輟業逾時；今秋纔欲續成，而寺臣李之藻物故。目下算數測候謄寫員役雖不乏人；而釋義演文，講究潤色，較勘試驗，獨臣一身，即使强健踰人，尚苦茫無究竟，況今疾困支離，卧病一日則誤一日之事。以此再申前請，伏乞下吏禮二部，商求堪用人員，更簡數輩前來供事。若使臣醫藥遂效，可速於告成；如或痊可未期，亦便於承接矣。臣昨具疏以較勘時刻回奏，伏奉聖旨：「曆學甚微，其曆數法象必須悉心互參，不可偏執。覽奏製器測晷及指傳臺官等事，具見詳審，知道了。該部知道。欽此。」仰見我皇上通微之睿慮，無窮之教思，臣自今以往，敢不夙夜佩服！無論一己原無特見，不敢偏執，即載籍有異同，衆論有彼此，亦不敢偏徇，而惟以七政運行爲本。昔元統李德芳爭言曆事，高皇帝曰：「二統皆難憑，祗驗七政行度交會無差者爲是。」洋洋聖謨，垂訓至矣。臣欽承此意，故一切立法定數，務求與天相合，又求與衆共見。但其理義甚奧而賾，法數甚曲而繁，自非集思廣益，何能速就！況臣既衰且病，展轉迴惶，不得不瀆陳於聖明之前也。外訪取西洋陪臣〔二〕湯若望，向寓陝西西安府，今經該府咨給前來，理合奏聞；並候命下，令赴鴻臚寺報名見朝，隨令到局，一體供事。伏候敕旨，臣無任激切惶悚待命之至。

崇禎三年十二月初二日〔上〕〔三〕，本月初六日奉聖旨：審曆非比他藝，果有精曉堪任的，著吏禮二部擇用，不得偏徇。取到人員知道了。該衙門知道。

校記

〔一〕「簡確」，《治曆緣起》作「精確」。

〔二〕「陪臣」《治曆緣起》、中科院圖書館藏《奏疏》作「遠臣」。

〔三〕據《治曆緣起》補。

禮部尚書兼翰林院學士協理詹事府事督修曆法臣徐光啓謹題，爲月食事：

竊照崇禎四年四月十五日戊午夜望月食，其食限分秒時刻並起復方位，例應先期具奏，除《大統》《回回》二曆近經欽天監自行具題外，臣等法雖未定，約略推步，謹將所得諸數逐一開坐，並具圖象進呈御覽，仍附陳四事，以祈聖鑒。其一，凡論時刻臣等皆言算外，是曆家古法；而該監皆言算內，所以愈似差殊。如今年十月十六日夜望月食，初虧臣等言寅正一刻八十九分二十五秒，該監稱寅正三刻，此所差者十分七十五秒耳，若止據寅正一刻之文似差二刻也。《元史》曆議言考算交食同刻者爲密合，相較一刻爲親，二刻爲次親，三刻爲疎，四刻爲疎遠，内外之説不明，是本密合而反似次親矣。臣今亦言算内，以期畫一。如寅正一刻八十九分二十五秒算外，今言寅正二刻内第八十九分二十五秒，則與正三刻止差十分七十五秒，明白易見。其二，臣等較定觀象臺正方案上子午線偏東二度，赤道日晷先天半刻，今曆書未成，法數未備，該監未能據改，臣今推算每具兩率云依新晷則若干，依臺晷則若干，以待臨時候驗。其三，上天下地各有經度緯度，測天則經度易，緯度難；測地則經度難，緯度易。日食隨地不同，則用地緯度算其食分多少，用地經度算其加時早晏；月食分數寰宇皆同，止用地經度推求先後時刻而已。漢安帝元初三年三月二日日食，史官不見，遼東以聞，五年八月朔日食，史官不見，張掖以聞。蓋食在早獨見於遼東，食在晚獨見於張掖，當時京師不見食，非史官之罪；而不能言遼東張掖之見食，則其法未密也。然曆本數千年間自粗入精，如日食即是定朔，漢人尚推日食在朔二日，而暇責其早晚異分之數耶？《唐書》載北極出地自林邑十七度至蔚州四十度，元人設四海測驗二十七所，庶幾知詳求經緯之法矣。臣等職專修正，不一推算，恐他日東西南北見食不同，難辭疏遠之誚。但功緒未就，無暇及此，未能實知各省直經緯幾何，特從輿地圖約略推步，開載各省今食初虧度分。蓋食分多少既天下皆同，則後來四率可以類推，不若日食之經緯各殊，必須詳備也。其四，舊法月體一十五分，則盡入闇虛亦十五分止耳；而臣等今推二十六分六十秒者，蓋闇虛體大於月，若食時去交稍遠，即月體不能全入闇虛，止從月體論其分數。是夕之食，極近於二道之交，故月入闇虛一十五分方爲食既，更進一十一分有奇乃得生光，故爲二十六分有奇。如《回回曆》推十八分四十七秒，略同此法也。如蒙聖鑒，伏候命下該部，至期令監督等官測候上聞。緣係月食事理，未敢擅便，謹題請旨。

計開：

崇禎四年四月十五日夜望月食分秒時刻並起復方位：

月食二十六分六十秒，舊法月體一十五分，除食既外餘食一十一分六十秒

初虧，依新暑在丑初一刻内第二十五分三十秒，依臺暑在丑初一刻内第七十五分三十秒，月在地平上二十九度一十分，正東

食既，依新暑在丑正一刻内第五十一分一十三秒，依臺暑在丑正二刻内第二分二十三秒，月在地平上二十三度二十八分

食甚，依新暑在寅初一刻内第六分四十三秒，依臺暑在寅初一刻内第五十六分四十三秒，月在地平上一十七度五十二分

生光，依新暑在寅初四刻内第五十九分二秒，依臺暑在寅正初刻内第九分二秒，月在地平上八度八十八分

復圓，依暑在卯初初刻内第二分二十三秒，依臺暑在卯初一刻内第三十四分九十秒，月輪准在地平上無度分，正西

計食限内凡十五大刻爲一千五百分，三小刻爲五十分，又餘分五十三分六十五秒，

共十六大刻三分六十五秒

日月經度：

食甚日躔黄道在大梁之次二十四度五十五分七十二秒

食甚月離黄道經度在大火之次二十四度三十五分七十二秒

月離緯度：

初虧月距黄道北一十分二十六秒

食甚月距黄道北四十七秒

復圓月距黄道南八分八十五秒

各省直食時刻：

京師順天府　初虧在丑初一刻内第二十五分三十秒

南京應天府、福建福州府　初虧在丑初一刻内第五十一分四十秒

山東濟南府　初虧在丑初初刻内第七分七十三秒

山西太原府　初虧在子正三刻内第六十五分三十秒

湖廣武昌府、河南開封府　初虧在子正四刻内第二十五分三十秒
陝西西安府、廣西桂林府　初虧在子正二刻内第九十五分三十秒
浙江杭州府　初虧在丑初初刻内第一十二分一十三秒
江西南昌府　初虧在子正四刻内第五十五分八十三秒
廣東廣州府　初虧在子正三刻内第九十一分四十秒
四川成都府　初虧在子正一刻内第七十五分八十秒
貴州貴陽府　初虧在子正二刻内第七十一分四十秒
雲南雲南府　初虧在子初四刻内第七十一分四十一秒

崇禎三年十二月初三日〔上〕〔一〕，初六日奉聖旨：覽奏月食方隅晷刻，互有異同，便著監督官測候及各省直奏報，參驗自見。所陳四事，務講求詳確，以資修改。該部知道。

校記

〔一〕據《治曆緣起》補。

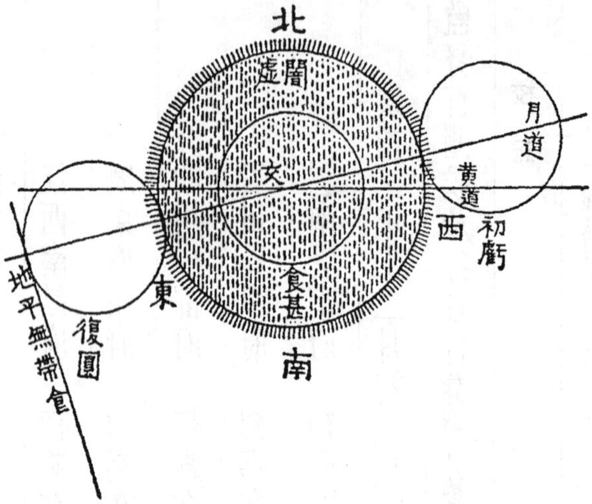

崇禎四年四月十五日夜望月食總圖

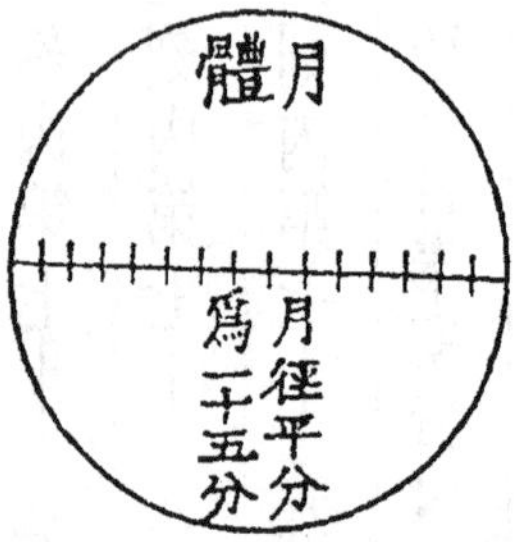

月體一十五分之圖

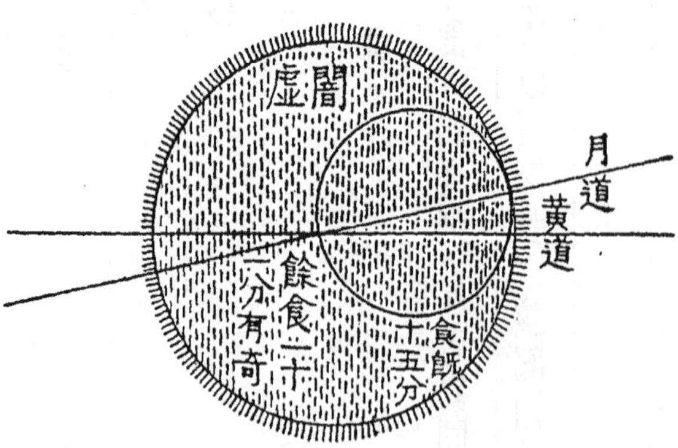

月食限二十六分之圖

禮部尚書兼翰林院學士協理詹事府事督修曆法徐光啓謹題：

爲欽奉明旨，恭進曆書事。案照崇禎三年九月二十日該臣題爲奉旨修曆，因事暫輟，謹略陳事緒，以明職守事：內開「先後共成《曆書》並《立成表》一十九卷，竢辦曆畢日，糾集官生次第繕寫，進呈御覽。」等因，二十三日奉聖旨：「這奏修曆事緒，知道了。原議按季考成，既因事暫停，譯成書表著繕寫完日進覽。該部知道。欽此。」欽遵。隨將翻譯撰述過書、表等二十三卷，並《總目》一卷，共二十四卷，行欽天監官生繕寫完備。其間卷數有多於前題者，係近日續成；前經開載今未完者，因本書卷數尚多，合待通完並進。爲此謹將見在《曆書》《曆表》二十四册，二套，進呈御覽，伏祈聖鑒。緣係欽奉明旨，恭進曆書事理，理合具本，謹具題知。

計開：

曆書一套六卷內

《曆書總目》一卷

《日躔曆指》一卷

《測天約説》二卷

《大測》二卷

曆表一套一十八卷內

《日躔表》二卷

《割圓八線表》六卷

《黃道昇度表》七卷

《黃赤道距度表》一卷

《通率表》二卷

崇禎四年正月二十八日〔上〕〔一〕，二月初一日奉聖旨：曆書留覽，未完的繕寫續進。該部知道。

校記

〔一〕據《治曆緣起》補。

附《曆書總目》（崇禎四年正月二十八日）〔一〕

臣竊惟：星曆之學，興於邃古，如伏羲作干支，神農分八節，黃帝綜六術，顓頊命二正是已。六經可考者，則《虞書》之在璣齊政，曆象授時，《周禮》之土圭致日月，馮相氏會天位、辨時敘也。而黄帝以下六曆皆不傳，其傳者自西漢《太初曆》始。太初以後迄於勝國，千四百年，改曆者七十餘次，創法者十有三家。約略計之：二十餘年而一修改，百餘年而一創法。其間學士疇人、布衣草澤，流傳衍繹，曾無絶緒。即有守株之陋，時呈秀林之材矣。元郭守敬兼綜前術，時創新意，《授時》既就，以爲終古絶倫，後來學者謂守此爲足，無復措意。三百五十年來並守敬之書亦皆湮没，即有志之士殫力研求，無能出守敬之藩，更一舊法，立一新意，確有原本，確有左驗者。則是曆象一學，至元而盛，亦自元而衰也。我高皇帝神聖首出，深明象緯，元統李德芳爭言歲實消長，聖諭云：「但以七政行度交會無差者爲是。」然而二臣亦各不能自爲無差。是後欽命儒臣吴伯宗等翻譯《西域曆書》三卷，載在掌故。又面諭詞臣李翀等曰：邇來西域陰陽家推測天象，至爲精密有驗，其緯度之法又中國書之所未備，此其有關於天人甚大。宜譯其書，隨時披閲，庶幾觀象可以省躬修德，順天心、立民命焉。又稱其測天之道，甚是精詳，豈非禮失而求之野乎？所惜者翻譯既少，又絶無論説，是以一時詞臣曆師，無能用彼之法，參入《大統》，會通歸一者。又其本法係阿剌必年所造，是隋開皇己未，去今一千三十二年。其地復迤西數萬里。千年以來，天象密移，事事遷革，無從[二]更定，數萬里外，地度經緯，亦各參差，牽彼就此，自多乖迕。今本科所推交食，與《大統》互異，五星淩犯亦未能悉合天衍，蓋爲此也。邇來星曆諸臣頗有不安舊學、志求改正者，故萬曆四十年有修曆譯書、分曹治事之議。夫使分曹各治，事畢而止。《大統》既不能自異於前，西法又未能必爲我用，亦猶二百年來分科推步而已。臣等愚心，以爲欲求超勝，必須會通，會通之前，先須翻譯。蓋《大統》書籍絕少，而西法至爲詳備，且又近今數十年間所定，其青於藍、寒於水者，十倍前人。又皆隨地異測，隨時異用，故可爲目前必驗之法，又可爲二三百年不易之法，又可爲二三百年後測審差數因而更改之法。又可令後之人循習曉暢，因而求進，當復更勝於今也。翻譯既有端緒，然後令甄明《大統》、深知法意者，參詳考定，鎔彼方之材質，入《大統》之型模。譬如作室者，規範尺寸一一如前，而木石瓦甓悉皆精好，百千萬年必無敝壞。即尊制同文，合之雙美，聖朝之巨典，可以遠邁百王，垂貽永世。且於高皇帝之遺意，爲後先合轍，善作善承矣。臣惟茲事，義理奧賾，法數殷繁，述敘既多，宜循節次；事緒尤紛，宜先基本。今擬分節次六目，基本五目，一切翻譯撰著，區分類別，以次屬焉。謹條列如左：

節次六目：

一曰《日躔曆》
二曰《恒星曆》
三曰《月離曆》
四曰《日月交會曆》
五曰《五緯星曆》
六曰《五星交會曆》

基本五目：

一曰法原
二曰法數
三曰法算
四曰法器
五曰會通

右六節次，循序漸作，以前開後，以後承前，不能兼並，亦難淩越。五基本，則梓匠之規矩，漁獵之筌蹄，雖則浩繁，亦須隨時並作，以周事用。然而臣更有説者：大事必須衆力，疾行當無善步。郭守敬時，曆學未墜，集合大僚數輩及南北曆官，然猶五年而成曆，七年而頒行，二十餘年而典籍始備。今人數既乏，功緒倍繁，恐旁觀者議其曠日遲久，則臣有三議於此：其一，苟求速就，則豫算日月交食三四十年，次用舊法，略加損益附會其間，數月可竣。夫曆家疎密，惟交食爲易見，餘皆隱微難見者也。交食不誤亦當信爲成曆，然〔三四十年之後，乖違如故矣。此則昧心罔上，臣等所不敢出也。其二，依循節次，辨理立法，基本五事，分任經營。今日躔一節，大段完訖，恒星半已就緒，太陰方當經始。次及交食，次及五星。此功既竟，即有法有數，疇人世業，悉可通知，二三百年必無乖舛。然其書已多於曩昔，其術亦易於前人矣。其三，事竣曆成，要求大備。一義一法，必深言所以然之故，從流遡源，因枝達榦，不止集星曆之大成，兼能爲萬務之根本。此其書必逾數倍，其事必閱歲年。既而法意既明，明之者自能立法，傳之其人，數百年後見有違離，推明其故，因而測天改憲，此所謂今之法可更於後，後之人必勝於今者也。兩端臚列，事在徐圖，先其易簡，次其繁重。惟是功非朝夕，人必旁求，藉非多助，爲時愈久，此必然之勢也。若臣弱植衰年，庸才末學，即第二議必非臣所能竟，何況其三？特如精衛填海，有求成之望；愚叟移山，論可爲之理而已。伏惟聖明矜督。

崇禎四年正月　日，禮部尚書兼翰林院學士協理詹事府事奉敕督領修正曆法事務臣徐光啓謹撰，今第一次進呈書目。

計開：

書五卷内

《日躔曆指》一卷　屬法原

《測天約説》二卷　屬法原

《大測》二卷　屬法原

表一十八卷内

《日躔表》二卷　屬法數　屬日躔

《割圓八線表》六卷　屬法數

《黄道昇度表》七卷　屬法數

《黄亦距度表》一卷　屬法數

《通率表》二卷　會通〔二〕

校記

〔一〕據中科院圖書館藏《奏疏》迻録，用《治曆緣起》校。

〔二〕「無從」，《治曆緣起》作「從無」。

〔三〕〔　〕内文字，據《治曆緣起》補。

禮部尚書兼翰林院學士協理詹事府事加俸一級督修曆法臣徐光啓謹奏，爲月食事：

臣於崇禎三年十二月初三日具題前事，本月初六日奉聖旨：「覽奏月食方隅晷刻，互有異同，便著監督官測候及各省直奏報，參驗自見。所陳四事，務講求詳確，以資修改。該部知道。欽此。」内除所陳四事，欽奉明旨遵依及各省直方隅晷刻各有異同，聽該地方奏報參驗外，臣謹於本月十五日督同監督官祠祭司主事劉繼吳、欽天監監正葉震春及本監官生本局訪取知曆人等登臺測驗，内分遣天文科官生以壺漏測，又令天文科官生在臺用簡儀測月。臣等用近來所教習曆科官生及知曆人等在臺用星晷測紫微垣二星，用象限儀測織女大星經緯度數，以推變時刻。蓋臣之前疏所云「定時之本，必準於天行，晝測日，夜測星」者，此也。於時臣等測算：得初虧在丑初一刻三十六分，食既在丑正一刻六十分；食甚在寅初一刻三十分，生光在寅初四刻八十分，復圓當是卯初初刻，在地平上無度分，而雲氣稍重，未復約三四分，在地平上三度一十分，即已遮掩，不及見其全復。同時陪臣羅雅谷等在局亦用象限儀測大角星經緯度，以推變時刻，其初虧亦在丑初一刻三十八分，與臣等相合。若食分則原推二十六分，其徵驗在初虧正東，生光正西，闇虛本三十分，今月體直穿闇虛而過，稍稍偏北，所差甚微，而食限原推一十六刻，今並無短少，知其食分不在二十六刻以下也。再惟臣等原推有先後時刻，今刻數不差，而分數稍異者，蓋從來算曆，分秒微纖，一一備具，若測驗雖大儀器每度不過半寸，不能畫爲百分，又闇虛之旁多有游氣，無灼然分畫之限，亦難定其分秒。譬如會計錢穀，備算畸零，以防總撒之不合；至如權衡之上，則釐毫絲忽，未易辨也。故郭守敬舊術止載刻數，不及秒分，該監向依此法；今所以必推分數者，蓋臣舊年九月原疏內稱里差一術，東西時刻隨在各異，必以地之經度爲本，非從月食時測驗數次不能遽定其數，故依法細推分數，正欲得其差殊，以爲後來根本。今所差者大概推步之數在前，實測之數在後，後來推算當依此以定里差，然亦須每次細推詳測，隨差隨改，既定之後，永以爲式矣。至各省直必須奏報者，亦欲得其里差故也。蓋該監官生惟曆科近經教習，亦多解頤會意，測星定時已皆諳曉；他科用簡儀測月者，臣亦未諗其術，用壺漏者亦止可得其刻數，似須漸次講求，以臻畫一。若今欲强其相合，恐致挪移遷就，更非修曆改憲之初意矣。伏惟聖明裁鑒，臣無任惶悚待命之至。

崇禎四年四月十六日〔上〕[一]，本月十九日奉聖旨：禮部知道。

校記

〔一〕據《治曆緣起》補。

禮部尚書兼翰林學士協理詹事府事加俸一級督修曆法臣徐光啓謹題，爲月食事：

竊照本年十月十五日乙卯夜望月食，其食限分秒時刻並起復方位例應先期上聞，除《大統》《回回》二曆近經欽天監具題外，臣等新法雖未全備，謹斟酌推步，將所得諸數逐一開坐，並具圖象進呈御覽。伏乞敕下該部，至期令監督等官測候，謹奏聞。緣係月食事理，未敢擅便，謹題請旨。

計開：

崇禎四年十月十五日乙卯夜望月食分秒時刻並起復方位：

月食一十六分三十秒，依日食例月體爲一十分，除外餘六分三十秒，爲既内分

初虧，寅正四刻内七十五分，月在地平上二十三度三十三分。正東

食既，卯正一刻内三十四分七十二秒，月在地平上一十二度一十七分

食甚，辰初一刻内一十六分六十六秒，月在地平上一度七十一分，後一刻月入

地平，曉刻

生光，辰正初刻内九分七十二秒，在晝

復圓，巳初一刻内八十七分五十秒，在晝，正西

計食限内凡一十七刻爲一千七百分，五小刻爲八十三分三十秒，餘十二分五十秒，

共一十七刻九十五分八十三秒

食甚日躔黄道在大火之次一十六度一十四分一十三秒

食甚月離黄道在大梁之次一十六度一十四分一十三秒

月離緯度：

初虧，月距黄道北一分

食甚，月距黄道北四分五十秒

復圓，月距黃道北九分

各省直初虧時刻：

京師順天府　在寅正四刻內七十五分

南京應天府、福建福州府　在卯初初刻內六分九十四秒

山東濟南府　在卯初初刻內一十三分八十八秒

山西太原府　在寅正三刻內一十三分五十秒

湖廣武昌府、河南開封府　在寅正三刻內七十五分

陝西西安府、廣西桂林府　在寅正二刻內四十一分六十六秒

浙江杭州府　在卯初一刻內四十一秒

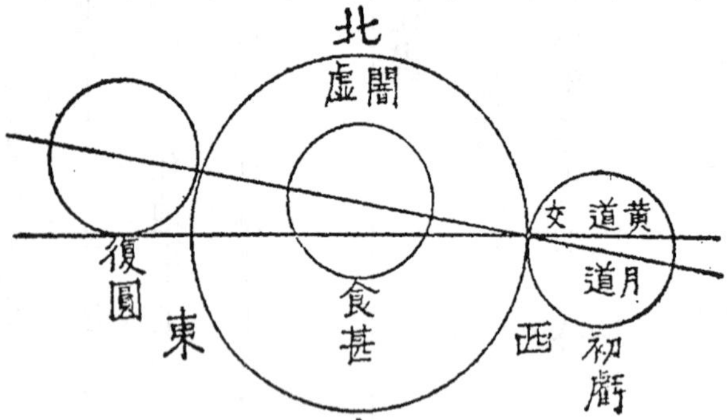

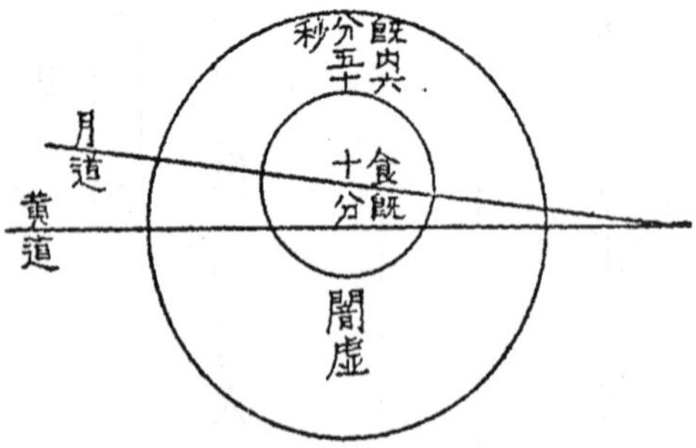

江西南昌府　在寅正四刻内九十七分二十一秒
廣東廣州府　在寅正三刻内四十分二十七秒
四川成都府　在寅正一刻内五十分
貴州貴陽府　在寅正二刻内一十五分二十五秒
雲南雲南府　在寅初四刻内八十六分一十秒

崇禎四年六月十一日具題，本月十三日奉聖旨：覽奏併圖像，知道了。該部知道。

禮部尚書兼翰林院學士協理詹事府事加俸一級督修曆法徐光啓題，爲欽奉明旨，恭進曆書事：

案照本年正月二十八日該臣題爲前事，恭進第一次曆書二十四卷。二月初一日奉聖旨：「曆書留覽，未完的繕寫續進。禮部知道。欽此。」欽遵。一面撰述修潤，一面測算繕寫，依禮部原題三月一考成，則四月終宜有續進；但討論潤色，原擬多用人員，今止臣一人，每卷必須七八易稿。且《測量全義》十卷，《恒星曆》八卷，兩遠臣分曹著述，於時尚未全完，難以截數先進；而恒星圖表務求分秒無差，兩臣與在局人員日算夜測，最難就緒。近今繕寫齊備，凡書表圖像三種，共二十卷，一摺，謹具本進呈御覽。臣於本年正月有進呈《曆書總目》一卷，内開基本五目，其「法原」「法器」，今《測量全義》並前《測天約説》《大測》等書，已陳其大約矣；「法數」即立成表，各依七政本曆附載；「會通」止二卷，已經進訖；「法算」即係算術，暫用舊法亦足供事。更有超捷深奥者，宜待異日。是則基本五目，略已足用，今未敢多端旁騖，以致稽延。若節次六目，前已完過《日躔書表》三卷，今續完《恒星書表圖像》八卷，一摺。其《月離曆則》稿草半就，《交食曆》《五星曆》方當經始，容臣等陸續完進，伏祈聖鑒。緣係欽奉明旨進曆書事理，未敢擅便，謹具題知。

計開：

第二次進呈書目

《測量全義》十卷

《恒星曆指》三卷

《恒星曆表》四卷

《恒星總圖》一摺

《恒星圖像》一卷

《揆日解訂訛》一卷

《比例規解》一卷

崇禎四年八月初一日具題，初四日奉聖旨：覽奏進第二次曆書，著述詳悉，知道了。

該部知道。

奏疏卷四

禮部尚書兼翰林院學士協理詹事府事加俸一級督修曆法臣徐光啓謹題，爲日食分數非多，曆法藉爲明證，謹具數上聞，略陳議據，以祈聖鑒，以待候驗事：

案照本年六月十一日該臣題爲月食事，本年十月十五日夜望月食，十三日奉聖旨：「覽奏並圖像，知道了，該部知道。欽此。」其本月辛丑朔仍該日食，爲是二分以上，未及三分，例不救護，止應具本題知。然臣竊思之：論救護可以例免通行，論曆法正宜詳加測驗。蓋曆不差不改，不驗不用，如日月交食皆天驗之大者。而月食在夜，加時早晚，苦無定據，壺漏遲速，自昔以爲難憑，星算切準，臺官業已傳習，又獨諳者知之，不能共見也。惟日食明白易曉，按晷定時，無可遷就，無容隱匿，故曆法疎密，獨此最爲的證。況臣等翻譯纂輯，漸次就緒，而向後交食，爲期尚遠；此時不一指實，與該監諸臣明白共見，即曆成之後，臣等之術無憑取驗，諸臣在事，何從强其必信而安意習之。諺曰「千聞不如一見」，未經目擊而以口舌爭，以書數傳，雖唇焦筆禿，無益也。非獨此也，是日之必當測候，臣等於此有四說焉。按日食有時差，舊法用距午爲限，中前宜減，中後宜加，以定加時早晚；若食在正中則無時差，不用加減。故臺官相傳，謂日食加時有差，多在早晚，日中必合。獨今此食既在日中，而加時則舊術在後，新術在前，當差三刻以上。所以然者，七政運行皆依黄道，不繇赤道，舊法所謂中乃赤道之午中，而不知所謂中者，黄道之正中也。黄赤二道之中，獨冬夏二至乃得同度，餘日漸次相離。今十月朔去冬至度數尚遠，兩中之差二十三度有奇，豈可仍因食限近午，不加不減乎？若食在二至，又正午相值，果可無差；即食於他時，而不在日中，即差之原尚多，亦復難辨。適際此日，又值此時，足爲顯證，是可驗時差之正術，一也。交食之法，既無差誤，及至臨期實候其加時，又或少有後先，此則不因天度而因地度。地度者，地之經度也。本方之地經度未得真率，則加時難定，其法必從交食時測驗數次，乃可較勘畫一。今此食依新術測候，其加時刻分，或先後未合，當取從前所記地經度分，斟酌改定，此可以求里差之真率，二也。臺官見臣等述撰頗多，推算甚繁，疑爲不可幾及之事，若云差違幾刻，宜當改正，即蒽然懼矣，繇未能根極要領故也。即如時差一法，溺於所聞，但知中無加減，而不知中分黄赤；今一經目見，一經口授，人人知加時之因黄道，人人知黄道極之歲一周天，奈何以赤道之午正爲黄道之中限乎？一時發覆，蹊徑瞭然，何足爲難。而臣等又取黄道中限，隨時隨地，算就立成，監官已經謄錄，臨時用之，最爲簡便。其他諸術，亦多類此。足以明學習之甚易，三也。該監諸臣所最苦者，惟從來議曆之人詆爲擅改，不知其斤斤墨守者郭守敬之法，即欲改不能也。守敬之法加勝於前多矣，而謂其至竟無差，亦不能也。如時差等術，蓋非一人一世之聰明所能揣測，必因千百年之積候，而後智者會通立法；若前無緒業，即守敬不能驟得之，況諸臣乎？人雖上智，於未傳之法，豈能自知，有而後盡心焉可矣，此足以明疏失之非辜，四也。有此四者，即分數甚少，亦宜詳加測候，以求顯驗。故敢冒昧上聞，伏乞敕下該監，量撥曆科官生到局，該監到臺，各豫定晷景，臨時依法瞻測。則分數畢呈，疎密具見。密合則向來述作，不爲空言；有差則向後各法，因之裁定，其於曆事，深爲禆益。所以當詣局者，觀象臺日晷甚小，儀器稍粗，臣局有石晷木儀，似爲詳密，又難移動，故須分投實候，以相印證也。爲此謹將本日日食分秒時刻，起復方位，九服異同，並具圖象，一併上進。伏惟聖明裁度施行。緣係日食事理，未敢擅便，謹題請旨

計開：

崇禎四年十月初一日辛丑朔日食分秒時刻並起復方位：

日食二分一十二秒，依《大統曆》日體十分推算

初虧午正一刻，内九十四分四十一秒，西北

食甚未初二刻，内一十三分三十三秒，正北

復圓未初四刻，内五十一分三十三秒，東北

計食限内凡七刻八十三分二十四秒

食甚日躔黄道經度，大火一度二十五分二十八秒

食甚月離白道經度，未至中交二度一十五分二十一秒

月緯度距黄道北實行七十五分二十二秒，不應見食，用三差〔差〕〔二〕法算得本地視行距黄道北二十七分，應見食，又用二徑折半法算得月入日體二分一十二秒

各省直食分：

京師順天府見食二分一十二秒

河南、陝西、山東三省俱見食一分内外，人目難見，與不見食略同

南京應天府以南全不見食

向北食分漸多，至大漠以北食既

崇禎四年九月初八日具題，本月十一日奉聖旨：這日食分數，著該監局各預定晷景，

臨期分投測驗，以相印證。述旨內覽字誤鑒，辛丑誤辛亥，改正，行該部知道。

校記

〔一〕據《治曆緣起》補。

禮部尚書兼翰林院學士協理詹事府事加俸一級督修曆法臣徐光啓謹奏爲日食事：

本年九月初八日該臣題爲前事，本月十一日奉聖旨：「這日食分數，著該監局各預定晷景，臨期分投測驗，以相印證。述旨內覽字誤鑒，辛丑誤辛亥，改正。行該部知道。欽此。」欽遵。於今月初一日到局督領欽天監秋官正周胤，五官司曆劉有慶，漏刻博士劉承志，天文生周士昌、薛文燦，西洋陪臣〔一〕羅雅谷、湯若望，率在局知曆人等，預將原推時刻點定日晷，調定壺漏。又將測高儀器推定食甚刻分，應得此時日軌高於地平三十五度四十分。又於密室中斜開一隙，置窺筩眼鏡以測虧復，畫日體分數圖板，以定食分。各安頓訖，候至午正二刻內，方見初虧，則臣等所推，實先天半刻有奇。至正四刻食甚，儀上得日高三十五度四十分，係司曆劉有慶守測，實爲密合。至未初三刻內已見復圓，則臣等所推又後天一刻有奇。而食甚分數，以窺筩映照未及二分，比原推亦少半分以下。此諸官生人等，衆目所共見也。臣於本月初八日疏中開列四款，其第二言本方之里差經度未得真率，則加時難定，故欲因此一食，斟酌改正。今食甚之度分密合，則經度里差似已的確，無煩更改。蓋交食經度，以食甚爲主故也。獨食分加時未及原推者，蓋因太陽光大，昔人言日食須至一分以上，乃得見之，而臣前疏亦言[二]。今食在河南、山東、陝西等處，食止一分內外，人目難見，與不見食略同。今因此推究知日光閃爍，惟食及四五分以上者，乃得與原推相合，若分數原少者其見食更少，故一分內外者與不見食略同，則二分有奇者所見宜不及二分也。食分既少，則食限時刻因之亦少矣。然惟密室窺筩形象分明，故得此分數時刻，與該監官生明白共見，不能不信。若不用此法，止憑目力，則眩耀不真；或用水盆映照，亦蕩摇難定，恐所見者僅可一分以上，加時或止三四刻也。今交食書表半已就緒，候完成之日，教習官生，令已後推算日食，合應先用本法算定，再查食分多寡，酌量加減。仍將本法當食若干，今當見食若干，明白開載。其觀象臺上原有板房一間，至日食時亦宜如法障蔽，仍置備窺筩眼鏡一架，與該監應用，以便據實奏聞。其月食目所易見，止時刻難定，除壺漏外再用星晷測量，及用恒星推算時刻。先定某星高幾度分爲初虧，某星高幾度分爲食甚，至期用儀器測驗，以定真正時刻。此法諸官生已諳，依法用之，必可得其實率矣。臣無任激切惶恐待命之至。謹具奏聞。

崇禎四年十月初二日〔上〕〔三〕，初七日奉聖旨：覽奏知卿測候詳審，以後推驗事宜，即如議行，該部知道。

校記

〔一〕「西洋陪臣」，《治曆緣起》及中科院圖書館藏《奏疏》作「同兩遠臣」。

〔二〕「亦言」，《治曆緣起》作「已言」。

〔三〕據《治曆緣起》補。

禮部尚書兼翰林院學士協理詹事府事加俸一級督修曆法臣徐光啓奏爲月食事：

本年六月十一日該臣題爲前事，本月十三日奉聖旨：「覽奏並圖像知道了，該部知道。欽此。」欽遵。於今月十五日夜到局，督率欽天監覆議處候命。秋官正周胤，五官司曆劉有慶、賈良琦，漏刻博士劉承志，天文生周士昌、薛文燦、劉崇儒，西洋陪臣羅雅谷、湯若望及在局知曆人等，安頓測量儀器，候至寅正四刻內，瞻見初虧，測得參宿左肩高四十九度五十分，就令監官依法推算，得在寅正四刻內七十二分，則臣等原推止後天三分。候至卯正一刻，瞻見食既，仍測得參左肩高三十五度一十六分，就令推算，得在卯正一刻內八十六分，則臣等原推乃先天五十二分，是半刻也。其食甚本無測法，待得生光時刻，用食既相距時刻折半取之，而本日生光已在晝刻，則無從可得也。臣等切照夜中時刻壺漏，實爲難定，星晷一具，已付該監在臺施用。惟儀器測星，用以求時，乃是正法。兩陪臣官生一同瞻測度分之數，大略不爽。又日食之難，苦於陽精晃耀，每先食而後見；月食之難，苦於游氣紛侵，每先見而後食。且闇虛之實體與外周之游氣界限難分，臣等亦用窺筩眼鏡，乃得邊際分明。而臣自守自窺，凡初虧食既，皆臨時令諸人共見，然後報守儀者測量星度，則虧既時刻亦不宜甚遠；而今差至半刻，若依元人舊法謂同在一刻之內者爲密合，差一刻者爲親，即半刻亦稱密合。而臣等尚欲深求其故，詳定其法，則疑儀器未備，所得度分無

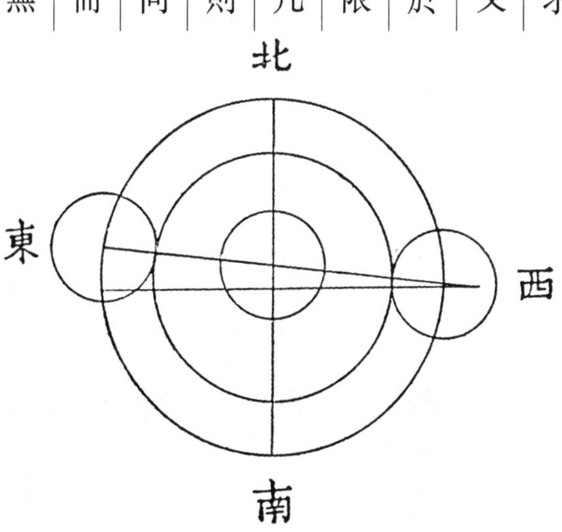

憑對勘，今當再造小儀一二，以便質正。更求精密，須得重大儀器，工費頗繁，今未敢言也。又兩次測驗，率覺前差爲少，後差爲多，或地經度尚有微差，容臣等再加酌議推測。至於差較分數，委因一日判爲萬分，其一分二分，瞬息之間耳，而器力目力，率皆有限。天高星遠，爲數無窮，是以數分之差，古今名曆咸所不免。蓋漢以前差以日計，唐以前差以時計，宋元以來差以刻計，今則差以分計；必求分數不差，宜待後之作者，而臣等不敢挪移牽合，自蹈欺罔之罪也。臣無任惶悚待命之至。

崇禎四年十月十七日具題，本月二十一日奉聖旨：覽奏知道了。卿還密法詳測，以求脗合。禮部知道。

禮部尚書兼翰林院學士協理詹事府事加俸一級督修曆法臣徐光啓謹題爲月食事：

竊照崇禎五年三月十六日癸丑夜望月食，其食限分秒並起復方位，例應先期上聞，除《大統》《回回》二曆近經欽天監具題外，臣等新修《交食曆》漸次就緒，謹依法推步，將所得諸數逐一開坐，並具圖像進呈御覽。再照臣等於今年十月十六日回奏《月食疏》，內開「月食之難，苦於游氣紛侵，往往先見而後食。且闇虛之實體與外周之游氣界限難分，非目力可辨」。今用窺筩遠鏡〔二〕，已得邊際分明。但初虧前約半刻許，游氣已見；復圓後約半刻許，游氣方絕。此游氣者似食非食，在所推食限分秒之外，其分數係是本法所無。今次測候，尚當詳細推算，附載本法。至前推食既未合天者半刻，今更製造小儀二具，以便密測詳較。亦欲先造急用大儀一座，業已製就木模，但須用銅千餘斤，工價百餘兩，若此費無出，則未敢必也。伏乞敕下該部，至期令監督等官如前測候，奏聞施行。緣係月食事理，未敢擅便，謹題請旨。

計開：

崇禎五年三月十六日癸丑夜望月食分秒時刻並起復方位：

月食五分八十秒，依日食例，月體爲一十分

初虧，酉正四刻内五十一分五十秒，月將出地平，東北

食甚，戌正一刻内二十三分一十四秒，月在地平上十度三十分，正北

復圓，亥初二刻内一十分八十三秒，月在地平上二十度四十三分，西北

計食限内凡九大刻、三小刻，又五十九分三十三秒，共一十刻九分三十三秒

食甚日躔黄道在大梁宮，一十四度二十分五十四秒

食甚月離黄在大火宮，一十四度二十五分五十四秒

月離緯度：

初虧，月距黄道南四十分三十二秒

食甚，月距黄道南四十四分四十七秒

復圓，月距黄道南四十九分二秒

各省直初虧時刻：

京師順天府　酉正四刻内五十一分五十秒

南京應天府、福建福州府　酉正四刻内七十九分二十五秒

山東濟南府　酉正四刻内八十六分二十二秒

山西太原〔府〕[二]　酉正二刻内八十四分八十四秒

湖廣武昌府　河南開封府，酉正三刻内四十六分八十四秒

陝西西安府、廣西桂林府　酉正二刻内一十五分三十九秒

浙江杭州府　酉正四刻内九十三分一十六秒

江西南昌府　酉正三刻內八十二分四十六秒

廣東廣州府　酉正三刻內一十二分六十九秒

四川成都府　酉正初刻內七分五秒

貴州貴陽府　酉正一刻內八十七分六十九秒

雲南雲南府　酉初三刻內九十五分九十五秒

崇禎四年閏十一月六日具題，本月初九日奉聖旨：該部知道。

校記

〔一〕「遠鏡」，《治曆緣起》作「眼鏡」。

〔二〕據《治曆緣起》補。

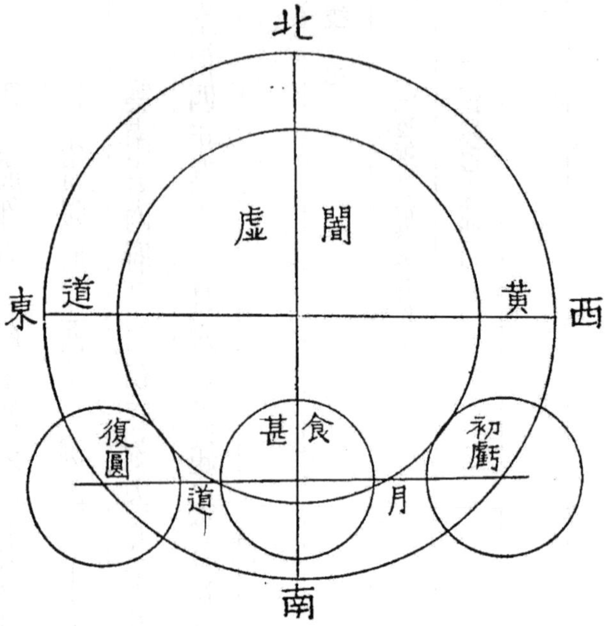

雲南雲南府、酉初三刻內九十五分九十五秒。

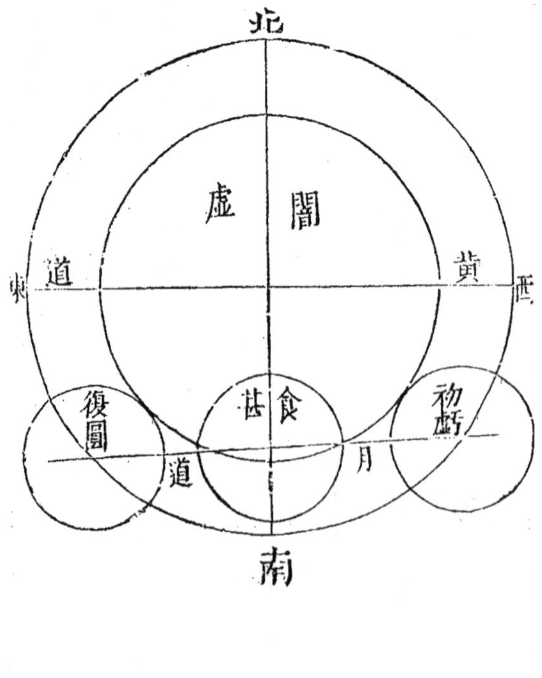

禮部尚書兼翰林院學士協理詹事府事加俸一級督修曆法臣徐光啓題爲月食事：

臣於崇禎四年閏十一月初六日具題前事，本月初九日奉聖旨：「該部知道。欽此。」欽遵。於今年三月十六日督領該監秋官正周胤，五官司曆劉有慶，博士薛文燦，天文生朱國壽、周士昌、朱光燦，西洋陪臣〔二〕羅雅谷、湯若望率訪取知曆人等，於本局登臺測驗。看得臣等原推初虧在酉正四刻内五十一分，本日日入酉正四刻内八十三分月應帶食而出，因雲陰不見。食甚在戌正一刻内二十三分，應食五分八十秒，候至本刻，雲氣朦朧，約食大半，似與原推相合。復圓在亥初二刻内一十分，候至本刻，雖雲氣未盡，約見復圓，亦與原推相合。其時刻本以測星爲正法，諸官生悉皆通曉，今設有測高儀器，亦因雲陰難用，止用新式壺漏，豫先點定三限時刻。除初虧、食甚雲陰難定外，其復圓時刻亦爲脗合，官生人等所共見也。再照臣等譯撰曆書，除前二次進呈過四十四卷外，今年正月間續完《月離交食》等書三十卷，已謄訖二十八卷，餘因冬月紙張用盡，旋於市中鬻買謄完，覺未合式，未敢輒進。如蒙聖鑒，不妨紙色稍異，當即日裝潢進呈；或容臣等少待南販到日，並續完數卷，一併謄寫上進。伏候敕旨。

崇禎五年三月十七日具題，本月二十日奉聖旨：知道了，書著進覽。該部知道。

校記

〔一〕「西洋陪臣」。《治曆緣起》、中科院圖書館藏《奏疏》作「同兩遠臣」。

禮部尚書兼翰林院學士協理詹事府事加俸一級督修曆法臣徐光啓謹題，爲欽奉明旨，恭進第三次曆書事：

臣於本年三月十七日題爲月食事，奉聖旨：「知道了，書著進覽。該部知道。欽此。」欽遵。謹將《月離曆指》並本表十卷，《交食曆指》並本表六卷，《南北高弧表》十二卷，《諸方半晝分表》一卷，《諸方晨昏分表》一卷，共三十卷，裝潢成帙，謹具本進呈御覽。竊照臣初次恭進曆書，開具節次六目：一曰日躔，二曰恒星，三曰月離，四曰交食，五曰五緯星，六曰五星淩犯。除前二次共書四十四卷，內完過《日躔曆指》並表三卷，《恒星曆指》並表圖九卷，一摺。今次完過《月離曆指》並表十卷外，其《交食曆》六卷係是總論總表，日食月食所宜共用，而月食一法附載其中。若日食一法，理數甚繁，尚須譯撰《曆指》約三卷，《立成表》約二十卷，今屬草將半。又須於星度里差等事，精加參訂，乃敢著爲定論。五星一節比於日月倍爲繁曲，漢以來治曆者七十餘家，而今所傳《通軌》等書，其五星法不過一卷，以之推步，多有乖失。所以然者，日月有交食可證，作者盡心焉；五星無有，故自古及今此理未晰也。《回回曆》則有緯度，有淩犯，稍爲詳密，然千年以前之書，未經更定，而兩書皆無片言隻字，言其立法之故，使後來者入室無因，更張無術，凡以此耳。今諸遠臣所傳，獨爲詳備，而譯撰頗艱，書成亦須二十餘卷，不能不少費時日也。再惟該監官生向來在局供事，止令與訪取諸人，一同推算。立成諸表繼以謄寫，進呈書册因書籍未備，尚未能專功習學。今交食總法及月食本法既以就緒，容臣等督令到局漸次演習。月食既通，後來書籍，亦當續完，次及日食，次及氣朔躔離，次及五星諸法，要以節次成就矣。但人情安於故習，不有勸懲，無繇策勵，容臣等時加督課，其有怠惰頑梗者，輕則量懲，重則參罰；其勤學有成者，容臣依前節次，移送禮部考試。術業如果精諳，懇乞聖明量加敘錄，以示鼓舞。其見在諸人而外，該監官生有志上進者，容臣從優立格，招徠選取，一體訓習。冀其中有褎然特出、悉通大義者，庶幾羲和世業，復見於聖代也。

計開：

第三次進呈書目：

《月離曆指》四卷
《月離曆表》六卷
已上係陪臣[一]羅雅谷譯撰。
《交食曆指》四卷
《交食曆表》二卷
已上係陪臣[二]湯若望譯撰。
《南北高弧表》一十二卷
《諸方半晝分表》一卷
《諸方晨昏分表》一卷
已上係二臣指授監局官生推算。
崇禎五年四月初四日具題，本月初十日奉聖旨：卿所進曆書已留覽，具見用心詳密。未完的陸續撰進。其督教勸懲等事，依議行。禮部知道。

校記

〔一〕〔二〕「陪臣」，《治曆緣起》、中科院圖書館藏《奏疏》作「遠臣」。

禮部尚書兼翰林院學士協理詹事府事加俸一級督修曆法臣徐光啓題爲月食事：

竊照本年九月十四日己酉夜望月食，其食限分秒時刻並起復方位，例應先期上聞。除《大統》《回回》二曆已經欽天監具題外，臣等用新法推步，謹將所得數逐一開坐，並具圖像進呈御覽，伏乞敕下該部，至期令監督等官如前測驗，奏聞施行。緣係月食事理，未敢擅便，謹題請旨。

計開：

崇禎五年九月十四日己酉夜望月食分秒時刻並起復方位：

月食四分四十二秒，依日食例，月體爲十分，月未入，見食三分五十秒；月已入，不見食九十二秒。是日日出卯正三刻內八十一分九十二秒

初虧，卯初三刻內六十一分七十四秒，月在地平上十度六分一十一秒，東南

食甚，辰初一刻三十七分四十五秒，月在地平下五度七分二十八秒，正南

復圓，辰正三刻內二十二分七十七秒，月在地平下二十一度六十四分三十九秒，西南

共食限内凡一十一大刻三小刻，又二十四分三秒，共一十一大刻九十四分三秒

食甚，日躔黄道大火宫四度五十六分三十秒

月離黄道大梁宫四度五十六分三十秒

月離緯度：

初虧，距黄道北六十七分三十三秒

食甚，距黄道北七十三分四十八秒

復圓，距黄道北七十九分五十七秒

各省直初虧時刻：

京師順天府　卯正三刻内八十八分七十四秒

南京應天府、福建福州府　卯初四刻内一十六分四十九秒

山東濟南府　卯初四刻内二十三分四十六秒

山西太原府　卯初二刻内二十三分八秒

湖廣武昌府、河南開封府　卯初二刻内八十四分八秒

陝西西安府、廣西桂林府　卯初一刻内五十二分六十三秒

浙江杭州府　卯初四刻内三十分四十秒

江西南昌府　卯初三刻内一十九分三十秒

廣東廣州府　卯初二刻内四十九分九十三秒

四川成都府　寅正四刻内一十九分九十七秒

貴州貴陽府　卯初一刻内二十四分九十三秒

雲南雲南府　寅正三刻内三十八分八十九秒

崇禎五年四月二十九日〔上〕[二]，五月初二日奉聖旨：禮部知道。

校記

〔二〕據《治曆緣起》補。

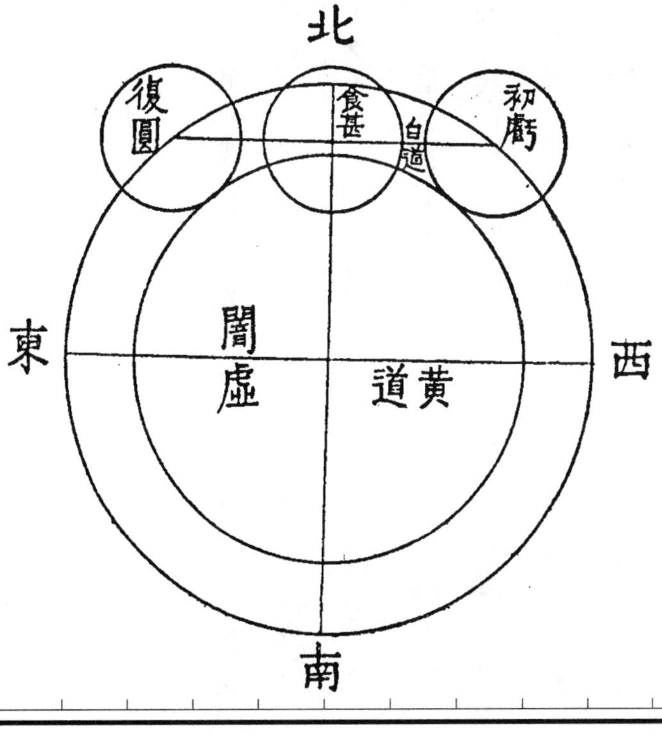

奏疏卷五

大學士徐題：

本月十四日夜望月食，臣已於本年五月初二日題奉聖旨：「禮部知道。欽此。」竊惟交食之法，臣等所譯撰新法與舊法不無參差，若在早晚，其驗尤著。蓋郭守敬之術視古爲密，其差最多不過四五刻，惟是四五刻之差，在日出入之交，未免以夜刻爲晝，以晝刻爲夜，故前世有推而不食，有食而失推者。以此之故，非星官曆人敢有改易也。如今次一食，《大統》法日出卯正二刻，新法日出卯正三刻，所差約一刻。其食時，《回回曆》推初虧在辰初初刻，則晝食矣；《大統》推初虧卯初一刻，依本法見食者五刻，依新法見食者六刻；新法初虧卯初三刻，在舊法後二刻，依本法見食者四刻，依舊法見食者五刻。此外若定時有先後，昇降有正斜，地氣有厚薄，亦皆參差之緣也。故每交食時，臣曾題請身往測候，必得其真時刻、真分數，少有參錯。又因而究其所以然，然後目前辯難可據以剖晰，異時推步可用以尋求矣。今臣仰荷聖恩，備員揆地，例當於中府衙門隨班救護，如此則本局督視無人，雖有遠臣臺官等依法測驗，不至乖舛，然非臣目所親見，而即憑以上聞，且勒以垂後，實臣心所未安也。且是日見食者僅四刻，月又當斜入於地，初虧時月在地上僅十餘度，若在中府則牆屋隱蔽，恐不可得見候驗乎。以此請乞容臣於是日照前登臺實測，次日具本奏聞，庶於欽若大典不無裨益。伏候敕旨。謹題。

崇禎五年九月十二日〔上〕〔一〕，十四日奉聖旨：覽卿奏以月食詣局候驗，具徵恪慎，朕知道了。

校記

〔一〕據《治曆緣起》補。

大學士徐題：

臣於本月十四日欽奉明旨，至今十五日丑時前往曆局督同遠臣及監官生在局知曆人等測候月食，依法用儀器二具，測量星度，推算時候，參以星晷壺漏，務求四事脗合。逐時逐刻測至卯初一刻，忽有雲氣隱蔽月體，至天明雲尚未開，凡食分時刻，皆無憑測驗。理合奏聞，謹題。

崇禎五年九月十五日具〔題〕〔一〕，十八日奉聖旨：朕知道了。

校記

〔一〕據《治曆緣起》補。

禮部尚書兼東閣大學士臣徐光啓謹奏爲月食事：

本年九月十五日臣奉旨前往曆局，測候月食，自卯初至日出時，俱雲陰不見。隨於本日具揭回奏，十八日奉聖旨：「朕知道了。欽此。」又本日該欽天監一本爲觀候事，二十一日奉聖旨：「月食據靈臺官奏卯初一刻，初虧忽遇薄雲漸布，該監徑稱雲陰不見，何故異同？其食時先後，各法不一，也著奏明，禮部知道。欽此。」案照先時推步本食，據欽天監靈臺官俱依郭守敬《授時曆》法，初虧在卯初一刻，臣等譯撰新法初虧在卯初三刻，《回回曆》初虧在辰初初刻，三法之不同如此。至期測候，正欲藉以辨其離合，合則據爲準式，離則尚費推求。不意候至卯初一刻，遂有陰雲，迄於天明，未見開朗，諸法是非無從徵驗。該靈臺官言先有薄雲，後見濃雲；該監言雲陰不見，靈臺語意稍詳，而陰雲不見，亦曆書成語，略有異同，其實一也。迨奉明旨，該監已經呈部覆奏。但三法不同之因，則曆科官生專諳舊法，其習學新法時日未久，未能一一究明，臣不得不代陳之。蓋聞交食之法先求平朔望，平朔望之算起於曆元。今曆法本用元《授時曆》，以至元辛巳爲曆元，當時所立四應，稍有未合。臣等新法以崇禎元年戊辰爲曆元，兩者相提，已推得舊法後天六十五分，爲半刻有奇矣。既得平朔望，以求定朔望，定朔望即日月之食甚定分也。法以日躔盈縮，月轉遲疾，推其各差，又以兩差之較爲加減時差，用以加減於平數，得定數焉。昨九月十四日夜望則太陽在縮曆，而《授時》法縮曆起夏至，不知日有最高、有夏至兩行異法，縮曆宜從最高起算也。惟宋紹興年間兩行同度，郭守敬後此百年，去離僅一度有奇，故未及覺；今最高一行已在夏至後六日有奇，以推縮差，則舊法後天一十八分有奇也。是日太陰在疾曆，遲疾之法《授時》止論一轉周，新法謂之自行輪，月自行之外又有兩次輪，以次密推，則舊法疾曆先天二度有奇，以推疾差，又後天四十分也。次以縮疾兩差相較，變爲時而求定望，宜用減法，舊法則一推而得四十八刻九十分，新法再推，先得四十一刻一十三分有奇，次得四十四刻八分，兩得相較又差三刻弱，故舊法之食甚定分得二十八刻弱，新法得三十刻弱。以推初虧，則舊法得在子正後二十二刻二十二分，爲卯初一刻；新法得在子正後二十三刻五十九分，爲卯初三刻。此舊法與新法異同之因也。若《回回曆》又異二法者。臣等實未能盡曉其故，僅知彼曆元爲阿剌必年，與隋開皇相值，去今一千三十餘載矣，年遠數殊，意其平朔望亦未合也。即以減分論，則是日太陽縮曆在四宫一度，依彼法得縮差一度四十一分；新法得一度四十三分，其差二分。太陰疾曆在十宫十七度，依彼法得疾差二度一十九分半；新法得三度六分，其差一十三分半，兩差相併得十五分半，變爲時約彼法在新法後四刻，今差五刻者，意其緣正在曆元四應；否則創法之處距西一萬餘里，或里差又未合也。總之三家所報，各依其本法展轉推求，乃始得之，不能立異以相畸，亦不能中變以相就，必欲辨其疎密，則在臨食之時，實測實驗而已。今已往之事無復可論，將來準法，似須商求。所宜求者蓋有二端：其一曰食分多寡。按交食法中不惟推步爲難，併較驗亦復未易，臣前疏嘗言：日食時陽晶晃耀，每先食而後見；月食時游氣紛侵，每先見而後食。蓋食者二體相交之謂也，日食既交，因其大光，人目未見，必至一分以上乃得見之；月食未交，闇虚之旁先見黑影，侵入於月，及其體交，反無界限。故推步縱無舛謬，而較驗多任目任意，揣摩影響，不能灼見分數，以證原推，得失亦無繇知。如宋臣周琮所定差天一分以下爲親，二分以下爲近，三分以下爲遠，非苟自恕，蓋其術止此而已。今欲灼見實分，有近造闚筩新法，日食時用於密室中，取其光影映照尺素之上，自初虧至復圓，所見分數界限真確，畫然不爽。月食不能定其分秒之限，然二體離合之際，鄞鄂著明，中間色象，亦與目測迥異。此定分法也。其一曰加時早晚。定時之術，相傳有壺漏，爲古法；近有輪鐘，爲簡法。然而調品皆繇人力，遷就可憑人意，故不如求端於日星，晝則用日，夜則任用一星，皆以儀器測取經緯度數推算得之，是爲本法。其驗之，則測日有平晷新法，測星有立晷新法，皆礱石範銅，鑱畫數度節氣時刻，一一分明，以之較論交食，皆於本晷之上，某時某刻，先期注定，至時徵驗，是合是離，灼然易見，此定時法也。二法既立，一遇交食，凡古今諸術得失疏密，如明鏡高懸，妍媸莫遁矣。然而臺官之情，甚以此爲苦，何者？彼之本法，有時先後天一二刻或四五刻，自以爲差天，至此不免於罪戾故耳。以臣論之：臺官之曆，郭守敬之曆也，守敬之法，今日之所謂差，當時之所謂密也。臣嘗歷考古今疏密之致矣，月食諸史不載，所載日食，自漢至隋凡二百九十三，而食於晦日者七十七，晦前一日者三，初二日者三，其疏如此。唐至五代凡一百一十，而食於晦日者一，初二日者一，初三日者一，稍密矣。宋凡一百四十八，則無晦食，更密矣；猶有推食而不食者十三。元凡四十五，亦無晦食，〔更密矣〕〔二〕；猶有推食而不食者一，食而失推者一，夜食而書晝者一。至加時先後至四五刻者，當其時已然，至今遵用，安能免？此乃守敬之法三百年來世共歸推，以爲度越前代，何也？高遠無窮之事，必積時累世乃稍見其端倪，故漢至今千五百歲，立法者僅十有三家，蓋於數十百年間一較工拙，非一人之心思智力所能黽勉者也。守敬集前古之大成，加以精思廣測，故所差僅四五刻，比於前代洵爲密矣；若使守敬復生今世，欲更求精密，計非苦心極力，假以數年，恐未易得，何可責於沿襲舊法，如諸臺臣者乎？今食分加時，並如臣等新法較勘，則差殊畢露，儻遂以此爲諸臣罪，能無惶怖，能無畏葸，然而實非彼罪！即加之譴責，亦付之無可奈何而已。事有非力所及者，亦古法所必寬也，豈惟諸臣，即臣等新法遂成，似可悉無前代之誤，乃食限或差半分上下，加時或差半刻上下，慮所不免，惟是臣等不敢以差自安，亦不敢以差自廢，正須緣此微差，溯厥因起，別求新意，據理改定。臣所懼者：諸臣以惶恐畏咎之心，堅其安習溺聞之陋，臣等書雖告成，而願學者少，有倡無和，有傳無習，恐他日終成廢閣耳。伏望聖明察其從前之失，實非繇己；開其向往之路，嘉與圖新，即有疎遠，且勿遽加罪譴，但令陳説所以然之故。有能精習透曉者，量加優異；久而不諳，罰亦隨之，將必有翹然傑出，明羲和之大業，應唐虞之景運者矣。若日晷、星晷、闚筩三器者，局中所用體製甚小，工作尤粗，儻須上塵聖覽，則模式應加廣長，賦列應加精贍，其費亦不過數十金耳。如蒙賜俞，容臣等仰遵前旨，仍於戶工二部事例銀內咨取，令在局諸臣募工備料，造成恭進。伏候敕旨，臣無任悚惕待命之至。爲此具本，謹具奏聞。

崇禎五年十月十一日具奏，十五日奉聖旨：覽卿奏，月食先後各法不同緣繇及測驗二法考據詳悉，朕知道了。即著傳示監局官生，依法占測，務求至當，以稱朕欽若授時之意。日晷等器如議，製成進覽。該部知道。

校記

〔一〕據《治曆緣起》補。

禮部尚書兼東閣大學士臣徐光啓謹奏，爲修曆缺員，謹申前請，以竣大典事：

臣於崇禎二年七月十四日欽奉明旨，督領修正曆法事務，中因虜警〔二〕輟業。至三年八月續理前緒，四年正月二十八日以後，三次進過《曆法書表》共七十二卷，一摺，於日躔、月離、恒星經緯、日月交食各種法義，併立成數目，略已具備，所少者止日食一卷及五星經緯交會，以較全功，則未完者約四分之一也。猥以疎庸，仰蒙特簡入閣辦事，控辭未遂，迄今五月，竟不能復尋舊業，止令在局遠臣該監官生並知曆人等，推算得各色《立成表》二十餘卷，譯撰得《日躔交食》及《土木火星曆指稿草》六卷，内《立成表》則諸臣自能詳加磨覆，陸續繕寫；惟《曆指》譚述法意，義多奧賾，臣不在局，尚未能修潤成書也。臣曾於崇禎三年十二月初二日，以協修缺員具奏請補，奉旨下部，至今未得其人。今者日多草創，而莫爲成全，恐稽大典，則用人一事似屬難緩。但治曆明時，古昔視爲鴻巨，故前漢首用丞相張蒼，而近代著作有以宰相樞密主領裁奏於上，太史令丞等測驗推步於下者，誠重之也。方今在任大臣，既各有本等職掌；外臣之中，臣所知者如山東巡撫朱大典、陝西按察使李天經又有封疆方面之責，不得不於庶僚草澤中求之，是以廣咨博訪，徘徊數月。今看得原任監察御史告病在籍金聲，思致沈潛，文辭爾雅，博涉多通，兼綜理數，堪以委用，使居討論修飾之任，其遺文析義，當復勝臣。若已成諸書，方今該監官生漸次學習，中間會通二法，亦須甄明大意者爲之董率，臣又看得原任誥敕房辦事大理寺評事今聽降王應遴，學亦通綜，且數請修曆，屢疏奉旨，在部可據，用之率領官生，可以集事。且此二臣者不煩徵求，不增資費，在金聲病已痊癒，乞敕下都察院催取赴補，便可前來；在王應遴見在候缺，亦乞敕下吏部，量與相應職級，使之供事。儻得此兩臣在局，而臣亦時加稽覈，即前項未完書表，可計期告竣矣。若草澤中未必無人，臣所求惟取好學深思，心知其意，試有徵驗者，方敢上聞，今未敢濫及也。臣不勝惶悚待命之至。爲此具本，謹具奏聞。

崇禎五年十月十一日具奏，十五日奉聖旨：該部知道。

校記

〔一〕「虜警」，《治曆緣起》、中科院圖書館藏《奏疏》作「兵事」。

欽天監監正張守登謹奏爲遵旨回奏事：

本年九月十四夜望月食，雲陰掩覆，未見虧形，仰遵明旨責令回奏。臣等隨將雲陰異同之故，具呈禮部，代題奏聞。隨於本月十二日奉聖旨：「據該監稱月食雲陰不見，有無別法考求，著他確議來說。以後凡遇交食，該部先將各法異同一併開寫來看，臨期如法測候，證定疎密，分別具奏。欽此。」該禮部移文到臣，捧讀嚴綸，不勝惶懼。隨行觀候官詳查當日月食，雲陰不見，有無別法考求，據實呈報，以憑回奏。隨據該在臺值日官王燁等呈稱：「職等推步交食，惟遵《曆元》成法，此外無敢臆測。其本年月食屆期委屬雲陰掩蔽，無從測驗。本科株守沿襲舊法，並無別法可以考求，亦不敢妄爲擬議。惟是四方雲陰不覆之處，尚有能見食者，或可遍詢而得之也。」等因到臣，該臣等看得交食之分數多寡，惟以人目爲據；而人目所見之親切，必以天氣之清朗爲真。是夜月食初虧，在臣監依郭守敬舊法算在卯初一刻，輔臣徐光啓依西洋新法算在卯初三刻。及臨期測驗，臣監在城東隅星臺，輔臣在城西隅星臺，相距約十里，而兩處並爲雲陰掩蔽，不見初虧。原推雖差二刻，所見實出一揆，蓋《授時》固有歲差里差之異，而臣監實不能通融其法；西法以真會似會爲算，於此事似頗搜探其根。今臣已遣所屬官生，詣局學習新法，以詳究異同之源，庶自今以後之推算，或可訂其疎密也。若於無別法中而臆度爲法，無可確議中而妄揣爲議，此則臣所不敢出矣。但雲陰因地氣上蒸，普天之下尚有雲所不蔽之處，故宋司馬光言，「京師不見，他處必有見者」。伏乞敕下禮部行文近畿數百里内各府，各將前九月望卯初一刻月食，有無陰雲，曾否見食，據實回奏。縱時刻未得的確，其食與不食必可知也。若數百里内悉皆隱蔽，更移文遠方，亦必可考而知也。若臣才識淺劣，伏望聖慈赦宥優容，臣不勝怕悚待命之至。

崇禎五年十月二十七日具奏，十一月初八日奉聖旨：該局既有新法，著行習學；參驗有無脗合，仍行查前時月食晷刻分數，詳報禮部知道。〔一〕

校　記

〔一〕《治曆緣起》八卷本，第二卷至此止。

太子太保禮部尚書兼文淵閣大學士臣徐光啓謹奏，爲曆法修正告成，書器繕治有待，謹申前請，以竣大典事：

臣於崇禎二年七月十四日欽奉明旨，督領修正曆法事務，仰體皇上欽若敬授至意，廣集衆思，求底成績，已經進過曆書七十四卷。猥以疎庸，荷蒙特簡入閣辦事，會因閣務殷繁，不能復尋舊業，止於歸寓夜中篝燈詳繹，理其大綱，訂其繁節，專責在局遠臣該監官生並知曆人等，推算測候，業已明備，少需時日，將次報竣。不意臣以衰齡，嬰此重證，犬馬之力已殫，痊可之期尚遥。新成諸書共六十卷，如《黄平象限諸表用法》共二卷，《交食簡法表》共二卷，《五星圖》一卷，《木星加減表》一卷，《方根表》二卷，《土星加減表》一卷，《日躔表》一卷，《五緯總論》一卷，《日躔增》一卷，《恒星總圖》八幅，已上三十卷，略皆經臣目手，業已膳繕。如《火土木經度》三卷，《三星緯度》一卷，《三星表用法》一卷，《三星緯表》一卷，《日躔考》二卷，《交食蒙求》一卷，《夜中測時》一卷，《古今交食考》一卷，《日月永表》二卷，《金水二星曆指》二卷，《日月五星會望弦等表》一卷，《火星加減表》一卷，《金水二星表》四卷，《高弧表》五卷，甲戌乙亥二年《日躔細行》二卷，《恒星出沒》二卷，已上三十卷，尚屬草稿，内經臣目者十之三四，經臣手者十之一二，亦可續寫進呈。其餘卷帙及教習官生續製儀器並科理旁通諸務，尚須擇人省成，恐局無職掌，或致中廢。臣於崇禎五年十月以協修缺員具奏請補，奉旨下部，以山東巡撫朱大典、山東參政李天經、山東道御史金聲等堪以委任，曾經具題。內金聲復經部覆咨催，今聞聲實患病，不能前來。局中臣工，豈能坐待，不得不復理前説。但朱大典見有衝藩重寄，勢難移動，惟李天經分管税糧，在彼亦腹背之羽，非當六翮之用，稍爲更置，似亦無難。而博雅沉潛，兼通理數，曆局用之尤爲得力，伏乞敕下吏部，將該道別行推補。李天經則議其事任，或以原官量兼京銜，或以銓法改補京秩，使之供事，則以討論修飾之任，更兼承前啓後之責，行見皇上敬天立極之鴻摹，授時熙績之令範，永有光於萬世矣。臣不勝惶悚待命之至。

崇禎六年九月二十九日具，十月初四日奉聖旨：覽奏具覘勤恪，書成次第進覽。李天經著吏部議覆。卿還慎加調攝，痊可即出佐理，以慰延停。該部知道。

太子太保禮部尚書兼文淵閣大學士臣徐光啓謹題，爲月食事：

竊照崇禎七年二月十五日壬申夜望月食，其食限分秒並起復方位，例應先期上聞。除《大統》《回回》二曆近經欽天監具題外，臣等新局諸臣所修《交食曆》稿，業已就緒，謹依法推步，將所得諸數逐一開坐，並具圖像進呈御覽。伏乞敕下該部，至期令監督等官並臣局陪臣官生各如前測候，奏聞施行。緣係月食事理，未敢擅便，謹題請旨。

計開：

崇禎七年二月十五日壬申夜望月食分秒時刻並起復方位：

月食九分二十一秒

月未入已復光約九分

月已入未復光二十一秒

是日日出卯正二刻內五十五分五十五秒

初虧，丑正三刻內五十七分五十二秒，月在地平上高三十八度一十分

食甚，寅正三刻內二十二分四十六秒，月在地平上高一十八度四十四分

復圓，卯正二刻內九十二分三十八秒，月在地平上

共食限內一十五刻三十四分八十六秒

食甚日躔黄道娵訾宫二十四度二十六分三十六秒，爲室宿六度二分

月離黄道鶉屋宫二十四度二十六分三十六秒，爲翼宿五度四十六分

日躔赤道室宿一十二度四十八分

月離赤道翼宿一十三度五十四分

月離緯度：

初虧，距黃道北三十三分八秒

食甚，距黃道北二十分二十九秒

復圓，距黃道北二十三分一十九秒

各省直初虧時刻：

京師順天府　丑正三刻內五十七分五十二秒

南京應天府、福建福州府　丑正三刻內八十四分三十秒

山東濟南府　丑正三刻內二十二分八十秒

山西太原府　丑正一刻內九十分八十五秒

湖廣武昌府、河南開封府　丑正二刻內五十三分三十五秒

陝西西安府、廣西桂林府　丑正一刻內二十一分四十一秒

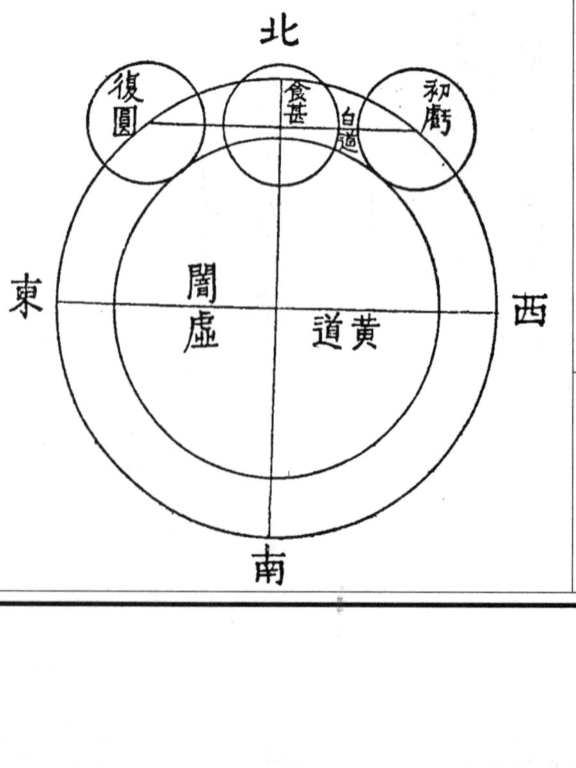

浙江杭州府　丑正四刻内二十六分九十六秒

江西南昌府　丑正二刻内八十八分八秒

廣東廣州府　丑正二刻内一十八分六十三秒

四川成都府　丑正二刻内九十六分四十一秒

貴州貴陽府　丑初三刻内九十三分六十三秒

雲南雲南府　丑初一刻内八十五分二十九秒

崇禎六年九月二十九日具，十月初四日奉聖旨：是，禮部知道。

治曆已有成模懇祈恩敘疏（崇禎六年十月初六日）

太子太保禮部尚書兼文淵閣大學士臣徐光啓謹奏：爲治曆已有成模，課功會應嚴核，謹將在事臣工分别上請，懇祈恩敘，以光大典事。臣才識疎庸，濫膺重任，欽承明旨，修正曆法，夙夜殫竭，四載於兹。業與該局遠臣及知曆官儒等，修改測候，譯書造器，如從前進過曆書，及昨報完曆書，並前後所造儀器，已經上聞，用塵聖覽。特以微臣卧病私室，藥石罔效，日致尫羸，恐難終事，故請補缺員，蒙皇上俞允，下部議覆矣。第見在臣工，勤敏有加，勞瘁堪錄，惟臣察之最審，考之允當，苟不及臣目覩身承之日，陳其萬一，設朝露忽溘，後事之臣，誰有爲皇上請者，敢分別敘之。如陪臣〔二〕羅雅谷、湯若望等，撰譯書表，製造儀器，算測交食躔度，講教監局官生，數年嘔心瀝血，幾於穎秃唇焦，功應首敘。但遠臣輩守素學道，不願官職，勞無可酬，惟有量給無礙田房，以爲安身養贍之地，不惟後學攸資，而異域歸忠，亦可假此爲勸。知曆生員鄔明著、訪舉儒士陳于階等，思精推測，巧擅繪製，書器方藉前勞，講解正需後効，所當照纂修辦事例優敘者也。知曆人如生員程廷瑞、孫嗣烈、孟履吉，監生李次霦，訪舉儒士楊之華、祝懋元、張寀臣、黄宏憲、董思定、李遇春、趙承恩等，同心績學，殫術承天，十狐之腋堪裘，衆集之思成益，所當照纂修効勞例量敘者也。原任大理寺評事今帶銜光禄寺録事王應遴、武英殿辦事中書陳應登督率官生，參訂訛正；武舉魏邦綸測算明曉，堪備策使，三臣著聲勤慎，所當同行優敘者也。其該監官生如右監副戈承科、秋官正周胤、原任五官保章今降充天文生朱國壽、五官保章正劉有慶、中官正賈良棟、候缺保章正賈良琦、博士朱光顯、天文生朱光燦、朱光大等，勤學可嘉，俟學習完日另敘。伏念奏績課成，論功行賞，從來尚矣；況敬天勤民，攸繫更重！如唐曆《大衍》，一行造之七年而稿成；元曆《授時》，守敬造之十年而書進，未有子來遹成如今日者。測驗推步，上合天行；講究著述，下窮人巧。日成月要，不敢悠忽而隳庶工；費省工良，共効精勤而襄巨典。誠舉局之光，一時之選也。伏乞聖明俯賜鑒裁，敕下該部分別紀錄，事完議敘，以彰激勵。臣無任惶悚待命之至。

崇禎六年十月初六日具，十二日奉聖旨：該部知道。

校記

〔一〕「陪臣」，《治曆緣起》及中科院圖書館藏《奏疏》作「遠臣」。

太子太保禮部尚書兼文淵閣大學士臣徐光啓謹奏，爲進繳敕印，開報錢糧，以清曆務，以完臣局事：

臣叨受聖恩，兢兢拮据，不意勞備之餘，交加疾痛，高厚未効涓埃，犬馬將填溝壑，言念及此，惟有涕零。如曆法重務，雖幸告成，而未了規摹，尚須善後。荷蒙皇上俞臣所請，將李天經下部議覆，其督領曆局印信一顆及諭臣敕諭一道，臣應先期奏繳，俟接任官到日，另行奏請改給。至於錢糧一項，自崇禎三年正月至崇禎六年三月，共領戶禮工三部咨到銀八百七十餘兩，臣逐項自行料理，纖悉明備，已開細數，封貯公所。因進內儀器正在鳩工，難以遽行銷算，俟接管官逐件查對奏繳，臣敢先以總數報聞。恐澨露不免乎朝夕，漏巵或誤於將來，則臣從來矢公節省之意，欽天報主之誠，兩失之矣。伏祈皇上敕下該衙門，驗收在案。謹將敕諭印信差欽天監博士朱光顯，賫送到閣，候旨施行。臣不勝惶悚待命之至。

崇禎六年十月初七日〔上〕〔一〕，本月十二日奉聖旨：敕印著該衙門驗收，其錢糧用完接管官奏銷。該部知道。

校 記

〔一〕據《治曆緣起》補。

奏疏卷六

禮部尚書臣李康先等謹題，爲督理久缺，日食稽報，懇乞代題，以光巨典事：

祠祭清吏司案呈，本年正月二十八日奉本部送，據欽天監原任五官保章今降充天文生朱國壽、五官保章正劉有慶、中官正賈良棟等呈稱：壽等奉旨入局，學習新法，曾經習授日躔細行，至交食等項，因候督理，尚未全習。舊年九月内，奉敕督修曆法輔臣徐光啓，以抱恙請代具題，山東督糧參政李天經前來任理，已奉俞旨，迄今未經吏部題覆理事。所有該局新法，推算到本年二月月食，已經輔臣預期報聞。而三月初一日日食，亦因督理缺官，未經奏聞。今據該局陪臣羅雅谷、湯若望等所推新法，日食省直異同分秒，並繪圖式呈乞代題等因，到部送司。案呈到部，著得本年三月初一日丁亥朔日食，除欽天監推算奏請通行天下外，據該局官生呈報省直時刻分秒並繪圖式前來，相應具本恭進，仰塵睿覽，謹具題知。

計開：

曆局依新法推算到崇禎七年三月初一日丁亥朔日食分秒時刻並起復方位：

京師順天府見食六分〇二秒

初虧，辰正四刻内二十五分一十一秒　西北

食甚，巳初四刻内六十一分三十四秒　正北

復圓，午初一刻内三十九分二十三秒　東北

共食限内九刻一十四分一十二秒

食甚日躔黄道經度降婁宫八度三十〇分

日躔黄道壁宿四度二十九分

日躔赤道壁宿九度一十四分

食甚月緯度距黄道北實行五十六分〇六秒

月緯度距黄道北視行一十三分一十四秒

初虧太陽出地平高三十二度四十二分

食甚，高四十三度二十五分

復圓，高五十一度五十〇分

各省直食甚時刻分秒：

京師順天府　巳初四刻内六十一分三十四秒，見食六分〇二秒
南京應天府　巳初四刻内七十〇分一十三秒，見食三分九十八秒
山東濟南府　巳初四刻内二十二分四十五秒，見食五分一十二秒
山西太原府　巳初二刻内五十七分六十三秒，見食六分一十四秒
陝西西安府　巳初一刻内二十七分七十八秒，見食五分七十三秒
河南開封府　巳初三刻内三十〇分二十一秒，見食五分四十六秒
浙江杭州府　巳正一刻内一十二分二十七秒，見食三分三十〇秒
湖廣武昌府　巳初二刻内九十六分四十一秒，見食四分六十四秒
四川成都府　巳正三刻内一十九分二十秒，見食四分九十一秒
福建福州府　巳初四刻内五十〇分三十五秒，見食二分二十一秒
廣東廣州府　巳初一刻内九十〇分九十九秒，見食二分九十一秒
雲南雲南府　辰正一刻内四十七分一十一秒，見食四分五十八秒
廣西桂林府　辰正四刻内七十二分九十一秒，見食三分四十〇秒
貴州貴陽府　辰正四刻内〇分九十二秒，見食三分五十秒

江西南昌府　巳初三刻内二十四分〇七秒，見食三分六十二秒

崇禎七年二月初八日具，十一日奉聖旨：知道了。李天經著速催到任督理。

本日見食分數，詳《古今交食考》。

吏部尚書臣李長庚等謹題，爲督理久缺，日食稽報，懇乞代題，以光巨典事：

文選清吏司親呈，崇禎七年二月十二日奉本部送吏科抄出太子少保禮部尚書兼翰林院學士加俸一級李康先等題前事，内稱祠祭清吏司案呈，本年正月二十八日奉本部送據欽天監原任五官保章今降充天文生朱國壽、五官保章正劉有慶、中官正賈良棟等呈稱：壽等奉旨入局，學習新法，曾經習授日躔細行，至交食等項，因候督理，尚未全習。舊年九月内，奉勅督修曆法輔臣徐光啓，以抱恙請代具題，山東督糧參政李天經前來任理，已奉俞旨，迄今未經吏部題覆理事。所有該局新法，推算到本年二月月食，已經輔臣預期報聞，而三月初一日日食，止因督理缺官，未經奏聞。今據該局陪臣羅雅谷、湯若望等所推新法，日食省直異同分秒，並繪圖式，呈乞代題等因，到部送司，案呈到部。看得本年三月初一日丁亥朔日食，除欽天監推算奏請，通行天下外，又據該局官生呈報省直時刻分秒，並繪圖

式前來，相應具本奏進，仰塵睿覽，謹具題知等因。七年二月十一日奉聖旨：「知道了。李天經速催到任督理。欽此。」欽遵抄出，到部送司。案查崇禎六年十月内准考功司付稱，奉本部送吏科抄出太子太保禮部尚書兼文淵閣大學士徐光啓奏，爲曆法修政告成，書器缮治有待，謹申前請，以竣大典事等因。六年十月初四日奉聖旨：「覽奏具見勤恪，書成次第進覽。李天經著吏部議覆，卿還慎加調攝，痊可即出佐理，以慰延佇，該部知道。欽此。」欽遵。抄出到部送司。查得疏内李天經議覆一節，相應移付，等因到司在案。今奉前因，查得修正曆法，事關教授，責任甚殷。先經輔臣疏請山東參政李天經，堪委任以終厥事。臣部正在議覆間，兹又奉有明旨，爲照本官清望素著，治行咸優，而學際天人，深明理數，合依原題，改補京秩，督修曆務，相應具題，案呈到部，既經禮部具題，該司查呈前來，相應題請，合將李天經議陞太僕寺少卿，添註督領修正曆法事務，以成昭代大典，完日會同禮部，查覈精當，另請優敘，恭候命下，行令本官，作速到任管事，遺下員缺，另行推補，再照添注停止。久奉明綸，因督修曆法一官，亦係欽依添設，臣部因敢謹擬添設職銜，恭請聖裁，臣部欽遵施行。

山東布政使司右參政李天經謹奏，爲微臣遵旨任事，謹陳題薦始末，以祈聖鑒事：

臣燕趙鄙儒，自癸丑登籍以來，受皇上豢養者二十餘年。繇學博部郎以至郡守監司。緣丁艱適值魏璫焰熾，即服闋未敢補官者凡五年。幸遇皇上龍飛，始出銓補洊，歷河南陝西藩臬。當時事孔棘之會，惟知斤斤自守，恪供職業，敢有非分之想哉！止緣昔任國學閑曹，多暇得與先臣邢雲路講究曆理，頗聞其概要，未離書生呫嗶，聊從所好已耳。自是浮沉中外者十七載，素所管窺，半就荒落。不意前歲壬申，臣任陝西按察使，於邸報見已故輔臣徐光啓先奏《爲修曆缺員，謹申前請，以竣大典事》疏，內敘述海內知曆，謬列臣名。臣心竊媿迂闊無當之學，尚掛人齒頰間也。去歲九月內，輔臣復有《曆法修正告成，書器繕治有待》一疏，則竟欲更置臣來責以任事，奉旨下部議覆，而輔臣隨以訃聞。維時臣濫竽山左糧道，無根抵之容，不知輔臣何以一旦推轂及臣意者。輔臣於病革之際，忽念前緒未終，急求代者，一時乏人，故以相及耶？聞報之日，且疑且懼，惟靜聽部覆。至本年二月內，禮臣題爲督理久缺事，奉聖旨：「李天經著速催到任，督理。禮部移咨吏部題覆。」奉聖旨：「李天經著以見銜修曆，俟有功再議。該部曷得輒以添註徇題，著該司官回將話來。欽此。」又該禮部題爲日食事，奉聖旨：「日食初虧復圓時刻方向，皆與《大統曆》合，其食甚時刻及分數，魏文魁所推爲合。既互有合處，端緒可尋，速著催李天經到京，會同悉心講究，仍臨期詳加測驗，務求畫一，以裨曆法。魏文魁即著詳叩具奏。欽此。」臣聞命自天，不勝隕越。竊念臣小臣也，有何學問，仰佐司天乃屢邀速催之旨。且臣外臣也，見銜受事，乃其職分。敢萌躍冶之心。況欽奉明綸，不敢不竭蹶前來，瞻天咫尺，矢報高深，益殫所學，悉心講究，是臣之所有事也。惟是目前所督寫者，輔臣已證訂而未上之書，所繕治者，輔臣已題聞而待進之器，所督率者，靈臺諸臣所講解而未通之法，乃恭繹明旨，又不但責臣以纘前緒，而在悉心以求畫一者。竊思天道玄微，以術步之密合，豈爲易事？故從古及今，治曆者豈止七十餘家。法雖繇疎漸密，然國朝此日競鳴者，不無二三其見，何妨化異爲同。蓋萬國同載一天，而七政總惟此理。草澤之士，或有秘傳；海外之人，原精理數，使忘畛域而互相參究於不一之中，以求至一，乃真畫一。但期上合天行，襄國家之大典，臣願畢矣。至犬馬私情，當於曆事告成，再爲陳請，而今固未敢言也。臣謹即推用始末及微臣受事愚悃，具奏上聞。伏祈聖鑒，臣可任戰悚之至。

奉聖旨：李天經既到任受事，著與該監局及魏文魁悉心考驗，參究異同，務期畫一以正曆法。本内小日未填姑不究，該部知道。

太子少保禮部尚書兼翰林院學士加俸一級臣李康先等謹題，爲代請關防，以便俯循職掌事：

祠祭清吏司案呈奉本部，送據山東布政使司右參政李天經呈稱：職於本年内接，准禮部照會爲日食事，奉聖旨：「日食初虧復圓時刻方向，皆與《大統曆》合，其食甚時刻及分數，魏文魁所推爲合。既互有合處，端緒可尋。著速催李天經到京，合同悉心講究，仍臨期詳加測驗，務求畫一，以俾曆法。魏文魁即著詳叩具奏。欽此。」備行照會到職，奉旨遵限前來，於四月二十二日見朝外，但曆局尚有書器進呈，錢糧銷算。若非用一關防，曷以奏進申繳。職是不能已於冒請也。伏按原任大學士徐光啓，原給督修曆法關防一顆及勅諭一道，先期奏繳，候接管官到日，另行奏請即給等因。奉聖旨：「勅印著該衙門驗收，其錢糧用完，接管官奏銷，該衙門知道。欽此。」所有關防呈乞，代題請給等因，到部送司，案呈到部。照得山東布政使司右參政李天經奉命前來，督理曆法，其進呈書器，銷算錢糧，並各衙門應行事宜，必須關防鈐記，輯成大典。但輔臣徐光啓原給關防，已經奏繳，相應題請。伏候命下移文印綬監關領，即付李天經收掌。庶事歸畫一，文有憑稽，而天經亦將黽勉受事，不致泛然而無所責成矣。緣係代請關防，以便俯循職掌事理，未敢擅便，謹題請旨。

崇禎七年五月二十九日具題，六月初　日奉聖旨：關防著該衙門查發。

督修曆法山東布政使司右參政李天經謹題，爲月食事：

竊照本年八月十六日己巳夜望月食，其食限分秒時刻並起復方位，例應先期上聞。除《大統》、《回回》二曆及布衣魏文魁所測分數，已經欽天監及文魁具題外，但新法推算者，因管局員缺，久稽未上，臨期測驗可憑。臣業奉命受事，謹將新法所推諸數，逐一開坐，並具圖像，進呈御覽。伏乞勅下該部，至期令監督等官如前，一併測驗奏聞，再照修曆一事，法務求夫畫一者，所以齊其異同，而數必依之各測者，正以考其疎密。蓋天運雖高遠而難窺，乃交食則昭著而易見。臨期密測所關，誠匪細矣。除測驗諸法，如測星壺漏等法，固無不備，但恐臨期陰晴難料，或片雲掩翳，便難測度以定準，則曆之成也，何日之有？伏祈勅下禮部移文於山海關及登州撫臣，令其臨時細測太陰出地見食分數，具印信申文報部，以憑稽考。且令監局各一人，攜測器以往，公同測驗速報。庶於近海廣漠之區，得見出地時食甚分秒，即陰晴不一，而此隱彼見，方不虛此一番考驗耳。伏乞聖裁，緣係月食事理。未敢擅便，謹題請旨。

計開：

崇禎七年八月十六日己巳夜望月食分秒時刻並起復方位：

月食九分三十五秒

月出地平見食九分三十五秒

是日日入酉正二刻內三十四分七十二秒

初虧　申正三刻內八十二分三十九秒　在晝　東北

食甚　酉正二刻內五十三分五十九秒　昏刻　正北

復圓　戌正一刻內一十分五十三秒。月在地平上高一十七度五十六分　西北

共食限內凡一十三刻二十八分一十四秒

食甚日躔黄道鶉尾宫一十四度三十三分五十七秒

月離黄道娵訾宫一十四度三十三分五十七秒；離黄道危宿一十六度一十一分；離赤道室宿四度一十一分

月離緯度：

初虧距黄道南三十五分三十秒

食甚距黄道南三十分五十四秒

復圓距黄道南二十六分

各省直食甚時刻：

京師順天府　酉正二刻内五十三分五十九秒

南京應天府、福建福州府　酉正二刻内八十分二十五秒

山東濟南府　酉正二刻内八十六分九十二秒

山西太原府　酉初四刻内九十三分六十秒

湖廣武昌府、河南開封府　酉正一刻内五十三分五十九秒

陝西西安府、廣西桂林府　酉初四刻内二十六分九十三秒

浙江杭州府　酉正三刻内三十三分五十八秒

江西南昌府　酉正一刻内八十六分九十三秒

廣東廣州府　酉正一刻内二十分二十六秒

四川成都府　酉初三刻內六分九十三秒

貴州貴陽府　酉初四刻內二十六秒

雲南雲南府　酉初二刻內二十六秒

崇禎七年六月二十八日具題。本月三十日奉聖旨：

這所奏月食事情，著監局各官臨期公同測驗。山海關、登州遣人驗報，依議。禮部知道。

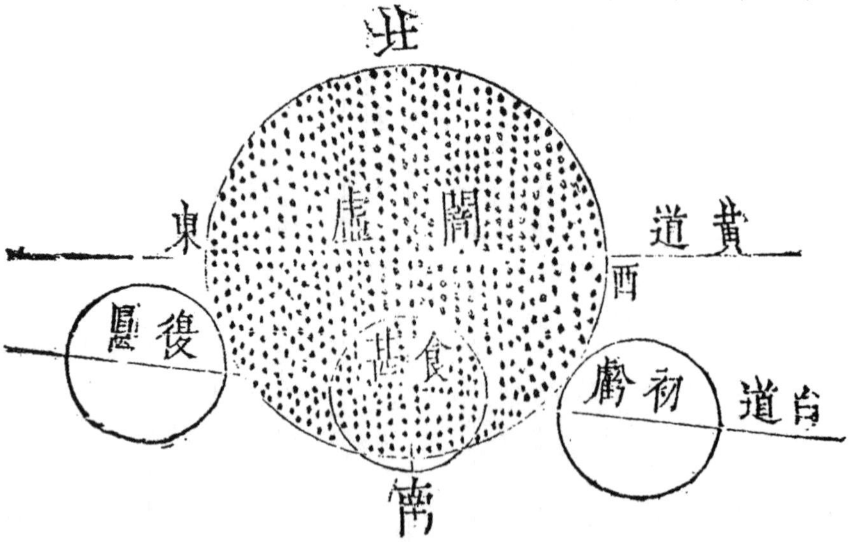

太子少保禮部尚書兼翰林院學士加俸一級臣李康先等題，爲月食事：

祠祭清吏司案呈奉本部，送禮科抄出督修曆法山東布政使司右參政李天經題稱：本年八月十六日己巳夜望月食，但恐臨期陰晴難料，移文山海關、登州撫臣及令監局各一人，攜測器以往公同測驗速報等因。本年六月三十日，奉聖旨：「這所奏月食事情，著監局各官臨期公同測驗。山海關、登州遣人驗報，依議。禮部知道。欽此。」欽遵抄出到部送司，除臨期劄行監局官生參驗外，所有應差監局生儒前往山海、登州測驗月食，行據欽天監手本，開送在局供事天文生朱國壽、朱光大，相應差遣。又據該局開送訪舉知曆生員鄔明著、儒士陳于階，奉旨紀錄，堪以任使，各攜測器前去驗報各等因。通查案呈到部，既經監局開送前來，合無將鄔明著、朱光大差往山海；陳于階、朱國壽差往登州，公同測驗，相應題請，恭候命下，移咨兵部，應付往回各給廩糧馬匹，隨帶儀器，賫文前詣山海、登州，公同各撫臣至期測驗，據實回報以憑，具奏施行。

崇禎七年七月十四日具題。十七日奉聖旨：是。

督修曆法山東布政使司右參政李天經謹題，爲欽奉明旨，恭進第四次曆書事：

先該故輔臣徐光啓於崇禎六年九月二十九日題爲曆法修正告成，書器繕治有待一疏，内開新成曆書共六十卷，三十卷業已謄繕，三十卷尚屬草稿。奉聖旨：「覽奏具見勤恪，書成次第進覽。李天經著吏部議覆。卿還慎加調攝，痊可即出佐理，以慰延佇。該部知道。欽此。」隨該臣於本年五月内遵旨到任管事。除每日與在局官生晝測太陽、夜測太陰，列宿細心講求晝一外，即將已寫諸書，逐一詳加考覈。間有字義冗長、辭未達意者，臣亦逐卷稍爲更訂，是以逡巡月餘止了。前三十卷内有輔臣所報《恒星總圖》八幅，係該局依經緯度，點定刊刻成圖者。臣復督在局遠臣等易之以絹製，爲屏障八面，可以展轉開闔，上塵睿覽。其未寫三十卷，臣亦取稿翻閱，就中不無疑義，尚須再三磨勘刻期，録完另疏續進。謹將見完曆書曆表二十九卷計三套，並星屏一架，共完三十卷數，進呈御覽。尚有日晷、星晷、闚筩遠鏡三器，俱係奉旨造進者。臣亦於到任後督率該局官生，夙夜製造，亦將次第告成。其安置之法，與運進夫力，容臣另疏奏請，統祈聖覽施行，緣係欽奉明旨，恭進第四次曆書事理。未敢擅便，謹請旨。

計開：

第四次進呈書目：

《五緯總論》一卷

《日躔增》一卷

《五星圖》一卷

《日躔表》一卷

《火木土二百恒年表並周歲時刻表》共三卷

已上係陪臣羅雅谷譯撰。

《交食曆指》共三卷

《交食諸表用法》共二卷

《交食表》共四卷

已上係陪臣湯若望譯撰。

《黄平象限表》共七卷

《木土加減表》共二卷

《交食簡法表》共二卷

《方根表》二卷

已上係二臣指授監局官生推算。

恒星屏障一架

係陪臣湯若望製。

崇禎七年七月十九日具〔題。二十二日奉聖旨：曆書及星屏留覽。未完的還著詳加考核，以正曆法，該部知道。〕〔一〕

校記

〔一〕〔 〕內文字據中科院圖書館藏《奏疏》補。

督修曆法山東布政使司右參政臣李天經謹題，爲月食事：

該臣於崇禎七年六月二十八日具題前事，本月三十日奉聖旨：「這所奏月食事情，著監局各官臨期公同測驗，山海關、登州遣人驗報。依議。禮部知道。欽此。」欽遵。除業奉旨遣人攜器前往登州、山海關測候，聽彼處撫臣咨部回報外，今月十六日己巳夜望月食，臣謹依公同測驗明旨。至期親詣欽天監、觀象臺，協同禮部監督祠祭司員外郎張師度、欽天監監正張守登，並監局官生人等，安頓測器，參調壺漏，登臺靜候間，不意候至酉初及戌正一刻，乃各法食甚復圓之會，值天陰微雨，無從考驗疎密。又是日禮部劄委祠祭司主事吕一經、李焻，同西洋二陪臣及監局官生人等，在於本局設器測驗，亦復相同。理合次日據實回奏，而臣所以不敢草率徑瀆者，蓋有説焉。恭繹〔明綸，於崇禎五年九月十四日夜望月食。該監奏稱：雲陰不見，奉有有無別法考求之旨。臣仰體皇上欽若至意，於別法一字，再四深求。憶昔元統李德芳，爭言歲實消長時，太祖高皇帝聖諭云：「但以七政行度交會無差者爲是。」此真皇上首出深明象緯之言也。蓋交食特曆數之一斑，而七政乃璣衡之統務。而以晝測日行、夜測月行、五星淩犯，必期事事密合爲言。欽奉俞旨，熟思別法，無踰此者。矧交食動閲歲月，而日躔月離、五星經緯行度，則逐日可求。此輔臣原題，亦匪第言交食，倘登州、山海二處，有一見食，則諸法疎密，庶可立分。萬一俱屬陰雲，何以資爲考證。則七政諸行，皆可公同測驗，未必非講求晝一，以底成績之要法也。伏乞聖明鑒裁，勅下施行，緣係月食事理，未敢擅便，謹題請旨。

崇禎七年八月十八日具題。本月二十一日奉聖旨：已有旨了。七政諸行，須晝夜考測。李天經即協同各官生精心講求，期底成績。禮部知道。〕〔二〕

校　記

〔一〕〔　〕内文字，據中科院圖書館藏《奏疏》補。

督修曆法山東布政使司右參政臣李天經謹題，爲欽奉聖諭，據實奏明事〔一〕：

臣於本月二十五日准禮部照會，二十四日接得聖諭：「諭禮部，昨李天經所進曆書、星屏，果否與魏文魁參合商訂。著李天經奏明。欽此。」欽遵。該臣查得，臣所進曆書二十九卷、星屏一架，俱係故輔臣徐光啓先年親手訂證，奏聞奉聖旨：「書成次第進覽。」臣奉命接管，不過爲之督寫代進，完輔臣未竟之緒耳。況輔臣積學深思，嘔心此道。數十年其所撰述，恐非他人所能增減。即文魁亦曾經輔臣逐款駁正，有《學曆小辨》見存。則輔臣之書與屏，皆依新法測定，精心纂輯，足闡前人所未發，而補中原所未備，實未嘗與文魁參合商訂也。若夫參合商訂，實臣之心，亦臣之職。臣初有《微臣遵旨任事》一疏，奉有李天經既到任受事，著與該監局及魏文魁悉心考驗，參究異同之旨。煌煌明綸，誰敢肩越。況臣受兹委任，方思博採群議，廣羅夙學，以襄大典。得文魁而朝夕講究，以收同心之益，豈非臣之至願哉！乃六月初六日，蒙皇上賜給修曆關防，隨於十二日到任，次日即移文禮部，催取魏文魁到局，公同監局官生，參究異同，以仰副皇上講求畫一之旨，乃久之未至也。臣文託彼相知開論，以勿執己見爲是，當思道理無窮，還宜虛心參證，共完巨典，而亦久之未至也。但託人傳語，若銜曆局夙昔辯駁之隙，必不欲見局中一人，亦不欲向局中一步，僅與臣一相面於往復私邸中，又何關於考驗參究之事哉？臣於是乎無術相强，雖欲與之參合商訂，勢無繇也。總之，曆數一家，今爲絶學。輔臣讀文魁之書，而不敢輕用，夫豈無見。臣必試文魁之法，驗之而後敢用。前此冀其來與之互相訂證，不得已姑俟驗之月食，今俱不可問矣。惟有尊奉明綸，晝夜考測七政諸行，庶可定其疎密。伏乞勅下禮部移送魏文魁到局，與諸官生各捐成見，預將一月諸曜行度，先期依法算定，以本月秋分爲始，容臣開坐奏聞，仍照原題劄委司官一員，臨局公同測驗，孰合孰不合，據實奏報，則各法是非自見，而萬年寶曆亦不致聚訟一堂矣。如謂文魁之法與學，不必試驗，而即奉爲主盟，此則非臣所敢任也。謹將故輔原咨録呈御覽，統乞鑒裁，緣係欽奉聖諭，據實奏明事理，爲此具本謹題請旨。原咨見《學曆小辯》。

崇禎七年八月二十七日具題。本月三十日奉聖旨：曆書、星屏，原屬前輔臣手訂，知道了。魏文魁曆法著另局修定備考，禮部知道。

校記

〔一〕本疏全文，據中科院圖書館藏《奏疏》補。

奏疏卷七

督修曆法山東布政使司右參政臣李天經謹題，爲預報諸曜會合淩犯行度，並陳飭氣始末，以資考核，以正曆法事：

該臣於崇禎七年八月十八日回奏月食，奉聖旨：「已有旨了。七政諸行須晝夜考測，李天經即協同各官生精心講求，期底成績，禮部知道。欽此。」欽遵。臣恭承明命，夙夜乾惕，每每督率監局官生，逐時測算，乃於考求七政之餘，依新法算得，土火金三星本年九月初旬，會於尾宿之天江左右。木星亦於是月前犯鬼宿之積尸氣，一時五緯已有其四，未必非以數合天即天，驗法之一據也。從來治曆名家，大都於列宿諸星有經度無緯度，雖《回回曆》近之。猶然千百年前古法，用之未必合天。故臣等所推經緯度數，時刻分秒，若數一二與監推所得者，各各不同。又如本年八月秋分，《大統》算在八月三十日未正一刻，而新法自在閏八月初二日未初一刻一十分，相距約差二日。臣於閏八月初二日同監局官生，用儀器測得太陽午正高五十度零六分，尚差一分入交。推變時刻，應在未初一刻一十分，與新法脗合。隨取輔臣徐光啓從前測景簿查對，數年俱如一日，然此非臆説也。臣謹按《春秋傳》曰：「分同道也，至相過也。」是二語者可爲今日節氣差訛之一證。蓋太陽行黃道中線，迄二分而黃道，與赤道相交，此晝夜之所以平，而分之名所繇起也。迄二至則過赤道内外各二十三度有奇矣。夫遇赤道二十三度有奇者，爲真至。則兩道相交於一線者，不爲真分乎？即舊法亦知分前分後之有晝夜平，但拘泥一定之法平分歲實，計日立算，其於盈縮加減之理，多所未曉，無怪其認平與分爲二也，何也？太陽有平行有實行，平則每日約行若干，而實行則有多有寡，日日不等，從最高起算，用法加減之，始得真度分真節氣，故新法之與舊法，惟冬夏二至，止差時刻，餘則有差至一日二日者。不獨秋分爲然，秋分其一端也。謹將諸曜會合淩犯行度，開具《圖象表説》一册，進呈御覽。伏乞勅下禮部劄委司官一員，仍知會欽天監堂官，至期公同監局官生，在局詳加測驗，據實奏聞，則一時講求晝一，以仰副皇上欽若敬授之至意，端在此矣。統惟鑒裁。

崇禎七年閏八月十八日具題，二十一日奉聖旨：奏内諸曜會合淩犯行度，及分至節氣，新法舊法異同，著禮部該司官與欽天監堂上官，率監局官生，詳加測驗，虛心考核，以正曆法，書册留覽。

督修曆法山東布政使司右參政臣李天經謹題，爲月食事：

竊照崇禎八年正月十五日丙寅夜望月食，其食限分秒並起復方位，例應先期上聞。除《大統》、《回回》二曆，俟欽天監具題外，臣等用新法推步，謹將所得諸數，逐一開坐，並具圖像，進呈御覽，伏乞勅下該部，至期令監督等官，並臣監局官生，如前測候奏聞施行，緣係月食事理。未敢擅便，謹題請旨。

計開：

崇禎八年正月十五日丙寅夜望月食分秒時刻並起復方位

月食一十五分六十六秒

初虧丑正一刻内八十二分七十六秒，月在地平上高四十四度三十分，正東

食既寅初二刻内四十分四十三秒

食甚寅正一刻内九十五分三十一秒，月在地平上高二十三度一十六分二秒

生光卯初一刻内五十分二十一秒

復圓卯正二刻内七分八十六秒，月在地平，正西

計食限内凡一十六刻二十五分一十秒

食甚日躔黄道娵訾宫一十三度一十四分，爲危宿一十四度五十四分四秒；月離黄道鶉尾宫一十三度一十四分，爲張宿一十二度三十五分四秒。

月離緯度

初虧距黄道南五分一十三秒

食甚距黄道南一十一分二秒

復圓距黄道南一十六分五十一秒

各省直初虧時刻：

京師順天府　丑正一刻内八十二分七十六秒

南京應天府、福建福州府　丑正二刻内九分四十二秒

山東濟南府　丑正二刻内一十六分九秒

山西太原府　丑初四刻内二十二分七十七秒

湖廣武昌府、河南開封府　丑初四刻内八十二分七十六秒

陝西西安府、廣西桂林府　丑初三刻内五十六分一十秒

浙江杭州府　丑正二刻内六十二分七十五秒

江西南昌府　丑正一刻内一十六分一十秒
廣東廣州府　丑初四刻内四十九分四十三秒
四川成都府　丑初二刻内三十六分一十秒
貴州貴陽府　丑初三刻内二十九分四十三秒
雲南雲南府　丑初一刻内二十九分四十三秒

崇禎七年閏八月二十三日具題。二十六日奉聖旨：這所奏月食分秒時刻及起復方位，著監局各官臨期公同測驗。禮部知道。

太子少保禮部尚書兼翰林院學士加俸一級臣李康先等謹題，爲遵旨查明回奏事：

祠祭司案呈本月二十六日該督修曆法山東布政使司右參政李天經題爲據實奏明事等因。二十九日奉聖旨：「據章必選等稱，二十六日曉李天經方到局，俱不從測驗。這回奏又稱，二十五夜即會部監各官，公同測驗，是何不侔。著禮部查明具奏，其木星有無行犯積尸也，著魏文魁奏明，欽此。」欽遵，到部送司，案呈到部。除木星有無行犯積尸，聽魏文魁自行具奏外。今據祠祭司署郎中事主事臣陳六韐回稱，本月廿四日午李天經到職寓，云念四至初一等日木星犯鬼宿中積氣，宜往測驗。但本夜月光相近鬼宿，星微恐其難見，須於廿七夜往觀。及念五日午，忽傳語職云，今日奉有明旨詰問，不敢復待，隨訂職是日半夜之後到局測驗。職到時方四更，監局官生俱到，時木星出地平未久。職即登臺詳問，緣職學淺，素未諳習天文而鬼宿四星甚微，又在月光之上，兼木星爛灼，職注目良久，始得見鬼宿東北角二星，而木星在其南。未幾李天經至，木星益明，因復共登臺仔細指點，漸見其南角一星，復用遠鏡管窺，轉移對照，恍見木星之側，有數小星結聚，云係鬼宿中所謂積氣者也。去鏡以望，而鬼宿仍在隱見之間。職亦未敢憑以爲信，而監中官生，亦未有言其非是者。據天經稱，木星之行甚遲，數日尚在此處，待月光漸遠，可以再測，隨即明燭，具成疏稿。監官張守登、戈承科等各讀一遍，然後送職出局。及職抵寓，呼職子職甥，起視木星鬼宿，教之詳識。良久假寐，天尚未明。當在局時各官生人役，不下五六十人，衆目共睹。若謂李天經廿六曉方至，則天經與職等往復辨難，取燭觀圖，去燭窺管，不一而足，豈真有晝見之星乎？今奉旨查明，職不敢不據實詳奏。至章必選之爲欺，職未知其造意云何，但謂天經曉而始至，則當天經草疏時，職與監官諸人，皆明燈而待，秉燭以觀。職臨行時，復於中庭歷指數星爲問。至於上馬而斜月方熒，入室而明星有燦，何章必選之獨有二天也等因。據此則李天經所測木星犯鬼宿之積氣，雖未知其果否不差，而其與司官監局，公同測驗，業已踰時。又且明燈具稿，稿完方散，則其非天曉方到也明矣。章必選於衆人屬目之事，敢爲欺妄，法宜懲處，俾曆臣得以悉心考究，其於治曆明時，不無少補矣。

督修曆法山東布政使司右參政臣李天經謹題爲，臺官失占飾罪，微臣據實剖明，並陳初一共測行度，以祈聖鑒事：

前月二十五日奉内閣送到上傳：李天經進到星圖，本月二十四日木星犯鬼宿積尸氣，至日不曾犯，著李天經明白奏來。欽此。臣已於二十五日公同測驗，具疏回奏訖。二十九日接邸報。奉聖旨：「據章必選等稱，二十六日曉李天經方到局，俱不從測驗。這回奏又稱，二十五夜即會部監各官，公同測驗，是何不侔？著禮部查明具奏，其木星有無行犯積尸也。著魏文魁奏明。欽此。」捧讀明綸，不勝惶懼。除聽禮部查明具奏，臣當席藁以聽處分，何敢復有陳説。但果如章必選所稱，臣於二十六日曉方至局，俱不從測驗，是曠若職而怠若事，臣罪曷逃。蒙皇上不即加譴責，但令禮部查明，已仰皇上日月之明，不惑於三至而務查真確，是又天地覆載之鴻恩也。臣能不感激涕零，爲略陳初測再測始末，並必選肆誣之因乎？使鬼宿見早，臣曷敢後。乃鬼宿三更以後方出地平，是時東方忽有雲氣，至四更昇度漸高，始見分明。部監諸臣以四更到，臣亦續到，即同諸臣仰首諦觀，復用遠鏡細窺氣内小星。鬼宿四角，顯然見木星正當其中，質諸衆目攸同，然後入室具疏，與部監諸臣傳看而後去。是時星月正燦，未及昧爽，乃頓以爲曉，不亦誣乎？又測星淩犯，按法諸曜在天一度，爲一尺七寸，以内曰犯，經過其宿，而光耀侵之，亦曰犯。仰觀即得，况用遠鏡細窺，尚不謂之測驗，不更誣乎？乃必選必欲誣臣，夫豈無因。當二十五夜共測之際，必選等惴惴然，懼浼本局知曆生員鄔明著等，向臣曰木星淩犯，本監亦自見得，但未經報聞，恐蹈失占之罪，乞疏中婉轉寬之。即該監堂官張守登、戈承科、周胤亦共聞此語。臣雖憐其意，而未敢輕徇也。但於疏未點出新法、舊法差際，在曆科尚有可援，天文科當時時仰觀者，昏迷天象，責豈能委。是以必選輩手忙腳亂，不謂臣不曾測驗，無以混其未占；不指臣曉方至局，無以證其未測。將諸臣在局，忙忙終夜，果何爲乎？亦自圖飾罪，而音不暇擇耳。然幸木星東行甚遲，尚在鬼宿度内。按臣所進木星月初一一圖，復集部監諸臣到局共測，於是月光既隱，諸曜燦然，明見鬼宿四星内積尸在其中，木星居其旁，較前稍移半度，與圖脗合，則二十四之相犯，是其明徵矣。是時祠祭司郎中陳六韐、欽天監正副張守登、戈承科、周胤，同天文科黃道興、章必傳、王熚等，共相質證。道興等業已自書木星在鬼宿度分，以昭大同，乃獨章必選不至，益見詭情矣。然臣竊自歎以疎遠孤蹤，肩此曆法，未免將人世守之業，指摘改正，宜乎？犯人所忌，必百計撓成而後已。如此情態，能逃皇上神明之鑒察哉。臣所恃者，亦惟此天象之昭垂，有目共見，聖明之英斷，無微不晰而已。若宵輩之毀言日至，臣不足與較也。

崇禎七年九月初二日具題。日奉聖旨：已有旨了。章必選等候王魁、張守登等奏明定奪。禮部知道。

督修曆法山東布政使司右參政臣李天經謹題，爲遵旨測驗事：

先該臣考測七政，預報諸曜會合淩犯行度，内開九月初四日昏初，火星與土星同度，初七日卯正二刻金星與土星同度，十一日昏初金星與火星同度。奉聖旨：「奏内諸曜會合淩犯行度，及分至節氣。新法舊法異同。著禮部該司官與欽天監堂上官，率監局官生，詳加測驗，虛心考核，以正曆法，書冊留覽。欽此。」欽遵。除木星另經測驗奏明外，所有本月初四日火土二星同度，例當用臣局黄赤儀緯等儀考測，但靈臺官生未諳其用，故臣於是日督率陪臣〔一〕羅雅谷、湯若望及〔二〕該局官生，會同祠祭司郎中陳六韐、主事李焻、欽天監監正張守登、監副戈承科、周胤，靈臺官劉承惠、徐源、李之貴等，詣觀象臺候至昏初，令該監臺官用簡儀測之。雖簡儀中星古法，宿度未與時合。而臣所亟欲考測者，惟在度之同與不同耳。蓋兩星俱在一度内曰同，一星在此度，而一星又在彼度曰不同。今測得火星在尾四度五十分，土星亦在尾四度七十分。測畢臣與部臣再三較勘無異，乃陳六韐進諸臺官，一一詢之，俱同聲輸服。而李焻復秉筆登記所測度分，並各官姓名，令自書押，以昭同然。此初四日驗得土火二星同度之始末也。至初七日，因卯正二刻金、土二星同度，在晝應於是日，昏初滅半，日行測之，即可得其同度與否。至輔臣與部臣張師度俱到。而該鑒監堂屬官亦到，忽遇薄雲西掩，兩星難見，候至更闌，天雖開霽，而木星已西墜矣。至十一日，則金火星同度，臣會同諸臣如故。諸臣之來會也，則有部臣張師度、監正張守登、靈臺徐源、章必選、李之貴、章必傳、王熚等，其齊集觀象臺如故，該臺之用器自測也亦如故。乃詳加考訂之餘，實測得金星在尾十五度一十分，火星在尾十五度二十分，其爲同度也。又已較較不爽矣。臣切思之，火土之同度也，舊法推在初七，而臣報初四者合，是舊法後天三日而新法密。金火之同度也，舊法推在初三，而臣報十一者合，是舊法先天八日，而新法又密。蓋五星一道，千古蒙蒙，即守敬諸人不能別創一解，別豎一義。如今日之測與算合，絫黍不差者，又安敢望於剿襲舊說者乎？然臣法雖密，但臺官墨守成法，恐經人道破，便是自己罪案。故以惴惴畏咎之心，堅其當習錮聞之陋，而不肯爲皇上實告耳。伏乞皇上普賜寬政，嘉與維新。雖有疎遠，勿遽加譴責，俾臣得以展布手足，與之晝夜考求，有不待臣辭之畢，而諸臣自有欣欣向往，終不能狃是爲非矣。緣係遵旨測驗事理，未敢擅便，謹題請旨。

崇禎七年九月十二日具題，本月十六日奉聖旨：據稱星度即用簡儀測驗俱合，何故推算先後不同，還著該監官奏明。曆法精微，李天經宜虛心詳究，公同考正，豈得獨執己見，輒稱千古蒙蒙，殊屬誇飾，禮部知道。

校記

〔一〕「督率陪臣」，中科院圖書館藏《奏疏》作「偕兩遠臣」。

〔二〕「及」，中科院圖書館藏《奏疏》作「率」。

督修曆法山東布政使司右參政臣李天經謹題，爲遵旨奏明事：

本月初十日接邸報，見內臣王魁遵旨回奏一疏，奉聖旨：「測驗例用儀器，李天經獨用管窺，此管有無分度，作何窺測，著李天經奏明。仍據魏文魁奏，木星未犯積尸，著禮部遵旨互質詳確奏奪，欽此。」欽遵。除聽禮部詳奏外，該臣看得測驗之法，非止一端；測驗之儀，亦非一器。如觀象臺舊制有渾儀、簡儀，新局亦有黄赤經緯象限弧矢等儀，要皆各適其用。而窺管創自遠西，乃新法中儀器之一，所以佐諸儀之所不及，爲用最大。此輔臣原題工製一具，待日晷星晷造完，並進御前者也。今奉明旨，敢不詳言其用並臣是日所以獨用之故乎？夫此窺管之製，論其圓徑不過寸許，而上透星光，注於人目。凡兩星密聯，人目難别其界者，此管能别之。凡星體細微，人目難見其體者，此管能見之。又凡兩星距半度以內，新法所謂三十分，窮儀器與目力不能測見分明者，此管能兩納其星於中而明晰之。是其容半度强者，即此管之度分是也。惟兩星相距半度以外，則不能同見，臣請略舉一二。如觜宿三星相距三十七分不能同見，五車西柱下二星相距四十四分，愈不能同見，則此管之度分爲半度强，不其彰明較著乎？故臣於閏八月二十五夜及九月初一夜，同部監諸臣在局仰見木星在鬼宿之中，距積尸僅半度。因木星光大，氣體不顯，舍窺管别無可測。臣是以獨用此管，令人人各自窺視，使明見積尸爲數十小星團聚，又能見木星與積尸，共納於一管，則其相犯爲不誤。禮臣陳六韐，所謂恍見木星之側有數小星結聚，云係鬼宿中積氣者是也。而魏文魁指爲未犯，但據臆算，未經實測。據稱初二木星已在柳初，則前此越鬼宿而東，度分愈近，豈得不犯，而能飛渡乎？且臣報閏八月二十四日，而魁所算在九月初二，相距九日，度分已移，乃執爲不犯之證據，殊屬舛謬矣。然木星之於積氣，匪直此日之犯已也，後此出鬼宿退行時，尚一犯焉。既退而順行時，又一犯焉。臣在曆言曆，屢奉明綸，晝夜講求，知而不言，是臣之罪也。但臺官泥於成法，以衆目共見之象，指爲原不必有之事，雖有巧器，直瓦礫視之，宜乎以測爲未測，顛倒是非，必欲實己之言，而後已耳。至内臣王魁原未目擊，並不知有此測法，實無怪其有是言也。且此器鳩工已畢，旦暮進呈，皇上可親試，中外可諦觀，又何煩臣之强爲辨説哉。緣係遵旨奏明事理，未敢擅便，謹題請旨。

崇禎七年九月十三日具題，本月十六日奉聖旨：窺管僅儀器之一，佐諸儀所不及，知道了。俟製完進覽，禮部知道。

督修曆法山東布政使司右參政臣李天經謹題，爲遵旨奏明事：

先該禮部遵旨，據實回奏一疏。奉聖旨：「五星躔度奉旨互質詳查，何得各執己見，徒茲參駁。據稱木星退行順行，當兩經鬼宿，依議。著李天經、魏文魁先將行度尺寸晷刻奏明，臨期公同測驗，務求至當，以定曆法，仍差司禮監官盧維寧、魏國徵監看具奏。欽此。」欽遵。隨該臣查得曆法一事，取驗在交食，即臣等亦兢兢以測驗交食爲急務。止因交食每不多遇，雖遇之而或爲雲陰所掩，無從考核。故請並測經緯諸星，以試其疎密，則晝夜講求，非但謂七政所關不得偏廢，亦以諸星之行度定。而二曜之交食，斯可考，誠非曆法中不急之務耳。今奉明旨，臣等依法算得，木星順逆兩行，其出入鬼宿，俱有時日經緯度分可憑，與積尸氣相犯，亦有分數可據。即臨期陰晴不一，而木星行遲前後一日，俱可互驗。且八年六七兩月，金火木軒轅四星，彼此相掩相犯者，不下五六次，容臣另疏奏報。謹將木星行鬼諸數，逐一開坐，並具圖象，進呈御覽。伏乞勅下該部至期會同監看等官，詳加測驗。據實奏明，統候聖裁。緣係遵旨奏明理，未敢擅便，謹題請旨。

計開：

崇禎七年木星退行鬼日時度分，俱依赤道算其度分，則用百分度之度分，取其便測

本年十月二十三日丙午，木星退行從柳初入鬼，一日細行七分

本年十一月初五日丁巳夜，木星退入鬼宿一度五十五分，與積尸氣同度同分，南北相距五十七分，即占書所謂五寸七分也，一日細行一十一分，是日應測

本年十一月二十日壬申，木星退行入井，一日細行一十四分

崇禎八年木星順行鬼宿，日時度分，俱依赤道，算其度分，亦用百分度之度分

本年四月十四日癸巳，木星順行入鬼初度，一日細行一十八分

本年四月二十三日壬寅夜，木星順行入鬼宿一度五十五分，與積尸氣同度同分，南北相距四十三分，即占書所謂四寸三分也。一日細行一十九分，是日應測

本年四月二十八日丁未，木星順行入柳，一日細行二十分

崇禎七年十月十三日具題，十六日奉聖旨：知道了。俟臨期會同，詳加測驗，該部知道。

督修曆法山東布政使司右參政臣李天經謹題，爲遵旨製器告成，懇勅驗明用法，並議安置，恭進御覽事：

案照崇禎五年十月十一日輔臣徐光啓一疏爲月食事，内言定時之法。古有壺漏，近有輪鐘，二者皆繇人力遷就，不如求端於日星，以天合天，乃爲本法。特請製日晷、星晷、窺筩三器。本月十五日奉聖旨：「覽卿奏，月食先後各法不同，緣繇及測驗二法，考據詳悉，朕知道了。即著傳示監局官生，依法占測，務求至當，以稱朕欽若授時之意。日晷等器如議製成進覽。該部知道。欽此。」欽遵。因取石運重，冶鑄刻鏤，動經歲月，輔臣未臻厥成。臣奉命接管以來，遂督監局供事官生，鳩工依新法製造。今當告成，除支用工價，另行奏繳外，臣切惟製器所以明時，而詳法乃能利用，諸儀雖已就緒，待進，然用法頗爲微細，稍有分毫之差，即不便御覽，將以有用疑爲無用。臣兹懼焉，敢祈皇上勅令近侍内臣一二員，到局驗看，容臣等面與詳論所以用之之法，並議所以安置之宜，然後人器相習，方適於用。兹敢先言其略：一爲日晷。礱石爲平面，内界線，以按節氣冬夏二至各一線，春秋二分同一線，其餘日行相等之節氣，皆同一線。平面之邊週列時，刻線從各節氣、太陽出入爲限。時分八刻，刻列十分。若春秋分平分，晝夜各四十八刻者，準交食所用，以九十六刻爲日行之限也。又取準京師，北極出地範爲三角銅表，置其中，表體之全景，以指時刻；表中之銃景，以指節氣。雖舊法圓晷，亦環列時刻。然非地平面，亦無節氣出入之限，似未若新法之兼備。且準此日晷之大略也。一爲星晷。冶銅爲柱，上安重盤。内盤鐫週天度數，列十二宫以分節氣。外盤鐫列時刻，中横刻一縫，用以窺星法。將内盤本節氣，運合於外盤子正初刻，次從背面轉移對照，見得帝星與句陳大星，共在一線之内。即從盤面視鋭表所指，即本夜之真時刻。此則古法所未備，而新法獨得其傳，乃星晷之大略也。若夫窺筩，亦名望遠鏡。前奉明問，業已約略陳之。但其制兩端俱用玻璃，而其中層叠虚管，隨視物遠近，以爲短長，亦有引伸之法。不但可以仰窺天象，且能映數里外物，如在目前。可以望敵施砲，有大用焉。此則遠西陪臣羅雅谷、湯若望等，從其本國攜來而葺飾之，以呈御覽者也。至於日晷，宜向南以取日景；星晷宜向北以窺星光，皆須安置得宜，尤必備石預築臺基，以便安頓。又二晷皆重器也，其輿運必須多用人夫，宜從何衙門撥發，統祈皇上勅下内臣驗看奏聞，先定安置之所，以便擇吉恭進，或臨期令臣等率知曆官生，審定子午方向，如法安置。則庶於皇上治曆明時之德意，不無小補矣。謹具本預先奏聞。

崇禎七年十月二十九日具題。十一月初三日奉聖旨：據奏日晷、星晷，二器製造已成。即著盧維寧、魏國徵到局驗看，詳試用法。其安置處所及築臺基事，宜著該監會同工部酌議速奏，仍擇吉撥給人夫。恭進窺筩，著先進覽。該衙門知道。

督修曆法山東布政使司右參政臣李天經謹題，爲遵旨恭進儀器事：

先該臣於本年十月二十九日，《製器告成》一疏，奉聖旨：「據奏日晷、星晷，二器製造已成。即著盧維寧、魏國徵到局驗看，詳試用法。其安置處所及築臺基事宜，著該監會同工部，酌議速奏，仍擇吉撥給人夫。恭進窺筩，著先進覽。該衙門知道。欽此。」欽遵。除日晷、星晷，聽監部會議速奏外，臣隨於本月初五日會同内臣盧維寧、魏國徵到局驗看。窺筩遠鏡，其間引伸之法，窺視之宜，臣已與二臣詳言之矣。謹將窺筩遠鏡一具，遵旨先進御覽，伏乞聖鑒。

計開：

窺筩遠鏡一具，托鏡銅器二件

錦袱一件，黄綾鏡簶一具

木架一座

崇禎七年十一月初九日具題恭進，十二日奉聖旨：知道了。該衙門知道。〔一〕

校記

〔一〕《治曆緣起》八卷本，第三卷至此止。

督修曆法山東布政使司右參政臣李天經謹奏，爲謹陳儀器始末，並測驗情形，以祈聖鑒，以求矜放事：

臣一介外吏，其奉旨入都門，以故輔臣徐光啓有《曆法修正告成，書器繕治有待》一疏，及禮臣三月內復爲日食具題。臣屢奉皇上有速催到任之旨，臣是以不敢寧處，竭蹶前來任事。自四月迄今，凡督造儀器，繕寫曆書者，晝夜勤劬，從未敢支領一分錢糧，辦事生儒亦未敢領升斗廪餼。即輔臣在日支領過戶工錢糧，題過待臣銷算，而臣則分毫未曾經手也。惟知勉完器書，以成前人之緒，修正曆法，稍効一得之愚耳。邇器完待進，所以祈勅內臣驗者，併與講明用法。誠臣一念小心，不敢冒昧上瀆宸嚴，以取輕率之罪也。乃內臣回奏，以爲無異古今制用矣。荷皇上聖明，復命禮部以諳曉司官，到局詳驗，有無精確，乃署司主事李焻，呈堂手本，大都與內臣相照應。而且以時值陰雲，則星晷未如壺漏。時少寅刻，則日出無可憑驗，無如古制，祖制之詳備也。奉聖旨：「據奏日星二晷，僅可並存，參稽不若舊法詳備。知道了。且李天經前奏木星行犯積尸，殊未驗明，屬疎略。其魏文魁另局所需工器廪薪等項，奉旨已久，如何尚未見議覆，著該司官回奏。」臣從邸報見抄，不勝惶悚戰慄，當靜聽處分，曷敢復有成說。但驗器測星二事，臣既不能以虛公回奏，得之内外諸臣。而臣復畏觸時忌，默不一言則幽隱下情，何繇自達於君父之前耶？敢先言進器始末，併測星情形，而後及犬馬之私情，可乎？蓋星日二晷，特定時法也。輔臣曾有疏云，交食要在加時，即古法壺漏，近世輪鐘，而調品皆繇人力，遷就可憑人意。不若求端於日星，乃以天測天，法爲簡密。其欲進御前者，不過欲皇上遇交食時，一仰觀俯察間，不待靈臺之奏，已乎握玄象於几席之近耳。原非謂曆法修改，但憑此兩器，而兩器以外，古法可盡廢也。古法自善，然測天者，法不厭詳，自器不厭多，何諸臣見之未廣耶。至如日晷之所以異於舊製者，全取節氣線表中尖影。冬夏二至，則自朝至暮，皆繇曲線行；春秋二分，自朝至暮，皆繇直線行，冬節亦如之，皆依新法製造，上合天行而一一不爽。臣所謂新法兼備者，此也。其夏至日出，寅正二刻，節氣線下，業已備書。但因日出地平，影未即射於晷面，故但存其刻，不書其時。如夜之亥子丑等影所不至，何用載之，而指爲無憑測驗，是未晰晷之用法也。星晷則從來未聞，有以帝星句陳定時刻，不煩推算，一舉手即得而簡易明切，若是可以堪輿羅經目之乎？若謂一遇陰霾，則未如壺漏在精，而用之不知陰霾雲霧，則二曜虧蝕已無從見。調壺雖精，亦將安用，無論星晷矣。今歲二月之雪，八月之雨，壺漏何嘗不設，亦未聞別有測法也。總之二晷非經御覽，無以定其有用與否，何待臣之屑屑與辨邪？至如本月初五之測星，臣竊有隱痛焉。登臺之際，止容臣帶儒士楊之華一人，且以簡儀萬鈞重器，非四五人不能移動者，欲臣兩人運之，是屬何心？臣以力所難勝，且以非體辭，乃令燈夫一人佐之華，既用力甚艱，轉移進退，輒經數刻，而原距之星，已密移於上，及測木星，安能合符？所測未符於所算，職是故也。即魏文魁其師生而三乃兩測之數，亦各不一。及令天文科五人測之，兩測雖同，與所算亦異。夫同此一器也，如可作準，何爲每測各自不同。同此測法也，如二人可能，何爲臺官乃須多力，此非器之不善，是人力之不齊，而測法之未盡也。臣仍請用新法窺筩，以覘積氣真形，與木星同處，爲相去半度之微，而内臣不許也。臣亦無可奈何矣。夫臣所督修原參用西法者也，其器不備，何以自明。臣木訥書生，既不能爲内臣强，惟靜默以聽其回奏而已。茲因詳驗儀器，奉明旨謂臣所測未驗，明屬疏略，則誠疏略也。臺上之情景如是，臣安得不以疎略引罪哉。臣雖自信於心，但處孤危之形，當衆忌之會，一段苦惱，不能上達天聽，臣竊傷之。况臣夙抱深痼之疾，於初入都門有微，臣《到任受事》一疏，曾言臣有犬馬私情，此時固未敢言，正以待書器將完，方自控請。今二暑已就待進，復寫完曆書三十册，或尚榮恭進，以終未竟之緒，而臣事畢矣。至如臣中外馳驅者二十餘年，勞瘁僅存皮骨。去冬復以糧務，風雪中巡行河干者月餘，寒邪深入肺腑，痰嗽已成痼疾，兼之心勞血枯，耳目昏聵，手足痿痺，將成廢物，自惴不能爲皇上効修明曆法之用矣。如憐臣受事以來，未敢糜費錢糧，書器督完，亦稍勉竭心力。倘寬其罪責，賜之還里，以稍延殘息，則自此有生之年，皆仰祝聖明寶曆，無疆之日也。臣久欝下情，不覺娓娓越格，伏望皇上矜察。

崇禎七年十一月二十四日具題，本月二十七日奉聖旨：李天經以參證曆法任用，正宜詳稽互質，以求脗合，何得因所見不符，輒思引退，著照舊供職。該部知道。

奏疏卷八

太子少保禮部尚書兼翰林院學士加俸一級臣李康先謹題，爲月食事：

祠祭清吏司案呈奉本部，送據督修曆法山東布政使司右參政臣李天經呈稱，切照曆局新法推算，交食分秒，例應督理官奏聞。其崇禎七年分八月十六日夜望月食，職於本月二十二日焚香草疏，恭叩會極門呈進，乃收掌員役以職外銜未敢擅收，於次日投通政司封進。而通政司又以職係欽給關防，與在外官員不同，未便代進。職切思之，曆法參驗，全在交食。而奏報過期，未敢再誤，且屢奉明旨，切責務求畫一，則職之日夜研究，在事言事者，猶應不時奏聞。况故輔徐光啓所經開報書器，又在剋期呈覽，似此稽延，終非法之善也，合無呈請，將職原書封進，仍乞代題請旨。以後一切疏奏，或令職自進，或送部代進等因，呈部送司。案呈到部：看得本年八月十六日己巳夜望月食，除欽天監推算奏請通行天下外，又據該局具本呈報省直時刻分秒，並繪圖式前來，相應恭進，仰塵睿覽。其該局進呈書器，及不時占奏本章等項，既給關防，合無以後即令天經自行奏進，庶章奏不煩展轉，而大典無誤矣。

崇禎七年六月二十八日具題。三十日奉聖旨：李天經既給有關防，在局修曆，以後本章俱於會極門奏進。

督修曆法山東布政使司右參政臣李天經謹題，爲遵旨恭進曆書，並奏繳錢糧事：

該臣於十一月二十四日具有謹陳儀器始末等事一疏，接奉聖旨：「李天經以參證曆法任用，正宜詳稽互質，以求脗合，何得因所見不符，輒思引退。著照舊供職，該部知道。欽此。」欽遵。臣捧讀明綸，不勝感激涕零。臣何人斯，叨此異數。且責以參證互質之後効也。使臣非外感陰陽之患，内惕憂危之情。病勢日深，豈敢假托以誑君父。然恭承明命，曷敢不勉結前局，更圖新効，以盡臣子報稱之萬一，而後遂私請乎。除稍痊即朝見任事外，顧臣所謂前局者，輔臣徐光啓未竟之緒也。所有原報曆書三十卷，輔臣手訂及半，臣受事以來，詳加較閲。今繕寫已完，外加二卷，悉照原題，恭呈御覽。前後五次，所進共計成書一百三十七卷。其間著定交食七政，各有二百恒年表，可爲二百年内推算之法。又有太陽太陰永表，可爲千百年後再算之根。又各有曆指，以晰諸行之理，並究舊法所以差謬之原頗明。且盡如甲戌乙亥日躔細行二册，其節氣先後，晨昏出入，異於《大統》舊法，可見一端。此書進呈而前局結矣。乃臣以新效自期者，兹蒙聖恩任以參證曆法。又命臣詳稽互質，以求脗合，是臣未竟之業也。大概新法與舊法之不同，所當參證者，約有二十餘款。容臣條列奏奪外，輔臣前後支取過戶禮工三部，錢糧銀八百七十三兩五錢，皆輔臣取給，各項之用，此因疾劇，故疏請待臣銷算。臣受事之日，止收册一本，錢糧毫末經手。今書器俱完，合據原册開報。若日星二晷，輔臣止請發銀一百兩，及製完所費不啻倍之，皆臣自捐湊造而不敢瑣屑，以仰瀆宸聽也。至於局中供事知曆生儒，因事例停，止自六年三月，至今未支升斗廪餼，而朝夕拮据，多有勤勞。曾蒙皇上允輔臣題敘紀錄，容臣另疏請旨。緣係遵旨恭進曆書，並奏繳錢糧事理。未敢擅便，謹題請旨。

計開：

第五次進呈書目共三套

《五緯曆指》共八卷

《五緯用法》一卷

《日躔考》共二卷

《夜中測時》一卷

已上係陪臣羅雅谷譯撰。

《交食蒙求》一卷

《古今交食考》一卷

《恒星出沒表》共二卷

已上係陪臣湯若望譯撰。

《高弧表》共五卷

《五緯諸表》共九卷

《甲戌乙亥日躔細行》共二卷

已上係二臣指授監局官生推算。

奏繳錢糧數目，據太子太保禮部尚書兼文淵閣大學士徐光啓册開修政曆法用過錢糧，遂一開造於後：

崇禎三年正月收户部事例銀一百兩；本年九月初九日收工部銀三百兩；

崇禎四年六月十三日收户部銀二百兩；本年閏十一月十七日收禮部寫曆銀七十

九兩五錢；

崇禎五年七月十五日收工部銀九十四兩；

崇禎六年三月初三等日收戶工二部造進呈儀器銀各五十兩。

以上共收過銀八百七十三兩五錢。

一、造儀器錢糧

象限大儀二架，紀限大儀一架，除取用工部楠木標皮外，用過工料銀七十八兩三錢八分八釐；

石晷一座，料價工食刻字共銀一兩八錢二分五釐；

壺漏一具，工料銀五兩五錢九分四釐；

銅弧矢儀一具，工料銀十兩零二分；

鐵弧矢儀一具，工料銀五兩三錢；

星晷一座，工料銀七錢；

羅經一副，工料銀三錢；

象限銅儀一架，銅鐵煤炭等工料，銀三十六兩一錢三分；

地平儀一座，銅鐵煤炭等工料銀一十三兩六錢九分五釐；

修整儀器用銀三兩四錢六分。

以上共用過銀一百五十五兩四錢一分二釐。

一、謄寫進呈書册紙張工食

崇禎三年十月起陸續給過秋官周胤等員，買涇縣呈文連四等紙，共銀二十二兩四錢；

寫稿太史連紙五十五刀，共銀二兩七錢五分；

剛連紙二十七刀，共銀四兩五銀六分；

崇禎三年十一月起陸續給過秋官周胤等，謄寫進呈書册工食，銀三十九兩四錢八分五釐。

以上共用過銀六十九兩一錢九分五釐。

一、訪取生儒廪給

儒士陳于階二年八月九月，三年八月至四年八月止，共計十五個月，每月銀二兩，共給過銀四十五兩；

儒士張宷臣二年九月起至四年八月止，共計二十四個月，每月銀三兩，共給過銀七十二兩；

儒士祝懋元三年七月起至六年四月中止，共計三十三個半月，每月銀二兩四錢，共給過銀八十一兩二錢；

儒士董思定三年八月起至四年十月止，共計十五個月，每月銀二兩四錢，共給過銀三十六兩；

生員鄔明著三年十二月二十五日入局供事以來，係自備廩給，未受錢糧；

儒士楊之華四年正月十六日入局供事，未受廩給；

儒士李遇春四年二月起至九月止，共計七個月，每月銀三兩，共給過銀二十一兩；

訪舉黄國泰四年七月起至五年十月止，共計十七個月，每月銀二兩四錢，共給過銀四十兩零八錢；

生員程廷瑞四年十一月起至六年三月止，共計十八個月，每月銀二兩四錢，共給過銀四十三兩二錢；

原任保章朱國壽四年十二月起至六年四月中止，共計十六個月，每月銀二兩四錢，共給過三十九兩二錢；

儒士黄宏憲五年八月起至六年四月中止，共計八個半月，每月銀二兩四錢，共給過銀二十一兩二錢；

武舉魏邦綸造百分表，在局一年，未領工食，量給銀十兩；

生員孟履吉五年九月内入局供事以來，自備廪給，未受錢糧。

以上共銀四百零九兩六錢。

一、書辦寫本局夫廚夫等役工食

禮部書辦邵化鱗，每月工食銀九錢，自二年八九十月，三年八月至五年六月止，共計二十七個月，給過銀二十四三錢；

常川書辦胡純良，每月工食銀一兩五錢，自三年八月起至四年十二月止，共計十七個月，共給過銀二十六兩；

寫本書辦寫過本三十四個，給過工食銀十兩零二錢；

看局夫楊桂，每月工食銀六錢，自二年九月起至六年三月止，共計四十四個月，共給過銀二十六兩四錢；

廚夫張達，每月工食銀六錢，自二年九月十月，三年八月至六年三月止，共計三十四個月，給過銀二十兩零四錢；

以上共銀一百零七兩三錢。

一、裝訂刻印等工食

第一次裝書工銀一兩五錢，綾料等銀三兩三錢三分；

第二次裝書工銀一兩五錢，綾料等銀三兩五錢四分；

第三次裝書工銀一兩五錢，綾料等銀五兩六錢七分，刻板八版工銀一兩二錢二分，印書工銀一兩零七分五釐，畫格心紅膠礬共銀二錢八分。

以上共銀一十九兩六錢一分五釐。

一、曆局添蓋西順山房二間工匠瓦磚物料，共用過銀一十二兩一錢三分

一、自三年十月起，共經日月食六次測候，飯食銀共八兩四錢

一、崇禎六年五六等月鑄造星晷龍柱，並下盤銅料工食等項，總用銀七十五兩五錢三分八釐

一、日晷平面石並座及星晷座石工價運價，共用銀二十四兩四錢三分

以上通共用過銀八百八十一兩五錢三分。除收過戶禮工三部八百七十三兩五錢外，多用過銀八兩零三分，俱係輔臣經手收放。

一、陪臣羅雅谷、湯若望每月供給銀十兩，自二年八月起至六年六月止，共四十七個月，共銀四百七十兩，俱係輔臣自備；

一、製造進呈星屏一架，共用銀四十三兩五錢，係遠臣湯若望自備

一、崇禎七年六七等月打磨日晷等石及鐫字等項，共用銀一十三兩三錢

一、鑄造日晷銅表星晷上盤，並銅料打磨工食等項，共用銀五十兩零四錢五分

一、日晷銅表並星晷銅盤鍍金，共用銀六十一兩二錢三分

一、繕寫進呈曆書並裝釘綾殼紙張工食等項，共用銀二十五兩五錢

一、自本年八月以來，給過生員程廷瑞，儒士楊之華、祝懋元、張寀臣、黄宏憲，原任保章朱國壽等廩給銀共七十五兩六錢；而生員鄔明著、孟履吉，儒士陳于階，仍係自備廩給；書辦胡純良工食銀共一十兩零五錢，局夫雷鳴工食銀共四兩八錢

已上共用過銀二百四十一兩三錢八分，係臣天經自備。

崇禎七年十二月初三日具題，本月初六日奉聖旨：曆書著留覽。造過錢糧，著該衙門

核銷。

督修曆法山東布政使司右參政臣李天經謹題，爲恭遇萬壽聖節，敬陳愚悃事：

臣自奉旨入京，在局辦事，從陛見之後，未敢隨班朝參者，守藩臣之禮也。兹遇聖節留期，普天同慶，臣既不偕外之兩司，遙祝於藩府之中，再不隨内之百僚，嵩呼於殿陛之下，偃蹇私寓中，非臣誼之所能安也。謹當赴鴻臚寺關領朝票，於聖節日敬從進表，諸臣後隨班行禮，以快瞻天顔之粹，穆仰祝萬壽於無疆。臣區區犬馬之私誠，庶乎稍安矣。謹具本奏聞，伏乞聖覽。

崇禎七年十二月初八日具題。本月十二日奉聖旨：是。該部知道。

督修曆法山東布政使司右參政臣李天經謹奏，爲書器告成，敘錄宜加，謹照原題，查敘在事諸臣，以示激勸事：

崇禎六年十月初六日該已故輔臣徐光啓題爲治曆已有成模，課功會應嚴核，謹將在事臣工，分別上請，懇祈恩敘，以光大典事。奉聖旨：「該部知道。」蓋因輔臣於病革時，恐未能身終其事。且念在局修曆官儒，勤敏有加，勞瘁堪錄。及其存日，預爲陳請。若待書器告成以績題，期之後人者。臣實接管其事，今書器進矣，若不代爲題敘，無論諸臣之成勞未可泯，即恐輔臣之前緒，亦未終耳。謹查照原疏所敘，除欽天監左監戈承科、右監副周胤，輔臣原以勤學可嘉，俟習學完日另敘。但今爲該監堂上官，臣方與參訂異同，待有成績，取自上裁。臣未敢例敘外，謹分別爲皇上陳之。如陪臣羅雅谷、湯若望等，譯書撰表，殫其夙學，製儀繕器，攄以心法，融通度分時刻於數萬里外，講解躔度交食於四五載中，可謂勞苦功高矣。説者動以異域視之，不知皇上君臨萬邦，覆載之下，莫非王臣。法取合天，何分中外。臣謂當如原題，查給田宅，以爲遠人勸者也。知曆生員鄔明著，訪舉儒士陳于階，貫通象緯，精究理度，繕製已有成效，推測可任方來，所當照纂修辦事例，優敘者也。又知曆生員程廷瑞、孫嗣烈、孟履吉，監生李次霦，訪舉儒士楊之華、祝懋元、張寀臣、黃宏憲，原任五官保章今降天文生朱國壽，或翻譯著勞，或繕寫効力，晝夜之測驗靡寧，寒暑之修葺可紀，所當照纂修効勞例，並敘者也。原任大理寺評事今帶銜光祿寺錄事王應遴、武英殿中書陳應登，督率官生，參訂訛正，協贊已久，敘錄應加在應遴，或開其原俸，應登量加其職級，以示優者也。若秋官正劉有慶，中官正賈良棟，保章正賈良琦，春官正潘國祥，靈臺監候官章必傳，博士朱光顯，天文生朱光燦、朱光大、周士昌，皆勤力學習，虚心講究。日躔月離，既窺大旨；恒星月食，亦曉推測。尚有日食五緯，正在講究，當俟其學習通徹，另疏題敘者也。內除欽天監堂屬各官，正在參訂學習者，尚可荷之異日。其曆局生儒，辦事已閱五年，兩載未霑半菽，總緣戶工事例已停。即題准之特恩，俱成虚願，茹苦纂緝。臣竊憐之，今書器告成，臣若不復申前請，又何以録舊績而勵新功也。伏乞皇上念此成勞，將生員鄔明著、程廷瑞等各量加以欽天監職銜，使與學習諸臣，研究推測，以共維新法於不墮可矣。臣非汲汲爲此也之數人者，若無微職以繫其身，必且奔走衣食於四方，書雖存而人不備，亦將終歸廢滅，不甚可惜耶？臣所敘述諸人，與輔臣之疏，有減無增，以防冒濫。其原疏見在前，可覆而按也。伏乞皇上勅下該部覆議施行，冒昧控陳。臣無任惶悚待命之至。

崇禎七年十二月初八日具題。本月十二日奉聖旨：禮部酌議具奏。

督修曆法山東布政使司右參政臣李天經謹題，爲月食事：

臣於崇禎七年閏八月二十三日具題前事，本月二十六日奉聖旨：「這所奏月食分秒時刻及起復方位，著監局各官臨期公同測驗。禮部知道。欽此。」崇禎八年正月初七日，該禮部題差監局生儒鄔明著等，分往保定、宣府二處測驗，聽該地方官奏報。外臣謹於本月十五夜，率領西洋陪臣羅雅谷及知曆生員程廷瑞、儒士黃宏憲，前詣觀象臺，會同禮部劄委祠祭司主事李焻、欽天監監正張守登及本監官生，與布衣魏文魁等，登臺測驗。據輔臣原疏定時之法，必以準於天行爲本夜宜測星變時。曾奉明旨，而禮臣以該監未習，即用臺上簡儀測驗，初虧測得丑正二刻內二十分，原推丑正一刻內八十二分七十六秒，先天三十分有奇。食既寅初二刻二十分，原推寅初二刻內四十分四十三秒，後天八十分有奇。食甚寅正一刻，與原推寅正一刻內九十五分三十一秒，所差不遠。生光卯初一刻四十分，原推卯初一刻內五十分二十一秒，差僅十分有奇。復圓卯正一刻二分，與原推卯正二刻內七分八十六秒，所差不滿六分。而月體在地平上高二度許，全復光明，則與原推不謬。此東臺之測也。又是夜該率領學習帶銜光祿寺錄事王應遴、武英殿辦事中書陳應登、會同禮部劄委精膳司主事顏茂猷、欽天監右監副周胤，同陪臣湯若望，及知曆儒士祝懋元、學習儒士劉化行，與欽天監學習官賈良琦、天文生朱光大等，在局用新法黃赤圖儀，及象限儀，並高弧表，於初虧測算軒轅大星用法變時，得丑正一刻內八十六分六十六秒。食既再測軒轅大星變時，得寅初二刻內三十三分三十三秒。生光測角宿南星變時，得卯初一刻內四十六分，而在地平上生光復圓，與原推不異。此西局之測也。按兩處之測，西局較於原推密合，則以測星變時爲本法，而人器相習也。東臺之測自食既以迄復圓，所差於原推不過分秒，而初虧幾差小半刻者，緣於儀上安線測月，待虧後測，稍有游移，大都以人力推測天行，不能分秒不爽。是以從來曆家謂考算交食，同刻者爲密合，相較一刻爲親，二刻爲次親，三刻爲疏，四刻爲疏遠。今所差止在分秒，是爲同刻，似亦可云密合矣。且按交食以見月體食分爲確，今測驗新法，月體完全復圓，與原推實相符合，較之諸法，尤得其準。此殆可爲參訂新舊異同之本矣。至若魏文魁所算，初虧在寅初二刻，既已後天六刻。而所推生光，僅見四十二秒。帶食入地，不啻十分差九，在諸法中最爲疎遠，自難遁於聖睿，又無俟臣言之贅也。緣係月食事理，未敢擅便。謹題請旨。

崇禎八年正月十七日具題。本月二十一日奉聖旨：這所奏月食測驗，前該監依《大統曆》所算初虧食既，及《回回曆》所算生光俱合。李天經新法所算，止復圓不差，何得全稱密合。魏文魁所算初虧復圓俱謬，著他自行回奏。

禮部署部事右侍郎兼翰林院侍讀學士臣陳子壯等謹題，爲遵旨測驗月食事：

祠祭司清吏司案呈，案查先該督修曆法山東布政使司右參政李天經題爲月食事等因，崇禎七年六月三十日奉聖旨：「這所奏月食事情，著監局各官臨期公同測驗。山海、登州，遣人驗報。依議，禮部知道。欽此。」隨該本部題差監局生儒，前去山海、登州驗報，據實回奏覆。奉聖旨：「知道了。日月五星躔度，還著李天經同監局各官，晝夜考測。其交食分數，俟後再行詳驗。欽此。」崇禎八年正月初六日，據督修曆法參政李天經揭稱：本年正月十五日丙寅夜望月食，本局分秒時刻，已經上聞。而此番月食，職等新法算得，緊挨地平見復。《大統》、《回回》俱稱復圓在晝。魏文魁獨稱見生光四十二秒，不見復光九分五十八秒。似此各法參差，政宜詳加考核。合無遵奉明旨，查照前例，仍差知曆生員鄔明著、儒士楊之華，前往宣府；知曆儒士張寀臣、天文生朱國壽，前往保定，公同測驗等因。隨該本部具題，正月初八日奉聖旨：「是。欽此。」印給咨文，即令生儒鄔明著等四名，賫文分投宣府、保定參驗去後，今二月初二日接准巡撫宣府等處地方贊理軍務都察院右僉都御史陳新甲咨稱，准禮部咨前事到院。至正月十五日夜，會同總鎮盧抱忠、餉司畢拱辰，並率在鎮文武各官及生儒鄔明著等，親詣北門城樓高闊處所，安頓測量儀器，候至丑正一刻內，瞻見初虧，用象限儀測得心宿中星高一十二度三十五分，依法推算得在丑正一刻内八十二分有奇。候至寅初二刻内，瞻見食既，仍測得心宿中星高一十九度五十一分，算得在寅初二刻内四十分有奇。候至卯初一刻内，瞻見生光，測得河鼓中星高三十三度四十五分，算得在卯初一刻内五十分有奇。至復圓，分數委見，月光全復，始入地平。此城頭萬目所共覩者，雖本院未習天文，其交食分數，未易管窺，而餉司畢拱辰，素留心經緯，其爲高度時刻，依法磨算，俱各精進。自初虧以至復圓，分秒時刻，起復方位，一一與新法相合，理合據實咨覆，初六日又准巡府保定等府提督紫荆等關兼理海防軍務都察院右僉都御史張其平咨稱，該本院會同巡按順天等處監察御史張三謨，案行易州道，據保定府呈准本道案驗，蒙本院案驗，准禮部咨前事等因到府承此，隨票行清苑縣，正月十五日率領生儒，在於西城臺上，同儒士張寀臣，並天文生朱國壽測驗。續據該縣申稱，是夜自初虧至復圓，依測星變時新法，初虧時測得心宿大星在東高一十一度三十五分，時在丑正一刻；食既時測得心宿大星高二十一度三十一分，時在寅初二刻；生光時測得河鼓中星在東，高三十三度三十分，時在卯初一刻，復圓在地平上。此時太陽將昇，無星可見，雲氣瀰漫，而太陰西入，此本縣共見者也。緣蒙申府呈報到道，轉詳到院，據此會同巡按，擬合咨覆，各等因咨部送司，合行回奏，案呈到部，看得本年正月十五日月食，除京師交食分數，已經奏報奉旨外，所有宣府、保定二處，既經撫臣咨覆前來，相應據實奏聞，爲此具本謹具題知。

崇禎八年二月十八日具題。二十一日奉聖旨：知道了。前監局各官，公同測驗，新法獨復圓不差。這宣保二鎮所測報稱俱合，是否確覈，以後還擇該監熟諳生儒，再行詳驗具奏。

督修曆法山東布政使司右參政臣李天經謹題，爲曆法告成，恭進《乙亥丙子七政行度》，並《參訂條議》，仰祈聖明採擇，以昭熙朝大典事：

先該輔臣徐光啓、遠臣湯若望等奉旨修正曆法，朝夕講求，詳加測驗，勒爲成書一百三十餘卷，已經輔臣與臣先後進覽，大抵皆發明七政所以然之理，並所以求七政之用，而尚未推步成曆也。迨臣奉命接管，於崇禎七年九月內，該欽天監遵旨據實回奏一疏，奉聖旨：「據奏歲差增損成法，自宜變通。著張守登等督率監局各官，與李天經測驗參訂，務求推算畫一，以正曆法。禮部知道。欽此。」欽遵。臣即一面移文會同欽天監監正張守登，監副戈承科、周胤，帶銜錄事王應遴，五官正賈良棟、劉有慶、潘國祥，保章正賈良琦，博士朱光顯，天文生朱光燦、朱光大，學習蔡孚一、劉化行等，到局參訂，備將新舊異同，逐款考覈，間有疑義可商者，令其人人各自陳説，往覆辨難。必期共相闡明，衆論佥同而後已。展轉月餘，三四易稿，擇可信今傳後者，約得二十六則。然臣等非臆説，而諸臣亦不肯以耳爲目也。除火土等星，奉旨測驗俱合外，如金星之在崇禎七年十二月也。舊法載是月二十日夕伏；新法推當見至次年正月初三日，始與太陽合。及本月二十一日，臣等公同該監諸臣測之，果西高十八度矣。水星之在本年二月也。舊法載是月十八日夕伏；新法推當見至次年正月初三日始伏。及本月二十三日，臣等公同該監諸臣測之，果西高八度餘矣。又觜參二星距從古至今度分漸減，舊法謂觜在參前，新法謂觜在參後。及三月初六日，臣等公同該監諸臣測之，果參居前觜居後，有器可考，有目共見。此則黄赤相交，古今密移，難仍其故，尚可以常法拘乎？內二十六則，惟天行無紫炁一段，臣等再四考求，茫無義據。而諸臣謂傳來已久，未便删削。則或去或存，無關於理，而亦無害於法，可否應聽聖裁，臣等不必爭論。此則臣奉旨測驗參訂事也。臣又一面偕該局遠臣羅雅谷、湯若望，率知曆生儒等依法布算乙亥、丙子兩年《七政經緯度分》，並《會合伏見》、《遲留日時》種種，與舊法迥異。內《乙亥年諸曜躔度》，舊法用墨書，新法用硃書。兩法並列，以備皇上參考。其《丙子年諸曜》，因監推未完，止依新法録進，而《五星遲疾諸行》，不用「初」「末」等字者，緣舊法以段目平分日數，無所取義；而新法則時時不等，故置不用，且順天行以定序次，故土先木火之上。其四餘躔度，因紫炁無確論，故未録。而月孛、羅計諸行，已附載經緯度中。因思明旨所謂務求推算畫一，以正曆法者，意必如是。推算而後不一者，能一不正者，可正耳。謹將《乙亥、丙子七政行度》四册。並《參訂餘議》開坐，恭進御覽。伏乞勅下閣部大臣並科道等官，公同會議，再四詳核。如果立法無差，或依法改正，或待屢驗始行，此又在閣部大臣，另行請旨定奪。緣係曆法告成，恭進《乙亥、丙子七政行度》並《參訂條議》，仰祈聖明採擇，以昭熙朝大典事理，未敢擅便，謹題請旨。

計開：

《乙亥、丙子七政行度》四册

《參訂曆法條議》二十六則

《七政公説》

諸曜之應宜改

日月五星，各有本行。其行有平有視，而平行起算之根，則爲應應者。乃某曜某日某時躔某宮次之數。今新法改定，諸應悉從崇禎元年戊辰年前冬至後己卯日第一子正爲始。

測諸曜行度用赤道儀尚不足，應用黄道儀

太陽繇黄道中線行，月五星各有本道，亦皆出入黄道内外，而不行赤道。若用赤道儀測之，則所得經緯度分，須通以黄赤道率表乃可。否則所測經度宿次，非本曜天上所在之宮次。蓋器與天行不類也。

《諸方七政行度》，隨地推算不等

日月東西見食，其時各有先後，既無庸疑矣。則太陽之躔二十四節氣，與月五星之掩食凌犯，安得不與交食同一理乎？故新法《立成諸表》，雖以順天府爲主，而《推算諸方行度》，亦皆各有本法。

諸曜損益加減，分用平立定三差法尚不足

加減一法，乃曆家之要務。蓋以其數加減於平行得視行。第天實圓體，與平異類。舊所用三差法，俱從句股平形是者，似於天未合。即各盈縮損益之數，未得其真。今新法加減諸表，乃以圓齊圓，差可合天。又各曜盈縮損益大差，累經測驗，俱與舊法不同，今悉改定。

隨時隨地可求諸曜之經度

舊法欲得某日某曜經度，必先推各曜冬至日所行宫度宿次，後乃以各段日度比算，乃得今法，不拘時日方所，衹簡本表，一推步即是。

徑一圍三非弧矢真法

古曆家以直線測圓形，名曰弧矢法，而算用徑一圍三謬也。今立割圓八線表，其用簡。而大弧矢等線，但乘除一次，便能得之。非若向之展轉商求，累時方成一率者可比。

球上三角三弧形，非句股可盡

古法測天，以句股爲本。然句股弦乃三腰之形。句與股交，必爲直角，遇斜角則句股窮矣。且天爲圓球，其面上與諸道相割，生多三弧形，因以測諸星經緯度分，二者一句股不足以盡之。

恒星

恒星本行即所謂歲差。從黄道極起算，各星距赤極度分，古今不同。其距赤道内外也，亦古今不同。而距黄極或距黄道内外，則皆終古如一。所以日月五星，俱依黄道行。

其恒星本行，應從黄極起算，以爲歲差之率。

古今各宿度不同

恒星以黄道極爲極，故各宿距星行度，與赤道極，時近時遠。蓋行漸近極，即赤極所出，遇距星線漸密，其本宿赤道弧則較小；漸遠極即遇距星線漸疎，其本宿赤道弧則較大。此線二道二極不同，故非距星有異行，亦非距星有易位也。如觜宿距星，古測距參二度，或一度半度，又或五分。今測之不啻無分，且侵入參宿二十四分，此非可證之一端乎？

夜中測星定時

太陽依赤道左行，每十五度爲一小時，三度四十五分爲一刻。今任指一星，測之必較其本星經行，與太陽經行得相距若干度分。又得其距子午圈前後若干度分，則以加減推太陽距本圈若干，因以變爲真時刻。

宋時所定十二宫次，在某宿度，今不能定於某宿度

此因恒星有本行宿度已右移故。

太陽

太陽盈縮之限，非冬夏二至，此限亦微有乎？且景符之光線，闊亦不止數秒。一秒得六刻有奇，若測差二三秒，算幾差二十刻，又安所得準乎？今法獨用春秋二分，蓋以此時太陽一日，南北行二十四分，計一日景差一寸二分，即測差一二秒，算不滿一刻，其差甚微，較二至爲最密。

日出入分應從順天府起算，舊法仍依應天府

諸方北極出地不同，晨昏時刻，亦因以異。《大統》仍依應天府推算，是以晝夜長短，未能合天；甚至日月東西帶食所推，未如所算，多緣於此。今悉依順天府改定。

平節氣非天上直節氣

舊法氣策爲一十五萬。二一八四三七五，此乃歲周二十四分之一。然太陽之行，有盈有縮，不得平分。如以平數定春秋，分則春分後天二日，秋分先天二日矣。今悉改定，庶幾測算，脗與天合。

太陰

朔望之外，別有損益，分一加減，不足以盡之

舊法定太陰，平行一日爲十三度有奇。算朔望別有加法減法，大數爲五度有奇。然

兩弦時多寡不一，此加減法不足以齊之。即《授時》亦言月朔望時，一日平行十三度有奇。朔外平行數不足，似明其理，未著其法。今於加減外，再用一加減，名爲二三均數，理明而數亦盡。

緯度不能定於五度則多時寡

緯度難定五度，古今曆家俱言之。以交食分數及交泛等測定黄白二道，相距約五度。然朔望外兩道距度有損有益，大距計五度三分度之一。若一月有兩食，其弦時用儀，求距黄道度五度，未能合天。

交行有損益分

羅睺、計都，即正交、中交行度。古定交行一日，逆行三分，千百年俱爲平行。今細測之，月有時在交上，以平求之，必不合算。因設一加減，爲交行均數。

天行無紫炁

舊謂紫炁生於閏餘。又曰紫炁，爲木之餘氣。今細考諸曜，此種行度，無從而得，無象可明，欲推算無數可定，欲論述又無理可據。展轉商求，則知作者爲妄增。後來爲傅會，鄙俚不經，無庸置辨。

交食

日月景徑，分恒不一

日月有時行最高，有時行最卑，因高卑遂相距有遠近。蓋近則見大，遠則見小。又因遠近得太陰過景，有時厚或有時薄，所以徑分，不能爲一。

日食午正非中限，乃以黄道九十度限爲中限

南北東西差，皆以視度與實度相較而得。則日月之實度，俱依黄道；而視度安得不從黄道論，其初末以求中限乎？且黄道出地平上，兩象限自有其高也，亦自有其中也。此理未明，則有宜多而少，宜少而多，或宜加反减，宜减反加者。凡日食加時，不得合天，皆緣於此。

日食初虧復圓時刻，多寡恒不一，非二時折半之説

視差能變實行爲視行，則以視差較食甚，前後鮮有不參差者。夫視差既食甚前後不一，又安能令視行前後一乎？今以視行推變時刻，則初虧復圓，其不能恒爲一也，明矣。

諸方各依地經推算時刻及日食分

地面上見日月出没，與在中各有前後不同，即所得時刻亦不同。故見食雖一而時刻

異，此日月食皆一理。若日食則因視差隨地不一，即太陰視距不一，所以見食分數，亦因之異焉。

五緯

五星應用太陽視行，以段目定之不得

五星皆以太陽爲主，其與太陽合伏也則疾行，其與太陽衝也則退行。且太陽之行有遲有疾，而五星亦各有本行外之太陽遲疾，則合伏日數，時多時寡，自不可以段目定其度分。

五星應加緯行

月有白道，半在黄道内，半在黄道外，而五星亦然，則各於黄道有定距度。又土木火三星衝太陽緯大，合伏太陽緯小；金水二星順伏緯小，逆伏緯大，不可不詳考之。

測五星宜用恒星爲準則

測星用黄道儀外，或用弧矢等儀，將所測緯星視距，二恒星若干度分，依法布算，得本星真經緯度分，又繪圖，亦可免算。

崇禎八年四月初四日具題，初六日奉聖旨：這推《乙亥、丙子七政行度》，並《參訂條議》。著該部遴委曉曆司官，同監局各官生儒，隨時測驗，果否差合，核議奏奪。該部知道。

督修曆法山東布政使司右參政臣李天經謹奏，爲曆法業有成局，微臣敬申前請，伏乞轉委大臣，以終巨典事：

竊照臣之奉命入都門也，緣皇上特允輔臣禮臣之請，兩下速催到任之明旨。臣是以祇遵明命，竭蹶前來任事，乃屢遭傍忌，相駁相扼，無肯秉虛公以從事者。令臣法難明，臣心茲苦矣。乃尚隱忍逾時，未即引退者。以書器雖完，僅畢治曆之成模，而參訂未詳，猶非修正之實著，恐虛皇上責成之盛心，且墮舊輔將完之前緒耳。今於數月間，公同欽天監監正張守登、監副戈承科、周胤等，皆虛心察理，不執成見，遵旨修訂，頗韙臣言。且監官曆科之學習新法，如劉有慶、賈良棟等，皆精心理解。知新法合天而津津願學，皆非有所強也。故臣等得與結參訂一局，而彙款細推，恭進以塵御覽，或勅下閣部大臣會議之後，如即勅賜改正頒行，固成一代之大典。臣敢必其無所差忒，倘猶欲與異術較疎密，待屢測屢驗，人心大同，以成信曆，則聖主慎重欽若之弘謨，亦臣所大願。此則非歲月之可計也。臣請以在局生儒，盡收之欽天監，以便隨時推測，將臣等所成新法，暫附於《大統》，以便公同考驗，使久之而屢測不爽，以天縱聖明，如皇上亦豈容承舛者，尚沿乎陋習，而合天者終以故紙置之耶？此事正有待也。然而本局之曆，則已告成矣。臣之一身，可以言去矣。蓋臣自去歲四月到京，已及一年，藩司薪俸，久不沾濡；仕籍姓名，向已刊落。論臣子敬事後食之義，皆不敢言。但奉命而來，竣事而退，微臣出處之宜，明不當如是耶？伏乞皇上放臣歸里，以甦病骨，以避衆忌，則所全於臣之身名更大矣。即尚有未完如監官之學習新法者，纔得一半；講解通徹，尚須年餘。新法之度數，旁通尚有多款。經輔臣之已題者，徐待製造，然皆餘事也。伏乞轉委閣部大臣一員兼攝之，則不煩更置，可以鎮群嚚而凝庶績，賢於孤蹤之臣萬萬矣。伏祈聖鑒下部議覆施行。臣無任惶悚之至。

崇禎八年四月初四日具題。初六日奉聖旨：新法書器雖完，然推測疎密，未經考驗，且據稱度數旁通，尚有多款，徐待製造，豈得遽云局曆告成。李天經還同該監官虛心詳究，務期畫一以裨曆法。俸薪久不支給，是何緣故，著即與查補，該部知道。

奏疏卷九

督修曆法山東布政使司右參政臣李天經謹題，爲遵奉明旨，敬申旁通事宜，以便翻譯製造事：

先該前輔臣徐光啓條上旁通十事，奉聖旨：「度數旁通，有關庶績，一併分曹料理。欽此。」蓋因前此曆事未完，工力有限，是以至今未遑措辦也。頃該臣奏爲曆法業有成局一疏，奉聖旨：「新法書器雖完，然推測疎密，未經考驗。且據稱度數旁通，尚有多款，徐待製造，豈得遽云局曆告成。李天經還同該監官，虛心詳究，務期畫一以裨曆法。俸薪久不支給，是何緣故？著即與查補。該部知道。欽此。」欽遵。除臣一面遵旨任事，會同該監諸臣，將新舊《七政行度》，朝夕考驗。聽禮部類奏外，所有旁通諸務，臣一一與陪羅雅谷、湯若望等，逐款商確。然皆目前切要之事，濟時適用，有裨急需，第非旦夕可竟之功。講解著述，尚待時日，謹照輔臣原題，稍加更正，再行臚列於皇上之前，亦見臣等於考測之暇，非敢玩日愒月，而所接續考求者，乃曆法修正後，推廣度數之玅用，以仰佐明時急務，而非止言曆已也。然之數事者，頭緒頗多，形質甚廣。釋義演文，與夫較勘製造，翳惟人是賴，似非臣與一二遠臣所能卒業，故不無望於衆思群力之助也。如在局知曆生儒等，臣曾請以量加職銜，少酬前勞。業蒙皇上下部酌議具奏，但得速爲敘録。臣亦可藉手責成，不獨日後交食並七政諸曆，皆須爲之推算。即旁通一役，必先示以勉勵之意，使諸臣薪水無慮，得以一意隨分盡職。如明旨所爲分曹料理可也，統候聖裁。

計開：

度數旁通十事：

其一，考求《七政行度》性情，下合地宜，一切水旱蟲蝗疾癘兵戎，可以約略預知，則凡先事修救，如農家因之勤稼穡，兵家因之備邊儲。其於民生國計，大有利益；

其二，度數既明，精通水法，一切疏濬河渠，灌溉田畝，置閘河以利運艘，造水銃以救火災，與夫風水輪盤諸器，治水用水，各利實用；

其三，度數與樂律相通，明於度數，即能考正音律，製造器具，於修定雅樂，可以相資；

其四，兵家營陣器械及築治城臺池隍等，皆須度數爲用，精於其法，有裨邊計；

其五，算學久廢官司，計會多任胥史錢穀之司，關係尤重。度數既明，凡《九章》諸術，皆有簡當捷要之法。習業甚易，理財之臣，尤所急需；

其六，營建屋宇橋梁等明於度數者，力省功倍，且經度堅固，千萬年不圮不壞；

其七，明於度數，能造作機器，可以任重致遠，一切舉重引重諸器，皆有利便之法，以前民用，以省民力；

其八，天下輿地，其南北東西，縱橫相距紆直廣袤，與夫山海原隰，高深廣遠，皆可用法測量，洞其隱微；

其九，醫藥之家，宜富運氣。曆數既明，可以察知日月五星躔次，與病體相視乖和順逆，因而藥石針砭，不致差悮，大爲生民利益；

其十，造作沙水等漏，以知時刻分秒。若日月星晷，依視學製造，不論公私處所，南北東西，攲斜坳突，皆可安置施用，使人人能分更分漏，以率作興事，屢省考成。

崇禎八年四月二十七日具題。五月初一日奉聖旨：據奏旁通十事，亦屬利用要務，知道了。生儒量加職銜，該部遵旨議奏。

督修曆法山東布政使司右參政臣李天經謹題，爲遵旨恭進儀器事：

先該臣接得司禮監傳奉手本開稱：該御用監把總官周福奏稱：奉旨造進窺遠鏡等因。崇禎八年七月十二日奉聖旨：「司禮監傳與李天經，將窺遠鏡造二具來進。欽此。」欽遵。臣即督同本局遠臣湯若望、羅雅谷等，將本國攜來玻璃，星夜如法製造。今已造完，謹將窺遠鏡二具，恭進御覽。伏乞聖鑒，緣係遵旨恭進儀器事理，未敢擅便，謹題請旨。

計開：

窺遠鏡二具，托鏡銅器各二件

黄綾鏡簶二具，木架二座

崇禎八年八月初九日具題。本月十一日奉聖旨：這窺遠鏡著進覽，該衙門知道。

督修曆法山東布政使司右參政臣李天經謹題，爲月食事：

竊照崇禎九年正月十五日辛酉曉望月食，其食限分秒時刻並起復方位，例應先期上聞。除《大統》、《回回》二曆，俟欽天監具題外，所有本局月食，臣等用新法推步，謹將諸數逐一開坐，並具圖象進呈御覽。伏乞勑下該部，至期令監督等官，並臣監局官生，如法測驗奏聞。其遣人驗報，奏有再行詳驗其奏之旨。仍移文河南、山西撫按，務令公同親測，詳加考驗速報，不得他委，以慮皇上欽若至意。再照臣局，曆法已完，尚有各省直北極出地高下，並各輿地見食早晏不同，必須多遣員役，躬至其地，用器測量，如堯命羲和，分方考驗。蔡註所謂曆既成而分職以頒布，且考驗之，恐其推步之或差。元郭守敬亦倣而行之，遣官一十四員，測驗二十七所，總曆成以後事。臣曆書雖成矣，緣方從事旁通，尚未遑及。姑俟稍有次第，另疏請旨。臣於此尤有説焉。考驗交食，全在定時。而定時之法，晝固無如測日，夜則無如測星。蓋星自東而西，其爲先後時刻，與日同禮，必取準乎？此方可合天，或將臣前所進星日貳晷，移置殿陛之前，以備皇上臨期省覽。則各法疎密，難逃聖鑒。外庭雖欲偏執意見，以混時刻不能矣。其安置之宜，但略奠基址。取星晷得見帝星，勾陳日晷，能取分至日景足矣。原無事於高置層臺，致遠宸居，如同棄物也。此則臣旦夕屬望之至情，未審能當聖意否？

仍乞嚴勅該監堂官，是日務令該臺整肅從事，聽臣與部臣約束虛公詳測。如有仍前怠玩，任意遷就者，許臣據實奏聞。其於考驗曆法，未必無小補矣。統候聖裁，緣係月食事理，未敢擅便，謹題請旨。

計開：

崇禎九年正月十五日辛酉曉望月食分秒時刻並起復方位

月食三分八秒

月未入見復光六十五秒

月已入不見復光二分四十三秒

是日日出卯正三刻内五十六分

初虧　卯初一刻内五十六分，月在地平上高一十七度三十三分，東北

食甚　卯正二刻内一十三分，月在地平上高四度二十分，曉刻，正北

復圓　辰初二刻内六十六分，在晝，西北

計食限内凡九刻一十分

食甚日躔黄道娵訾宫二度二分五十二秒，爲危宿三度四十五分

月離黄道鶉尾宫二度二分五十二秒，爲張宿一度二十五分

月離緯度

初虧距黄道南四十六分五十五秒

食甚距黄道南五十分九秒

復圓距黄道南五十三分二十二秒

各省直初虧時刻：

京師順天府　卯初一刻内五十六分

南京應天府、福建福州府　卯初一刻内八十三分三十二秒

山東濟南府　卯初一刻内八十九分九十九秒

山西太原府　寅正三刻内九十六分

湖廣武昌府、河南開封府　寅正四刻内五十六分

陝西西安府、廣西桂林府　寅正三刻内三十分

浙江杭州府　卯初二刻内三十六分六十五秒

江西南昌府　寅正四刻内九十分

廣東廣州府　寅正四刻内二十三分三十三秒

四川成都府　寅正二刻内一十分

貴州貴陽府　寅正三刻内三分三十三秒

雲南雲南府　寅正一刻内三分三十三秒

右凡言某刻内者，尚未及本刻實數而已。歷過前刻纔交本刻若干分秒。如食甚卯正二刻内一十三分，謂其過卯正一刻後，又交二刻内之一十三分，非謂食甚時即卯正二刻也。初虧、復圓俱倣此。

崇禎八年八月二十日具題。二十三日奉聖旨：這所奏月食分秒至期，著監督等官，並該監局官生如法測驗奏聞。前所進星日二晷，還俟臨期省覽，各諭整肅從事，毋得少有玩泄。禮部知道。

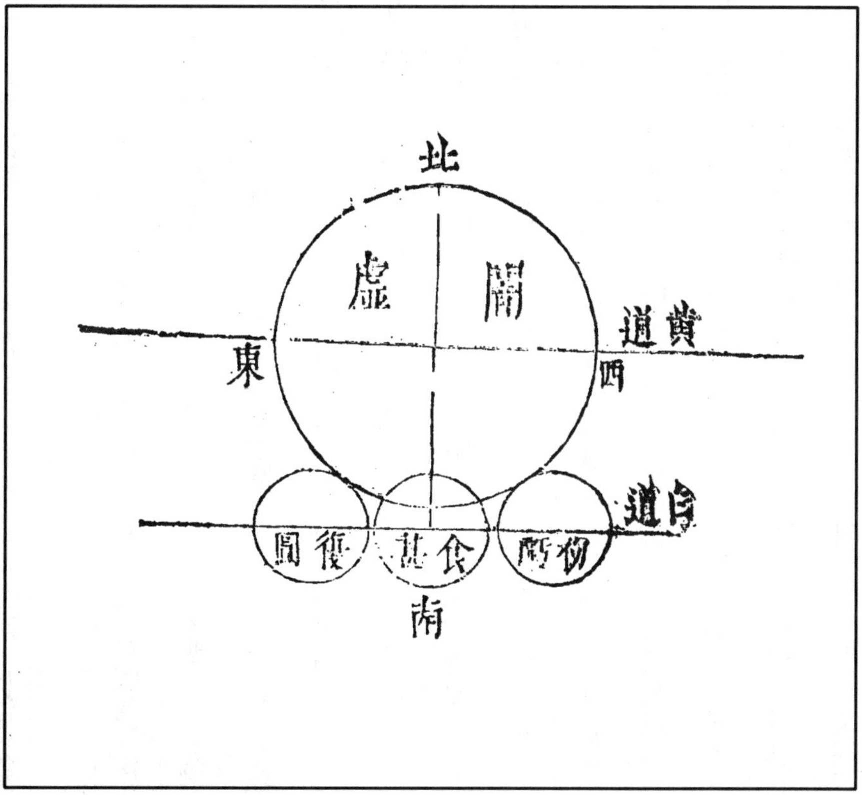

督修曆法山東布政使司右參政臣李天經謹題，爲恭懇天恩，破格柔遠，以勵勤勞，以光大典事：

先該前輔臣徐光啓《敘錄》一疏，内開陪臣羅雅谷、湯若望等撰譯書表，製造儀器，算測交食躔度，講教監局官生，數年來嘔心瀝血，幾於穎秃唇焦，功應首敘。但陪臣輩守素學道，不願官職，勞無可酬。惟有量給無礙田房，以爲安身養贍之地。不惟後學攸資，而異域歸忠，亦可假此爲勸等因。奉聖旨：「該部知道。欽此。」隨該臣再申前請，首爲陪臣查給田宅，奉聖旨：「禮部酌議具奏。欽此。」欽遵。已經該部劄行順天府。行查去後，續據該府報稱：查得替僧法寶已故，遺有欽賜絕塵萬壽寺下院香火地二十頃；隆長下院並相連住房共一段，久屬遊僧隱占，無人承頂。堪以量給咨呈該部，移會到臣。該臣看得修曆一役，仰邀皇上不次之典，已非一端。如臣以一介外吏，而業照京官例，關領俸薪矣。在局生儒鄔明著等所請職銜，蒙准下部議覆，似亦得叨升斗矣。但臣等所翻譯成書，推測合度者，實參用西法，而即兩陪臣之法也。臣等猥蒙異數，而陪臣輩殫其所學，拮据六載，曆務甫竣，繼以旁通，乃戮力盡瘁，以願効忠於本朝者。顧使之肄業無所，恒産無資，非所以廣皇恩風遠人也。縱大官少有所給，乃月僅兩餘，未供饔飧而萬里孤蹤，仕進弗甘，生産又絕，何以爲勞臣勸乎？臣聞繇余西戎之裔，秦用以霸；金日磾西域之世子，爲漢名卿；即馬沙亦黑等，本回回族類。我太祖設專科以待之，且世其官而存其業。蓋苟有利於國，遠近何論焉。臣又按萬曆三十八年西洋遠臣利瑪竇，航海歸化。皇祖憐其慕義遠來，死之日給以葬地，並其友伴龐迪我等，亦居以賜宇，令其依止焚修。此成例具在，則一廛之受，數椽之棲，諒非浩蕩之恩所靳也。伏乞勅下禮部，遵前旨議覆，一以收錄其成勞，一以勉勵其新績，且使絕域沾被，共仰聖化於無方。佇見寶曆昭垂，式貽神謨於萬禩矣。統候鑒裁。

崇禎八年八月二十八日具題。九月初一日奉聖旨：該部覈議具覆。奏內繇余日磾，引用不倫。本內朝字作廟字，改正行。

督修曆法山東布政使司右參政臣李天經謹題，爲遵旨測驗，據實奏報，恭候聖明裁奪事：

先該臣崇禎八年四月初四日，恭進《乙亥、丙子七政行度》，並《參訂條議》一疏。奉聖旨：「這推《乙亥、丙子七政行度》，並《參訂條議》，著該部遴委曉曆司官，同監局各官生儒，隨時測驗，果否差合，覈議奏奪，該部知道。欽此。」欽遵。除臣督率官生，晝夜在局考驗外，所有曉曆司官，該部徘徊日久，實難其人。而祠司一載以來，僅有主事李焻一人，又自言不敢以曉曆自任。臣不得已止公同欽天監堂屬等官，測過火木金水等星，理合奏報。如本年水星，《大統》載三月十八日晨見，至四月二十一日晨伏。則前此皆見時矣。新法載三四五六等月，俱晨不見。臣訂於四月十四日會同該監監正張守登、監副戈承科、周胤、靈臺郎劉承惠、徐源、章必選、李之貴，春官正潘國祥，秋官正劉有慶，保章正賈良琦，博士臧微坎、王燁、張國鎔、朱光顯等，是日五皷在局，登臺測驗良久，直至日出，委無水星出現，乃監正張守登猶未敢遽信以爲然也。仍訂於十七日赴觀象臺再測，至期臣率陪臣羅雅谷、湯若望，錄事王應遴、中書陳應登，及本局生儒鄔明著等，齊集該臺測驗。而該監堂屬等官俱到，再三詳測，其不見也如故，則是新法所算水星晨不見密合矣。至四月二十三日，則臣所報木星與積尸氣同度同分之期，已經移會該監堂屬等官，因是日陰雨未測，又《大統》載本年水星八月初七日晨伏不見，至九月二十一日夕見，則前此皆不見時矣。新法載七月二十五日水星晨見，至八月二十三日晨不見；又八月十三日《大統》載木星在張一度，新法算得在張四度，是日子正初刻，與軒轅大星同度同分。臣因訂八月十三日子時，會同監正張守登、監副戈承科、靈臺郎劉承惠、徐源、章必選、李之貴，秋官劉有慶，博士高攀桂、黄子賢等到局，先用黄赤經緯儀登臺測得，木星果與軒轅大星同在一線，少頃委見水星晨見東方，則是新法所算水星晨見又密合。而木星與軒轅同度，亦皆較較不爽矣。本年八月二十七日，新法算得木火月是日寅正二刻，俱同在張六度三十三分；《大統》載是日木在張四度，火月在張三度。至期移會該監堂屬等官，因二十六日陰雨未到，臣等在局候至寅正二刻，天氣清朗，隨用黄赤經緯儀測得木火月，果在同度一線上，則是木火月同度，又與新法脗合矣。又如金星，《大統》載九月初九日晨伏，則此後皆不見時矣；新法載八九等月俱晨見，至十月初三日始晨不見。因訂於九月十七日，會同該監監副周胤、博士朱光顯，及在局遠臣生儒等，登臺測驗良久，直至天曉，委見金星東出，約高八度餘。則是新法所算金星晨見密合，而舊法已先天二十餘日。水星《大統》載九月二十一日夕見，至十月二十四日夕伏不見，則前此皆見時矣。新法載八月二十六日晨不見，至十月初六日夕始見。臣因訂九月二十八日會同該監監副周胤、春官正潘國祥、夏官正左允化、秋官正劉有慶、靈臺章必選，及在局生儒等，是日昏刻登臺測驗，委無水星出見，則是新法所算水星不見又密合。而舊法後天一十五日，總之五星之有伏見，猶日月之有交食。交食苦不多遇，而五星則夜夜可測，時時可測者。且本局每測置有印信文簿，令監官隨測隨書，以昭同然。俱經申呈在部，孰密孰疎，諒難逃於聖鑒，謹一一詳報，伏乞勅下該部，將臣前後數測，行令欽天監堂屬等官，曾否測驗，果否差合，據實回奏，靜聽　明裁奪施行。

崇禎八年十二月十四日具題。十　日奉聖旨：這新法所測火木金水等星見伏行度，是否密合。欽天監堂屬各官曾否公同測驗，著該部查明，據實具奏。〔一〕

校記

〔一〕《治曆緣起》八卷本，第四卷至此止。

禮部題爲測驗月食事：

祠祭清吏司案呈到部。案查先該臣部回奏，崇禎五年九月十四日夜望月食，雲陰不見等因。五年十月十二日奉聖旨：「據該監稱：月食雲陰不見，有無別法考求，著他確議來說。今後每遇交食，該部先將各法異同，一併開寫來看。臨期如法測候，證定疎密，分別具奏。欽此。」又該督修曆法李題稱云云。崇禎八年八月二十三日奉聖旨：「這所奏月食分秒，至期著監督等官，並該監局官生，如法測驗奏聞。前所進星日二晷，還候臨期省覽，各諭整肅從事，毋得少有玩泄。禮部知道。欽此。」今照本年五月十五日辛酉曉望月食，該臣先將新舊各法開坐具題睿覽外，又該臣部題，差監局官儒潘國祥、黃宏憲前往河南測驗；曆局供事官陳應登、天文生朱光大前往山西，公同撫按親測驗報等因。八年十二月十二日奉聖旨：「是。欽此。」查得祠祭司今衹主事李焻一人。據本官稱，一人見聞有限，應選委別司一官同往。隨委主客司員外郭之奇，同本官率同監局官生，届期先詣觀象臺參驗。去後今據主客司員外郭之奇、祠祭司署司印主事李焻呈稱，職等先據欽天監官張守登，督修曆法參政李天經，另局修曆布衣魏文魁，各報本月十五日卯時月食時刻分秒具奏，奉旨測驗，隨奉堂批，委職等同往觀象臺，一同欽天監官張守登、參政李天經、布衣魏文魁測驗。本日子時，職等同到觀象臺，隨委監官黄子賢、劉有慶、賈良琦，專守調儀器；兩局生儒鄔明著、孟履吉、張寀臣、林蔭世、徐克孝、蔣所樂專候測驗。職等站立臺上，專覷月輪。至卯時初一刻零四十三分有奇，月初虧，去極七十九度七十分，至卯正一刻，月食甚，約有四分。至卯正二刻，霧氣澹靄，月輪隱現，但覺微露光氣，即隨不見。蓋食體尚存，而漸復微光入地者等因到部。該臣等看得，天文玄微高遠，算法甚難，據兩家測驗所差，亦僅爭分秒，再加考究，曆法可得其大概矣。除河南、山西二處，撫按咨報到部，另外具奏外，既經該司詳測聞報，理合具本，謹具題知。奉聖旨：「據奏測驗月食分秒，初虧食甚及月末入見復光，新法爲近。但以十三日爲雨水，是何說？還著奏明。其魏文魁所推食甚時刻，與靈臺測驗相符，還俟河南、山西二處奏報，至日再加考究，以正曆法。」

崇禎九年正月十六日。

督修曆法山東布政使司右參政臣李天經謹題，爲月食事：

該臣於崇禎八年八月二十日，將本局新法所推崇禎九年正月十五日辛酉曉望月食分秒時刻、起復方位，開坐奏聞。奉聖旨：「這所奏月食分秒，至期著監督等官，並該監局官生如法測驗奏聞。前所進呈星日二晷，還俟臨期省覽，各諭整肅從事，毋得少有玩泄。禮部知道。欽此。」欽遵。至本月十四日夜，臣督率陪臣羅雅谷、湯若望，大理寺評事王應遴，及本局知曆生儒鄔明著、孟履吉、李次霦、張寀臣、祝懋元等，公同禮部祠祭司主事李焻、主客司員外郭之奇、欽天監監正張守登，並曆科靈臺等官，齊赴觀象臺測候，而布衣魏文魁亦在焉。先是臣恭繹明綸，無任惶悚，隨經移文與諸臣約，此番月食，各法參差，最易辨别。而在事各官，政宜虛公恪慎，仰副隆指。其間時刻之先後，分數之多寡，臣悉備爲申說。且刊刻圖式，與衆共見，而諸臣已了了意中矣。候至初虧，臺官徐源等，用簡儀測月，依法得在卯初一刻四十三分，與臣等所推，卯初一刻内五十六分者合。又同時用立運儀測得，去極度七十九度七十分，較魏文魁所推七十五度七十六分者，似差四度。至食甚，别無測法。《大統》推食三分一十五秒，月未入見食一分五十四秒，《回回》推食一分九十三秒，月未入見食三十五秒。魏文魁推食四分三十一秒，在天見食三分八十二秒，是皆未至食甚，月已西入地平。而臣局獨推食甚，月在地平上，高四度二十分，見食三分八秒，月未入見，復光六十五秒，維時用立運儀，測得月果西高四度餘，證臣局所推食甚時也。復用簡儀測月，依法得在卯正一刻，與臣等所推卯正二刻内一十三分者又合。乃審視良久，至卯正二刻，月光漸復，先多而後少，萬目共見。即各法亦不得仍執帶食之説爲是矣。其食分多寡，據臣目力所見，約食三分餘。據部臣郭之奇目力所見，約食四分。總之，無器可憑，難以懸斷。且月體西下，稍有雲氣，大概約略計之，獨復光少許，始入地平，臣法卻爲密合耳。此當夜測驗之情形如此，謹據實奏聞，恭候聖明裁奪。

崇禎九年正月十六日具題。二十日奉聖旨：已有旨了。該部知道。

督修曆法山東布政使司右參政臣李天經謹題，爲遵旨奏明節氣事：

崇禎九年正月二十九日准禮部照會內開，該本部回奏月食，奉聖旨：「據奏測驗月食分秒，初虧食甚及月未入見復光，新法爲近，但以十三日爲雨水，是何説？還著奏明。其魏文魁所推食甚時刻，與靈臺測驗相符，還俟河南山西二處奏報，至日再加考究，以正曆法。欽此。」欽遵。照會到臣，令臣自行奏明。臣謹撮其大要，並具圖象，爲皇上陳之。案照丙子年新舊《七政》、《大統》推本年正月十五日辛酉子正二刻雨水；新法推本年正月十三日己未卯初二刻零八分雨水。兩法相較，先後幾差二日矣。但所以不同之故，與所以立法之因。臣豈無説而敢臆爲創改乎？蓋論節氣有二法，一爲平節氣，一爲定節氣。平節氣者，以三百六十五日二四二五爲歲實，而以二十四平分之。計日定率，每得一十五日二千一百八十四分三十七秒五十微爲一節氣。故從歲前冬至起算，必越六十日八十七刻有奇而始歷雨水。舊法所推十五日子正二刻者，此也日度之節氣也。定節氣者，以三百六十爲周天，度而亦以二十四平分之。因天立差每得一十五度爲一節氣。故從歲前冬至起算，考定太陽所躔宿次，止須五十九日二十刻有奇而已滿六十度，新法所推十三日卯初二刻零八分雨水者，此也天度之節氣也。何也？太陽之行，有盈有縮，日日不等。大抵冬至後行盈，盈則其行疾，一日行天一度有奇。夏至後行縮，縮則其行遲，一日所行不及一度。此非用法加減之必不合天，顧可拘泥氣策，以平分歲實乎？請以春秋分證之。舊法推本年二月十六日巳正四刻春分，新法則推十四日卯正二刻零五分。而舊法亦於本月十四日下，註晝五十刻，夜五十刻矣。舊法又推本年八月二十三日丑初三刻秋分，新法則推二十五日丑初初刻十分，而舊法隨於本月二十五日下，註晝五十刻，夜五十刻矣。顧名思義，分者黄赤二道相交之點。太陽行至此點，晝夜之時刻各等，過此則分内外，而晝夜遂有長短也。乃晝夜平分在二月十四日與八月二十五日，而春秋分顧推十六日與二十三日乎？請又以儀器驗之。京師北極高三十九度五十五分，赤道應高五十度零五分。試用儀器於本節前後日午正累測，必至二月十四日、八月二十五日，太陽高度始與此數密合。至十六日與二十三日，而太陽各高一度弱矣。此經輔臣徐光啓，與臣先後督率監局官生，考驗多年，而預信其有必然者矣。故知春秋分則知各節氣，知各節氣則知雨水。臣前疏所謂冬夏二至，止差時刻，餘則有差至一日二日者。而條議中一款，謂平節氣非天上真節氣，政指是也。再照本年七月日食，有京師見多，他處見少者。有同一見少，而各省直分數不等者，亦有全不見食者。假令以京師見食之數，概天下以救護，必且駭耳目而亂聽聞。朝廷敬授欽若之謂何？而可若此乎？伏乞勅下該部，行令兩局，備將各省直見食分數時刻上聞。仍附大統後通行天下，以備遣官驗報，未必非治曆之一徵也。敢因奏明雨水，而併及之，恭候聖明裁奪施行。

計開：

《節氣圖說》各一幅

崇禎九年二月初六日具題。初八日奉聖旨：奏内稱論節氣，有日度天度之異，即以春秋分爲證。著該部擇曉曆司官，同監局各官，細心講求，確覈具奏。其七月日食各省直所見分數時刻，並著詳開進覽，以備測驗。

禮部尚書加俸一級兼翰林院學士臣黄士俊等謹題，爲書器告成，敘錄宜加，謹照原題查敘在事諸臣，以示激勸事：

祠祭清吏司案呈奉本部，送禮科抄出，督修曆法山東布政使司右參政臣李天經題前事，内稱知曆生員鄔明著、訪舉儒士陳于階，貫通象緯，精究理度，繕製已有成效，推測可任方來，所當照纂修辦事例優敘。又知曆生員程廷瑞、孫嗣烈、孟履吉，監生李次霦、訪舉儒士楊之華、祝懋元、張寀臣、黄宏憲，原任五官保章今降天文生朱國壽，或翻譯著勞，或繕寫効力，晝夜之測驗靡寧，而寒暑之修輯可紀。所當照纂修効勞例並敘。又稱曆局生儒，辦事已閱五年，兩載未霑半菽，總緣戶工事例已停。伏乞皇上念此成員，將生員鄔明著、程廷瑞等，各量加以欽天監職銜，使與學習諸臣，研究推測，共維新法於不墮等因。崇禎七年十二月十二日奉聖旨：「禮部酌議具奏。欽此。」又該參政李天經題爲遵奉明旨，敬申旁通事宜，以便翻譯製造事內稱：在局知曆生儒等，臣曾請以量加職銜，少酬前勞，業蒙皇上下部酌議具奏。但得速爲敘錄，臣亦可藉手責成等因。崇禎八年五月初一日奉聖旨：「據奏旁通十事，亦屬利用要務。知道了。生儒量加職銜，該部遵旨議奏。欽此。」查得崇禎六年十月內，原任太子太保禮部尚書兼文淵閣大學士徐光啓，有《治曆已有成摹》一疏，內稱知曆生員鄔明著、訪舉儒士陳于階，思精推測，巧擅繪製；書器方籍前勞，講解正需後效。生曆生員程廷瑞、孫嗣烈、孟履吉，監生李次霦，訪舉儒士楊之華、祝懋元、張寀臣、黃宏憲等，同心績學，殫術承天。而天文生朱國壽，勤學可加，俟學習完日另敘等因，通抄到部送司。行據修曆參政李天經手本回稱，案查本局生儒敘錄一節，業經大學士徐光啓，與本司先後兩疏，分別上請，儼然等第其中，且本司再三斟酌，有減無增，安敢冒開？知曆生員鄔明著、儒士陳于階，應如原題，照纂修辦事例優敘，生員程廷瑞、孫嗣烈、孟履吉，監生李次霦，儒士楊之華、祝懋元、張寀臣、黄宏憲，原五官保章今降天文生朱國壽，應如原題，照纂修効勞例並敘，内陳于階，八年四月内差往廣浙，搬取旁通書籍，中途抱病，暫回原籍調理。然勞次具在，非空隸名者，比實無礙於敘録也。惟孫嗣烈呈稱，見係順天府學附生，有志進取，不願受職，合無於學政中量示優異等因前來。八年六月内正在遵旨議敘，間有武英殿中書房辦事今曆局効勞儒士蔡孪一，赴司屢投稟帖求敘。隨查天經《題》《敘》二疏，並未列名，豈敢溷入。八年六月十二日忽呈，爲簡舉欺君蔑旨，指官嚼民豪奸大弊事，隨該本部將蔡孪一據實題參，於崇禎八年六月十八日奉聖旨：「蔡孪一、鄔明著等著刑部提質，從公據實具奏。欽此。」今正月二十二日，又據曆局訪舉知曆生儒鄔明著、程廷瑞等呈，爲覆盆之寃已雪，加銜之旨宜遵，懇簡成疏，開恩上請蚤沾，以光大典事，内稱著等敘録，兩奉俞旨，突遭梟惡蔡孪一，求敘不得，誣巇無端，以致題參法司，株連對質七閲月矣。孪一正法擬徒，已經回奏，奉旨呈乞速賜題敘，得沾升斗等情。又准刑部河南清吏司手本内稱：看得鄔明著等十人之應題職銜，非驟起也。效勞日久。前輔臣徐光啓已列名上聞。今日孪一寧得增入，增入之不得而妄噬無辜，以含沙之術爲逆取功名之計。孪一不亦愚而拙於計哉。三尺具在，寧容假借。既至屢經對質，孟履吉三百兩之賄絕無影響，李次霦、陳于階千金之贜俱屬烏有。即乎一俛首無辭，惟云新進無知，並不曉十人爲舊輔之原敘，蓋欲借污巇一著，爲要求敘錄之地耳。總之，其變幻閃爍，皆市井無賴之情態。而監督李天經一疏，尤稱詳盡也。夫監局何地，治曆明時何典，而可容此匪類參於其間哉。所應照誣告人贜私律擬徒以懲。仍當亟爲革斥，以清局署者也。隨審鄔明著、孟履吉、楊之華，各發落肄業等因。崇禎九年正月二十日奉：「依擬。欽此。」備行到司，案呈到部。看得曆局供事生員鄔明著，供事六載，勤敏可嘉，合無量授欽天監正九品五官司曆職銜，生員程廷瑞、孟履吉，監生李次霦，儒士楊之華、祝懋元、張寀臣、黃宏憲，天文生朱國壽等，晝夜推測七政躔度，書寫進呈御覽，勞績久著，以上八員合無量授欽天監從九品漏刻博士職銜。其儒士陳于階，既以差往廣浙搬取旁通書籍，中途患病回籍，合俟進京之日，另行再敘。生員孫嗣烈呈稱，見係順天府學附生，有志進取，不願受職，合行學院獎勵，庶曆局生儒，知所鼓舞，而治曆大典，亦早籍以告成矣。相應題請，恭候命下，移咨吏部銓覆施行。緣係云云事理，未敢擅便，謹題請旨。

崇禎九年二月十九日具題。二十二日奉聖旨：是。鄔明著及程廷瑞等八名，准各授職銜。

督修曆法山東布政使司右參政臣李天經謹題，爲遵旨奏明事：

崇禎八年十二月二十六日准禮部照會内開，該本部恭報乙亥七政行度、測驗緣繇等事。奉聖旨：「這新法星度，李天經如何不知會。該部遴委司官公同測驗。昨疏又稱，該司官不任曉曆是何不倖。還著奏明其丙子年七政行度，著先送部臨期知會測驗，以憑覈奏。欽此。」欽遵。除丙子年《七政行度》，已經繕寫送部，仍臨期知會測驗外，案查崇禎八年四月初四日，該臣曆法告成，恭進《乙亥、丙子七政行度》一疏，奉聖旨：「這推《乙亥、丙子七政行度》，並《參訂條議》，著該部遴委曉曆司官，同監局各官生儒，隨時測驗，果否差合，覈議奏奪。該部知道。欽此。」隨該臣向署部事侍郎陳子壯，諄諄以委官測驗爲請。而子壯語臣云：皇上留意象緯，恭繹曉曆二字，須當慎擇其人，未便草率。迨今禮臣黄士俊受事，而臣亦每以爲言乃其慎重之意，亦如子壯。維時臣知兩臣皆以皇上之心爲心。凡所斟酌詳審者，意得一當以仰副聖懷，臣如是不敢强矣。但奉有隨時測驗之明旨。又不敢因是少懈，遂訂該監堂屬各官，在局公同測驗。此四月以來不知會之緣故也。未幾臣又向署事主事李焻言之，以祠司無別官測驗之責，似不容以他委。乃焻則謙遜未遑之意情見乎，詞臣又曷能强之，尋又傳語，臣云曉曆一官，必須具題請旨。祠司不得，當於四司中求之。四司不得，當於各部中求之，言猶在耳。至五月二十五日移取七政行度，復謂曉曆司官具題，簡委與前傳語臣者合。此復不聞祠司，別有所示也。臣如是以遴委之權，聽之該部以考驗之責歸之。該監雖諸臣之與臣同測者，無不服其密合。而臣心終以不得部委爲歉也。故昨申呈中有曉曆司官，職實望爲同心之助。迄今杳不可得等語，政此意也。此八九等月以來，不知會之緣故也。向使部臣不如是，其難其慎司，臣不如是，遜志未遑，則臣與該監諸臣期會於霜露之餘，征遂於星月之下者，已不啻六七次矣。獨何樂而不爲該部告也。是則臣區區不獲已之苦衷也。伏乞皇上矜察，勑下該部專委司官一員，公同該監堂屬各官，將丙子年星度，與臣一一考驗奏聞。庶真法不致格於情勢，而贗鼎亦可無容濫收，則所關於治曆明時不小矣。

崇禎九年二月二十四日具題。二十七日奉聖旨：曆學原有專門。該部還訪有曉曆的，以便公同測驗。

督修曆法山東布政使司右參政臣李天經謹題，爲月食事：

竊照崇禎九年七月十六日戊午夜望月食，其食限分秒時刻，並起復方位，例應先期上聞，除《大統》、《回回》二曆，俟欽天監具題外，所有本局月食，臣等用遠臣新法推步，纔食一分，餘與舊法推食三分有奇者不同，謹呈將諸數逐一開坐，並具圖象進呈御覽。伏乞勅下該部，至期令監督等官，並臣監局各官，公同測驗奏聞。仍令應天、湖廣二處撫按，並前日食一體驗報，施行。

計開：

崇禎九年七月十六日戊午夜望月食分秒時刻並起復方位

月食一分二十九秒

初虧，亥正二刻零四十分　東南

食甚，子初一刻零一十三分　正南

復圓，子初三刻零八十六分　西南

計食限内凡五刻四十六分

食甚月離黄道玄枵宫二十三度五十九分爲虛宿五度三十八分，離赤道虛宿八度一十〇分

食甚月離緯度距黄道北五十六分三十八秒在地平上高三十四度

各省直食甚時刻：

南京應天府、福建福州府　子初一刻零六十六分

湖廣武昌府、河南開封府　子初初刻零一十三分

浙江杭州府　子初二刻零一十三分

山東濟南府　子初一刻零四十分

江西南昌府　子初初刻零四十六分

廣東廣州府　亥正三刻零八十分

山西太原府　亥正三刻零五十三分

陝西西安府、廣西桂林府　亥正二刻零八十六分

四川成都府　亥正一刻零六十六分

雲南雲南府　亥正初刻零六十分

貴州貴陽府　亥正二刻零一十三分

右應天府初虧亥正二刻零六十六分，

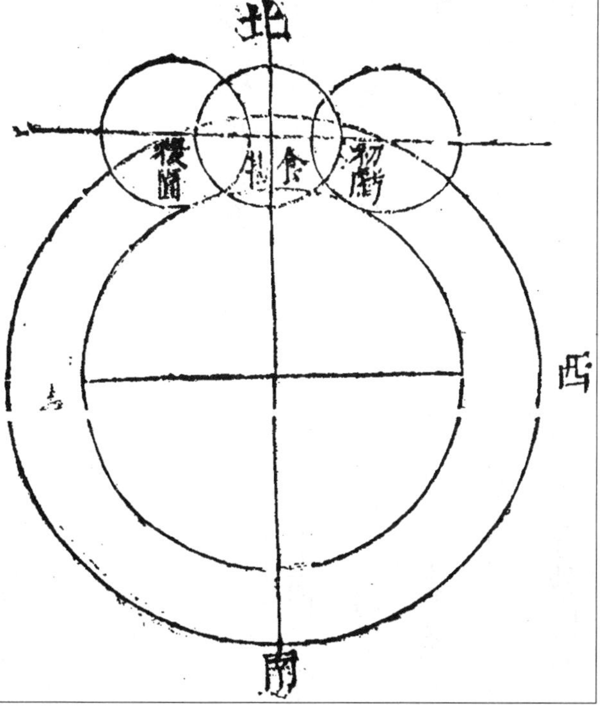

復圓子正初刻零一十二分；湖廣初虧亥正一刻零四十分，復圓子初二刻零八十六分，相應詳開，以備測驗。

崇禎九年二月二十六日具題。二十九日奉聖旨：已有旨了。禮部知道。

督修曆法山東布政使司右參政臣李天經謹題，爲日食事：

竊照崇禎九年七月初一日癸卯朔日食，其食限分秒並起復方位，例應上期上聞。除《大統》、《回回》二曆，俟欽天監具題外，所有本局日食，臣等用陪臣新法推步，謹將諸數逐一開坐，並具圖象進呈御覽。伏乞勑下該部，至期令監督等官，並臣監局各官，如法測驗奏聞。其遣官驗報，奉有七月日食，各省直所見分數時刻，並著詳開進覽，以備測驗之旨。臣折衷分數多寡，合無移文應天、湖廣二處撫按，務令公同多官親測，備將該省直分秒時刻，詳加考驗奏報，統候聖裁。緣係日食事理，未敢擅便，謹題請旨。

計開：

崇禎九年七月初一日癸卯朔日食分秒並起復方位：

京師見食六分九十六秒

初虧，辰正一刻零五十三分，西北
食甚，巳初三刻，正北
復圓，午初初刻零三十三分，東北
計食限内凡十刻八十分
食甚日躔黄道鶉火宫九度五分爲柳宿三度二分，躔赤道柳宿六度一十五分。
各省直時刻並見食分數
南京應天府見食四分四十秒
初虧，辰正二刻零九十三分
食甚，巳正初刻零六十分
復圓，午初一刻零四十六分
江西南昌府見食二分八十三秒
初虧，辰正一刻零八十六分
食甚，巳初一刻零九十三分
復圓，巳正二刻

湖廣武昌府見食三分八十四秒

初虧，辰正一刻

食甚，巳初一刻零五十三分

復圓，巳正二刻零六分

山東濟南府見食五分六十六秒

初虧，辰正二刻

食甚，巳初三刻零三十三分

復圓，午初初刻零六十六分

河南開封府見食四分二十六秒

初虧，辰正初刻零七十三分

食甚，巳初一刻零五十三分

復圓，巳正一刻零六十六分

福建福州府見食二分三十六秒

初虧，辰正三刻零六十六分

食甚，己初三刻零六十六分
復圓，巳正三刻零六十六分
廣東廣州府見食一分三十二秒
初虧，辰正二刻
食甚，巳初初刻零八十六分
復圓，巳初三刻零七十三分
陝西西安府見食五分七秒
初虧，辰初二刻零九十三分
食甚，辰正三刻零六十六分
復圓，巳正初刻零四十分
山西太原府見食六分一十三秒
初虧，辰初三刻零八十分
食甚，巳初初刻零七十三分
復圓，巳正一刻零六十六分

廣西桂林府見食二分三十六秒

初虧，辰正初刻

食甚，辰正三刻零六十六分

復圓，巳初三刻零二十六分

四川成都府見食二分五十秒

初虧，辰初二刻零六分

食甚，辰正一刻零六十六分

復圓，巳初一刻零二十六分

雲南雲南府見食一分二十六秒

初虧，辰初二刻零四十分

食甚，辰正初刻零四十六分

復圓，辰正二刻零五十三分

貴州貴陽府見食一分一十四秒

初虧，辰初三刻零七十三分

食甚，辰正二刻零二十六分

復圓，巳初初刻零八十分

瓊州府以南全不見食

朝鮮以東見全食

崇禎九年二月二十六日具題。二十九日奉聖旨：這日食月食分秒時刻並起復方位，至期著監督等官並監局各官，公同測驗具奏。其省直分數時刻，行各該撫按選委曉曆官員，詳加考驗奏報。禮部知道。

奏疏卷十

督修曆法山東布政使司右參政臣李天經謹題，爲遵旨回奏，仰乞聖鑒事：

崇禎九年三月初五日准禮部照會内開：該本部奏前事等因，奉聖旨：「據稱各管俱有分屬地方，豈無占驗。又冬至葭管飛灰，載在册籍，何云專取立春。還著同李天經、魏文魁，再加詳考，講求明白具奏。欽此。」欽遵。照會到臣，該臣看得：臣所職掌乃推步日月交食，測算五星淩犯，是皆有理可據，可數可憑者耳。即旁通首款曾言事，應亦第謂其考求七政性情，約略預知。初未嘗敢以瑣屑不經之事，牽合傅會。今該監候氣一法，其散見於經典者，悉後儒引以註疏律吕者也。故《史記》以前言律曆者，未之或及。至《後漢志》則云「律可相傳，惟有候氣始紀其法。而謂氣所動者，其灰散；人及風所動者，其灰聚。蓋按辰以候每月之中氣以定。十二律之應與否也」，漢臣馬防云：「聖人作樂，所以宣氣致和。故於歲首發太簇之律，然古謂律首黄鍾，其位在子。」而宋儒朱子一主其説，云「冬至氣至，黄鍾之管灰飛，大寒以下隨月應焉。」是知候非至於一月。明旨所謂：「何云專取立春？」蓋已洞其底裏矣。臣歷考前代：魏時杜夔製律候氣，灰悉不飛。隋開皇間，毛爽等依古法候氣，有節至即應，有終月不應之異。而牛弘創爲衰氣、和氣、猛氣之説，一經隋帝所駁，遂無復置對。宋景佑間，李照請下河内取葭莩，製玉律候氣以定樂，率不能合。惟北齊信都芳能以管灰候氣，每月應律不爽時刻。而先臣邢雲路謂其用機鼓動致然。且自古相傳，有謂當以紗縠蒙管端者，有謂葭灰昇降有毫忽者，有謂灰用懷州河内縣，竹用宜陽金門山者。鄭康成有玉管銅管之别，熊安有大動小動之徵。其説互有異同，法亦不能盡驗。然皆止於候氣已耳。至若主何占驗，作何徵應，臣於史册未覩，惟按《大明會典》一款，内云：「凡每歲立春前期五日，本監面奏，差官二員往順天府候氣，至日回監具呈，依書占奏。」則是明有一書存貯本監，以待占奏。乃該監主占官徐源、直日官章必選俱稱《玩占》一書，未經登載，何敢臆説。若然則《會典》所載，依書占奏者，豈無所據而云。然該監所藏，又豈止《玩占》一書而已耶？蓋書爲該監所收，掌占則靈臺之本業，而乃茫無以對，其於職掌何居耶？臣謹呈詳史册所載之大略，若此，如詡詡，然謬爲不經之説，以炫視聽，則斷斷非臣所敢出也。統祈聖明裁奪施行。

崇禎九年三月十七日具題。二十日奉聖旨：奏内依書占奏，載在《會典》。該監所貯是否止《玩占》一書，還著詳查具奏。禮部知道。

禮部題爲測驗月食事：

祠祭清吏司案呈：案查崇禎九年正月十五日曉望月食，先該本部差委主客司員外郭之奇、祠祭司主事李焻，公同督修曆法參政李天經、布衣魏文魁、欽天監監正張守登、隨委監官黄子賢、劉有慶、賈良琦，及兩局生儒鄔明著、林蔭世等，是日在觀象臺公同測驗，回奏月食。緣因正月二十一日奉聖旨：「據奏測驗月食分秒，初虧食甚，及月未入見復光，新法爲近，但以十三日爲雨水是何説？還著奏明。欽此。」欽遵。除十三日爲雨水緣符，還俟河南山西二處奏報，至日再加考究，以正曆法。其魏文魁所推食甚時刻，與靈臺測驗相谿，李天經自行奏明外。案查先該督修曆法山東布政使司右參政李天經手本，開送曆局供事官陳應登，差往山西；知曆儒士黄宏憲，差往河南；仍同欽天監春官正潘國祥、天文生朱光大，攜帶測器以往。隨該本部具題，將陳應登、朱光大差往山西，潘國祥、黄宏憲差往河南，公同測驗。緣因崇禎八年十二月十二日奉聖旨：「是。欽此。」欽遵。隨給咨文，即令官生陳應登等四員名，賫文分投山西、河南測驗去後。今三月初八日，接准提督雁門等關兼巡撫山西地方都察院右僉都御史今降五級戴罪管事吴甡咨稱，據山西布政司呈准，差曆局供事官陳應登等手本，開稱職等奉旨前來山西測驗，自正月初六日抵省，奉有公同撫按測驗。然撫按在平陸堵勦流寇。地之相去，千有餘里。測驗地方，題定太原，欲會撫院，往回必須半月，有誤在府測驗。於是蒙本司遣役，賫咨投院。而職等在省，連日測得北極高三十七度四十四分。至本月十五日辛酉曉望，蒙本司會率司道府廳縣衛文武多官，於十四日夜先詣本府鼓樓高闊處所，安頓測量儀器。三更時星月尚明，候至寅正二刻內，山煙層疊，雲霧彌漫。星月被遮，觀測不見。自初虧以至復圓，分秒時刻，無從考驗。此皆蒙本司，同司道府廳縣衛，共目同見者也。伏乞據實轉文撫按兩院，請給咨文，以憑回奏緣繇，到司准此，擬合呈報緣繇到院。據此案查，先據該司呈送禮部咨前事。正值本院駐鎮河津，於正月十五日曉望，行救護禮，時際天陰，黑雲密布，無繇測驗。該本院遵照部咨，會同巡按金御史備行布按二司，公同道府衛縣文武各官，會同該監官生陳應登等，細加測驗，從實呈報去後。今據藩司呈詳前來，擬合咨覆。同日又准巡撫河南等處地方提督軍務都察院右副都御史陳必謙咨稱，據河南布政使司呈，蒙本院憲牌，准禮部咨前事等因。蒙此本司於正月十五日辛酉曉，蒙巡按河南監察金御史，率屬親詣西南城角樓高闊處所，安頓測星儀器，先以星晷測至句陳帝星，視垂針所指寅正四刻內，果見初虧。又用象限儀測得角宿南星西高三十七度二十七分，依法推算，得在寅正四刻內五十六分。候至卯正一刻，內瞻見食甚，仍測得河鼓中星東高四十度弱，算得在卯正一刻内一十三分見食三分有奇。其復圓時刻因復光未幾，旋入地平。而太陽東出無從考驗，則自初虧以至食甚分秒時刻起復方位，一一皆與新法脗合。此城頭萬目所共覩者。准此擬合轉報等因到院，會同巡按金御史擬合回覆，各等因到部送司，通查案呈到部。看得本年正月十五日月食，除京師交食分數，已經奏報。今據山西既稱時值陰雲，無從測驗。又據河南所報，自初虧以至食甚分秒時刻起復方位，一一皆與新法脗合。從此再加虚心考究，而曆法漸次可有成績矣。既經二處撫臣咨覆前來，相應據實回奏，爲此具本，謹具題知。

崇禎九年三月二十二日具題。奉聖旨：知道了。

督修曆法山東布政使司右參政臣李天經謹題，爲星度方位昭然，推算疎密立辨，恭懇聖明親垂睿覽，以破遊移，以襄大典事：

先該禮部回奏，臣局測驗一疏，奉聖旨：新法成法，雖有不同，星度伏見，仰觀可據，徐源等既稱指示多合，又云不敢扶同，殊屬遊移。該部還遵旨遴委司官，同監局各官生，隨時測驗，仍取準交食，以期脗合。欽此。臣恭繹綸音，不勝感戴，以爲我皇上如此其慎密斯典，而源等猶敢如此，其淆亂含糊，而不以實覆也。總之，若輩牢不可破之成心，惟欲承舛襲訛，嫉修改爲多事，止知護短固位，忌測驗爲摘發，遂不難支離巧飾，其辭如此耳。獨不思測驗一事，屢奉明旨，命臣率領監局官儒，詳加考驗，則相與會同之際，孰疎孰密，臣自不能以一手掩其目，一人箝其口。然於入告之時，合與不合，監官自當據共見之確情，絕浮游之囈語，豈非虛公參訂，而忠於皇上之職分哉。今該監與臣屢測皆合，即此曹豈無虛心嘆服者，乃源等敢於回奏之日，故爲遊移。是臣雖與之時時測而事事合，則彼輩仍不難於面是背非，欲其出一真實之語不可得也。則亦何取於若而人之追隨仰觀哉。茲該監之情形既若此，而曉曆之訪求，又未驟得，臣於此時，復何望哉。惟有仰望之我皇上而已。目今火星躔度，據《大統》算從三月二十七日起，至五月初八日止，夕退遲留，當在軫宿十六十七等度内。而臣等用新法推步，此等日時，火星當在角宿二三等度内逆行，不入軫宿。見有本局進呈七政可查，是則二法所推，三十九日之中恒差二三度不等。且舊法謂在軫宿，則當恒在角宿大星西。新法推在角宿，則當恒在角宿大星東。彰明較著，莫此爲甚。誠如皇上明旨所謂星度伏見，仰觀可據者也。敢懇皇上於萬機之暇，每於戌時，不需儀器，窺箭一仰觀間，自可瞭若指掌。臣非敢冒昧以此瑣事上瀆聖聰。竊念與其屢測屢覆而屢費天心，不若以乾象之昭著者，一質於君父之前，則新舊二法疎密瞭然。從前所測，皆可類推，匪惟可以折該監沿習之故智，而亦可以杜旁撓憎兹之多口，則繇此漸底於成績，而曆法亦可藉乎告襄矣。

崇禎九年四月初六日具題。初十日奉聖旨：這推算火星躔度，知道了。還著禮部遴委司官，同監局各官生，公同驗明具奏。

吏部題爲書器告成，敘錄宜加，謹照原題查敘在事諸臣，以示激勸事：

文選清吏司案呈崇禎九年三月初三日，准禮部咨開該本部題前事，內開看得曆局供事生員鄔明著，供事六載，勤敏可嘉，合無量授欽天監正九品五官司曆職銜；生員程廷瑞、孟履吉，監生李次霦，儒士楊之華、祝懋元、張寀臣、黃宏憲，天文生朱國壽等，晝夜推算《七政躔度》，書寫進呈御覽，勞績久著，及程廷瑞等八名，合無量授欽天監從九品漏刻博士職銜等因。奉聖旨：「是。鄔明著及程廷瑞等八名，准各授職銜。欽此。」欽遵。備咨到部送司，候覆在案，續據督曆法山東布政使司右參政李天經呈稱：生員程廷瑞，陡於三月初二日物故，不敢開敘外，以上八名，相應照覆，案呈到部，看得前項任事各生儒，既經該部題奉，欽依咨送前來。又經該司查呈，相應覆請，恭候命下臣部，行令該衙門一體欽遵，照舊供事施行。緣係書器告成，敘錄宜加，謹照原題查敘在事諸臣，以示激勸事理。未敢擅便，謹題請旨。

崇禎九年四初八日具題。十一日奉聖旨：是。

督修曆法山東布政使司右參政臣李天經謹題，爲欽奉明旨，恭進旁通書器事：

先該臣崇禎八年四月二十七日敬申旁通事宜一疏，奉聖旨：「據奏旁通拾事，亦屬利用要務，知道了。生儒量加職銜，該部遵旨議奏。欽此。」欽遵。臣一面督率辦事，各官晝夜在局推測，一面督率兩陪臣將旁通諸務，逐一講求，稍有次第可舉。但其中有正在翻譯，尚未脱稿者；有翻譯已竟，猶未繕寫謄真者；亦有鳩工將及其半，庀材苦於無資者；年來並力已完，得《渾儀書》四卷計一套，渾天儀一具，星球一具。此依遠臣湯若望法，用以考求七政性情之始基，而占法猶俟再加推衍者也，是第一款中之一端也。又完得運重一具，附有圖説。此依陪臣羅雅谷法，用以昇高致遠，或挽木石，或利糧艘，力省功多，而大有裨於興作河渠者也，又第七款中之一端也。至若日月星牙晷二具，體質狹小，便於移置，仰備皇上不時清玩，而製之則陪臣湯若望也。謹將已完書器數種時呈御覽。再照臣於崇禎七年十二月初三日具疏奏繳錢糧册開，除前輔臣徐光啓收過户禮工三部，銀八百七十三兩五錢，前後復賠墊過銀七百六十二兩九錢一分。奉有造過錢糧，著該衙門覈銷之旨，似應照原題分派户工二部，如數覈補。即以充旁通諸費，仍有不足者。事例已開，容臣遵照題准明旨，陸續移取充用，完日奏繳，庶進呈諸器不致久稽，而旁通亦可刻期告竣矣。統候聖裁，緣係欽奉明旨，恭進旁通書器事理，未敢擅便，謹題請旨。

計開：

《渾儀書》四卷一套；《運重圖説》一册；

渾天儀一具並盝；星球一具並盝；

牙晷二具各有盝；運重一具。

崇禎九年四月二十八日具題。五月初二日奉聖旨：這所進書器知道了。其墊過銀兩，著户工二部照數覈補。如有不足，另行奏奪。該衙門知道。

督修曆法山東布政使司右參政臣李天經謹題，爲日食事：

該臣於崇禎九年二月二十六日，將本局新法所推崇禎九年七月初一日癸卯朔日食分秒時刻，起復方位，開坐奏聞。本月二十九日奉聖旨：「這日食月食分秒時刻併起復方位，至期著監督等官並監局各官，公同測驗具奏。其省直分數時刻，行各該撫按選委曆官員，詳加考驗奏報。禮部知道。欽此。」欽遵。除各省直分數時刻，聽該部移文驗報外，先是臣查往例日食，文武諸臣，應赴禮部救護，倘定時無法，非所以一聽，開隨製地平日晷一座，於六月二十六日咨送該部安置，仍委博士祝懋元、黃宏憲，天文生朱光大等，臨期在部候時。臣於本月初一日早，督率陪臣羅雅谷、湯若望，辦事中書陳應登，司曆鄔明著，博士孟履吉、李次霦、張寀臣、朱國壽等，訪舉儒士陳士蘭、王觀曉、吳邦泰、朱廷樞、周士晉等，會同禮部祠祭司郎中胡敬辰、欽天監監正張守登，並曆科靈臺等官，齊赴觀象臺，預將各法原推時刻，審定日晷，隨置窺遠鏡用測虧復，界定日體分數圖板，以定食分，各安頓訖。靈臺官亦守定簡儀，以報時刻。候至辰正一刻零八十分，瞻見初虧，與臣等所推辰正一刻零五十三分者密合；至巳初三刻乃見食甚，亦與臣等所推密合；而復圓則在巳正四刻有奇，與臣等所推午初初刻零三十三分者又合；其見食分數，以窺遠鏡映照，約食六分半，較臣原推六分九十六秒最爲親近，此部監諸臣之所同然，似可無容臣贅者。至初虧之爲辰正一刻八十分也，衆目共見，衆口同辭，禮臣落筆註定矣。及下臺後監官徐源，獨肆把持，扭稱正二刻以合監推，大可異焉。再照曉曆司官，屢奉明旨，且部訪已稱得人。伏乞勅下吏部速覆，亦測驗之緊要一著也。敢因奏報日食而並及之，統候聖明裁奪施行。

崇禎九年七月初二日具題。初　日奉聖旨：知道了。奏內初虧食甚俱相近，復圓分秒，尚未盡合。還著詳加考究，務期確覆，以定曆法。曉曆司官，著遵旨速覆。該部知道。

督修曆法山東布政使司右參政臣李天經謹題，爲月食事：

該臣於崇禎九年二月二十六日，將本局新法所推崇禎九年七月十六日戊午夜望月食分秒時刻起復方位，開坐奏聞，奉聖旨：「已有旨了。禮部知道。欽此。」又同日疏報崇禎九年七月初一日癸卯朔日食，奉聖旨：「這日食月食分秒時刻，並起復方位，至期著監督等官，並監局各官公同測驗具奏。其省直分數時刻，行各該撫按，選委曉曆官員，詳加考驗奏報，禮部知道。欽此。」欽遵。除前日食已經驗明奏聞外，所有本月十六日夜，臣督率陪臣羅雅谷、湯若望，司曆鄔明著，博士孟履吉、祝懋元、黄宏憲、朱國壽，訪舉儒士陳士蘭、朱廷樞等，公同禮部劄委儀制司主事李青，欽天監監正張守登，及曆科靈臺等官，齊赴觀象臺測驗。又委博士李次霦、張寀臣，天文生朱光大等攜帶星晷，赴中府測時滿擬。此番月食，各法大差，政可藉此以定疎密。而不意自十六日夜，至十七日早，陰雨淋漓，從無開霽。其見食分數時刻，無憑測驗，理合據實奏聞。緣係月食事理，未敢擅便，謹題請旨。

崇禎九年七月十八日具題。二十日奉聖旨：知道了。

督修曆法山東布政使司右參政臣李天經謹奏，爲醜虜大肆狂逞，微臣徒切杞憂，敬助涓滴，仰祈聖鑒事：

慨自逆奴闖入內地，震驚陵寢，攻陷城邑，靡有不至。凡有血性男子，恨不滅此朝食。乃臣以燕趙鄙儒，徒事文墨，兼且觥掌曆務，未遑軍旅，是上之弗能戮力行間，爲朝廷張撻伐之威；次之亦弗能倡率登碑，爲國家壯金湯之色。展轉思維，臣獨何心而敢晏然已乎？憶臣奉命修曆以來，蒙思補給俸薪。自崇禎七年五月初一日起，至九年七月終，止計柴薪銀二百八十兩，臣僅於八年二月十七日收過銀二十兩餘，則分毫未支也。茲奉有各官未發薪銀，著查明具奏之旨。臣雖見任與陞任者不同，然當此軍興倥偬之時，願於前項柴銀捐八十兩，少佐軍前犒賞，亦聊以抒好義之忱於萬一耳。臣何難盡捐以助軍興，緣臣曆局創設，皂役全無，從前一切費用，俱取給原籍。目今賊騎南指，舟車維艱，臣不得不留少許以資薪水。伏乞皇上勅下該部，將臣柴銀查扣八十兩充餉，其餘亦望勅令該司，蚤賜補給，以紓目前之困。庶於臣之區區一念，公私交盡矣。統候聖明裁奪施行。

崇禎九年八月初六日具題。初九日奉聖旨：這捐助銀兩，著照數查扣，該部知道。

督修曆法山東布政使司右參政臣李天經謹題，爲日食事：

竊照崇禎十年正月初一日辛丑朔日食，其食限分秒時刻，並起復方位，例應先期上聞。除《大統》、《回回》二曆，已經欽天監具題外，所有本局日食，臣等用遠臣新法推步，謹將諸數逐一開坐，並具圖象進呈御覽。伏乞勅下該部，至期令曉曆司官並臣監局各官，如法測驗，據實奏聞。其各省直分數時刻，仍照例移行該撫按驗報，統候聖裁。緣係日食事理，未敢擅便，謹題請旨。

計開：

崇禎十年正月初一日辛丑朔日食分秒時刻並起復方位：

京師見食一分一十秒

初虧，午正二刻零五十六分　西南

食甚，未初一刻零八十三分　正南

復圓，未正初刻零六十二分　東南

計食限内凡六刻零六分。

食甚日躔黄道女宿初度一十分，依赤道爲女宿二度一十六分。

南京應天府見食一分二十二秒

初虧，午正初刻零八十三分

食甚，未初二刻零七十六分

復圓，申初初刻零四十二分

山東濟南府見食二分三十三秒

初虧，午正二刻零七十六分

食甚，未初二刻零五十六分

復圓，未正二刻零七分

山西太原府不見食。

河南開封府見食一分四十八秒

初虧，午正初刻零五十五分

食甚，未初初刻零五十六分

復圓，未正初刻零二十一分

湖廣武昌府見食一分八十九秒

初虧，午初三刻零三十五分

食甚，未初初刻零六十九分

復圓，未正一刻零六十九分

陝西西安府見食二十五秒，與不見食等。

浙江杭州府見食四分四十秒

初虧，午正二刻零七分

食甚，未正初刻零三分

復圓，申初一刻零六十九分

福建福州府見食四分一十二秒

初虧，午正初刻零六十二分

食甚，未初二刻零六十九分

復圓，申初初刻零三十五分

江西南昌府見食二分九十七秒

初虧，午初三刻零四十二分

食甚，未初初刻零八十三分

復圓，未正一刻零九十分

廣東廣州府見食三分九十三秒

初虧，午正初刻零六十九分

食甚，未初一刻零六十九分

復圓，未正二刻零三十五分

廣西桂林府見食一分八十九秒

初虧，午初一刻零四十九分

食甚，午正二刻零七分

復圓，未初二刻零四十二分

四川成都府見食九十二秒

初虧，午初一刻零六十九分

食甚，午正一刻零二十一分

復圓，未初初刻零五十五分

貴州貴陽府見食九十五秒

初虧，巳正三刻零七十六分

食甚，午初一刻零八十三分

復圓，午正三刻零二分

雲南雲南府見食一十六秒，與不見食等

朝鮮城都見食三分八十六秒

初虧，未初初刻零九十分

食甚，未正二刻零二分

復圓，申初二刻零八十三分

崇禎九年九月十六日具題。十八日奉聖旨：禮部知道。

太子少保禮部尚書兼翰林院學士臣姜逢元等謹題，爲遵旨奏明節氣事：

祠祭清吏司案呈，奉本部送禮科抄出督修曆法山東布政使司右參政李天經題前事等具。崇禎九年二月初八日奉聖旨：「奏内稱論節氣，有日度天度之異，即以春秋分爲證。著該部擇曉曆司官，同監局各官細心講求，確覈具奏。其七月日食，各省直所見分數時刻，並著詳開進覽，以備測驗，欽此。」欽遵。抄出到部送司，除七月日食，各省直所見分數時刻，已經參政李天經詳報聖覽備驗外，所有本年春秋二分節氣，隨經呈堂遴委司官，届期前去，公同監局官生測驗去後，今准修曆參政李天經手本開稱：春分届期本司督率陪臣羅雅谷、湯若望，評事王應遴及在局官生，公同禮部所委司務徐肇律、欽天監監副周胤，夏官正左允化，保章正賈良琦，靈臺徐源、章必傳，博士朱光顯等，於二月十四日午正，用象限儀測得太陽高五十度零八分；十五日測得太陽高五十度三十三分；十六日測得太陽高五十度五十七分。迨至秋分之日，本司復督率陪臣羅雅谷、湯若望，及在局各官鄔明著等，會同祠祭司郎中胡敬辰、欽天監監正張守登，春官正潘國祥，秋官正劉有慶，夏官正左允化，保章正賈良琦、靈臺徐源、博士朱光顯等，於八月二十三日午正，亦用象限儀測得太陽高五十度十五分；二十五日測得太陽高四十九度五十二分。先是本司會集多官於堂，及復商之。曰春秋分者，乃黃赤二道相交之點。太陽行至此間，平分天中晝夜之時刻各等，過此則爲内外。夫自南往北者，高度漸多於赤道度；自北往南者，高度漸少於赤道度。如京師北極，出地三十九度五十五分，則赤道應高五十度零五分。以春分論，惟二月十四日太陽高度始與此數合。其本日午正測得五十度零八分，依法加地半經二分，較赤道多五分者。蓋原推春分卯正二刻零五分，至是日午正，已過春分，爲二十一刻零五分矣。是時太陽每日緯行二十四分弱，時越二十一刻零五分，則緯行應加五分强。所謂自南往北，高度漸多是也。至十五日並地半經，已多至三十分，況十六日乎？以秋分論，亦惟八月二十五日始與此數合。其本日午正測得太陽高四十九度五十二分。依法加地半經二分，較亦道少十一分者。蓋原推秋分丑初初刻零十分，至是日午正，已過秋分爲四十三刻零分矣。是時太陽亦每日緯行二十四分弱。時越四十三刻零五分，則緯行應減十一分，所謂自北往南，高度漸少是也。至二十四日並地半經，尚多十二分，況二十三日乎？又復將前所進節氣圖示之，曰内圈分三百六十五度四分，度之一者，此日度也；外圈分三百六十度者，此天度也。舊法計日定率每得十五日二千一百八十四分有奇，爲一節氣；而新法止取天度十五度焉。故自冬至起算，越九十一日三十一刻零六分而始，歷春分者，日度爲之限也。乃天度則已踰二度餘矣。又越二百七十三日九十三刻十九分而即交秋分者，亦日度爲之限也，乃天度所不及者，尚有二度，是以春分舊法，每後天二日；而秋分舊法，每先天二日也。此當日測驗講求之情形如此，即該監堂屬各官，初不聞别拈一語相商，亦不聞復出一語相駁，諒亦輸服於理與數之確有證據，而自知其不得不然者等因。通查案呈到部，看得節氣之準，以春秋二分爲程，而二分之驗，以黄赤二道所交爲則。蓋惟宵中星虚之辰日夕行乎同道，而四陰二陽之月，晝夜於此平分，過此則有内外之殊高下之辨矣。然大抵繇南而北者，高度漸多於赤道度；繇北而南者，高度漸寡於赤道度，兩言盡之，廼爲之訂正，其歲差釐，考其襲舛。總之，新法獨遵天道者，近是而合之。緯行之强弱，黄赤道之遠近，氣候之遲速，太陽之行留，無不燦若列眉而洞如觀火矣。故夫以跡揆之，若新法更精詳於舊，而於理核之，即日度自合符於天。今據李天經以器窮象，廣衆集思，細心講研，按圖測驗。因以圭表窺日步之高限儀，稽三日之序而謹候之所參，合其所稱天度，於春分已踰二度，於秋分不及貳度者，自確乎其不可易矣。宜有以帖挈壺之心，而息保章之訟也。既經覈議占驗前來，相應奏聞。伏乞皇上勅令本官，秋分中氣瞻測既已畢呈，此後步推節候，復求印證。俟臣部曉曆司官畢拱辰到任之後，公同詳加測算，務期悉合天儀不忒時敘，以仰副聖明授時欽若之至意。則崇天萬年之寶曆，自齊政於平衡，而協用五紀之睿思，必成化於觀象矣。爲此具本謹具奏聞。〔一〕

校記

〔一〕明本本卷中第三十一葉至第三十二葉闕如。

督修曆法山東布政使司右參政臣李天經謹題，爲恭進丁丑《七政》《經緯》諸曆，仰祈聖鑒，並勅曉曆司官，驗明戊寅《曆樣》，以便奏請頒行事：

竊照崇禎十年丁丑歲，臣依遠臣羅雅谷、汤若望新法，督令在局司曆鄔明著，博士孟履吉、李次霦、楊之華、祝懋元、張寀臣、黄宏憲、朱國壽，生儒朱光大、陳士蘭等，推算得《七政》、《經緯》各一册，裝潢成帙，進呈御覽。其崇禎十一年戊寅諸曆，例應次年二月初一日進樣，四月初一日通行天下刊刻。伏乞勅下該部曉曆司官畢拱辰，與臣等一面測驗，一面將戊寅年七政經緯再加詳覈，推步成曆，恭請聖明頒行，以成昭代大典。蓋臣非敢以不確不覈之説，上熒宸聽也。先該臣於崇禎八年四月初四日，恭進乙亥、丙子《七政》《經緯行度》，並《參訂條議》二十六則。奉有該部遴委曉曆司官，同監局各官生儒，隨時測驗，果否差合，覈議奏奪之旨，臣即公同部監諸臣，細將所報《七政行度》，逐一考驗，迄今兩載，所測無不密合，此非臣之臆説也。即該部《奏明節氣》一疏，亦亟稱其新法之用，天度自確乎。其不可易，宜有以帖挈壺之心，而息保章之訟。雖該監素善游移者，據其回奏測驗一疏，一則謂其《大統》法久漸疎，自然之理；一則謂其測驗，俱與新法相合。而新法用緯度推算，更爲詳密，尚須口授心印等語。是明以臣等之法爲善，而和盤托出，必欲盡得其傳之爲快。向使立法稍有未當，則疇人子弟恨不力詆其瑕，安肯以相傳之世業，而反奉他人爲主盟乎？總之法取合天，事久論定，考驗至此，情面不得不破，舊法不得不更。即守敬諸人而在，恐亦不能膠已成之見，而舍徵信之從也。然臣所職掌，止此有數可求，有理可談者耳。至若神煞之宜忌於支之生尅，《上曆》所註三十事，《民曆》所註三十二事，□□删改是在部監諸臣參酌，非臣等所得與聞也。再照臣於崇禎九年五月初六日，准內靈臺王魁等送到。五月初五日奉上傳：著臣局製造星球，臣嘗移文工部關領應用錢糧。於六月二十九日止領過銀二百兩，臣已督率在局各官，星夜儹造，統俟完日進覽，伏候聖裁。

崇禎九年十一月十五日具題。十八日奉聖旨：知道了。其十一年諸曆並著畢拱辰公同詳覈。星球著儹造進覽。禮部知道。

太子少保禮部尚書兼翰林院學士臣姜逢元題，爲遵旨酌議，參請聖裁事：

祠祭清吏司案呈，奉本部送禮科抄出兵部左侍郎加從二品服俸暫署部事王業浩等，題覆《虜氛孔亟》等事。崇禎九年十一月初二日奉有羅雅谷、湯若望禮部酌議之旨。欽此。欽遵。抄出到部送司，奉此查得戎政衙門於虜逼近郊之日，疏薦羅雅谷、湯若望等，料理御前領發神器，奉有羅雅谷、湯若望等著隨營指授，以折狂氛。有功，從優敘賚之旨。迨虜退城守有功，一體列名敘錄。內稱羅雅谷、湯若望，心遊方外，制入彀中，既無服官之榮，思宜從以成高尚。或查瞻養之原疏，酌給以示懷柔，及兵部題覆。奉旨著臣部酌議。案查崇禎六年十月內，該太子太保禮部尚書兼文淵閣大學士徐光啓，《治曆已有成摹》一疏，內開羅雅谷、湯若望等撰譯書表，製造儀器，算測交食躔度，講教監局官生，數年來嘔心瀝血，幾於穎秃唇焦，功應首敘。但陪臣等輩守素學道，不願官職，勞無可酬，惟有量給田房，以爲安身養贍之資。不惟後學攸資，而異域歸忠，亦可假此爲勸等因。奉聖旨：「禮部知道。欽此。」又崇禎七年十二月十二日，該督修曆法山東布政使司右參政李天經，題書器告成，《敘錄宜加》一疏，内開羅雅谷、湯若望等，譯書撰表，殫其夙學，製儀繕器，攄以心法，可謂勞苦功高矣。當如原題，查給田房等因。奉聖旨：「禮部酌議具奏。欽此。」崇禎八年八月二十日，又該天經題，恭懇天恩，《破格柔遠》一疏，稱其修曆一役，仰邀皇上不次之典，已非一端。如臣以一介外吏而業照京官例，關領俸薪矣。在局生儒鄔明著等所請職銜，蒙准下部議覆，似亦得叨升斗矣。但臣等所翻譯成書，推測合度，實參西法，而即兩陪臣之法也。臣等猥蒙異數，而陪臣輩殫其所學，拮据六載，曆務甫竣，繼以旁通，乃戮力盡瘁，以願效忠於本朝者，顧使之肄業無所，恒産無資，非所以廣皇恩風遠人也。縱大官稍有所給，乃月僅兩餘，未供饔飧，而萬里孤蹤，仕進弗甘，生産又絕，何以爲勞臣勸乎？則一廛之受，數椽之棲，諒非浩蕩之所靳也等因。奉聖旨：「該部覈議具覆。欽此。」欽遵。前因通查，案呈到部，看得兵部題敘，領發神器陪臣羅雅谷、湯若望奉旨酌議一節：爲照修曆陪臣羅雅谷、湯若望，學究天人，思精理數，推測不遺餘力，考驗具有明徵，且撰書製器，不一而足，勞苦功多。故輔臣徐光啓已經首敘，疏開兩臣守素學道，不願官職，勞無可酬。惟有量給田房，以爲贍養之資。即曆臣李天經亦如前請，近緣城守敘勞，後有或查贍養之原題。案查兩臣九萬里來賓，七載於兹矣。饔飧未繼，大官之養，日止共領下程銀三分、米四合，似亦不堪清苦。故諸臣以贍養之資，再三控請。且修曆生儒同敘者，已邀一命城守諸臣共事者，亦各膺秩級，在兩臣固無服官之榮想，然既奉有有功從優敘賚之明旨。相應如諸臣前請，將羅雅谷、湯若望各量給房一所、田數頃，以資安養，俾得於曆事完日，仍畢力旁通，仰佐國家欽若要務，是亦勸功柔遠之 道，然非臣部所敢擅擬也。既經兵部具題前來，相應議覆，恭候命下臣部，劄行順天府，查給田房，資其朝夕。伏乞聖明裁度施行。

崇禎九年十二月十八日具題。二十一日奉聖旨：羅雅谷等修曆演器，著有勤勞，自當從優敘賚，這量給房田，果否妥便，還著確議具奏。

督修曆法山東按察使司按察使照京官例正三品支俸臣李天經謹題，爲日食各法不一，虧復分秒可驗，乞勅靈臺如法安置儀器，以便臨期證定疎密事：

竊照崇禎十年正月初一日辛丑朔日食本局分秒時刻，已經上聞。但臣等所推京師見食一分一十秒，而《大統》則推一分六十三秒，《回回》推三分七十秒，蔣所樂及邊大順等推得止有游氣侵光三十餘秒。似此各法參差，倘不詳加考驗，疎密何分？但臨期日光閃爍，止憑目力，眩耀不真，或用水盆，亦蕩搖難定。惟有臣前所進窺遠鏡，用以映照尺素之上，自初虧至復圓，所見分數界限真確，畫然不爽。隨於虧復之際，驗以地平日晷時刻，自定其法，以遠鏡與日光正對，將圓紙殼中開圓孔，安於鏡尾，以掩其光。復將別紙界一圓圈，大小任意，內分十分，置對鏡下。其距鏡遠近，以光滿圈界爲度，將虧時務移所界分數就之，而邊際了了分明矣。但在天之正南，實爲紙上之正北，方向乃相反焉。伏乞勑下內靈臺，臨期如法安置，恭請皇上省覽，各法疎密自見，其於考驗不無少有裨益矣。

崇禎九年十二月十九日具題。二十二日奉聖旨：知道了。著臨期如法安置考驗，該衙門知道。〔一〕

校記

〔一〕《治曆緣起》八卷本，第五卷至此止。

奏疏卷十一

太子少保禮部尚書兼翰林院學士臣姜逢元題，爲遵旨酌議，恭請聖裁事：

祠祭清吏司案查先該本部題覆兵部左侍郎加從二品服俸暫署部事王業浩，題爲《虜氛孔亟》等因。崇禎九年十二月二十一日奉聖旨：「羅雅谷等修曆演器，著有勤勞，自當從優敘賚。這量給房田，果否妥便，還著確議具奏。欽此。」欽遵。抄出到部送司，案呈到部，看得陪臣羅雅谷、湯若望等，自應召修曆以來，著述獨探理窟，製造咸晰天行，功次犁然。況登陴指授，遠折狂氛，其一段忠義之氣，尤屬可風。誠有如聖明所謂修曆演器，著有勤勞者也。但查兩臣婚娶既絕，無心仕進，朝廷論功覈賞，縱不可縻以好爵，而受廛爲氓，未必非彼所欲，則量給田房，以資朝夕，是亦爵賞之外，別示優異。臣部再四斟酌，似爲妥便，合無仍將羅雅谷、湯若望等各給房一所、田數頃，俾其饔飧無匱用，以酬前勞而勉後效，端在是矣。伏乞勑下臣部，劄行順天府，或查給入官田房，或另設法措給施行，緣係云云事理，未敢擅便，謹題請旨。

崇禎十年二月初二日具題。初五日奉聖旨：是。

督修曆法山東按察使司按察使照京官例正三品支俸臣李天經謹題，爲遵旨製器告竣，請乞聖裁，以便恭進事：

案照崇禎九年五月初六日准内靈臺掌印王魁等，送到本月初五日奉上傳：「著新局造星球一座來進，徑過要二尺大，一切星象不可遺漏。應用錢糧，於工部支領。欽此。」欽遵。臣當移文該部。關領應用錢糧，督令在局官儒，星夜鳩工，如法製造。隨一面將故輔原進兩陪臣譯撰《恒星經緯表》二卷，與臣所進御前屏式，再加考測，就中經緯度分，務期合天，稍有未妥者，無妨更置之。蓋此係數百年來創舉，臣何敢溺於舊聞，偏執己見，而不仰體皇上欽若之至意乎？迨崇禎九年十一月内，復奉有星球著儹造進覽之旨，臣敢不兢業從事，畢力勉圖，早竣厥事。無奈球體廣闊，工緻細密，而製圓一法，尤巧匠所難。是以冶鑄鏤刻，動經歲月，有非一人一手所能猝辦者。今幸業已就緒，旦晚進呈御覽。伏乞勑下該衙門撥給人夫輿運，仍乞欽定安置何所，以便擇吉恭進。臣於此尤有請焉。我皇上事事求真，處處務實。則此勒之金石，登之大内者，其欲傳信，不欲傳疑也必矣。乃臣等所列星座，俱皆有器可測，有象可憑，一一依經緯點定，與舊圖原自不同。如舊所載天廟，稱其在張宿下十有四星，所載器府亦稱其在軫宿下三十二星等類。今按之實，微渺難窺，匪器可測。臣何敢以漫無可測之星，而輕圖之也。又如團圓十三之天，壘城今測之，僅見其三；團圓十三之軍市，今測之亦僅見其五。甚且人星本三也，而舊繪以五，天廟本三也，而舊繪以十。諸如此類，難以枚舉，臣又何敢依樣葫蘆，而狥此耳食之見乎？且有昭然顯著之星，舊圖原未盡載者，兹且悉爲測定增入。但緣舊未有名，今亦第以增等別之。然而恭繹明綸，一切星象不可遺漏，臣等再四思維，星球之製，但取合天，何嫌同異？且從古及今，天文各家代有更易，何獨拘泥成說，而疑於今日乎？益以見我皇上大聖人之作用，超出前代萬萬矣。所有用過錢糧，容臣另疏奏銷，統候聖裁。

崇禎十年閏四月初一日具題。初四日奉聖旨：是。著於中正殿安，餘知道了。該衙門知道。

內官監啓奏奉聖旨：進西安門，走玄武門，赴中正殿安製器。

督修曆法山東按察使司按察使照京官例正三品支俸臣李天經謹題，爲遵旨恭進儀器事：

先該臣於崇禎九年五月初五日奉上傳，著臣局造星球一座來進，臣當督率在局官儒，星夜鳩工庀材，如法造完，隨於崇禎十年閏四月初一日題爲遵旨製器告竣等事一疏，本月初四日奉聖旨：「是。著於中正殿安，餘知道了。該衙門知道。欽此。」欽遵。行據欽天監擇於閏四月二十四日壬戌，宜用辰時安置吉。臣即移會內靈臺，如期啓奏，仍移行工部營繕清吏司，會同內官監撥給人夫輿進。臣謹於是日同兩陪臣督率各官儒，恭詣中正殿相度方向，如法安置。臣竊以此星球也，非同前者星日二晷，僅取審定時刻，未免借資。星日固當置於殿陛之前，兹球則列宿林羅，一轉移之頃，或晝或夜，而一時之天象，燦於目前。自是御用重器，宜安置殿中，庶便皇上之御覽，亦免風日之剝蝕，而不宜與二晷並列者也。又因將前所進《渾天儀説》，摘其與本器相關者，彙爲一册，名曰《星球用法》，按法運儀，以求七政之經緯，群星之出沒，於推步占驗有大用焉。外此尚有黄赤經緯全儀，爲用甚大，需費無多。容臣等如法製造，恭進以與日星二晷並列東西，庶測器諸量，盡置內庭而欽若大典。我皇上手握璣衡，非若前代，徒託之空文者比也。統候聖裁。

崇禎十年閏四月二十一日具題。二十五日奉聖旨：知道了。其黄赤經緯全儀，著製造進覽。該部知道。

修政曆法遠臣羅雅谷、湯若望等謹奏，爲聖明柔遠過渥，微臣圖報未湟，謹預辭欽允田房，以表忠藎事：

臣等躬逢我皇上鋭意中興，釐正欽若敬授之典，博訪天下知曆之人。原任輔臣徐光啓急公念切，謬舉及臣，遂蒙皇上賜召陛見。臣等自受事以來，朝夕冰兢，祇恐識短才庸，弗能克紹羲和重任。幸爾數載拮据，著書一百四十餘卷，恭進日星二晷並遠鏡、星球等器，見貯御前。而曆法業已報竣，惟俟奉旨頒行，正在料理旁通之際，不意去歲醜虜内犯，戎政暨都察院等衙門，以火器需人，交薦及臣。奉有羅雅谷等即著隨營指授，以折狂氛，有功從優敘賚之旨。臣等聞命登陴，即會同京營内外、城守文武諸臣，演試御頒神威大砲，並滅虜鳥槍等器，依法改造銃車，出秘指授裝放，惟期滅虜，以報朝廷。仰藉皇上震世之威，奴即出境遠遁，臣等得以竣役。而總督京營戎政成國公朱純臣等題爲《虜氛孔亟，守禦維先等事》一疏，内開臣等心遊方外，制入彀中，既無服官之榮思，宜從以成高尚。或查贍養之原疏，酌給以示懷柔，所當優敘等因題，奉聖旨：「該部核議速奏。」隨經兵部署部事左侍郎王業浩題覆，奉有禮部酌議之旨。禮部尚書姜逢元查得，臣等屢經題敘，不願官職，遂議各給田房，具疏上請。奉聖旨：「羅雅谷等修曆演器，著有勤勞，自當從優敘賚。這量給田房，果否妥便，還著確議具奏。」復經禮部遵旨確覆，内稱臣等自應召修曆以來，著書獨探理窟，製造咸晰天行，功次犁然。況登陴指授，遠折狂氛，其一段忠義之氣，尤屬可風。誠有如聖明所謂修曆演器，著有勤勞者也。但查兩臣婚娶既絶，無心仕進，朝廷論功覈賞，縱不可縻以好爵，而受廛爲氓未必非彼所欲。則量給田房，以資朝夕，是以爵賞之外，別示優異。臣部再四斟酌，似爲妥便，合無仍將羅雅谷等，各給房一所田數頃等因具題，奉聖旨：「是。」隨經禮部劄行順天府，批行兩縣，查給去後，業逾半載。各以並無入官田房爲難。欲行設法措給，又苦錢糧無出，因查廢寺田土，以普皇仁。隨有善果寺住持僧人本秀等呈稱，本寺屢被盜拆霸占，力不能阻，報府繳還朝廷，以免後累。該縣再四查勘，又經南城察院審明，委屬廢寺，確係無礙，呈府報部，以憑題給在當事諸臣，以爲朝廷賜寺地土，仍賜守素學道之人。爭一轉移之間，而費省功酬，莫此爲便。臣等循分自揣本秀爲本寺住持，尚不能守其故土而至於繳還朝廷。臣等天涯孤旅，又何敢相望豪强占踞之餘，設不預爲控辭，日後儻至生端圖害，不幾有負聖明柔遠之洪恩乎？且臣等原無尺寸之功，何敢望恩分外，但緣國典無勞不賞，故蒙屢沛褒綸，而遠臣思患預防控辭，實安愚分。伏乞聖明垂鑒下情，俯賜俞允，從此焚修延祝高厚於無既矣。臣等無任惶悚待命之至。爲此具本親賫，謹具奏聞。

崇禎十年八月初一日投通政司，初七日封進。本月二十八日奉聖旨：該部著議。

督修曆法山東按察使司照京官例正三品支俸臣李天經謹題，爲交食屆期，測驗宜明，伏乞聖明勅令各法同日報進，臨期仍冀内廷親驗，以一是非，以定疎密事：

臣以一介外吏，荷蒙皇上特簡，欽給關防，命臣督修曆法事務，其一切曆法事宜，臣該得而直陳之；一切言曆諸人，臣該得而覆驗之。但緣臣以孤孑之身，膺兹千秋巨任，故操異議者，遂分門角技，借勢傾排，無所不至，窺其立意，不但欲撓臣局已成之法，並欲驅臣局任事之人而後可。結彼欺誑之局，以塞修完備考之責。至於屢疏詆誣，而臣寧以緘默自守，不屑與較者，非惟自愛其鼎，恃有聖明在上，公論在人，天象昭垂，事久論定，何屑與之角口舌哉？且明知若輩於曆法實無所學，終難結局，故爾藉勢影射，横行無忌，冀人一有指摘，遂加人以嫉忌之名，而彼得巧卸其欺罔之罪。故臣自任事以來，惟知埋首著述，推測考驗，以圖報稱，前後共譯算過曆書一百四十餘卷，製過新式儀器十數種，並恭進乙亥、丙子、丁丑叁年《七政》《經緯》《淩犯》諸新曆，見在御前。是臣局曆法已於乙亥年告成矣。其頒行事宜，惟俟聖明裁奪，目今正在奉旨製造黄赤經緯全儀，並推譯有書數種，可以刻期報竣。其戊寅年《七政》《經緯》等新曆，已在繕寫，不日恭進。昨又於本月二十日准內靈臺親送出。本日傳奉聖旨：「西洋陪臣進到星球，有蛇鳥小斗等星，有無占驗，著靈臺官去問。欽此。」除蛇鳥等星，性情占驗已經移會靈臺官回奏訖。臣一面督同陪臣羅雅谷、湯若望等，細將各星有關徵應者，著爲天文實用一書，次第進覽，以仰副我皇上精心象緯，釐正欽若敬授德意。所有本年十一、十二等月陰陽兩食，例應先期上聞。第因另局之蔣所樂等，借今歲元旦日食，薦邊大順率領其另局，至期不驗，而邊大順遂安分引退。今又借夏至日景，薦郭凝之率領其另局，奉有郭凝之果否淹通曆學，並著核驗奏奪之旨。續因部覆，復奉有仍俟交食，公同部司監局等官測驗，據實奏奪之旨。恭繹明綸，是欲於交食之際，令各官公同測驗凝之之法，抑令凝之公同各官，以爲測驗之人乎？凝之乃執公同兩字，疏中每脱卸其推算之責，自許以測驗之任矣。此無論於核驗果否淹通之明旨，大不相侔。且既爲另局引薦之人，安望有虛中無著之見，是不任算，固無以顯其所學，而徒任測，又何以服臣等之心耶。且臣所惴惴懼者，不但此也。今歲元旦日食，另局謂於法實爲不食，臣局報食一分有奇，至期臣法果驗，百官救護，衆目難掩，且續奉有邊大順等所推，日光微侵秒數測驗未符之旨。而所樂等尚妄奏爲雲掩日體，大道未明，以滋欺溷。而此番交食，臣又不得不爲鰓鰓過慮焉。伏乞聖明勅令另局門人並郭凝之，將日月兩食，各出己法，與臣局同日報部，一齊封進，以防其依傍那移之弊，臨期仍冀皇上將內庭日星二晷，依法測驗，以定疎密。儻有不行推算而支吾推諉，致羈測驗者，即律以欺誑之罪，庶大典不爲群議所淆，而真法亦不爲影射所撓矣。緣係云云。

崇禎十年十月二十五日具題。本月三十日奉聖旨：該部著議具奏。

督修曆法山東按察使司按察使臣李天經謹奏，爲微臣治曆有緒，正言見嫉，奸黨求和計窮，潑口相加，謹述臣局招謗之因，並剖群奸欺罔之款，以祈聖鑒，再乞罷斥孤臣，以免圖害，以無辱大典事：

臣以一介外吏，蒙皇上畀以督修曆法之任。四載以來，惟知埋頭纂緝，與人無競，以盡臣分而已。乃另局蔣所樂等，屢借勢傾排，擅其威福。參人則降罰，薦人則立用，肆行無忌，已目無孤蹤之外吏，而況臣復有觸其大忌者。自魏文魁物故後，另局已無法矣。所樂等四顧傍徨，恐無以飾其虛糜欺罔之罪。先則薦一推算未孚之邊大順，今日已不知其亡；復薦一躍治多援之郭正中，倚之以立主和議。雖以統會四法爲名，而暗地求和，無非欲臣等將已成之法，遷就湊合，以冒仰遵畫一之旨，以圖苟且結局，而臣未之敢許也。既正言駁之，且於祠司回文，復暢其説。而正中等計窮謀阻，遂恨臣深入骨髓矣。及臣有《交食期迫》一疏，無非欲正中出獨得之心法，以憑公測，不當以另局之私人，主持測驗，亦非甚有苛求於正中者。而正中恨臣又祈將各法同日進呈，以防依傍那移之弊，無非懲前毖後之思。該局果有成算，何難即同日送部，以釋嫌疑，乃展轉支吾伎倆盡見，而所樂等更復恨臣。於是合謀相攻，而揑汚以十大罪，此微臣招謗之因也。及閲其各款，正如醉人罵街，不顧道理；又如刁徒律訟，罔盡是非。臣曷難列其罪狀，以請正卯之誅。顧臣不屑與交口久矣，若反唇相應，不亦幾與同醉比之兩造乎？臣實恥之，況已奉有何得偏執相攻之明旨，如秦鏡高懸，以照徹奸人之肝膽。臣自可以無説，但其參臣諸款，正自暴其欺罔之實，不得不一一剖明，伏乞聖明垂察焉。除所矜誇已參降處之畢拱辰，撫院有精通象緯之咨，禮部有博訪知曆之舉與臣，何歟？夫從無一疏者謂之賄結，則持疏薦人者，賄當何如耶？此不必辨而自明者。如以後宮之列於鶉首也，爲臣之罪。據所樂等聞説，紫微垣内第一星爲帝星，第二星爲后星，宜共列於鶉火宫，而首造此言以聳皇上暨母后之聽聞者，祇欲圖害於臣，乃自涉其欺罔而不知也。臣按《步天歌》開載云：「大帝之座第二珠，第三之星庶子居。第一號曰爲太子，四爲后宫五天樞。」其從來矣。今所樂稱帝星爲第一，后星第二，不但擅移位分，且將置太子於何地？倘如彼罔説，則太子自不宜居於帝前，而后宫又何得置於庶子之後。總之古人命名取象，各各俱從經緯測定，非可倒置，亦非任人有意於逢迎。乃所樂等不識經緯爲何物，一故其言如此。此其説謊自暴欺君之罪一。如謂天狼一星，而圖繪以五。且芒角可畏，以爲臣罪。臣按天文圖所載，凡有數星而成一座，俱盡綫聯之。如不相聯，俱云新增無名之星。臣前所進星屏球，見在御前可覆而按，果狼星有綫聯絡五星否？且星體難窺，所見者光也，光自有芒，大小不等。狼星之光，幾與太白等。所繪芒角，取其象耳。即爲胡爲賊，豈因圖盡遂驕虜，志而樂多，故以致所樂之畏也。鄙俚之言，敢熒聖聽。此自暴其欺罔者二。如天廟器府等星，臣前爲遵旨製器告竣等事，疏稱凡星之微藐難窺，匪器可測者，臣不敢依樣葫蘆，而狗耳食之見。已經奉聖旨：「是。著於中正殿安置。餘知道了。該部知道。」方敢恭進，正臣小心敬畏，不敢有欺處。且制禮作樂，皇上御世之大權。即繪圖製器，有無關涉，而遽作禮壞樂崩諸不詳語於聖明之前，是欲誣臣以罪，而自陷於大不敬之罪也。此其自暴其欺罔之罪三。如蛇鳥小斗諸星，自是陪臣等浮舟赤道以南，實測不爽。值上傳製造星球，隨用補南極見界之缺，以成渾全天體之象，豈是臆説。又蒙内靈臺傳奉明旨，詢以占驗，臣局約略指陳，且欲進天文實用占書，以備御覽。所樂等遂妬忌横生，先爲此言，以阻抑阻，真夏蟲之不可語冰也。其自暴其欺罔之罪四。曆法星圖，原無明禁。即《步天歌》附載諸星，該監亦通有刻者。臣局繪圖，非止飾觀。經緯度分，按圖可考刻，蓋恐歲久失傳，且便於教習耳。如曰星圖可禁，天象昭垂，未嘗禁人仰觀也。圖上星形，何關休咎乎？該局屢屢妄談災祥，正干明禁，而乃以罪臣。其自暴其欺罔之罪五。如木星之犯積尸，乃臣局一大冤案也。當時因推木星行度，偶一點出，及奉旨測驗，而諸人遂合謀借以傾臣。登臺之際，不用臣局之人，不用臣局之器，以萬鈞銅儀迫臣一人舉之，一時勢焰，分明欲置臣死地。復暇與之講明，犯不犯乎，臣惟聽其誣罔。既奉明旨，惟有引罪而終，不敢以欺自任也。况魏文魁改《占書》之七寸爲犯，以爲七分。若七分則未及一寸，且相掩豈止犯乎？文魁之疏尚在御前可覆而按，此欺罔之大證據也。舍此而欲令内臣回奏，則當日借勢傾臣之本謀，益可想見矣。其自暴其欺罔之罪六。至邵龍宇，係禮部書役，隨祠司測驗，時臣僅識其面目，後且究問有刑部擺站有驛遞與臣，何歟？且瑣屑小人，臣與有何因緣，而延爲上客，此無異説夢耳。其自暴其欺罔者七。至如遠臣羅雅谷、湯若望，原係奉召來京修曆，非潛來者。比其友利瑪竇於神宗朝慕義來賓，留京賜宴，生有大官之餼，歿有葬地之予。自此先後諸臣，著書立言，其所尊崇者即先聖，所闢斥者則釋佛。以克己事天爲工夫，所著書約數十餘種，並無不經之言，容臣類輯進呈御覽。若誣語非係陪臣所載，但摭他人謗書作證，則何事不可說，何言爲可據乎？無非妬臣曆法垂成，故藉詆誣先聖以肆中傷，爲驅逐計，總非爲曆法起見也。此其自暴其欺罔之罪八。即如查給田房一節，乃戎政等衙門，因城守敘勞，題奉有羅雅谷等修曆演器，著有勤勞，自當從優敘賚之旨。而兩臣守素學道，不婚不宦，故禮臣請以各給田房，以資朝夕，亦即授廛爲氓之意耳，業蒙欽允，此出我皇上柔遠德意，非臣之罪也。而兩臣志甘恬遜，具疏控辭，而聖主尚不忍泯其前勞，猶然勅部另議，以信前旨。乃敢曰有何功勞，是藐明旨而阻皇恩也，此其自暴欺罔之罪九。如謂臣指三台爲軒轅大星，尤屬欺罔之甚。夫三台在北，係三四等六星，而軒轅乃十六星。若指大星，則爲近在黄道者之一星，去三台甚遠。何得指六星爲一星，指三四等者爲巨星乎？職之所學，豈所樂能知？妄詆爲一竅不知，固其宜耳。此其自暴欺罔之罪十。

以上諸款，僅據其污衊瀆奏者，略爲剖陳。其他一切欺罔之甚者，擢髮難數，職且姑置勿論。但若輩數年以來，不知何所憑藉，一拂其意，輙肆詆誣。即吏禮工三部、都察院以及禮垣，無不被參而莫敢誰，何者？實畏其兇鋒辣手，乃舉以加臣，恐舉朝自有公論。微臣自有生平，難以抹殺也。且聞另局，此番交食，仍欲踵測木星故智，布置機關，合謀傾陷。臣惟祈皇上勅部委一司官，同臣在局測驗，不敢再赴東臺，以無罪治曆之臣，徒爲群奸魚肉也，則所全於臣者大矣。總之所樂所指臣罪，逐款已明。臣不任受，然臣亦不能辭罪者，以孤貞雖諒於聖明，而調停不厭乎群小，致啓讒憎之心，以傷士紳之體，是臣罪也。惟請一面先鐫臣職，以待著議；一面容臣儹完儀器《七政》等書進呈外，束身以待皇上之處分，以謝人言，以息紛囂，庶不至貽大典之辱矣，謹具奏聞。

崇禎十年十一月十一日具奏。十五日奉聖旨：治曆求準天行，豈容偏辭攻詆。李天經不必求斥。奏内參罰薦用，俱奉明旨，何得以借擅妄詆，殊屬未諳，姑不究，該部知道。

又據另局生儒蔣所樂等妄奏，爲駁正星象有據等事一疏，十一月二十四日奉聖旨：蔣所樂等測驗疎遠，已有旨了，何得更端求勝，且本内毀滅等語，全無忌憚，姑不究，該部知道。

督修曆法山東按察使司按察使臣李天經謹題，爲月食事：

該臣於本年十月二十五日，具有《交食屆期測驗宜明，伏乞聖明，勅令各法同日報進，臨期仍冀内庭親驗等事》一疏，本月三十日奉聖旨：「該部著議具奏。欽此。」於十一月初二日准禮部祠祭清吏司郎中何三省手本爲前事，内開各家日月交食分秒時刻，繕寫一本，俱於初四日報部以憑，彙齊封進，等因到臣。該臣即督同在局官生，將日月兩食繕寫一本，於初四日投部，隨經禮臣於本月初九日封進，十三日奉聖旨：「這交食分秒、虧復時刻，臨期按晷考測，知道了。該部知道。欽此。」欽遵。至本月十六日夜，督同陪臣羅雅谷、湯若望，欽天監博士楊之華、黄宏憲、祝懋元、朱國壽、孟履吉，生儒朱廷樞、王觀曉、陳亮采、宋發、王觀明、陳正諫、李昌本等，隨帶本局星晷等儀，公同禮部祠祭清吏司員外郎顧光祖，欽天監右監副周胤，曆科靈臺等官徐源、黄道化、高攀桂、張三才、李之貴、劉崇儒、張三省、馬惟龍、王燁、章必傳、賈良棟、潘國祥、劉有慶、賈良琦、戈舜年、周曉、朱光顯，天文生周士昌、李景和、張其淳、周士泰、朱光燦等，暨管理另局山西代州知州郭正中，另局生儒蔣所樂、林蔭世、徐克孝、魏象乾、楊國榮、任選、戴復等，齊赴觀象臺測驗。又委博士張寀臣、天文生朱光大等，攜帶星晷，前赴中軍都督府測時去後。該臣等候至初虧，據靈臺官徐源、張三才、黄道化、高攀桂、王燁等，用簡儀測至酉初四刻弱，徐源等報初虧，星晷所測亦同。員外郎顧光祖，執筆登紀，與臣等所推初虧酉初四刻弱者爲密合，而《回回曆》亦次親

《大統》，與郭正中、蔣所樂等俱差五六刻不等。候至酉正一刻，已食一分弱，忽遇雲陰四起，直至戌初一刻外，天稍開霽，見食九分。及至戌初二刻，覘見食甚九分有奇，與臣等所推密合。而《回回曆》亦次親《大統》，各法俱法差五六刻不等，其所食分秒，亦與臣合，《回回曆》亦近。然於《大統》郭蔣三法分秒亦差一二分不等，稍見退光而雲陰復起，難見復圓。中府所測亦與臣法相符，此當時諸臣所共見者。各法疎密，自難逃於聖鑒。此番月食正所爲求畫一於天，即可爲治曆改憲之一定案也。臣等又按，從來推算交食之法，俱以食甚定望爲準。減定用分得初虧，加定用得復圓。今既初虧食甚分數皆準，則復圓雖雲陰不見，亦準可知。且據郭正中前疏所稱，食在一刻内曰親，二刻曰次親，三刻爲疎，四刻爲疎遠。今止《回回曆》在二刻以内，爲次親，而分秒亦近；《大統》與郭正中蔣所樂俱差五六刻不等，此又在疎遠之外者也。但各家回奏，雖欲自文其短，借端支吾，想斷難熒於聖聽矣。止恐十二月朔日食，各家所報俱近，臨期易致爭溷。且明歲又無交食，倘不於此請乞聖明判斷疎密，以定是非，則曆之成也，何日之有？據此月食，其於我皇上欽若大典，庶有攸賴矣。敬述當夜測驗情實，謹據實奏。伏候聖裁，緣係月食事云云。

崇禎十年十一月十七日具奏。二十日奉聖旨：這月食時刻，新法爲近；分秒《回回曆》爲近，餘俱疎遠。該部通著，著議具奏。

督修曆法山東按察使照京官例正三品支俸臣李天經謹題，爲遵旨測驗日食，敬陳完曆實著，伏乞聖明勅令該監諸臣，據實奏明，以仰副早襄曆法之明旨事：

該臣於本年十一月初四日，具有《恭報日月交食》一疏。本月十三日奉聖旨：「這交食分秒虧復時刻，臨期按晷考測，知道了。該部知道。欽此。」欽遵。除月食已經驗明回奏，奉有這月食時刻新法爲近，分秒《回回曆》爲近，餘俱疎遠。該部通看議具奏之旨外，臣於本月初一日，率陪臣羅雅谷、湯若望，大理寺副王應遴，欽天監博士楊之華、黄宏憲、祝懋元、張寀臣、朱國壽、孟履吉，生儒朱廷樞、王觀曉、宋發、王觀明、陳正諫、李昌本等，隨帶臣局窺遠鏡等器，公同禮部祠祭清吏司主事鞏焴、右監副周胤，曆科靈臺等官徐源、黄道化、李之貴、章必傳、王燁、張三才、賈良棟、周曉、陳亮采、吴邦泰、劉有慶、戈舜年、賈良琦、朱光顯等，天文生，周士昌、李景和、張其淳、周士泰、朱光燦、周士萃、朱南星等，及管理另局山西代州知州郭正中，另局生儒蔣所樂、林蔭世、魏象乾、楊國榮、任選，監官安崇吉、章必選等，齊赴觀象臺。又委天文生朱光大，攜帶遠鏡，前赴禮部，公同監官潘國祥、薛永明、左允化等測候。臣等登臺之後，主事鞏焴即向在事諸臣，申明測驗大意。云治曆係國家大典，修改數載，亦當結局。諸人宜虛公紀驗運儀測驗，兩局及該監各用一人，庶無偏倚之嫌。且云測驗止憑於天象，斷不敢欺君父，以欺天下萬世。復細閱諸儀，詳詢測法。臣等公驗簡儀外盤，周分十二時，每時分爲八刻。凡初正四刻之下並列初刻者，因四刻已盡，未及一刻，故名爲初刻。及測至午初四刻之末，即午正初刻，據臺臣徐源等報稱未幾，而遠臣羅雅谷、湯若望等用遠鏡照看，隨見初虧，衆目共睹。鞏主事執筆親紀，是與臣局所推爲合。候至未初二刻半，遠鏡映照，見食六分有餘。隨見食分秒退，衆目皆同，禮臣亦親筆書紀，是與臣局時刻分秒俱合。候至申初初刻，衆報復圓，隨亦親紀，是與臣局所推申初一刻弱者又合。然此番日食，各家所報俱各參差不一，其中亦有甚相遠者。而臣局今歲日月三食俱合，於衆論不一之日，晝一於天，庶幾仰副我皇上欽若之至意矣。且臣局《七政經緯》諸曆，已於乙亥年告成，屢驗之伏見皆合，惟俟測驗今歲交食。今交食前月十六夜，月食既驗，明歲又無交食，已蒙聖明乾斷疎密，倘不於此請乞勅令改定維新，則治曆大典，終無結局之日。即監局諸臣，各法疎密，本心自明，第不肯明以入告者。止因崇禎二年五月朔日食不合，初三日奉聖諭：「欽天監推算日食，前後刻數俱不對，天文重事，這等錯誤，卿等傳與他，姑恕一次，以後還要細心推算，如再錯誤，重治不饒。」且另局復因八年正月十五夜望月食，奉有魏文魁所算初虧復圓俱謬，著他自行回奏之旨，隨於回奏疏内，自認一時失算。又云丙子丁丑二年，尚有六食，或明驗不符，甘蹈妄言之咎。奉有魏文魁既認推算失誤，姑俟再驗，以定疎密之旨。今又屢測疎遠，而諸臣未免以惶恐畏咎之心，轉而生其更端文罪之想。然而測驗疎遠，亦非諸臣之罪，如欽天監，因其差訛，方請修改疎遠，故非其罪，而另局諸臣，原奉有修定備考之旨，非不欲殫思竭力，以期足堪備考。及至測驗，多皆疎遠者。蓋繇於術業技倆，僅止於此。大抵屢次推算，斷不能出《大統》範圍，又安望其自出聰明可備考測乎？故疎遠亦非諸臣之罪。總之，各家修改，皆爲國家大典。至修正完日，無非傳付監官，令其遵守，以盡厥職耳。與其聽測驗於兩局，不若專責成於監官。臣思該監諸臣，世守術業，一有差訛，輒自修改，不敢自文其短，想斷不肯作左右袒以自取罪戾，當今完曆實著。伏乞聖明勅令欽天監看詳具奏。如果誰法爲密，即當遵守誰法，則萬年寶曆，遂可計日告成矣。

崇禎十年十二月初二日具題。本月初　日奉聖旨。

奏疏卷十二

欽天監監正張守登等謹奏，爲遵旨據實回奏，仰乞聖鑒事：

先該禮部題爲遵旨測驗星度，據實奏報事，奉聖旨：「知道了。其推測異同疎合緣繇，還著該監明白具奏。欽此。」抄出到部，行合臣監明白具奏。臣等欽遵即行該科，詳叩推測緣繇。據天文科五官靈臺郎徐源、章必選呈稱：臣等於本年四月初十日恭奉明旨，隨同部監前至曆局，用黄赤經緯儀測得火星在角宿一度内，先是二月初三日昏刻，公同禮部司務張胤佳，偕監局官生測得水星夕見西方。司務張胤佳未敢遽信，復訂初四日再測，與前脗合。此新法當曰公同推測之原也。又據曆科春官正等官潘國祥等呈稱，臣等於本年四月初十日恭奉明旨，前至曆局公同測驗火水二星，俱與新法相合。其推算異同之故，緣立法各有所依。伏查臣等遵依《大統曆法》，家傳世習，不敢妄行增損，按法推算，乃用黄道距度。而新法用黄道緯度，則是緯度推算，較距度更爲詳密，此用法疎合之故也。臣等識短才庸，不能臆揣，尚須口授心印，經手推算，再行測候，酌爲定式，方敢遵守於將來等因到監。該臣看得推算各有所司，按法不無新舊。臣監推算各官，世守其業，所遵者《大統》舊法也。法久漸疎，自然之理，非敢諉托，良以智不及前人，恐失愈遠，是以有異同疎合之分。恭逢設局，修改監官，方在講求，尚未授法經手，異日較正既確，以仰副聖明敬勤之至意，未必無小補矣。既經各官具呈前來，相應具實回奏，仰祈聖明俯鑒。奉聖旨：「據奏測驗星度，新法爲密。著督率監屬官，加意考正，以副敬慎授時至意。該部知道。」

崇禎九年　月。

欽天監監副周胤謹奏，爲主留神欽若，微臣敬循職掌，敢獻一得之愚，以仰佐早襄曆法之明旨事：〔一〕

臣世叨國恩，備員監末，其職之所司，惟知曆法一事，獨念年遠數盈，積久漸差，自宜隨時修改，無奈才識短淺，成法是遵。雖知有差，不敢妄自損益。延至我皇上龍飛之二年五月朔日食，時刻稍差，頒諭切責，臣等措躬無地，隨經具呈，禮部恭請修改。伏蒙皇上允勅命故輔臣徐光啓督修，參用西法，廣集衆長，博訪知曆人等，臣隨奉文送局，令與訪舉諸臣，一體講究，《立成諸表》，繕寫進呈。此時因書籍未備，新法意旨尚未窺其藩籬，止見儀式精詳，推測簡捷，復蒙輔臣徐光啓疏請傳習，業奉有督教勸懲等事，依議行之旨。臣即協同臣監曆官賈良棟等，在局供事官鄔明著等，天文生朱光大等，專候學習。嗣因臣監爲遵旨回奏一疏，復奉有該局既有新法，著行習學之旨，臣等敢不勉勵以期速成。但繇督修曆法李天經，本意以爲曆法之失傳，繇於習其法而失其所以然之理，必先講明其理，方授其法。是以年來止講完日躔月離兩法，果爲精密。其五星交食，猶爲修證要著。雖驗之伏見皆合，臣等尚未經手自行推算，若仍照前講究，再假歲月，尚不能完，何以仰副我皇上蚤襄曆法之旨。據臣愚見，不若容臣公同督修曆法臣李天經率所屬官生，先從遠臣羅雅谷、湯若望學習其法，使推算應手，然後課其勤惰，具疏上聞。勤者量示優異，惰者即爲戒懲，諸法學完之日，即當申報禮部，恭請頒行，庶大典得以刻期蚤襄；而皇上欽若至意，可以仰副矣。臣等職司曆法，且因奉習學，固不敢溺於舊聞，而偏執己見，亦不敢遽以未達而妄意擔承，以負我敬慎上天至意。伏乞聖明勅下該局遵奉，速爲盡法傳習報完，令臣等推算合天，頒布天下，成千秋之曠典，作一代之宏謨。臣等曷勝慶幸。奉聖旨：該部知道。

崇禎十年九月　日

校記

〔一〕明本無此折，本折及以下諸折。據清本補。

禮部題爲回奏測驗日食事云云，主事鞏焴呈爲參驗日食事：

照得本月初一日乙未朔日食，本職先蒙堂委，前詣觀象臺云云。職仰睇日光，初虧於午時初刻，食甚未初二刻半，復圓未末申初，約食將及五分。隨據靈臺各官報稱，及西洋玻璃遠鏡所驗分秒，初虧於午初四刻，食甚未初二刻五十分，復圓未末申初，約食六分，餘理合開報等因到部。該臣等看得本月初一日日食，時刻分秒已經臣部先期題准御覽，恭候内庭測驗矣。各家離合親疎，聖鑒昭然。今據該司及靈臺官呈報前來，臣部覆核以四分有奇。爲率衆議，僉同者也。既經該司參驗開報，相應據實具本云云。

崇禎十年十二月初三日具題，初七日奉聖旨：這日食分秒時刻，新局爲近，其餘雖於時刻有一二稍近，又於分秒疎遠，著即看議畫一奏奪。

欽天監監副周胤謹奏，爲奉旨據實奏明事：

臣本年十二月十三日准禮部祠祭清吏司手本内開：另局纂修曆法魏文魁男、生員魏象乾，奏爲感激天恩，剖陳秘法等事，本月初八日奉聖旨：「魏象乾曾否送揭，著鞏焴及欽天監官據實奏明，廪薪不准辭。該部知道。欽此。」欽遵。除部臣自行回奏外，該臣恭述，當日在臺始末，仰乞聖明垂鑒。本年十二月初一日日食，臣於是日同部臣鞏焴及兩局官生，公同詣臺測驗。候至日食將及復圓，突見魏象乾袖出一揭，向部臣投遞，問其所以，則曰「日食分秒時刻」。部臣同臣粗略一看，大抵摹擬新法，即對象乾言曰：「凡交食分秒時刻，該監俱於半年前預先題奏，即兩局推算，本年日月兩食，亦於前月先期彙齊，投部封進，庶便臨期考測疎密，以服公道。今已將近復圓方位，投遞不亦晚乎？」象乾自覺理屈，遂拂然袖去。此當日在臺送揭先後情事，微臣不敢隱飾，據實回奏，臣不勝悚息待命之至。

崇禎十年十二月十五日。本月十九日奉聖旨：已有旨了。該部知道。

督修曆法山東按察使司按察使臣李天經謹題，爲恭進戊寅年《七政》《經緯新曆》，仰祈聖明獨斷畫一，以定曆法事：

竊照臣於考測繕製之餘，督同在局諸臣，依新法推算，得崇禎十一年戊寅歲《七政》《經緯新曆》各一册，裝潢成帙，進呈御覽。伏查臣局新法久已告成，未蒙畫一通行者。蓋緣我皇上敬慎欽若至意，必欲於推算精詳之後，尚須取驗於天行。臣即與部監諸臣，隨時測驗，迄今三載，無不密合，此非臣之臆説也。即該部曾於奏明節氣疏内，亟稱其新法之用，天度自確乎其不可易，宜有以貼挈壺之心，而息保章之訟也。然該監亦曾於回奏測驗疏內，自謂其測驗俱與新法相合。而新法用緯度推算，更爲詳密等語。且目今日月兩食，幸蒙皇上明洞鑒其臣局新法爲近，餘俱疎遠。見在勅部看議畫一奏奪，誠仰見我神聖天縱，手握璣衡，於衆議紛紜之日，而獨判疎密於宸衷，是數百年未有之典。原自我皇上肇其始，而億萬歲永垂之法，亦必我皇上考其成。伏乞明英斷，則闡千古之曆元，成一朝之鉅典。寶曆維新，普天共慶，臣惟日望畫一於欽定矣。緣係云云。

崇禎十年十二月十八日具題。奉聖旨：畫一曆法，已屢有旨了。所進書冊留覽，該部知道。

禮部祠祭清吏司主事臣鞏焴謹奏，爲遵旨據實奏明事：

本月初九日奉本部送禮科抄出，另局纂修曆法魏文魁男、生員魏象乾，奏爲感激天恩，剖陳秘法，願揭愚忠，仰佐明敬授之大典事等因。崇禎十年十二月初八日奉聖旨：「魏象乾曾否進揭，著鞏焴及欽天監官據實奏明，廩薪不准辭，該部知道。欽此。」欽遵。臣焴蒙堂劄委，於本年十二月初一日，同兩局及欽天監官，前赴觀象臺測驗日食。四家之印圖，較若列眉，各局之開單，燦若指掌。爾時魏象乾亦廁身班行中，聞其家傳曆學，講求有素，似當先期擬定分秒時刻，繕進御覽，次投揭臣部堂官，次投揭臣等於上臺之初，待其測驗有準時，方可持爲左券，以箝盈庭聚訟之口也。乃遲至日虧已完，始袖出一揭。臣同欽天監官公看，大抵揭內開載，與新法稍覺符合。其爲素定猝辦，俱不可懸揣。況臣未奉明旨，未蒙堂批，又日食事已告竣，不敢擅收事後私揭，以附會於新法，此本日實情實事也。至於象乾果識精象緯，淹貫曆法與否，欽天監官知之必稔。臣不敢懸揣蒙奏也，今奉有著犖焴及欽天監官，據實奏明之旨，臣即據實奏明，仰祈聖明裁奪施行。

崇禎十年十二月十九日奉聖旨：該部一併看議具奏。

督修曆法山東按察使司按察使照京官例正三品支俸臣李天經謹題，爲各法疎密，已蒙聖判畫一，屢旨未見欽遵，再懇聖明獨斷，早定曆法事：

竊照治曆明時，乃國家之首務，而法取合天，亦千古之定論。今臣局曆法，自奉勅修改以來，逐年推測交食五星，無不合天，且書器久已告成，惟候畫一遵行耳。去冬日月兩食，荷蒙聖明內庭親驗，兩奉有新法爲近，餘俱疎遠之旨，屢經勅部畫一，而該部諸臣，明知新法合天，尚欲曲全另局，欲臣局與之參合，會通，移會到臣。業經逐款駁明，所云曆法原自渾成，遷就割裂不得。倘一挪移，一差盡差，而部臣猶以甲可乙否，終歸紛紜等語。模棱具覆，以卸怨尤，隨奉有曆法務求畫一，前已有旨，該部作速看議具奏之旨。是聖明已洞燭其疎遠者，無容與合天者，相會通明矣。又於部臣覆疏内，續奉有曆議紛紜，爾部須折衷畫一，還著遵旨確議速奏，毋再遊移之旨。是　明亦洞鑒其另局三法，自不能一，且又悉皆疎遠，曾無寸長，而於備考悉補，似又不待，姑俟再驗而決者更明矣。煌煌明綸，炳若星日。想部臣自宜仰體，若欲再踵會通之故套，不惟真僞不分，是非倒置，有誤大典。抑且仰遵　旨之謂，何聞部臣已於去冬十二月内具覆矣。但未審所奏云何，誠恐一時之情面難破，畫一之旨未能欽遵。且聞僞法者乘機瀆奏，圖逭疎遠之愆，百計撓成，罔顧聖明畫一之切，所幸我皇上離照當空，諒宵小終難熒聽。惟是十二月朔之日食，臣局所報食甚在未初二刻半者，圖疏昭然，郭正中見臣法合天，疏内捏改臣報未初三刻半而誑陳之。又鞏主事於分秒親測六分餘，書紀見存部疏。又改爲四分而誑覆之，種種欺罔，難以殫述。若非我皇上親驗，則臣局新法，又幾爲若輩所矇蔽矣。但新法既經屢測，皆符畫一，屢廑聖判，其阻撓而欺罔者，尚若是遊移而不決者，又若是後，即再測不過總此機局。臣於此時倘不請乞聖明大奮乾斷，欽定畫一，則曆法終鮮結局之日，不幾有負我皇上屢頒畫一之嚴旨乎？伏查欽天監舊例，如十二年《民曆》，應於十一年二月初一日進樣，四月初一日頒布刊刻。且今稍一蹉跎其期遂誤，將必以我皇上親測有不足憑，而畫一終無底止。臣所以亟亟叩閽者，此也。總之畫一之法惟取合天者而遵用之。今新法既已合天，惟乞聖明勅令該監諸臣，以後照依新法推算通行，庶嫉忌消而玄黃息，則敬授大典不致久承訛舛，而萬年寶曆亦爲之煥然一新矣。

崇禎十一年正月十二日具題。十九日奉　旨：已有旨了。

修政曆法遠臣湯若望等奉召入都，陛見任事，歷年著書闡理，創法製儀，悉已恭進內庭，幸蒙皇上親測，新法屢驗，愈審舊法差訛。望等每奉議敘特恩，每思辭免。嗣因丙子歲奉命登陴指授，城守敘功，部題各給田房，以供朝夕，復又具疏控辭，更蒙　明不忍泯其前勞，勅部另議。部覆照例請補纂修酒飯銀米，以資贍養。仍請欽給匾額旌奬，悉荷欽依。而酬勞之特典，優且渥矣。謹從疏稿中撮述其概，以紀一時之隆遇云。

督修曆法山東按察使司按察使照京官例正三品支俸臣李天經謹題，爲遠臣盡瘁身殞，優賚屢旨久虛，懇乞勅部速覆，以酬前勞，以慰忠魂事：

切照修曆遠臣羅雅谷者，係原任督修曆法故輔臣徐光啓於崇禎三年五月内，因遠臣鄧玉函病故，修曆乏人，具疏上請。内稱訪得諸臣同學，尚有湯若望、羅雅谷二臣者，其術業與玉函相埒，而年力正强，堪以効用。伏乞勅下就便，移文敦諭二臣，並行所在官司，資給前來，庶令人出所長，早奏厥績等因。本月十九日奉聖旨：「曆法方在改修，湯若望等既可訪用，著地方官資給前來，該衙門知道。欽此。」欽遵。隨於本年七月内，據河南開封府知府袁楷，具文資給羅雅谷前來。本月初六日故輔臣徐光啓題，奉聖旨：「羅雅谷准朝見供事，該部知道。」當經朝見，赴局供事，九載於兹，公同遠臣湯若望等，撰成《曆法書表》一百四十餘卷，繕製新式儀器十數種，見在御前。且於數年以來，指教臺官，嘔心瀝血，其日躔月離，雖已傳授習熟，幾於穎秃唇焦。臣與輔臣曾已屢疏列名，首敘疊奉有紀錄酌議之旨在部，未經議覆，復於九年七月内，奉有羅雅谷等即著隨營指授，以折狂氛，有功從優敘賚之旨。兩臣即登陴指授，義切同優，嗣因城守敘勞，復奉有羅雅谷等修曆演器，著有勤勞，自當從優敘賚之旨。兹無論一時同敘之大小文武臣工，俱膺擢陞秩級，即捐助如吳守義者，亦荷勅賜建坊獎勵，止因兩臣守素學道，不願官職，已經禮部題准，各給房一所田數頃，欽允在案。而兩臣又苦於書役之谿欲，難饜豪强之霸占，可虞爲是，具疏控辭，復荷聖明不忍泯其前勞，仍勅禮部另議。兩臣翹首望恩，已成隔歲。有本局博士等官，不忍坐視向隅，乃於今春二月間具呈，禮部堂司已批即題。隨經祠祭司郎中何三省，循例具稿，每人每月各給湯飯卓半張，廩米一石，並纂修酒食等項，以見朝供事之日爲始，照例補給，向後仍令關支等因，呈堂批行。臣等伏念兩臣自任事以來，每日止共領光祿寺下程銀三分米四合，清苦奚堪，且以造曆未成，如魏文魁者，生叨湯飯，歿徼秩級之外，尚蒙照前補其俸廩，父子沾恩。而谷等造曆有成，守城著績，兩奉有優賚之旨，較之自應加優，况若各給田房，價值奚啻數千金。今每人補給湯飯，爲數不多，即每月各補一張，在聖恩或弗靳予。豈意復逾一月，尚未題覆。至曆法名仍《大統》，新局推測屢近，明旨昭然。其所以旁求更正一節，曾未見該監虚心商及，於臣僅見其通同妬嫉，仍蹈游移之故轍，而不遵畫一之屢旨。尚爾侈言再測，狃舊憚新，正嗟頒布無期，河清難俟，而遠臣羅雅谷又以積勞成疾，忽於三月十三日一旦溘然長逝矣。然此臣之忠懷素藴，學術淵微，推測不憚於燠寒，著作奚分乎晝夜，以致年未艾而鬚髮早白，甘食淡而面鵠形鳩，氣息奄奄。既已致身於聖世，而遺骸之埋瘞，不無有望於皇仁。伏乞聖明勑下該部，即如所議，速爲題覆，俾湯若望之生者，得以資其朝夕；而羅雅谷之死者，得以充其殯埋。庶我國家澤枯之德，與柔遠之仁，足以遠播於遐陬。而兩臣修曆，與城守之微勞，亦不致終歸泯滅矣，臣於此又有請焉。伏查臣局曆法書器，久已告成，業蒙聖明判斷畫一，將疎遠者散遣回籍，差誤者准令更正，獨留新法之推測屢近者，存監學習。今羅雅谷雖已物故，而《交食七政經緯》，與夫《氣節晦朔弦望》等項，臣局各官，各素嫺推算。然教習臺官不無賴於遠臣湯若望也。此臣曆學專門精深博洽，足以辨此。但苦一人之精力有限，又有本等道業，誠恐指授，與旁通兩事，難以獨肩。自稱若望同學，見有汪爾斐者，推測素諳，年力正壯，堪以訪用。伏乞聖明勑下，容臣移文所在官司，資給前來，共襄大典，其於治曆明時，不無小補矣。至若遠臣羅雅谷歿於王事，萬里孤魂不堪歸櫬。見有利瑪竇之例可援，其會典亦有成例可考。優卹特典，出自　裁，非臣之所敢擅議也。

崇禎十一年三月十八日具題。二十四日奉聖旨：該部著議速覆。

禮部題爲遵旨酌議，恭請聖裁事：

祠祭清吏司案呈，案查先該本部題覆，修改曆法遠臣羅雅谷等奏，爲聖明柔遠過渥，微臣圖報未遑，謹預辭欽允田房，以表忠藎事等因。崇禎十年九月十七日奉聖旨：「羅雅谷等奏辭田房，不必再行查給，該部還另議具奏。欽此。」欽遵。抄部送司，隨准督修曆法山東按察使李天經手本開稱，城守敘錄，谷等幸叨優敘，便緣兩臣不願官秩，題准查給田房，具疏控辭。既蒙勅部另議，可不亟爲另行措處給與，兩臣自行搆置，仍一面比照鄉民吳守義等，見行事例題，請建坊獎勵等因在案。又經移文曆局備查，兩臣來京修曆日期去後，續據李天經手本內開：陪臣羅雅谷自崇禎三年七月初六日見朝供事，遠臣湯若望自崇禎三年十二月初二日見朝供事，迄今已及八載。每日止領光祿寺下程銀三分米四合，似未足供日用，清苦堪念。既奉另議之旨，相應題請回覆前來，正在查議題覆間。又該督修曆法山東按察使司按察使照京官例正三品支俸李天經題，爲遠臣盡瘁身殞等事云云，非臣之所敢擅議也等因。崇禎十一年三月二十四日奉聖旨：「該部著議速覆。欽此。」欽遵。抄出到部送司，所據陪臣羅雅谷已經物故，請乞優卹一節，即已行查主客司。今據手本內稱，備查卷案無憑稽考，回覆前來，隨經移文曆局，確查前疏所引，遠臣利瑪竇等卹典成例，係於何年月日題覆，備錄過司以憑，議覆去後，續據修曆按察使李天經手本開稱：該本司備查利瑪竇優卹原疏，係萬曆三十八年四月二十三日本部署部事左侍郎吳道南、主客司郎中林茂槐等題給葬地，奉聖旨：是。隨經署府事府丞黃吉士查給阜成門外二里溝籍沒私創佛寺三十八間，地基二十畝，付竇塋葬，此前疏所引之成例也。復查《大明會典》內一款：「凡外使病故，如係遠臣未到京者，本部題請翰林院撰祭文，所在布政司備祭品，遣本司堂上官致祭，仍置地塋葬，立石封識。到京病故者，行順天府給棺，祠祭司諭祭。」今羅雅谷正與典例相符。且係奉召來京，又兼修曆演器，屢著勤勞，兩奉有優賚之旨，未及叨恩而身先物故，例應破格優卹。但據遠臣湯若望呈稱：望等俱係守素學道之人，生既不敢萌服官之榮想，死亦不敢徼逾分之榮施。惟乞題補湯飯酒食銀兩，俾生者得以資其朝夕，歿者得以充其殯埋。令彼自行塋搆。仍冀比照吳守義見行事例，敕賜匾坊，聽其自行置辦，則見我國家一字之褒，榮踰華袞，庶於勞勩酬而澤枯，柔遠之仁渥矣等因。通查案呈到部，看得西洋陪臣羅雅谷、湯若望，城守効勞，部院題敘。奉有羅雅谷等修曆演器，著有勤勞，自當從優敘賚之旨。隨經本部議給無礙田房，又經兩臣具疏控辭，奉有田房不必再給，另議具奏之旨。臣等再四思維，各部寺錢糧關正額者無容議，惟陰陽事例，銀雖交兑在戶部，與臣部相表裏。然支給之間，殊有未便，所未敢輕議，酌無可酌。隨據博士楊之華等呈稱，遠臣羅雅谷、湯若望修曆，在局供事，迄今兩名每日止領光祿寺下程銀三分米四合，不足資其朝夕，覆看得光祿寺湯飯一節，在朝廷於遠人既有大官餼膽之典，而來賓者止受有名，比照魏文魁例查補以優異之。隨經移查朝見供事日期去後，在魏文魁修曆未成，業蒙恩賜兩臣，以萬里梯航，殫精步算，測驗多合，用襄欽若大典。且其抉秘指授遠折，而歸忠盡瘁，功尤足紀，按數補給，誠不爲過，此臣等之初議也。隨經督修曆法李天經開載，羅雅谷、湯若望朝見供事，俱在崇禎三年間。臣等更屈指扣算，未免歲計有餘，積少成多，若得按數補給，則浩蕩出於　仁，使之仰戴中國聖人之高厚，而慕義頌德於無窮矣。利瑪竇優卹一節，萬曆三十八年曾經賜給墳地。據若望等自稱，不敢邀逾分之榮，其學道守素，相應允從，不必另議卹也。旁求參考更正，在督修與欽天監俱當遵奉明旨，無滋諉卸可耳。汪爾斐協同推測，李天經既身任督修曆法之責，所舉應不謬妄，合無聽李天經行文所在官司支給，前來供事，統候聖明裁定，勅下臣部遵奉施行。緣係云云，謹題請旨。

崇禎十一年四月二十二日具題。二十六日奉聖旨：是。湯飯著按數補給，不許再延。考正學習，前旨已明，該監如何不遵，汪爾斐不必行取。

督修曆法山東按察使司按察使照京官例正三品支俸臣李天經謹題，爲曆法既經畫一更正，似難久羈，再乞聖明嚴勅該監，欽遵明旨，以新萬年寶典事：

崇禎十年十二月二十七日，該禮部一本爲遵旨著議具奏等事。十一年正月十九日奉旨：「欽天授時大典，奉旨畫一，該部何得一味游移。這曆法著遵會典，仍舊行《大統曆》，如《交食經緯晦朔弦望》，因年遠有差誤者，准張守登等傍求參考更正，新局推測屢近。著照回回科例，存監學習。李天經等議敘郭正中速赴州任，仍賞銀二十兩，紵絲二表裏；蔣所樂、魏象乾各賞銀二十兩，紵絲一表裏；其餘的各賞銀十兩，俱散遣回籍。魏文魁歷過俸廩，作速查給。該衙門知道。欽此。」欽遵。臣既奉命督修，即宜有所條奏，以圖速正舛訛，上合天道。蓋緣明旨，原以更正責成該監，想該監諸臣自能仰遵屢旨，盡捐成心，將數年測驗之實徵，多人學習之新業，依新法與臣等商求更正，庶可仰副我皇上蚤襄曆法之盛心，盡臣子修政之職分。詎意奉旨四月有餘，該監並無一語商及於臣，止見帖下臣局各官，其中語意與明旨大相違悖，而狃舊憚新之故智，與夫妬賢嫉能之情形，盡皆顯露於筆端，各官未敢擅擬具呈到臣，隨經移文部監，回覆去後，復從邸報中見該監一本，爲傳奉等事，借端保留踈遠散遣之郭正中，欲與商究曆法漫圖更正等因。奉有張守登等何又借端擅請改授，顯屬通同姑不究之旨，煌煌明語，洞燭奸欺，其黨邪通同之情弊，不待指發而自彰明較著於天下矣。臣惟靜聽該監之速圖更正以自贖，不意復延至四月二十六日，續奉有考正學習前旨已明，該監如何不遵之旨，猶然未見欽遵。臣雖識微才短，不足以充該監商求之末，但謬叨纂督之任，一切曆務自宜與聞。乃今一則帖下各官，一則疏薦疎遠，目中已無督修久矣。臣又安能坐視其抗玩游移，而不一請聖明之乾斷耶？臣查修曆一役，緣崇禎二年五月朔日食，監推差誤，特頒聖諭：「欽天監推算日食前後刻數俱不對，天文重事，這等錯誤，卿等傳與他，姑恕一次，以後還要細心推算，如再錯誤，重治不饒。」欽遵在監，隨據該監夏官正戈豐年等呈請修改。禮臣特舉故輔臣徐光啓專勅開局，該臣相繼督修繕製考驗，十載於兹，逐年推測交食五星節氣經緯，一一合天，無論部監之奏疏小據，且欽奉之明旨昭然，即如去冬日月兩食各法，俱又差至五六刻不等，食分亦差至一二分不等。幸蒙聖明親驗，兩奉有新法爲近，餘俱疎遠之旨，復蒙聖語獨斷畫一，勅令更正，是各法疎密，業蒙判。而考正學習，蓋已有年，該監又何難遵奉明旨，而一更正之。如曰未經學習，何繇更正？且數年以來，多官就講者非一朝習熟，日躔月離者非一事，豈前此功力盡爲無用乎？如曰尚須再驗，且無論前此之公測，可爲確據，而聖明之親驗，與夫明斷之赫嚴，反爲不足憑乎？總之監官亦知新法，推測屢近，急宜更正而遵用之，乃一段隱情，誠恐一更新法，並其人俱更，故未免以懷祿顧位之私，而致誤國家欽若敬授之典，殊不知臣局各官，數載勤劬，僅叨一秩。且以一人而兼數科之事，以博士而辦五官正等官之職，屢苦於事煩祿薄，不能移親就養，雖奉有紀錄議敘之旨，乃或以乞歸田里爲辭，或以請改外任控訴。而臣之未准其控訴者，蓋謂此數臣精通理數，洞徹本源，可爲該監他山之一助。且該監諸臣之中，僅知推算者，不過二三人。然不能明其曆理，即令精心學習新法，恐未能如臣局各官之通透諳練也。今各官久奉有議敘之旨，尚未題覆，是敢籲懇聖恩。伏乞勅下該部，查照去年紀錄原題俱遷，以推算應得職級，公同該監舊官，共推新法，以襄大典，則該監之疑根自釋矣。伏乞聖明再勅該監諸臣，如交食經緯晦朔弦望，與夫節候淩犯等項，以後俱依新法之推測屢近者，推算遵用。臣等亦一面盡法傳授，庶大典得以克期維新，而臣等亦不致有負厥職。惟在聖明之乾斷，諸臣之遵奉已耳。原係云云。

崇禎十一年五月初三日具題。本月　日奉旨。〔一〕

校記

〔一〕《治曆緣起》八卷本，第六卷至此止。

光禄寺卿臣王一中等謹題，爲遵旨補給銀米事：

五月二十六日奉禮部劄付，内開該本部題，修曆遠臣羅雅谷、湯若望補給湯飯等因，奉聖旨：「是。湯飯著按數補給，不許再延。考正學習前旨已明，該監如何不遵。汪爾斐不必行取。欽此。」欽遵。備劄至寺，隨行典簿廳查算，據該廳册報，湯飯半卓每月該折銀五兩五錢，又飯食每月該折銀二兩六錢一分五釐。湯若望自崇禎三年十二月初二日供事起算，至十一年六月終止，除折素扣葷外，淨共該銀七百五十二兩几錢零八釐二毫，飯米一百五十三石二斗九升六合九勺，酒米一十三石八斗二升六合八勺，以後仍按月關支。羅雅谷自崇禎三年七月初六日供事起，至十一年三月十三日身故止，除折素扣葷外，淨共該銀七百六十三兩八錢八分九釐八毫，米一百五十五石三斗九升三合，酒米一十四石一升一合五勺，各開報到臣。該臣等看得，湯若望等補給湯飯，八載特恩，一朝總計，積少成多，遂有此數。業經該部具題，奉有按數補給，不許再延之旨，臣等敢不祗承。但念臣等邇年以來，各部借欠頻仍，庫存無幾月之經費，既不可缺外之解納，更復愆遲，不無匱乏可慮。臣等夙夜兢兢，不敢不務爲樽節者也。但奉旨補給，出自聖恩，臣等又當仰體而恪遵者。謹據數上聞，恭候命下臣等欽遵給發施行。緣係遵旨補給銀米事理，臣等未敢擅便，謹題請旨。

崇禎十一年七月初九日奉聖旨：著遵旨補給，該部知道。

崇禎十一年吏部覆禮部陞授新舊官職疏：

爲遵旨議敘事：文選清吏司案呈：崇禎十一年七月二十五日奉本部送吏部，抄出禮部署部事左侍郎兼翰林院侍讀學士顧錫疇等題前事，內開祠祭清吏司案呈到部，看得修改曆法一事，凡數百年一舉，典至重也。曆臣李天經在局任事，業已數載，宣力成績，班班可紀。昨蒙聖明睿照，新法爲近，即奉有李天經等議敘之旨。隨經臣部將李天經移咨吏部，聽其議敘外，其修曆官生楊之華等，臣部正在察照曆臣原題，分別議覆間。今復奉新綸，即與議敘。臣等恪遵屢奉明旨，相應覆覈，臚列上請。如按察司李天經，功贊羲和，勞勤懋著，允宜優敘。伏乞勑下吏部，察照故輔原題，改授京秩，速爲議覆，以勵勞臣者也。如遠臣湯若望創法立器，妙合天行。今推步前勞已著，講解後效方新，功宜首敘，乃道氣沖然，力辭田房之給，止願給匾褒異，相應允從，俟曆成之日，另議酬庸之典。其次則博士楊之華、黄宏憲，據督修曆法臣李天經原題，推測技藝兼長，繪製悉符天度，所當優敘。今楊之華、黄宏憲，擬加二級帶光禄寺錄事職銜，仍管博士事。又次則博士朱國壽、祝懋元，據原題稱鳩製殊爲勤敏，任事不避勞怨，當並優敘，擬加一級，量帶鴻臚寺署丞職銜，仍管博士事。又次則大理寺寺副王應麟、司曆鄔明著、博士李次霦等云云，至於曆成之日，合局諸臣另行優敘，在　明自有浩蕩特恩，在諸臣倍當黽勉拮据，仰副授時大典，而非臣等所敢預擬者也。伏候命下臣部，移咨吏部，銓覆施行等因具題。崇禎十一年七月二十二日奉聖旨：「是。吏部知道。欽此。」欽遵。抄出到部送司，隨該本部將山東按察司李天經加光祿寺卿職銜，仍支正三品俸，管理曆局事，俟事竣之日缺補等因具覆。十一年八月十九日奉聖旨：「李天經修曆著勞，加銜支俸，仍管局務，俱依議。欽此。」欽遵。抄出到部送司，案呈到部，看得授時明政，國家第一大典。曆臣李天經奉旨議敘，改授京秩，奉有允旨，則共事諸臣，亦應酌量其勞勩而並敘者。今禮部將各官議敘前來，相應具覆。察得楊之華等，既經禮部具題，該司察呈前來，相應伏請，合無將楊之華、黃宏憲各量帶光祿寺錄事職銜，仍管欽天監博士事；朱國壽、祝懋元各量帶鴻臚寺署丞職銜，仍管欽天監博士事；王應麟量加大理寺右寺正職銜，仍在局供事；張寀臣量加陞欽天監五官司曆，仍在局供事；朱光大、朱光燦、周士昌、朱廷樞、王觀曉，量授欽天監博士，仍在局辦事；湯若望聽禮部給匾，破格優異，恭候命下臣部，行令各官，欽遵供事，俟曆成之日，聽禮部另行優敘施行，緣係遵旨議敘，及奉明旨事理。未敢擅便，謹題請旨。

崇禎十一年十月二十八日上。十一月初四日奉聖旨：是。

吏部爲遵旨議敘事：

文選清吏司案呈，崇禎十一年十一月初七日奉本部送吏科，抄出本部覆禮部題前事等因。十一年七月二十二日奉聖旨：「是。吏部知道。欽此。」欽遵。抄部送司，隨該本部覆請，將楊之華、黄宏憲，各量帶光禄寺録事職銜，仍管欽天監博士事；朱國壽、祝懋元各量帶鴻臚寺署丞職銜，仍管欽天監博士事；王應遴量加大理寺右寺正職銜，仍在局供事；張寀臣量加陞欽天監五官司曆，仍在局供事；朱光大、朱光燦、周士昌、朱廷樞、王觀曉，各量授欽天監博士，仍在局辦事；湯若望聽禮部給匾，破格優異，恭候命下臣部，行令各官，欽遵供事，俟曆成之日，聽禮部另行優敘等因具覆。十一年十一月初四日奉旨：「是。欽此。」欽遵。抄部送司，察得湯若望給匾優異，事隸禮部，相應移咨，案呈到部，擬合就行，爲此合咨貴部，煩爲察照給匾優異施行，須至咨者。

右咨禮部。

崇禎十一年十一月二十四日對，同都吏沈季蕙、文選司署司事員外郎柴挺然看訖。

禮部祠祭清吏司爲遵旨議敘事：

照得修曆遠臣湯若望，修曆城守，兩著成勞。昨經本部議敘，題給匾額褒異，已奉欽依在案。又經吏部題覆，應聽禮部給匾，咨會前來，奉堂定名「欽褒天學」四字。今照匾額，本部置造已完，相應訂期迎送，合行知會。爲此合用手本前去。修政曆法光祿寺錄事楊處呈明，修改曆法光祿寺正堂李，即於次月初三日恭設香案，聽候本部迎送匾額施行，須至手本者。

崇禎十一年十一月二十八日。〔一〕

校　記

〔一〕明本此卷中第二十二葉至第二十九葉闕如。

修正曆法遠臣湯若望等謹奏，爲敬獻微塵，仰報聖恩萬一事：

臣繇原任督修曆法輔臣徐光啓疏薦修曆，奉召來京，荷蒙皇上豢養隆恩，每思無從圖報，日夕跼蹐靡寧。嗣因丙子歲醜虜内犯，戎政及都察院等衙門，以善知火器謬薦及臣，奉有著即隨營指授，以折狂氛，有功從優敘賚之旨。臣等當即登陴，將銃軍規制並治藥演放之法，一一指授，事平敘録，復奉有修曆演器，著有勤勞，自當從優敘賚之旨。禮部題請各給田房，業奉諭旨，臣等隨即具疏控辭，以表忠悃。禮部復此照魏文魁成例，請補湯飯酒食等項，奉有著按數補給之旨。昨經光禄寺查照魏文魁成例，按數補給。又蒙欽准賜給匾額，種種殊恩，捐糜莫報。竊念臣等，緣係守素學道之人，苟於布衣蔬食之外，不敢過爲妄費，是將欽補銀兩，購置數椽，恭奉造物大主，朝夕祝頌聖壽，以圖報稱。所有贏餘，願輸芹曝之獻。頃見醜虜，復爾狂逞。臣等義切同仇，恨不滅此而後朝食。無奈臣止孑然一身，比正在奉旨傳授新法。今幸法已傳完，臣等目擊時艱，仰見君父宵旰於上，臣等寧敢寢食自安。乃於傳習新法之餘，日同在局諸臣，譯有臣鄉《坤輿格致》一書，專言開採煅煉之法。儻能依法採取，可以大裕國儲，正在繪圖繕寫，俟完日另疏恭進御覽，少慰聖懷。敬捐欽補酒飯銀二百兩，少獻蟻悃。伏乞聖明，俯鑒愚忠，勅令該衙門照數查收，庶遠臣得報聖恩於萬一矣。

崇禎十一年十二月初八日具奏。　日奉聖旨：湯若望等酒飯銀，不必捐助，該部知道。

督修曆法加光祿寺卿支正三品俸管曆局事臣李天經謹題，爲報完傳習新法，並恭進己卯年《七政》《經緯新曆》，以竣大典事：

切照治曆明時，係國家之首務，自不宜久襲舛訛。向因日食不合，特奉諭專勅修改。今開局已歷十載，書器久已告竣。去冬荷蒙內庭親驗，奉有新法爲近，餘俱疏遠之旨，欽定畫一，勅部議覆，於今歲正月十九日，奉有如交食經緯晦朔弦望，因年遠有差誤者，准張守登等旁求參考更正，新法推測屢近，著照《回回》科例，存監學習之旨。該臣隨移文會同欽天監堂屬各官，於六月初三日開講學習。即率同遠臣湯若望等，將新法交食七政推測法數，一一盡法傳授已完。其監局學習堂屬官生，勤敏可嘉，積勞已久者，容臣聽該監遵旨，自爲更正，後另疏分別題敘，以示激勸。所有乙卯年新法《七政》《經緯所度》，該臣局官生於學習之餘，推算繕寫，恭進覽。但查該監推算《七政》，皆曆科五官正等官職業，而臣局官生原係奉旨照例存監者，今猶然以司曆博士而辦五官正等官之事，未免有事繁祿薄之苦。及查《回回》科例，於該監內另立一科，設有秋官靈臺挈壺等官。臣以爲各官既已見在，曆科開俸辦事，似不必另立一科，惟乞勑令該部，將臣局推算官生，各加推算應得職級，公同曆科各官，共推新法以襄鉅典，庶治曆得人而臣工知所勉矣。事關曆法，敢因報完傳習進呈《七政》，而並及之。臣不勝惶悚待命之至。

崇禎十一年十二月二十六日具題。

督修曆法光祿寺卿李天經謹題，爲月食事：

竊照本年五月十五日辛未夜望日食，其食限分秒並起復方位，例應先期上聞。除《大統》、《回回》二曆，已經欽天監具題外，謹依新法推步，所得諸數，逐一開坐，並具圖像進呈御覽。再照臣局新法，業於崇禎十年冬日月兩食，已蒙聖明內庭親驗，新法爲近，餘俱疎遠。欽定畫一，是各法疎密，聖鑒洞然，可無再驗。且此番月食舊法，偶與新時刻分秒，亦甚相近。惟聽該衙門自行觀候奏聞，以免嚚紛，緣係月食事理，未敢擅便，謹題請旨。

計開：

崇禎十二年五月十五日辛未夜望月食分秒時刻並起復方位：

月食九分三十秒

初虧，戌初三刻弱，正東
食甚，亥初二刻弱
復圓，夜子初一刻弱，正西
計食限内凡一十四刻
食甚月離黄道析木宫二十四度三分，爲尾宿十三度七十五分
食甚月離赤道析木宫二十三度四十七分，爲尾宿十七度五十二分
食甚月離緯度距黄道北五十分
各省直食甚時刻
南京應天府、福建福州府　亥初二刻
山東濟南府　亥初二刻强
山西太原府　亥初初刻强
湖廣武昌府、河南開封府　亥初一刻弱
陝西西安府、廣西桂林府　戌正三刻半
浙江杭州府　亥初二刻半

江西南昌府　亥初一刻强

廣東廣州府　亥初初刻强

四川成都府　戌正二刻强

貴州貴陽府　戌正三刻强

雲南雲南府　戌正一刻强

崇禎十二年四月二十三日具題。二十六日奉聖旨：知道了。該部知道。

督修曆法加光禄寺卿仍支正三品俸臣李天經謹題，爲月食事：

該臣於四月二十三日恭報本月十五日辛未夜望月食分秒時刻，依新法推算，月食九分三十秒。初虧戌初三刻弱，食甚亥初二刻弱，復圓夜子初一刻弱。隨奉有知道了，該部知道之旨。復經禮部題覆，奉聖旨：「是。著該監局臨期觀候具奏。欽此。」部劄到臣，該臣於是日率同修曆遠臣湯若望，欽天監學習官生五官保章正賈良琦，博士陳亮采、賈良慶、劉有泰、王茂實，生儒陳正諫，曆局辦事加光禄寺録事楊之華、黄宏憲，五官司曆張寀臣，加鴻臚寺署丞朱國壽、祝懋元，博士朱光大、朱廷樞、王觀曉、朱光燦，生儒宋發、李昌本、朱南星等，赴局登臺觀候。但查新法所推，本日日入分在戌初二刻弱，故日入之後，月出地平未幾，即見初虧，當用新法黄赤經緯儀，測角宿南星，用星晷測勾陳帝星，俱得戌初三刻弱。初虧候至亥初二刻弱，見食九分餘，未及夜子初一刻，覘見復圓。此番月食時刻，舊法偶與新法亦甚相近，惟分秒則九分有餘，新法尤爲脗合，自有皇上内庭親驗，與萬目之所共覩者也。相應據實具奏，其該監官生奉旨學習新法，業又傳完，報部以憑，提督司官自行奏報，惟聽聖明勅令該監之參考更正者矣。緣係月食事理，未敢擅便，謹題請旨。

崇禎十二年五月十六日具題，本月　日奉旨。

督修曆法加光禄卿李天經謹題，爲代獻芻蕘，以裕國儲事：

微臣蒿目時艱，措餉爲急，每欲於生財一節，仰佐司計一籌，乃一切屯田鼓鑄，與夫鹽法水利，在廷諸臣言之詳矣，烏容復贅。惟於修改曆法之餘，同修曆遠臣湯若望等，遵旨料理旁通諸務，以圖報稱。簡有西庠《坤輿格致》一書，窺其大旨，亦屬度數之學，於凡大地孕毓之精英，無不洞悉本源，闡發奧義，即礦脈有無利益，亦且探厥玄微，果能開採得宜，煎煉合法，則凡金銀銅錫鉛鐵等類，可以取充國用，亦或生財措餉之一端乎？第開採一事，向者費巨而利微，且建議者別有肺腸，以致明主所厭聞，乃言利者事不典雅，又爲士人所羞道。使此書而爲一人之臆説，或空言而無據，臣曷敢冒昧以熒聖聽耶？誠聞西國歷年開採，皆有實效，而爲圖爲説，刻有成書。故遠臣攜之數萬里而來，非臆説也。且書中所載，皆窺山察脈，試驗五金，與夫採煅有藥物，治器有圖式，亦各井井有條，而爲向來所未聞，亦是或一道矣。去冬臣與遠臣湯若望及辦事曆局加銜光禄寺禄事楊之華、黄宏憲等，正在商議翻譯，恭進比值□□□□，臣遂奉旨坐守朝陽門弗獲，躬任其事，而遠臣湯若望等，感恩圖報，芹曝急公之義，正不在臣後。故曾於敬獻微塵疏内，業已題明，隨因奉旨再爲該監官生，傳授新法，遂不能專意繪製。邇者傳習已完，燃膏繼晷，謹先撰譯繕繪，得《坤輿格致》三卷，彙成四册，敬塵御覽。尚有《煎煉爐冶等諸法》一卷，工倍於前，匪能一朝猝辦，如蒙明俯採，一面容臣督同遠臣湯若望及局官楊之華、黄宏憲等，晝夜纂輯續進；一面勅發各鎮所在開採之處，一一依法採取，自可大裕國儲，其於措餉不無小補。再按遠臣原係守素學道之人，不過據理研窮，依經纂輯，用攄忠悃於萬一矣。

崇禎十二年七月初二日具題。本月初六日奉聖旨：這《坤輿格致》書留覽，餘書著纂輯續進，該部知道。

督修曆法加光祿寺卿仍支正三品俸臣李天經謹題，爲遵旨製器告竣，乞勅擇吉輿運，以便恭進事：

該臣於前歲恭進傳製星球之時，題明本局尚有黄赤全儀，爲用甚大，需費無多，容臣等如法製造，以與日星二晷並列東西，庶測量諸器，盡置内庭，而欽若大典，我皇上亦且手握璣衡，非若徒托託空言者比也等因，具題奉旨：「知道了。其黄赤全儀，著製造進覽，該部知道。欽此。」欽遵。臣即督同修曆遠臣湯若望等，及令在局官儒，庀材鳩冶。但此儀設有南北二極，極用龍柱高擎，樞從頷珠而出；中載子午一圈，圈中絡以黄赤二道，下施窺測，上合天行，或晝或夜，可以隨時運旋而不息也。其詳悉載本儀用法中，統俟同日恭進御覽。惟是儀體重大，冶鑄固難猝成，鐫度動經歲月，又兼奉旨傳授該監官生，學習新法，與夫纂輯利用，旁通遠臣等。在局指授拮据，未免因而作輟。兹幸新法傳習已完，聽其遵旨更正，此儀業已就緒，旦晚可以進呈。伏乞勅下該衙門，擇吉撥給人夫輿運恭進。緣係云云事理，臣等未敢擅便，謹題請旨。

崇禎十二年八月二十三日具題。二十九日奉聖旨：是。該衙門知道。

黄赤全儀

大龍柱高四尺九寸五分

小龍柱高二尺

子午圈及黄道赤道二圈，全徑俱廣三尺四寸五分，其經圈緊居黄赤道圈内，全徑廣三尺　分　寸

時盤徑廣一尺

石座南北長六尺九寸，闊三尺二寸，厚七寸

督修曆法加光禄寺卿支正三品俸臣李天經謹題，爲月食事：

竊照本年十一月十六日己巳夜望月食，其食限分秒並起復方位，例應先期上聞。除《大統》、《回回》二曆，已經欽天監具題外，謹依新法推步，諸數逐一開坐，並具圖像進呈覽。臨期惟聽該衙門照前自行觀候奏聞。緣係月食事理，未敢擅便，謹題請旨。

計開：

崇禎十二年十一月十六日己巳夜望月食食限分秒時刻並起復方位：

月食三分四十八秒

初虧，酉初二刻强　東北
食甚，酉正三刻弱　正北
復圓，戌初三刻半　西北
計食限内凡九刻
食甚月離黄道實沈宫一十八度一十八分，爲参宿初度九十分
食甚月離赤道實沈宫一十六度五十七分，爲畢宿一十五度三分
食甚月離緯度距黄道南八十一分；
各省直食甚時刻：
南京應天府、福建福州府　酉正三刻
山東濟南府　酉正三刻
山西太原府　酉正一刻强
湖廣武昌府、河南開封府　酉正二刻弱
陝西西安府、廣西桂林府　酉正初刻半
浙江杭州府　酉正三刻半

江西南昌府　酉正二刻

廣東廣州府　酉正一刻半

四川成都府　酉初三刻强

貴州貴陽府　酉正初刻强

雲南雲南府　酉初二刻强

崇禎十二年九月二十三日具

題。二十六日奉聖旨：這月食推步法，即著該衙門臨期照詳觀候具奏。

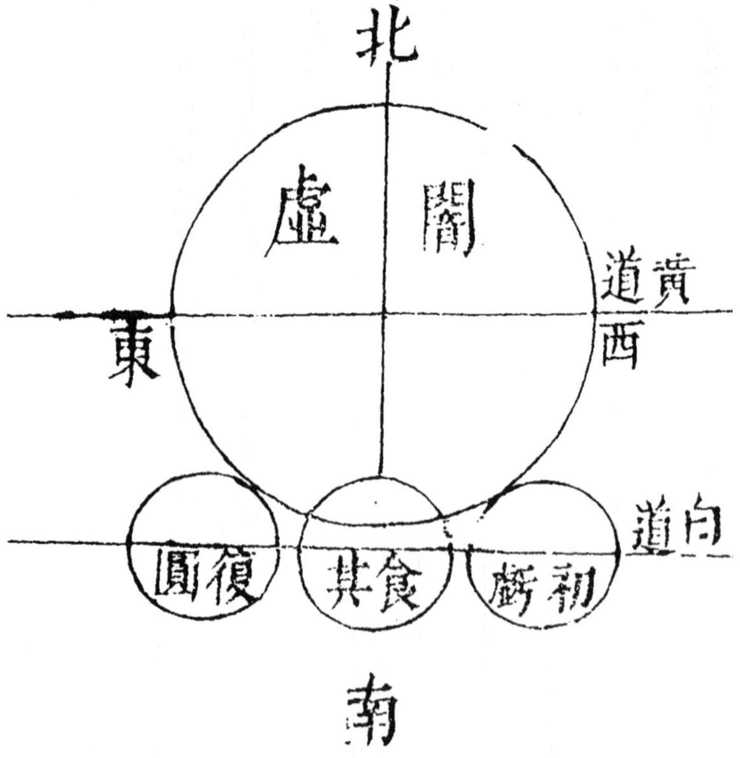

崇禎十二年十一月十六日月食圖

奏疏（第五册）

督修曆法加光祿寺卿支正三品俸李天經謹題，爲月食事：

該臣於本年九月二十三日恭報本月十六日己巳夜望月食分秒時刻。依新法推算，月食三分四十八秒，初虧酉初二刻强，食甚酉正　　弱，復圓戌初〔一〕體，俱得酉正三刻弱食甚，見食三分餘，仍如前窺測。至戌初三刻餘，覘見復圓，其時刻分秒與臣局推步之法，一一相符。此當夜測驗情形，相應據實奏聞。再炤欽天監推算，及觀候各官，凡遇交食必先期開列職名，移送内靈臺，聽其至期奏請酒飯。今新法已蒙聖明欽定畫一，其本局推算〔二〕

校記

〔一〕本册第四十一葉上後至第四十一葉下前闕如。

〔二〕本册第四十二葉上後至第四十二葉下前闕如。

督修曆法加光祿寺卿仍支正三品俸臣李天經謹題，爲遵旨恭進儀器事：

先該臣於前歲恭進傳製星球時，題明本局尚有黄赤全儀，爲用甚大，容臣等〔一〕致有誤吉時，行據欽天監擇於本年十一月初八日辛酉卯時，輿運暫貯内官監。本日隨赴中正殿，相度方向，預砌臺基。十一日甲子宜用，午時安置吉。除臣鈔錄用法，會知内靈臺，並移行工部營繕清吏司，至期撥給人夫輿進外，仍即移行内官監，預爲啓奏。臣於初八日會同内官監及修曆遠臣，督率在局官儒，恭詣中正殿，相度方向。至十一日仍如前會同安置，敬將《黄赤全儀用法》錄成一册，附塵御覽。則於交食時刻，與夫七政躔度及列宿相距度分，俱可按儀窺測，上合天行，庶克仰副我皇上留神欽若敬天勤民之至意矣。緣係云云事理，未敢擅便，謹具題知。

計開：

《黄赤全儀用法》一册　套

崇禎十二年十一月二十八日具題。

校記

〔一〕本册第四十三葉上後至第四十三葉下前闕如。

督修曆法加光祿寺卿支正三品俸臣李天經謹題，爲恭進《庚辰年七政經緯新曆》，仰祈聖明鑒督，勅部一並議覆，以定曆法事：

竊照臣於考測繕製，並傳習新法之餘，督同在局諸臣，依新法推算，得崇禎十三年庚辰歲《七政》《經緯新曆》各一册，裝潢成帙，進呈御覽。但其中躔度經緯氣朔置閏，一一皆依天度推步，故種種與舊法迥殊。今書器俱已告竣，亦可以仰副聖明留神欽若之至意矣。該臣正在督率推步之際，於十月内准禮部手本開稱：誥勅房加銜大理寺右寺正王應遴，條陳《曆議》八款，奉有奏内事情，著該部查議具奏之旨。隨經禮科參看，得若昊天帝王盛軌，我皇上惓惓治曆明時，亦既先後同揆矣。今據王中書《曆議》八款，其所言訛舛有至一日二日者，及以數十刻計者，即一款而餘款可知。向來欽天監所司何事？且考之曆法，亦從無至數年，而可執不變通者，抄出速之等因，移會到臣，該臣查得修曆一事，緣因舊法差訛，敕諭修改。幸蒙皇上内庭親驗，新法爲近，餘俱疎遠，欽定畫一，敕令學習更正，臣亦不過修訂成書，盡法傳授，以結臣局。至於更正一節，原奉有如交食經緯晦朔弦望，因年遠有差誤者，准張守登等旁求參考更正之旨，已兩載矣。應否更正，該監自當仰遵，非臣所得而强也。且經科臣抄參列部更正，自難再延。今曆局書器已完，傳習復經報畢。奉旨精通，又逾半載。倘不於此時再請聖明獨斷，勅部據實查覆，則曆法無更正之期，修曆無結局之日。而蹉跎歲月，虛糜廪禄，尤非臣誼云所安也。所有本局已完事宜，容臣另疏奏繳。緣係云云事理，未敢擅便，謹題請旨。

計開：

《七政》《經緯新曆》一套

崇禎十二年十二月二十八日具題。十三年正月二十一日奉聖旨：這新曆即著該部據實查奏。

督修曆法加光禄寺卿李天經爲恭進庚辰年《七政》《經緯新曆》等事：

據本局辦事官儒等呈稱：職等於正月三十日奉禮部提督楊，行令職等，即將庚辰年正月四月備查，某月有中氣無中氣，各自推算，某月當閏，具文前來，已憑呈堂回奏施行等因，行查到局。該職等逐一詳查，新舊推步原有日度天度之異。如舊法之用日度者，以太陽自今歲冬至起，至來年冬至止，行三百六十五日二千四百二十五分而滿一周天，則名爲歲實，以此歲實用二十四平分之，得一十五日二千一百八十四分三十七秒五十微爲一氣策，以本年冬至爲主，累加氣策，即得一年二十四節氣，殊不知日行有盈縮。一歲之中盈縮遞換，豈可刻舟而求。如冬至行盈，太陽一日行一度有奇，故自冬至迄夏至，舊節氣恒後天一二日不等；夏至行縮，則一日不及一度，故自夏至以迄冬至，舊法節氣恒先天一二日不等。則舊法之用日度者，自不合於天也，明矣。如新法則用天度，逐日推步，太陽細行，視滿十五度方交一節，實爲在天之真節氣。其歷日之多寡，均不論也，故盈縮始平而時敘不舛。且崇禎九年間，曾經本局回奏《雨水》一疏，奉有奏内稱，論節氣有日度天度之異，即以春秋分爲證之旨，復經本部於九年内爲回奏《測驗節氣》一疏，亦云其所稱天度，於春分已逾二度，於秋分不及二度者，自確乎其不可易，宜有以貼挈壺之心，而息保章之訟也，等因具題。隨奉有節候公測即明之旨，是舊法節氣之差，遞年公測，題疏歷歷在案。且屢奉之明旨，炳若日星，明語煌煌，誰敢蒙溷，此亦理之確有的據者也。至若置閏之法，新舊俱以無中氣者爲閏月。蓋所爲中氣者，一歲有十二月，每月各有一節，各有一氣。如立春正月節，雨水正月中；驚蟄二月節，春分二月中；清明三月節，穀雨三月中；立夏四月節，小滿四月中是也。如一月之中，止有一節而無中氣，即爲閏月。按今歲庚辰年舊法推，正月後一月，止有驚蟄一節，而無春分中氣，故爲閏正月也。即以彼法考之，舊法原有四正定氣，論四正定氣，該在正月後一月之二十八日，交春天而不肯明言者，恐一認差訛，而罪罰隨之，又奚暇保其爵祿哉？故未免以惶懼畏咎之心，而堅其嫉忌撓阻之志。殊不知舊法之差，在法原不在人。倘不差訛，何煩專勅修改爲哉。然差而不修，積差日遠；修而不改，修之何益？今本寺書器，俱已告竣，修訂業已成曆。至於用與不用，惟在貴部之據實回覆，以結此局耳。既經本局官生，具呈前來，相應具文回覆，爲此合用手本前去，禮部提督楊處，煩爲查照來文並屢奉明旨内事理，呈堂速覆施行。

崇禎十三年閏正月初二日。

督修曆法加光祿寺卿仍支正三品俸加俸一級臣李天經謹題，爲遵旨續進《坤輿格致》，以裕國儲事：

臣報國有心，點金無術，因於旁通十事内，採擇西庠《坤輿格致》一端，成書三卷，於去歲七月内恭塵御覽。隨奉聖旨：「這《坤輿格致》書留覽。餘書著纂輯續進，該部知道。欽此。」欽遵。竊思今天下之言開採者比比，而卒無一效者，其法未詳也。蓋開採不惟察尋地脈有法，試驗有法，採取有法，即煎煉爐冶，其事較難，其法較密。前所進書，雖備他法，而煎煉爐冶之法，書尚未成。既奉明旨纂輯續進，微臣曷敢少緩，因即督同遠臣湯若望，及在局辦事等官，次第纂輯，務求詳明。晝夜圖維，於今月始獲卒業，爲書四卷，裝潢成帙，敬塵御覽。倘蒙鑒察勅發開採之臣，果能一一按圖求式，依文會理盡行，其法必可大裕國儲所有。遠臣湯若望於此格致等書，譯授局官，既費心精覓工圖繪，亦捐資斧。蓋感沐聖恩，瀝誠報效，此亦其一也，伏祈聖明採納施行，再按臣局供事官生楊之華等，向因遞年推算交食七政著勞，題奉明旨下部，業經禮部於去年三月內，將楊之華等六員名，比照欽天監五官正品級，對品改加外銜，覆請紀錄，隨奉有楊之華等俟學習完日，果係術精勞著，准照例加銜之旨。嗣於去年五月內，部監公同試驗，脗合不差，題明在案學習，亦於八月內部疏報竣，且供事十載，積有成勞，繕製書器，列名御前，正與術精勞著之明旨相符，懇乞　明將楊之華等，勅下吏部遵奉，照例加銜之旨。察照禮部原題，俯賜加銜，庶明旨不致久虛，而諸臣之勞績，亦加勸勉矣。念係臣局繕書製器，人員翹首望恩已逾一載。故於進書而並及之，謹題請旨。

計開：

《坤輿格致》四卷共一套

崇禎十三年六月初二日具題。初六日奉聖旨：這續進《坤輿格致》書留覽，餘著該部議覆。

督修曆法加光祿寺卿支正三品俸臣李天經謹題，爲遵奉聖旨，造進日晷事：

本年三月二十八日内靈臺傳奉聖旨：「著曆局李天經等照先進的小牙日晷樣，造一銅的來進，做細製著。欽此。」欽遵。臣遂督同遠臣湯若望等，鳩工範銅，分線鏤刻；鍍以金液，載以檀架，造完日晷貳具，星晷一具，恭進御覽外，竊照先進牙晷，形質稍小，因限於物料，今稍加長闊者，庶便於各節氣下，詳載晝夜時刻，且前晷中列，止可以定節氣時刻，今則添曲線以定本時。太陽距地平之幾許高，雖製式稍增，而繪法則無異也。茲又外添一具者，亦名地平日晷，則界分二至，用實線定本日時刻，虛線以定本時距日出之幾許刻。且各將用法鐫之後面，皆測驗之器所急須也，又將星晷即附在日晷後面。茲因銅質稍重，倘仍附載於後，似難擎儀仰觀，特又另造一具，後鐫用法，以便分測日星，各有專用也。但儀式雖小，而成製必藉多人；法貴精密，而較驗必歷時日。矧巧匠無幾，未免躭延。惟冀我皇上鑒察之。臣更有請者。曆法一事，久奉有著該部督令監局，各官虛心，詳加考正，務求至當，以成一代良法之旨。臣局業於三月二十五日會同欽天監堂屬，並禮部提督司官，虛心據理，已有成議，又各具參考情形手本送司，以憑具覆，今已數月矣。部覆杳然，屢催如故。誠知典禮殷繁，無暇及此。然治曆明時，亦似非末務，況轉盼當進七政之期，倘及今仍不速請欽定，而徒咎臣以言之不早，臣寧任受乎？是以仰望天語之一申飭之也。臣萬不得已之情，謹因恭進日晷而並及之。伏乞　明勅部速覆，以砉定千秋大典施行。緣係遵奉聖旨造進日晷事理，未敢擅便，謹題請旨。

計開：

地平日晷二具

紫檀架二具

黄綾糊飾套盝二箇

星晷一具

紫檀套盝一具

崇禎十三年七月十三日具題。十四日奉聖旨：這造進日晷星晷，著留覽。曆法參考，既有成說，禮部作速看議具奏。

督修曆法加光祿寺卿支正三品俸臣李天經謹題，爲恭進辛巳年《七政》《經緯新曆》，仰懇聖明欽定，以成一代良法事：

該臣督同在局諸臣，依新法推算，得崇禎十四年辛巳歲《七政》《經緯新曆》各一册，裝潢成帙，進呈御覽。伏察臣局新法修定成曆，業已六載。遞年公同部監諸臣，隨時測驗，無不密合。如測驗節氣，禮部疏稱新法之用天度者，自確乎其不可易，宜有以貼挈壺之心，而息保章之訟。隨奉有節候公測既明之旨，如測驗五星，該監回奏，疏内自謂俱與新法相合，而新法用緯度推算，更爲詳密。隨奉有據奏測驗星度，新法爲密之旨。如日月交食，荷蒙聖明内庭親驗，欽定畫一，奉有新法推測屢近，餘俱疎遠之旨。是臣所董修之曆，不但修訂已完，亦且一一符天也明矣。惟俟該監遵旨一更正之，但緣該監諸臣，既不能修，又焉能改。故爾蹉跎，復逾三載，即部臣又且陞遷不常，又安望其洞悉本源，深明曆數者，一折衷之。故每於回奏疏中，屢請兩法並存，夫豈聖明肇舉修改之本旨乎？假令舊法不甚差訛，該監寧肯呈請修改，又何煩專敕督修爲哉？差而不修，積差日遠；修而不改，修之何益？倘舊法未可盡棄，就中更易數端，便可速結。其局乃躭延日久，徒貽曠時之愆者。蓋臣局修正爲該監耳，故測驗數載，徒較彼疎而此密，乃更正繇彼未肯舍己以從人，況就中若茹若吐情形，未敢遽瀆天聽耳。昨又奉有務求至當，以成一代良法之旨。該臣詳考兩法，疎密判然，實不能遷合傅會以結局，但既不能遷此以就彼，惟有舍疎以用密。如交食經緯晦朔弦望及節氣七政，當遵旨以更析。如神煞宜忌月令諸款，宜仍用舊，庶可備一代之良法，立萬世之章程。惟祈聖明欽定遵守，是數百年未有之典，原自我皇上肇其始，而億萬載永垂之法，亦必我皇上考其成，則闡千古之《曆元》，成一朝之巨典。寶曆維新，普天共慶。臣惟日望乾斷於聖明矣。

崇禎十三年十二月二十六日具題。十四年正月初四日奉聖旨：這所進十四年《經緯新曆》，知道了。李天經還著細心測驗，不得速求結局。本内《交食節氣》等項，《用新神煞月令》諸款，用舊務求折衷畫一，以歸至當，即著禮部詳確看議來説。

督修曆法加光祿寺卿仍支正三品俸臣李天經謹題，爲月食事：

竊照本年三月十六日辛卯夜望月食，其食限分秒，並起復方位，例應先期奏聞。除《大統》《回回》二曆已經欽天監具題外，謹依新法，推得諸數，逐一開坐，並具圖像，進呈御覽。再照新舊交食，已蒙聖明親驗新法爲近，餘俱疎遠，欽定畫一，是各法疎密聖鑒洞然，可勿再驗。但此番月食時差四刻，且新法所推月出地平，業已虧食一分有奇，仍祈内庭詳驗，則疎密愈見矣。至若更正一事，該臣題奉有《交食節氣》等項，《用新神煞月令》諸款，用舊務求折衷畫一，以歸至當。即著禮部詳確看議來説之旨。臣惟静聽部議。不敢有所越陳。蓋臣曾奉有還著細心測驗之旨，所有測過節氣，理宜奏聞。伏察去歲十一月初九日冬至，舊推在辰，新推在午。該臣至期公同禮臣黄家瑞、遠臣湯若望及監局官生，各用本法測驗。舊法用圭表測得本日午景長一丈六尺七寸五分，依舊法詳考本日午景應長一丈五尺九寸餘，今推測悉乖，又安問其辰刻之不差乎？新法用象限儀，測得午正日高二十六度三十三分。因京師北極高三十九度五十五分。則赤道高五十度五分；冬至日距赤道南二十三度三十二分，減於赤道高，應得本日午正高二十六度三十三分。若在辰刻，則午正應不止於三十三分，是推在午初二刻者悉合也。又十四年二月春分，舊推十二，新推初十。至期仍前公同部監，測得初十日午正，日高果五十度五分，准交赤道，實爲天正。春分當日，部臣黄家瑞面詢監臣，俱稱果是初十春分。測算既合，法自宜更新。夫一天豈有兩春分之理？臣思敬授民時，關係匪輕，節氣一差，閏餘乖次，則耕耘種植俱失其時，倘不大加釐正，則舛訛將何極也。統乞聖明鑒定施行，緣係月食事理，一併奏聞，謹題請旨。

計開：

崇禎十四年三月十六日辛卯夜望月食分秒時刻並起復方位：

月食八分二十一秒

月未出已食一分七十一秒

月已出見食六分五十秒

初虧，酉正一刻强

食甚，戌初三刻半

復圓，亥初二刻强

計食限内凡十三刻

食甚月離黄道大火宫五度三十三分，爲亢宿六度十三分

食甚月離黄道大火宫三度四十分，爲亢宿五度三十一分

食甚月離緯度距黄道南六十分

各省直食甚時刻：

南京應天府、福建福州府　戌初四刻弱

山東濟南府　戌正初刻
山西太原府　戌初二刻
湖廣武昌府、河南開封府　戌初二刻半
陝西西安府、廣西桂林府　戌初一刻强
浙江杭州府　戌初二刻半
江西南昌府　戌初三刻
廣東廣州府　戌初二刻强
四川成都府　酉正四刻强
貴州貴陽府　戌初一刻强
雲南雲南府　酉正三刻强

崇禎十四年二月二十六日具題。三月初五日奉　旨：據奏月食冬至春分等項，新舊法種種不合，若復承訛襲舛，何以治曆授時？著便會同監局等官，虛心推測，大加釐正，不許仍前彼此爭執，致誤協時正日之典。這本即著禮部，從長一併確議具奏，不得瞻延。〔二〕

校記

〔二〕《治曆緣起》八卷本，第七卷至此止。

督修曆法加光祿寺卿仍正三品俸臣李天經謹題，爲月食事：

該臣於二月二十六日恭報本月十六日辛卯夜望月食分秒時刻，依新法推算，月食八分二十一秒。月未出已食一分七十一秒，月已出見食六分五十秒；初虧酉正一刻强；食甚戌初三刻半；復圓亥初二刻强。三月初五日奉聖旨：「據奏月食冬至春分等項，新舊法種種不合，若復承訛襲舛，何以治曆授時？著便會同監局等官，虚公推測，大加釐正，不許仍前彼此爭執，致誤協時正日之典。這本即著禮部從長一併確議具奏，不得瞻延。欽此。」欽遵。該禮部尚書林欲楫，左右侍郎王錫袞、蔣德璟，郎中黄閏中，員外黄景明，主事黄家瑞，於十四日親赴觀象臺，十五日赴局，詳詢各法，審定儀器，以俟臨期測驗。該臣於十六日會同禮臣王錫袞、蔣德璟、黄景明、黄家瑞，遠臣湯若望，監正張守登，監副賈良棟，率領監局官生劉有慶等，赴觀象臺測候。但察新法所推，本日日入在酉正三刻，初虧在酉正一刻，故月出地平已見虧食，當用黄赤經緯簡儀等器，測得酉正四刻餘，果見食四分有奇，月已高四度矣。仍用本儀，候至戌初三刻餘，見食八分有奇；候至亥初二刻，覘見復圓時刻分秒，及帶食諸數，一一悉與新法相符。此禮臣臺官之所目擊親驗者。舊法時差四刻，食少二分，且門尚未闔，業已虧食。則所推一更一點者，更大差謬。倘不遵旨大加釐正，其舛錯將何極耶？蓋禮臣之親驗詳測，正所以仰體我皇上治曆授時之德意。伏乞敕部一併議覆，以成一代良法，以完協時正日之典。緣係月食事理，未敢擅便，謹題請旨。

崇禎十四年三月十七日具題。五月　日奉聖旨：禮部覆議具奏。

督修曆法加光禄寺卿仍支正三品俸臣李天經謹題，爲日月交食事：

竊照本年九月十四日丁亥夜望月食，其食限分秒並起復方位，十月初一日癸卯朔日食，其食限分秒並起復方位，例應先期上聞。除《大統》《回回》二曆已經欽天監具題外，謹依新法推步，所得諸數，逐一開坐，並具圖像，進呈御覽。再照臣於本年二月内題《爲月食》一疏，内報公同測過節氣情形，據實上聞。三月初五日奉聖旨：「據奏月食冬至春分等項，新舊法種種不合，若復承訛襲舛，何以治曆授時？著便會同監局等官，虛公推測，大加釐正，不許仍前彼此爭執，致誤協時正日之典。這本即著禮部從長一併確議具奏，不得瞻延。欽此。」欽遵。隨該禮部侍郎王錫衮、蔣德璟，員外黄景明，主事黄家瑞，遵旨公同監局諸臣，親測過本年三月月食。今八月十七日，復委司務范方公測秋分。是一歲日月交食並四正定氣，俱以公測，而各法疎密，禮臣業已目擊親驗矣。所是所非，理宜據實入告，大加釐正，庶不誤協時正日之典。若復承訛襲舛，瞻延不決，何以治曆授時，不幾有負我皇上敬慎欽若之德意乎？伏乞皇上勅令禮臣，於此番交食公測後，將從前測過交食節氣各法疎密，臚列上聞。用疎用密，以聽聖裁。庶千秋大典，永定於一朝矣。緣係日月交食事理，未敢擅便，謹題請旨。

計開：

崇禎十四年九月十四日丁亥夜望月食分秒時刻並起復方位

月食六分九十六秒

初虧，丑初二刻弱　東南

食甚，寅初初刻强　正南

復圓，寅正二刻强　西南

計食限內凡一十二刻强

食甚月離黄道降婁宫二十五度三十五分，爲奎宿八度一十一分

食甚月離赤道降婁宮二十四度六分，爲婁宿初度三十八分

食甚月離緯度距黄道北六十三分

各省直食甚時刻：

南京應天府、福建福州府　寅初初刻强

山東濟南府　寅初初刻半

山西太原府　丑正二刻半

湖廣武昌府、河南開封府　丑正三刻强

陝西西安府、廣西桂林府　丑正二刻弱

浙江杭州府　寅初一刻弱

江西南昌府　丑正三刻强

廣東廣州府　丑正三刻弱

四川成都府　丑正一刻弱

貴州貴陽府　丑正一刻半

雲南雲南府　丑初四刻弱

崇禎十四年十月初一日癸卯朔日食分秒時刻並起復方位：

日食八分五十五秒

初虧，未初初刻强　正西

食甚，未正一刻半

復圓，申初三刻弱　正東

計食限内凡一十刻半。

食甚日躔黄道大火宫一十一度六分，爲氐宿一度一分

食甚日躔赤道大火宫八度三十三分，爲氐宿初度八十八分

各省直食甚分秒時刻：

南京應天府　九分八十一秒未正三刻弱

河南開封府　九分一十八秒未正一刻弱

福建福州府　八分八十六秒未正三刻弱

山東濟南府　九分三十秒未正一刻半

山西太原府　八分二十三秒未初三刻强

湖廣武昌府　九分五十秒未正一刻弱
陝西西安府　八分九十一秒未初二刻半
廣東廣州府　八分六十六秒未正初刻半
廣西桂林府　九分三十秒未初三刻强
浙江杭州府　九分八十一秒未正二刻弱
江西南昌府　九分　未正二刻弱
四川成都府　九分六十六秒未初一刻强
貴州貴陽府　八分八十六秒未初二刻
雲南雲南府　八分六十六秒午正四刻弱

崇禎十四年八月二十日具題。二十三日奉聖旨：禮部察議具奏。

督修曆法加光禄寺卿仍支正三品俸臣李天經謹題，爲月食事：

該臣於本年八月二十日恭報本月十四日丁亥夜望月食分秒時刻，依新法推算月食六分九十六秒，初虧丑初二刻弱，食甚寅初初刻强，復圓寅正二刻强。八月二十三日奉聖旨：「禮部察議具奏。欽此。」欽遵。該臣於本日會同禮部主事季含乙、遠臣湯若望、署欽天監事左監副賈良棟、右監副周胤，率領監局官生劉有慶等齊赴觀象臺測候，用簡儀測至丑初二刻，果見東南上初虧。臺官隨測隨報，禮臣登記在案。又測至寅初初刻强，見食有七分弱，候至寅正二刻餘，覘見復圓，隨用立運儀測，見月體高有二十四度餘。此番虧食時刻分秒，與新法推算，一一脗合。若《大統》所推，每先天二刻，而《回回》則後天不啻五六刻矣。是夜天宇清澈，人役嚴肅，臺官調器，部臣秉筆，所測歷歷分明有如斯者，是可以審疎密而定曆法矣。伏乞勅諭該部，將先今月食，遵奉旨，據實覆議，以襄大典，曆法幸甚。緣係月食事理，未敢擅便，謹題請旨。

崇禎十四年九月十六日具題。二十三日奉聖旨：御前親測，即用新法，黄赤儀器極準，刻數著禮部覆議來行。

督修曆法加光禄寺卿仍支正三品俸臣李天經謹題，爲日食事：

該臣於本月十六日恭報十四日同禮臣監局諸官，測得月食時刻分數奏聞。於本月二十三日奉聖旨：「御前親測，即用新法，黄赤儀器極準，刻數著禮部覆議來行。欽此。」欽遵。臣不勝額手稱慶，欽仰我皇上留神欽若，御前親測，且用臣所進新法之黄赤儀測定，極準時刻，即古先帝王堯、舜之命羲、和察璇璣，敬授民時者，無過於是，誠度越百王而燮隻千古矣。聖旨所謂極準，時刻誠爲極準，而非外庭測驗，敢望其萬一。惟有静聽部議，以憑聖斷施行，但數日内即過十月之朔，復有日食，則臣新法之黄赤儀，當必再塵御覽矣。臣憶進黄赤儀之次日，臣局遠臣湯若望並官生人等，偕内靈臺諸臣，俱進大内，以羅經小器，不足得天上之真子午，而别懸掛渾儀、定方銅儀等器，細加測定，方合子午真度，用以測時方準。若經稍有動移，必仍如法審度，而後可否，則毫釐或差，刻數難定矣。今距日食，止有數日。乞勅内臺諸臣，傳遠臣湯若望等，仍攜原器，將黄赤儀並地平日晷等，再一審定安妥，臨期兼用新法望遠鏡，以窺太陽虧甚復圓分秒，當復有一極準時刻，以仰副皇上睿覽矣。臣無任惶悚待命之至。

崇禎十四年九月二十五日具題。二十七日奉聖旨：是。著即傳在事諸臣，仍攜原器，如法安妥，以候測驗，該衙門知道。

吏部題爲懇乞遵旨速覆，以便責成，以光大典事：

文選清吏司案呈崇禎十四年二月十五日奉本部送准督修曆法光祿寺卿李天經呈前事，內開竊照治曆明時，乃國家之首務，從古迄今，不但重其事，亦且兼重其人，其往代成例，不暇枚舉，即如我朝之元統，與李德芳等爭言歲實消長，而元統遂以博士擢陞監正；近如修葺效勞之左允和，因數月之工，亦以博士而陞通政司。經曆本局官生，推測十載，成績昭然，遞年列名御覽《七政經緯》書册，業經禮部比照欽天監五官正品級，對品改加外銜題請紀錄，隨奉有准照例加銜之旨。昨該本寺題催，復奉有該部議覆之旨。目今奉旨測驗，伏乞察准照例加銜之旨，改加五官正，對品外衙門職級，速賜題覆，庶聖澤不致久懸，而大典亦得籍衆手告成等因，到部奉堂批司察原疏速覆，奉此案察，崇禎十三年六月十二日奉本部送吏科抄出，禮科外抄督修曆法加光祿寺卿仍支正三品俸加俸一級李天經題，爲遵旨續進《坤輿格致》，以裕國儲事，內開臣報國有心，點金無術，因於旁通十事內，採擇西庠《坤輿格致》一端，成書三卷，於去歲七月內恭塵御覽，隨奉聖旨：「這《坤輿格致》書留覽，餘書著纂輯續進，該部知道。欽此。」欽遵。竊思今天下之言開採者比比，而卒無一效者，其法未詳也。蓋開採不惟察尋地脈有法，試驗有法，採取有法，即煎煉爐冶，其事較難，其法較密，前所進書，雖備他法，而煎煉爐冶之法，書尚未成，既奉明旨纂輯續進，微臣曷敢少緩。因即督同遠臣湯若望及在局辦事等官，次第纂輯，務求詳明，晝夜圖維，今月始獲卒業，爲書四卷，裝潢成帙，敬塵御覽。倘蒙鑒察，勅發開採之臣，果能一一按圖求式，依文會理，盡行其法，必可大裕國儲所有。遠臣湯若望於此《格致》等書，譯授局官，既費心精，覓工圖繪，亦捐資斧。蓋感沐聖恩，瀝誠報效，此亦其一也。伏祈聖明採納施行，再按臣局供事官生楊之華等，向因遞年推算交食七政著勞，題奉明旨下部，業經禮部於去年三月內，將楊之華等六員名，比照欽天監五官正品級，對品級改加外銜，覆請紀錄。隨奉有楊之華等，俟學習完日，果係術精勞著，准照例加銜之旨。嗣於去年五月內，部監公同試驗，脗合不差，題明在案，學習亦於八月內部疏報竣，且供事十載，積有成勞，繕製書器，列名御前，正與術精勞著之明旨相符。懇乞聖明將楊之華等，勅下吏部遵奉照例加銜之旨。察禮部原題，俯賜加銜，庶明旨不致久虛，而諸臣之勞績亦加勸勉矣。念係臣局繕書製器，人員翹首望恩已逾一載，故於進書而並及之等因。崇禎十三年六月初二日具題，初六日奉聖旨：「這續進《坤輿格致》書留覽，餘著該部議覆。欽此。」欽遵。抄出到部送司，又准督修曆法加光祿寺卿李天經手本，爲移送職名，以憑題覆事，內開如原疏開載，則有光祿寺錄事楊之華、黃宏憲，鴻臚寺署丞祝懋元、朱國壽，博士朱光大，儒士宋發、李昌本七員名，內楊之華、朱國壽，俱已物故，應聽除名。希將各官儒對品即改加各衙門職級，仍管曆法事務，速爲題覆施行等因。到司案呈到部，看得典莫大於治曆，法莫妙於推算，在局官儒，術精勞著，優加職銜，或亦朝廷鼓舞小吏之微權也。該寺疏稱，曆局供事光祿寺錄事黃宏憲，鴻臚寺署丞祝懋元，博士朱光大，儒士宋發、李昌本，以錄事等官而辦五官正等官事，且遞年推算交食七政著勞，業經禮部題准加銜，則照五官品級改加外銜，正與往例相符，所請似當允從者，及察禮部題准，首次敘黃宏憲等照欽天監五官正等官職級，對品改加外銜，察五官正係正六品，但各官原加職銜，與供事年月懸殊。今加品級應分差等，合無將首敘黃宏憲、祝懋元，量改加光祿寺大官署署正職銜，次敘朱光大，量改加通政使司經歷職銜，宋發、李昌本應加欽天監博士職銜，俱仍管曆法事，既經禮部光祿寺卿具題，該司察呈前來，相應覆請，恭候命下臣部行令遵奉各供事施行，緣係懇乞遵旨速覆，以便責成，以光大典，及奉明旨事理，未敢擅便，謹題請旨。

崇禎十四年十一月初八日吏部尚書李日宣、文選清吏司郎中李兆具題。本月十六日奉聖旨：是。

禮部題爲謹遵屢旨察議具覆，恭請聖裁事：

祠祭清吏司案呈，案察崇禎十三年九月内，該本部題爲《遵旨考正曆法，據實恭報》一疏，業奉聖旨：「曆法原期畫一，何至今尚無成議。這所奏置閏，舊法不差；太陽躔度，舊法於春秋二分，各差二日，及冬至所推同日時刻互異。通著監局諸臣恪遵明旨，各虚心再加考正，並律吕候氣，依法測驗具奏。欽此。」隨經行文監局欽遵外節，准禮科抄出督修曆法加光禄寺卿李天經題爲《恭進辛巳年七政經緯新曆，仰懇聖明欽定，以成一代良法事》等因。崇禎十四年正月初二日奉聖旨：「這所進十四年經緯新曆，知道了。李天經還著細心測驗，不得速求結局。本内交食節氣等項，用新神煞月令諸款，用舊務期折衷畫一，以歸至當，即著禮部詳確看議來説。欽此。」又該李天經奏爲恭繹責成之明旨，敬陳部監之情形，懇乞　明申飭，以便折衷，併及微臣職業，以圖報稱事。内稱敕令，與臣細心考究，以便折衷等因。十四年正月十二日奉聖旨：「該部看議具奏。欽此。」又該李天經題爲月食事，内稱伏察去歲十一月初九日冬至，舊推在辰，新推在午。該臣至期公同禮臣黄家瑞、遠臣湯若望及監局官生，各用本法測驗。舊法用圭表測得本日午景長一丈六尺七寸五分；依舊法詳考，本日午景長一丈五尺九寸餘。今推測悉乖，又安問其辰刻之不差乎？新法用象限儀測得午正日高二十六度三十三分。因京師北極高三十九度五十五分，則赤道高五十度五分。冬至日距赤道南二十三度三十二分，減於赤道高應得本日午正高二十六度三十三分。若在辰刻，則午正應不止於三十三分，是推在午初二刻者，悉合也。又十四年二月春分，舊推十二，新推初十。至期仍前公同局監測得初十日午正日高果五十度五分，准交赤道，實爲天正。春分當日，部臣黄家瑞面詢監臣，俱稱果是初十春分。測算既合，法自宜更新。夫一天豈有兩春分之理。臣思敬授民時，關係匪輕；節氣一差，閏餘乖次，則耕耘種植俱失其時，倘不大加釐正，則舛訛將何極也等因。十四年三月初六日奉聖旨：「據奏月食冬至春分等項，新舊法種種不合，若復承訛襲舛，何以治曆授時，著便會同監局等官，虚心推測，大加釐正，不許仍前彼此爭執，致誤協時正日之典。這本即著禮部從長一併確議具奏，不得瞻延。欽此。」又該欽天監監正張守登等題爲仰遵明旨，據實回奏節氣，恭候　鑒事。内據曆科夏官正等官左允化等呈稱，職等不敢不虚心考正。謹按郭守敬之法，所推太陽行度春分，亦開在本年二月初十日，正值晝夜平分之日，職等公隨禮部提督黄家瑞，並在局官生，測得赤道平分，亦與新法相同，曆法所註可考也。惟於十二日爲春分者，按《大統》立法，冬至日行盈積八十八日有奇，當春分前三日，交在赤道，實行一象限而適平；夏至日行縮積九十三日有奇，當秋分後三日，交在赤道，實行一象限而復平，正氣盈朔虚，積餘生閏之法，所以與新法不同。若以太陽十五度爲一氣，則無積餘之數，無積餘憑何生閏？新法所謂庚辰歲閏四月，正坐此也。臣等再四虚心考正，不敢偏執，猶不敢不求至當，以仰副　明欽若至意等因。十四年五月十五日奉聖旨：「禮部覈議具奏。欽此。」又該李天經題本年三月十六日辛卯夜望月食，依新法推算，月食八分二十一秒，月未出已食一分七十一秒，月已出見食六分五十秒，初虧酉正一刻强，食甚戌初三刻半，復圓亥初二刻强。該臣於十六日會同禮臣王錫衮、蔣德璟、黄景明、黄家瑞，遠臣湯若望、監正張守登、監副賈良棟，率領監局官生劉有慶等，赴觀象臺測候。但察新法所推，本日日入在酉正三刻，初虧在酉正一刻。故月初地平已見虧食，當用黄赤經緯簡儀等器，測得酉正四刻餘，果見食四分有奇，月已高四度矣。仍用本儀，候至戌初三刻餘，見食八分有奇；候至亥初二刻，覘見復圓，時刻分秒及帶食諸數，一一悉與新法相符，此禮臣臺官之所目擊親驗者。舊法時差四刻，食少二分，且門尚未闔，業已虧食，則所推一更一點者，更大差謬。倘不遵旨大加釐正，其舛錯將何極耶等因。十四年五月十六日奉聖旨：「禮部覆議具奏。欽此。」又該李天經題爲日月交食事，内稱隨該禮部遵旨，公同監局諸臣親測過。本年三月月食，今八月十七日復委司務范方，公測秋分。是一歲日月交食並四正定氣，俱以公測。而各法疎密，禮臣業已目擊親驗矣。所是所非，理宜據實入告，大加釐正。庶不誤協時正日之典。若復承訛襲舛，瞻延不決，何以治曆授時？不負我皇上敬授欽若之德意乎？伏乞聖明勅令禮臣，於此番交食公測後，將從前測過交食節氣，各法疎密，臚列上聞，用疎用密，以聽裁等因。十四年八月二十三日奉聖旨：「禮部察議具奏。欽此。」又該李天經題報九月十四日丁亥夜望月食，分秒時刻。該臣於本日會同禮部主事李含乙、遠臣湯若望、署欽天監事左監副賈良棟、右監副周胤，率領監局官生劉有慶等，齊赴觀象臺測候，用簡儀測至丑初二刻，果見東南上初虧。臺官隨測隨報，禮臣登記在案。又測至寅初初刻强，見食有七分弱，候至寅正二刻餘，覘見復圓，隨用立運儀測見月體，高有二十四度餘。此番虧食時刻分秒，與新法推算，一一脗合。若《大統》所推，每先天二刻；而《回回》則後天不啻五六刻矣。是夜天宇清澈，人役嚴肅，臺官調器，部臣秉筆，所測歷歷分明，有如斯者。是可以審疎密而定曆法矣等因。十四年九月二十三日奉聖旨：「御前親測，即用新法，黄赤儀器極準，刻數著禮部覆議來行。欽此。」又該李天經題十月初一日癸卯朔日食，臣於本日會同禮臣李含乙、監副賈良棟、周胤，並監局官生劉有慶、朱光大等，測得是日陰雲蔽天，日體於薄雲中時隱時見，日晷等器，難以取影。惟臺上簡儀，可以線對日體，針指時刻，爲可定焉。候至未初二刻，日於雲薄處果見，初虧不待初三矣。於未正二刻，已見退動，則食甚在正一，可知食約八分有餘，又去申初遠矣。及至申初二刻五十分，已見復圓，正所謂三刻弱，於新法又合矣。本日遠臣蒙禮部傳赴本部同測，即同本局官生祝懋元等，監官賈良琦等，測至未初二刻時，仰見初虧，即報救護。又用懸掛渾儀，於未正一刻半，測看日食八分有餘。又用原儀遠鏡，測看復圓，乃申初三刻也。此時凡在禮部救護，朝臣所共見者。若皇上於大内親測，用黃赤儀之影圈以上對日體，其所測時刻，必有更準於外庭者，想在鑒中矣等因。十四年十月初八日奉聖旨："「御前測驗，這次日食時刻分秒，西法近密，禮部知道。欽此。」又該李天經奏，爲交食屢測可驗明旨，久稽未復等因。同日奉聖旨："「新法已有旨了，著作速覆議來行，該部知道。欽此。」欽遵。各抄到部送司，卷查崇禎十二年十二月内，該誥勅房辦事大理寺右寺正王應遴奏："爲欣逢頒曆之恩洊加，驚媿修曆之局未了，直陳欽天監未遵制旨，阻撓曆事緣由。懇乞聖明乾斷，容造新法《曆樣》，仰候鑒裁，立完曆局事，並《曆議》八款，定氣候，正日躔，覈太陽，酌朔望，規年辰，删《月令》，削冗尾，附交食等因。奉聖旨："「本内事情，該部查議具奏。欽此。」欽遵。在案相應察議具覆，案呈到部，看得古今治曆之家多矣，其最精者漢雒下閎《太初曆》以鍾律；唐一行《大衍曆》以蓍策；元郭守敬《授時曆》以晷景，皆稱推驗之精，而晷景爲近。然用之既久，皆不能無差。蓋天與日月星辰，其體皆動。而其最不可測者，嘗在於秒忽之間。推移盈縮，聖智不能盡窮。故雖以時分刻刻分秒，非不致細，而差之半秒，積以歲月，則躔離朓朒，皆不合原算，此治曆之所以難言也。我皇上因監法小差，特置西法一局，令舊閣臣徐光啓領其事，隨允寺臣李天經、遠臣湯若望等，與欽天監張守登諸臣，覿面講求，逐年推較。十餘年來，如日月交食五星伏見之類，臣等歷經會同觀測，又恭遇御前亦用黄赤儀器，親自臨驗，奉有西法近密之旨，則新法視監爲善，固昭然不待辯者。守敬成曆時，嘗言天體難測，須每歲測驗修改，庶幾可使如三代日官，世專其職。高皇帝精於觀天，雖用守敬曆，而特令劉基召集天下律曆名家者，赴京詳議，復自置觀星盤、天文分野諸書，且革回回監，而别爲一科，蓋其慎也。當時博士元統成化中丘濬、正德中鄭善夫、嘉靖中華湘、萬曆中邢雲鷺諸臣，皆以差訛疏請更正。今得西曆，與之較驗，而舊曆之不能不差，則守敬固已自言之矣。臣部尚書林欲楫，向與臣等詳察《經緯新曆》，誠如所言，《交食節氣》、《用新神煞月令》諸款。用書未爲不可，而再四商権，有不得不鄭重者。舊法用日度計日定率，西法用天度因天立差；舊法用黄道距度，西法用黄道緯度。雖微有不同，然其黄赤儀與守敬簡儀仰儀候極景符玲瓏立運等儀，亦皆相似，特守敬而後，其徒沿習不察耳。自古曆法輒數十年一改，遠不具論，如漢凡三改曆，唐七改曆，宋則十八改曆，本朝自洪武至今，沿守敬曆行之，殆三百餘年矣。小差者惟日月交食時同刻異，無大懸絶。至置閏之差，起於春秋分，所差二日；而西曆定分之日，即舊曆所注晝夜各五十刻之日也。在今日西法較密，在異日亦未能保其不差，則一番更改，良不易言。據天經原疏，曾請將在局生儒盡收之欽天監以便隨時測驗，將新法暫附《大統》，以便公同考證，欽奉前旨，亦令監官張守登等於交食經緯晦朔弦望，年遠有差誤者，旁求參考，又以新法推測屢近，著照回回科例，收監學習，實爲得之，似宜請旨勑下，另立新法一科，令之專門傳習，過交食節氣經緯同異，據法直陳，以俟測驗大定而後，徐商更改，庶有當乎？其寺臣李天經及遠臣湯若望、中書王應遴、新局官生光禄署正黄宏憲等，累年所進曆書一百四十餘卷，日晷、星晷、星球、星屏，窺筒諸器，多曆學所未發。專門勞績，積有歲年，似宜量加敘録，而該監官生學習，則有《會典》，按月按季課試，嚴行賞罰之例，所當重加申飭者也。乃臣等區區之愚，猶有進焉。曆爲敬天授民設也。敬天者，順時布令，觀變警心，其所重莫如刑賞授民者。東作西成，南訛朔易，其所重莫如桑農，故堯舜之曆，以釐工庶績，爲欽天而成周之曆，以《無逸》《豳風》，爲《月令》，非徒如保章挈壺之流，斤斤於時刻分秒之末而已。凡曆數始於《河圖》，五十有五，以十乘之，爲五百五十；以五乘之，爲二百七十有五，自洪武元年戊申，距今壬午二百七十五年，實爲《河圖》中候，宜修明禮樂，先德後刑，勸民農桑，敦崇仁厚，以昌扶國脈，肇萬年有道之長，其斯爲治曆之本務乎？漢儒言明王謹於尊天，慎於養人，故立羲和之官，以節授民事，奉順陰陽，則日月光明，風雨時節，災害不生。我皇上敬天勤民，同符二　，知自有敬授精義，非臣等迂陋所能測識萬一也。伏乞聖明裁察施行，所有原奉御前發下《七政》《經緯新曆》一套，相應進繳。

崇禎十四年十二月具題。十五年十二月奉聖旨：另立新法一科，專門教習，嚴加申飭，俟測驗大定，徐商更改，亦是一議。李天經等著量加敘錄。本内遵天養民，爲治曆本務，知道了。該衙門知道。

督修曆法光祿寺卿支正三品俸臣李天經謹題，爲恭進壬午年《七政》《經緯新曆》事：

該臣督同在局諸臣，依新法推算，得崇禎十五年壬午歲《七政》《經緯新曆》各一册，裝潢成帙，進呈御覽。臣謹按本局所推新法諸曆，悉依天度起算，其節氣交宮，與夫伏見行度等項，皆在天真正之實行度也。所有置閏之法，首論合朔後，先次論月無中氣，除十三年臣局依天度所推，本年四月有閏，已蒙聖明洞鑒，新法合天，衆心允服矣。茲臣恭進十五年新曆，而十月與十二月中氣，適交次月合朔時刻之前，所以兩月間，雖無中氣，而又不該有閏。蓋新法置閏，專以合朔爲主。若中氣適在合朔時刻，前者是中氣，尚屬前月之晦，則無閏。若在合朔日時後者，則前月當有閏而無疑也。今臣等預察得崇禎十六年正月後有閏，因正月後止有驚蟄一節，而春分中氣在次月合朔之後，是十六年當閏正月而無疑矣。臣惟一代之興，必有一代之曆。臣自奉命修改數載以來，諸曜皆蒙聖明内庭親測，新法脗合，似難枚舉。即如本年日月兩食，該臣具有《交食屢測可驗》一疏，奉有新法已有旨了。著作速覆議來行之旨。又爲日食事，隨奉有御前測驗，這次日食時刻分秒，西法近密之旨。至臣於舊歲十三年，恭進新曆一疏，更奉有本内交食節氣等項，用新神煞月令諸款，用舊務求折衷畫一，以歸至當之旨矣。伏察從來督令禮部看議畫一，及准該監旁求更正明命，炳若日星，想該部自能一一欽遵，以副我皇上欽若敬授之德意。臣等猶冀我皇上詳察而乾斷焉。緣係云云事理，未敢擅便，謹題請旨。

計開：

《七政新曆》一册

《經緯新曆》一册

崇禎十四年十二月二十八日具題。十五年正月初八日奉聖旨：禮部知道。

督修曆法加光禄寺卿仍支正三品俸臣李天經謹題，爲恭進癸未年《七政》《經緯新曆》，再懇勑部速覆原疏，以弘大典事：

該臣督同在局諸臣，依新法推算，得崇禎十六年癸未歲《七政》《經緯新曆》各一册，裝潢成帙，進呈御覽。臣謹按本局所推新法諸曆，悉依天度起算。其節氣交宫，與夫伏見行度，皆在天真正實行之度也。歷蒙聖明洞鑒，内庭親測屢驗。新法合天，衆心允服矣。其新法置閏來歷，前疏已悉，不敢贅陳。所有禮部於前歲題爲《謹遵屢旨等事》一疏，專門傳習，嚴加申飭之旨，並臣《條議》一疏，俱奉旨下部已久，尚未題覆。伏祈勑部速覆，俾各官生得以專意在局傳習，共推新法，以勷巨典，以鼓舞在局官生任事之心焉。臣復察《大統》所推金星，於本月十七日在虚八度，夕伏不見；新法則推至本月二十五日始伏，二十八日始與太陽合伏。臣坐守廣寧門時，同諸臣於十七以後見日落時，金星明明在上，去地平甚高，可謂伏否？時科臣光時亨素留心象緯者，亦同訝金星之未伏，而許新法之密合也。敢存此一段以爲測驗大定之一據云。敬因進呈而並及之，臣不勝惶悚待命之至。

計開：

《七政新曆》一册

《經緯新曆》一册

崇禎十五年十二月二十五日具題。十六年二月二十二日奉聖旨：這進曆准留覽，原疏著與速覆，其金星合伏日期，察該監官何故推測互異，著更用心講習，務求至當，該部知道。

督修曆法加光禄寺卿仍支正三品俸李天經謹題，爲日食事：

該臣於正月十三日具本題知本年二月初一日乙丑朔日食分秒時刻，依本局新法推步：日食五分三十秒，初虧辰初四刻弱；食甚巳初初刻强，復圓巳正初刻半弱，並具圖像及各省直食甚分秒時刻不同諸數，俱已逐一開坐，進呈御覽矣。臣因坐守廣寧門，預先移會修政曆法遠臣湯若望，暨本局供事等官黄宏憲等，至日前赴觀象臺公同測驗。本月初一日，據本局供事加光祿寺署正黄宏憲等回呈到臣，開稱是日隨遠臣湯若望，公同禮部主客司員外劉大鞏，欽天監監副周胤，及該監曆科天文科五官靈臺保章監候博士等官，與本局供事加通政司經歷朱光大等，在臺用本簡儀並所攜新法赤道日晷，測至辰初四刻弱，用遠鏡映照，果見初虧；測至巳初初刻强，果見食甚五分二十餘秒；測至巳正初刻半弱，瞻見復圓，其日食分秒時刻，並起復方位，皆與本局新法所推密合，此係公同瞻測，較驗無異等因。備呈前來，即臣同坐門科臣光時亨、臺臣鄭楚勛、戚臣李國柱等官，亦用遠鏡及新法儀器映照測驗，一一悉與新法脗合。據實具題，再祈皇上勑令禮部速覆另立新法科一疏，庶便專門傳習，更正無稽，而盛世之大典亦得刻期告襄。至於先後治曆諸臣，前蒙俞旨，量加敘錄，日久未覆，更乞勑部一並題覆，庶聖恩不致有虚矣。敬因題覆日食而請及之，緣係日食事理，未敢擅便，謹題請旨。

崇禎十六年二月初二日具題。六月二十九日奉聖旨：這日食分數時刻，各有異同。御前親測，西法多合，還與該監細加考正，以求畫一，前有旨立新法科，量與敘録，何未見覆行。著禮部即行議奏。又揭帖日食圖進覽事，奉聖旨：宫中親測。

光禄寺卿管曆局事李天經謹題，爲月食事：

照得本年八月十五日丙子夜望月食，其食限分秒並起復方位，例應先期上聞。除《大統》《回回》二曆已經欽天監具題外，所有曆局依新法推步諸數，逐一開坐，並具圖像，進呈覽。臨期惟聽該衙門照前自行觀候奏聞。緣係月食事理，未敢擅便，謹具題知。

計開：

崇禎十六年八月十五日丙子夜望月食分秒時刻並起復方位：

月食五分一十秒

初虧，丑初一刻强　東北

食甚，丑正二刻半强　正北

復圓，寅初四刻弱　西北

計食限内凡一十一刻弱。

食甚月離黄道降婁宫四度三十分，爲壁宿初度七分

食甚月離赤道降婁宫三度六十六分，壁宿四度八十八分

食甚月離緯度距黄道南七十六分

各省直食甚時刻：

南京應天府、福建福州府　丑正三刻弱

山東濟南府　丑正三刻弱

山西太原府　丑正二刻弱

湖廣武昌府、河南開封府　丑正一刻半

陝西西安府、廣西桂林府　丑正初刻强

浙江杭州府　丑正三刻强

江西南昌府　丑正二刻弱

廣東廣州府　丑正一刻强

四川成都府　丑初三刻

貴州貴陽府　丑初四刻弱

雲南雲南府　丑初二刻弱

崇禎十六年七月二十六日具題。

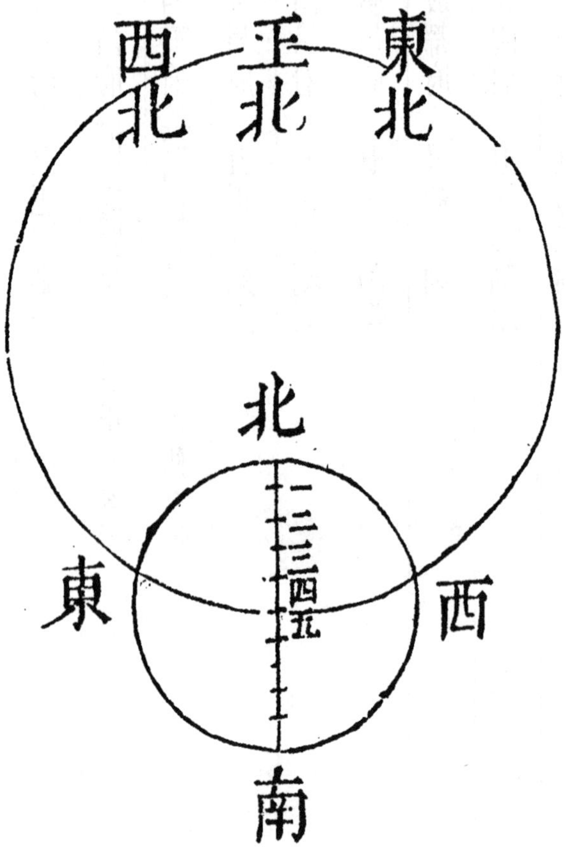

崇禎十六年八月十五日月食圖

光祿寺卿管曆局事臣李天經謹題，爲測驗月食事：

該曆局新法推步，得本月十五日丙子夜望月食五分一十秒，初虧丑初一刻强，食甚丑正二刻半强，復圓寅初四刻弱。臣已於七月二十六日，將諸數逐一開坐，繪圖具題訖。是夜督同遠臣湯若望及本局供事官黄宏憲、朱光大、王觀曉、宋發、朱光顯、朱廷樞，生儒掌乘宋可成、李祖白、焦應旭，前赴觀象臺，公同禮部尚書林欲楫、祠祭司主事湯有慶，及該監堂屬官生賈良棟等，用本臺簡儀測至丑初一刻强，已見月體東北初虧甚確，嗣後陰雲漸布，而月體雖爲忽掩忽現，然食分隱約可窺，但於食甚之際，又因陰雲密厚，而難於準測也。候至寅初四刻之内，雲忽開朗，月體已見復圓。且新法所推土星，於食甚時在壁宿初度有奇，觀之約與月體同度，因參《大統》舊法，所推土星則在壁宿七度，其與初度相去甚遠。在明御前親測，自有洞鑒。臣等欽遵臨期詳加測驗具奏之旨，理合據實奏聞。緣係測驗月食事理，臣等未敢擅便。謹題請旨。

崇禎十六年八月十七日具題。

禮部題爲遵旨具覆事：

祠祭清吏司案呈奉本部，送禮科抄出，督修曆法加光祿寺卿李天經題《爲日食事》內稱：本年二月初一日乙丑朔日食，奏報所食時刻分秒並請覆敘錄在局效勞官生緣繇。崇禎十六年六月二十九日奉聖旨：「這日食分數時刻，各有異同。御前親測，西法多合，還與該監細加考正，以求畫一，前有旨立新法科，量與敘錄，何未見覆行。著禮部即行議奏。欽此。」欽遵。抄出到部送司，除日食分數時刻異同之故，應聽曆局與該監細加考正，以求畫一。其立新法一科，業於本年五月初五日已經本部條議具覆，奉旨遵行在案。察崇禎十四年十二月，該本部題爲謹遵屢旨，察議具覆等事，欽奉聖旨：李天經等著量加敘錄，欽遵在案。又准李天經呈稱本寺自慚佔俾，謬任董修，數載艱辛，維有微績，則敘錄何敢仰緻。本局累年所進曆書一百四十餘卷，日晷、星晷、星球、星屏、窺筩諸器，多曆學所未發。專門勞績，積有歲年，似應量加敘錄，悉奉諭旨在案。如修曆遠臣湯若望等撰書製器，創法起倫，惟是殫精推測，心血爲枯。不意鄧玉函、羅雅谷二遠臣，遂爾溘先朝露，前功難泯，理合請予祭葬。湯若望首先創法，勞勩年深，則酬庸之典，似宜破格優賚。所有遠臣焚修處所，懇請勅建重修匾額字樣，以便朝夕焚修，祝延壽，仍懇補加光祿寺酒飯卓面半張，以資朝夕，此一酬前勞而鼓後效之一議也。所有本局供事中書王應遴、加光祿寺大官署正黃宏憲、加通政司經歷朱光大、博士朱廷樞、王觀曉、周士昌、宋發、朱光顯，勞績久著，五官正劉有慶、賈良琦，勞深績著，所當一體加銜優敘等因通察，案呈到部，看得督修曆法光祿寺卿李天經，創一代之新法，正千古之傳訛，步算既有成勞，推測尤多應驗，心血爲枯，功績難泯，相應加秩優陞，合聽吏部議敘，如遠臣湯若望、鄧玉函、羅雅谷等，創法製器，勞勩獨先，似應優敘：湯若望焚修處所，應如曆臣所議，勅賜重修匾額，再加光祿寺酒飯卓面半張，以資朝夕。然鄧玉函、羅雅谷既已物故，相應優卹，其加銜大理寺右寺正王應遴，率領講求，積有歲年，新舊異同，尤多參訂。欽天監秋官正劉有慶、中官正賈良琦，諳習新法，曆局供事光祿寺署正黃宏憲、上林苑監右監丞陳亮采、經歷朱光大、博士朱廷樞、王觀曉、周士昌、宋發、朱光顯，供事年深，勤勞頗著，各以原官量加一級，以鼓後功，及察欽天監監正戈承科，監副賈良棟、周胤等，率領官生人等在局學習新法，俟有成效，統容臣部另行議敘者也。相應題請，統候聖裁，勅下臣部，遵奉施行。

崇禎十六年十月二十七日具題。十一月初九日奉聖旨：李天經著吏部議敘，湯若望准加給酒飯卓半張。鄧玉函等優卹，王應遴等依議。本内匾額是何字面，竟未説明不必行。

若望仍另行議敘。

崇禎十六年十二月初二日内閣傳奉聖諭：遠臣湯若望還與他匾額，著禮部擬字來看。欽此。傳奉到部，隨蒙禮部擬字樣二副，一曰旌忠，一曰崇義等因，於崇禎十六年十二月十一日具題，崇禎十七年正月初四日奉聖旨：著賜名旌忠，以示朝廷柔遠優勞至意。

光禄寺卿仍管曆局事臣李天經謹題，爲恭進甲申年《七政》《經緯新曆》事：

臣謹按本局所推新法諸曆，悉依天度起算，其節氣交宫，與夫伏見行度等項，亦皆在天真正實行度分。今督同在局官儒推算已完，恭塵御覽。伏乞聖鑒施行。竊照曆局供事官儒，効力已久，兹僅聊聊數員。崇禎十五年間，禮部鑒其辛勤於謹遵屢旨，察議具覆疏内開稱，十餘年來，如日月交食五星伏見之類，臣等歷經會同觀測。又恭遇御前亦用黄赤儀器，親自臨驗，奉有西法近密之旨，則新法視該監爲善，固昭然不待辨者等因具題。奉有諭旨，第察本年八月中禮部具題立科事宜，又奉有本内朔望日月食，如新法得再密合，著即改爲《大統曆法》，通行天下之旨。臣等仰承　明欽若至意，未敢瀆陳，原係云云事理，未敢擅便，謹題請旨。

計開：

《七政新曆》一册

《經緯新曆》一册

崇禎十七年正月初二日具題。奉聖旨：新曆二册著留覽。李天經督修著勞，知道了。其供事官生，著與量敘。該部知道。[一]

校記

[一]《治曆緣起》八卷本，第八卷至此止。

西洋新法曆書·奏疏

〔德國〕湯若望等撰　周岩點校

《西洋新法曆書·奏疏》説明

入清後，湯若望據《崇禎曆書》稍事整理，書表重加組合增删，行句稍作修訂損益，於順治二年捐資剞劂修補進呈，内容基本上是《崇禎曆書》原本，刊印時用的亦是原版，原扉頁所題「崇禎曆書」四字挖改爲「西洋新法曆書」六字。湯若望所著《曆法西傳》、《新法曆引》、《新法表異》、《新曆曉或》、《學曆小辯》、《渾天儀説》、《幾何要法》、《測食》、《遠鏡説》、《奏疏》十種，亦附刻以行。該書合計有《治曆緣起》八卷、《奏疏》四卷、《八線表》一卷、《日躔表》一卷、《月離表》四卷、《五緯表》十卷、《交食表》九卷、《恆星緯表》二卷、《新曆曉或》一卷、《學曆小辨》一卷、《測量全義》十卷、《遠鏡説》一卷、《日躔曆指》一卷、《月離曆指》四卷、《五緯曆指》九卷、《恆星曆指》四卷、《交食曆指》七卷、《恆星出没》二卷、《古今交食考》一卷、《黄赤正球》二卷、《渾天儀説》五卷、《測天約説》二卷、《大測》二卷、《幾何要法》四卷、《新法曆引》一卷、《曆法西傳》一卷、《新法表異》二卷、《籌算》一卷、《測食》二卷，共一百三卷。收入《四庫全書·子部·天文算法類》時，爲避乾隆「曆」字諱而更名爲《新法算書》。

湯若望所刻《西洋新法曆書》有兩種，一爲小版，一爲大版。湯若望於順治元年十月十五日奏中謂：「臣於前朝修曆以來，著有《曆法書表》百十餘卷，雖經刻有小板，聊備教授後學並推算之用，況遭流寇殘毁，缺略頗多，合無請旨敕下臣局再加詳訂，將《闡發新法奥義曆指》並《推布七政躔度》、《立成諸表》，約成數十卷，用官樣大字格式刊刻進呈，藏之内府。」清順治二年（一六四五）欽天監據《崇禎曆書》補刻而成的《西洋新法曆書》本，亦稱明崇禎刻清順治遞修本，六十册，存十六種六十三卷。國家圖書館索書號五一九八，縮微膠片顯示，該版題名「天文新法曆書」，每半葉九行，行二十一字，標目行高一字，左右雙邊，白口，版心上方爲節次目，下方爲葉數，版框高二十·五釐米，寬十三·五釐米。

關於湯若望在《西洋新法曆書》中補刻的《奏疏》，據潘鼐先生介紹：「故宫所藏較爲完整的版本有三部，均題名爲《西洋新法曆書》。一部爲九十三卷加《治曆緣起》八卷及清代奏疏二卷，共一零三卷，一零三册；又一部爲九十卷加《治曆緣起》及清代奏疏二卷，共一百卷，一百册；再一部爲九十一卷實爲九十二卷加《治曆緣起》八卷及清代奏疏四卷，共一零四卷。存書較少的還有兩部，題名爲《新法曆書》，一部存二十四種，三十八册，另一部存七種，十八册。一零四卷本，除與其他版本《西洋新法曆書》增補書目有所不同或對書目有所分合外，最突出的爲清初奏疏增爲四卷，第一、二卷同前，葉碼爲一至九十一；第三、四兩卷另起葉碼，從一至一一六所收奏疏爲順治五年至十七年……即多順治後期奏疏二卷。」

徐宗澤先生在《明清間耶穌會士譯著提要·崇禎曆書》一條中，援引了陳垣先生對故宫博物院《西洋新法曆書》的論述之後，認爲：「準此，《崇禎曆書》前後印補三次，崇禎初版、順治二年補刊本、康熙十七年又刊本，惟崇禎初版所印若干卷及書名未詳。」《西洋新法曆書》源於《崇禎曆書》，但與之從内容到形式都有所變異，並不完全相同，它對《崇禎曆書》的保存、流傳，應該説是功不可没的。但是二書畢竟不能混同；而且《西洋新法曆書》中，還保存了大量的順治朝文獻、資料，如《奏疏》中《湯若望爲懇乞聖明垂鑒遠旅孤蹤格外恩施疏》，《清實録》及蔣氏《東華録》、王氏《東華録》均失載，彌足珍貴。

有關湯若望身後的《西洋新法曆書》，潘先生在《崇禎曆書附西洋新法曆書增刊十種》中《西洋新法曆書增刊十種》的「前言」中曾加以敘述：「康熙十二年，南懷仁重印了《西洋新法曆書》，將卷與册略作調整改編，成爲一百卷。在當時不久前經歷了教案訟爭的形勢下，他删除了『西洋』兩字而簡稱爲《新法曆書》。康熙十七年重新編印，康熙二十年再度刊印。而在南懷仁去世之後，康熙四十八年，該書又曾改編重印一次。乾隆《四庫全書》本的《新法算書》另作編排，改刻版爲鈔寫，手繪附圖，不但格式有相異處，形式也有不同之處，免不了還有零星錯誤，這是更後來的事了。」

中國科學院圖書館藏《奏疏》，一函八册，後三册爲湯若望《奏疏》；經與國家圖書館藏《奏疏》(二卷本)比對，其第六册爲湯若望《奏疏》第一、二兩卷；其第七、八兩册，從所收奏疏起止時間看，或爲四卷本中之第三、四兩卷，但卷册概念畢竟不同，不敢斷言，尚待研判。本書據以爲底本，並據《清實録》、蔣氏《東華録》、王氏《東華録》等書及其他史籍彙校，並按編年調整了奏疏次序。

奏疏（第六册）

修政曆法臣湯若望謹奏，爲懇乞聖明垂鑒，遠旅孤蹤格外施恩事：

臣自大西洋八萬里航海來京，不婚不宦，專以昭事上帝，闡揚天主聖教爲本；勸人忠君孝親，貞廉守法爲務。臣自購置天主堂聖母堂共一所，朝夕焚修，祈求普祐，迄今住京二十餘年，於崇禎二年間因舊曆舛訛，奉前朝勅旨修改曆法，推測日月交食、五星躔度，悉合天行，著有《曆書表法》一百四十餘卷，並測天儀器等件，向進內庭，擬欲頒行。幸逢大清聖國俯念燕民遭賊荼毒，躬行天討。伐罪弔民，萬姓焚頂，沒世難忘。此乃天主上帝寵之四方，隆以君師之任，救天下蒼生於水火者也。兹臣仰讀内院傳示令旨，中東西三城居民，搬移於南北二城，以便大兵憩息。是誠聖明軫恤便民至意，敢不即便欽遵。但念臣住居宣武門內，城下中城地方房屋，半爲賊火焚燬，僅存天主、聖母二堂，並小屋數椽，朝夕在內，虔誠誦禱。況臣八萬里萍蹤一身之外，並無親戚可倚，殊爲孤子堪憐。且堂中所供聖像龕座重大，而西方帶來經書不下三千餘部。內及性命微言，外及曆算屯農水利，一切生則大道莫不備載。至於翻譯已刻修曆書板，數架充棟，誠恐倉猝挪移，必多散失。而臣數十年拮据勤勞，無由效用矣。

伏乞皇上軫念孤忠，特賜柔遠之典。倘蒙俯准微臣仍舊居住，使臣得以安意精修，祝延聖壽，而保存經典書籍，冀圖報於異日，洪德如天，感恩無地矣。臣爲此激切冒瀆天聰，惟聖明俯宥，垂察施行，臣不勝瞻仰惶悚，待命之至，爲此具本親賫，謹具奏聞。

順治元年五月十一日具奏。十二日奉攝政王頒給清字令旨一道，張諭本堂門前。

修政曆法湯，爲公務事：

竊照前朝崇禎二年間，因察舊曆差訛，專敕原任大學士徐光啓等，悉依新法修改，特設修曆公署於宣武門之東。奉旨訪舉知曆官生，在署翻譯書表，製器測驗，推算七政。迄今十餘年來，著成《創法闡理》諸書一百四十餘卷，製就星球、星屏、地平、日月星晷，與夫窺筩機巧等器，盡進御前，内庭親測。在天行度，屢與新法脗合。望等拮据盡瘁，尚候頒行。茲幸恭遇大清一代之興，必更一代萬年之曆。台臺薦賢，爲國自無葑菲之遺，職掌攸關，理合將本局事實並供事官生職銜，謹照例開列，前去禮部祠祭清吏司。煩爲察照來文内，事理一體呈堂，開造勒令，列名各官生儒，晝夜在局，照常修改推算施行，須至手本者。

計開：

欽天監加通政使司經歷在局仍管曆法事朱光大

欽天監博士在局仍管曆法事宋發、朱廷樞

曆局供事生員宋可成、李祖白

儒士掌乘、焦應旭、掌有篆、宋可立、徐彦聞、孫有本、李華

已上共一十二員

順治元年五月二十三日修政曆法湯若望。本日批候題開糧。

修政曆法臣湯若望謹題，爲恭報日食事：

竊照舊曆差訛，於明朝崇禎二年間，特勅原任督修曆法大學士徐光啓等開局諮訪修改。臣若望奉詔來京，遂用臣等西洋新法，將舊曆悉行釐正，著成一代曆法全書，闡明千古未發之祕製。有新法測量，日月星晷，定時考驗，諸種儀器，向已盡進内廷。每遇日月交時之際，盡依此器測候。業蒙内庭親測，洞鑒新法，屢屢密合於天矣。昨聞臣等進用諸器，盡遭流寇所毁。目今交食伊邇，則測驗無器何憑。況日食每因陽光眩耀，則所見之分秒，有非

目力能真。或用水盆映照，亦屬蕩漾難定。惟有臣製窺遠鏡及地平、日晷二器，於日食時，用遠鏡可以覘其虧復食分，用日晷可以考其虧復時刻。倘臨期不依此法窺測，則各法之食分多寡，與時刻先後不同之數，又安能證定其疎密哉。臣以是曉夜拮据，擬將需用定時窺測之器，另行製造數種，進呈睿覽。方在精工繕製，不日可以告成。今先將本年八月初一日丙辰朔日食，除《大統》、《回回》二曆聽欽天監自行具題外，所有臣等西法推步，得京師之食限分秒時刻，並起復方位圖像，與各省直見食，有多寡先後不同，諸數逐一開坐呈覽。伏惟勅下該部，至期公同諸大臣及監局各官，詣臺如法測驗，據實奏聞。緣係日食事理，未敢擅便，謹題請旨。

計開：

順治元年八月初一日丙辰朔日食分秒時刻並起復方位：

京師順天府見食三分弱

初虧，午初初刻半弱　西南

食甚，午正一刻强　正南

復圓，未初二刻　東南

計食限内凡九刻十分。

食甚日躔黄道鶉尾宫九度四分，爲張宿八度一十八分

各省直食甚時刻分秒：

京師順天府　食甚午正一刻弱，見食三分弱

南京應天府　午正二刻半弱，四分四十二秒

山東濟南府　午正一刻半，三分六十七秒

山西太原府　午正三刻弱，三分五十秒

陝西西安府　午初二刻，四分八十二秒

河南開封府　午正初刻强，四分四十秒

浙江杭州府　午正三刻，四分七十五秒

湖廣武昌府　午正初刻，五分五十秒

四川成都府　午初初刻半，六分二十五秒

福建福州府　午正二刻半弱，五分

廣東廣州府　午正初刻，七分一十八秒

雲南雲南府　巳正三刻强，九分七十五秒

廣西桂林府　午初二刻，七分二十五秒

貴州貴陽府　午初二刻半，七分七十秒

江西南昌府　午正一刻，六分

瀋陽　午正四刻弱，二分二十六秒

高麗　未正一刻半，二分七十秒

順治元年六月二十二日具奏。二十三日奉令旨：舊曆歲久差訛，西洋新法屢屢密合，知道了。這本内日食分秒時刻，起復方位，並各省直見食，有多寡先後不同。具見推算詳審，俟先期二日來説，以便遣官公同測驗。其窺測諸器，速造進覽，禮部知道。

禮部祠祭清吏司爲請定曆名，以重萬年大典事：

該本部啓本司，案呈奉本部送，據欽天監呈稱，恭惟新主龍興，例有頒行寶曆，爲萬民瞻仰。查得明朝舊制曆名《大統》，今宜另更新名。所有曆樣，已經依《大統》曆法推註，裝訂成帙。昨蒙内院面諭，更名改用新法，係萬萬年大典，當具呈禮部啓奏主上。惟照曆局所修新法，屢測爲近，向候禮部議定，正俟舉行。因是曆官仍依舊法註曆。今用新法註曆，必須監局各官，公同註定成樣，具呈本部啓奏。庶曆名與曆樣，一時維新而萬代欽重矣，等因呈部送司，案呈到部，恭照新主登位，所有萬年寶曆例應頒布天下，以明年爲順治二年。其明朝《大統曆》，既經該監據稱新法爲近，相應改用推註。原名《大統》二字，合行易書新號，伏候欽命，以便刊載頒行。仍乞勅下監局各官，公同證訂新法註曆，作速書寫，裝帙進呈睿覽。庶寶曆聿新，而大典欽崇矣等因。

順治元年七月初四日奉攝政王令旨：治曆明時，帝王首重。今用新法正曆，以敬迎天休，誠爲大典。宜取名《時憲》，用稱朝廷憲天乂民至意，頒行天下，以明年爲順治二年。監局各官，仍公同證訂，新法注曆，作速寫裝呈覽。該部知道。敬此。敬遵。到部送司，擬合就行，爲此合用手本，前去修政曆法湯處，查照本部原啓及奉令旨事理，行令局監各官公同證訂，作速注曆，裝帙進呈施行，須至手本者。

順治元年七月初六日郎中房之騏。

修改曆法臣湯若望謹題，爲恭進新法測天儀器事：

臣局所有西洋新法測量定時諸種儀器，而測驗屢經密合者，昨擬製造恭進，於六月中具疏奏聞，奉有其窺測諸器，速造進覽之旨。敬此。敬遵。臣益殫力精工，悉心料理，今已捐貲製就渾天星球一座，地平日晷並窺遠鏡各一具。其球上所刻星宿，俱按經緯度數點定，各各悉能肖天。至求北極出地高低，與各星出沒真實時刻等項，無煩再事推算，可以運旋即得也。其地平日晷上有三角形表，能使時刻以應節氣爲准。臨用須以羅經針正對子午，則表中鋭影自不爽指，以驗天道之不違也。總之，天包地外，地在天中，從地窺天，皆有隨處不同之則。蓋因北極出地，高低之不等耳。然在地廣二百五十里者，在天約差一度，此各省直時刻所由以異。臣用是並有輿地平圖之進也，但圖中繪有赤道夏至兩線。凡居赤道下者，則晝夜時刻，歲歲常均而不殊也。其遠鏡等件，俱於用法中詳之再照微臣所修西洋新法，已蒙聖主鑒其與天密合，特用頒行，取名《時憲》，爲萬萬年憲天乂民之寶曆矣。天下臣民可勝雀躍稱慶，所有應用諸曆，從此永依新法推算。臣即一面率同本局官生，業依新法，星夜催儹，其頒行《民曆式樣》，推算將竣，數日內可以先行進呈。謹將前器，一並開列恭進。伏乞俯垂鑒覽施行，緣係恭進新法測天儀器事理，臣等未敢擅便，謹題請旨。

計開：

渾天銀星球一座時盤並指時針全

鍍金地平日晷一具三角形表並羅經針全

窺遠鏡一具置鏡銅架並螺絲轉架各一，木立架一，看日食絹紙殼二

輿地屏圖六幅

《諸器用法》一册

順治元年七月初九日具奏。初十日奉令旨：這測天儀器准留覽，應用諸曆，一依新法推算。其頒行式樣，作速催竣進呈，禮部知道。

修政曆法臣湯若望謹題，爲恭進萬年寶曆事：

臣若望恭逢聖主洞燭舊曆歲久差訛，西洋新法屢屢密合，隨該禮臣請定曆名，奉有治曆明時，帝王首重，今用新法正曆，以敬迎天休，誠爲大典，宜取名《時憲》，用稱朝廷憲天乂民至意，頒行天下，以明年爲順治二年之旨。嗣該臣進測天儀器，奉有應用諸曆，一依新法推算，其頒行式樣，作速催竣進呈之旨。敬此。敬遵。微臣謹按敬授民時，全以節氣交宫，

與夫太陽出入晝夜時刻等項，爲重若節氣之時日不真，則太陽出入與晝夜之刻分俱謬矣。歷稽《大統》、《回回》舊曆，所用節氣等項，因不諳曆法真實之理，所以不能盡推天下諸方應用之數，而刊行止泥一方。且北直之節氣，於春秋兩分前後，俱差至一二日不等，况諸方乎？即諸方每以一方爲然考之，殊無準則，而薄海内外盡知紕謬。若此又安可謂敬授民時之信曆乎？然新法之推太陽出入地平環也，則有此晝而彼夜，此入而彼出之理。第舊曆止以一處而概諸方，是舊法不明經緯之卑賾也。

夫惟舊法之不明，故交食每多應食而不食，當食而失推，五星每多當疾而返遲，應伏而反見矣。不知者非視之以爲異常，即詫之以爲災變。然數者皆非變異，乃罔知真實一定之良法故也。蓋舊法種種差訛，有難枚舉。今幸聖明御宇，首先去舊曆而用新法。頒行則舊式亦宜改革。今以臣局新法，所有諸方節氣，及太陽出入，晝夜時刻，早晏不同。微臣一一殫竭心力，率同本局供事官生朱光大等、生儒宋可成等，星夜儹催，悉於本月十四日推步已完，共增數葉，加於頒行寶曆之首，以協民時，以前民用，從此聲教遠敷，萬方鼓暢，始知數百年未能改易之曆，一旦煥然聿新。即自右聖君賢相。握璣衡以齊七政之盛治，弘麻無逾斯時者矣。其曆中所載方位，神煞用事等項，原無度數可憑，悉皆不用推算。不過祇對日下干支，照舊本直抄填注，乃於本月十五日特傳該監秋官正劉有慶、賈良琦等數員，到局將前項用事，至十九日填寫已畢，隨即裝潢告成。至查舊曆末尾，列有五官等官職名，但今所進《時憲曆樣》，一依新法，並非監官推算，例應改革，庶於大典有光矣。謹此恭捧進呈。伏惟聖明睿覽，即賜勅下刊刻，頒行天下施行，緣係恭進萬年寶曆事理，未敢擅便，謹題請旨。

計進：

《頒行新法民曆式樣》一册

順治元年七月二十日具題。二十二日奉令旨：這恭進新曆節氣交脱，與太陽出入晝夜時刻，按道理遠近推算，諸方各有不同。果爲精確，但字畫細小，行款稠密，還再加開爽，以便頒行。内濬陽改寫盛京，曆尾五官等職名既係舊製，附列湯若望之後，仍取該監前進曆樣來看。禮部知道。

曆局投内院《大統曆》自相矛盾略：

若望連赴禮部共對曆法新舊之異同，因見稱許新法者固多，而間有承訛襲舛之人，溺於舊聞，不盡輸服。望隨回寓，略簡甲申年曆日，其與新法殊異者姑置不論，即就彼本法相對，亦多矛盾之處，約舉五端，以概其餘：

一依《大統曆法》，每年歲實三百六十五日約零三個時辰，平分周天三百六十五度二十五分七十五秒，周天一十二宮，每宮得三十度四十三分八十一秒，則太陽之行，每宮應得三十日又半日弱也。乃今曆上有多至三十三日者，有少至二十七日者，相差六日，此何以解也。

一凡本日晝夜長短，悉依本日太陽出入而定，此一定法也。乃今就本曆晝夜長短而論，多與太陽出入不相符合。如正月十二日，晝四十六刻，夜五十四刻，理宜本日日出卯正二刻，日入酉初二刻也。乃今曆上先一日，日出卯正二刻，先二日日入酉初二刻，豈此二日內太陽在天，其行動絕無增減乎？又如二月初十日，日入酉初四刻，次日日出卯正初刻，理宜晝夜相等，各五十刻也。乃至十四日猶然，日出卯初四刻，豈其間四日晝夜長短絕無增減乎？及查二十日則又晝五十一刻，夜四十九刻矣。夫自十四以至二十，僅六日耳。此六日輒長一刻，而彼四日分毫不長。況又俱在春分前後，而長短殊異，此何以解也。自正月以至十二月，其舛謬皆如此。

一凡晝夜相等之日，爲春秋分。乃今曆上晝夜各五十刻，在二月十二日，而春分在二月十四日爲後二日，晝夜各五十刻，在八月二十三日，而秋分在二十一日爲前二日，是一年有兩春分兩秋分也。至若夏至爲晝極長夜極短之日，依彼百刻爲分，應晝長六十刻夜長四十刻也。乃今曆上晝長五十九刻夜長四十一刻，何也？況又與本日日出入不合乎？冬至爲晝極短夜極長之日，應晝四十刻夜六十刻也，乃今曆上晝四十一刻夜五十九刻，何也？況又與本日日出入不合乎？

一曆上夏至日出寅正四刻，是即卯初初刻也。乃前四月二十六日，後六月初十日，俱日入酉正四刻，是即戌初初刻也。若然則是太陽出入四十五日內，絕無增減，理宜四十五日內，晝夜長短與夏至本日等也。而四月二十六日與六月初十日俱晝長五十八刻夜長四十二刻，日出入則與夏至同，而晝夜長短則與夏至異，何也。

一凡星與太陽經度同名，爲合伏。乃今曆上有星合伏，而與太陽不同經度者，如水星四月初五日合伏，在胃八度本行內。又注太陽在胃十一度，是差三度也。又如八月初六日，水星在翼九度，而太陽在翼二度，是差七度也。又如十一月二十九日水星合伏，在箕七度，而太陽在斗初度，是差四度，而又不同宿也。其相差如此，而云合伏何也。他星類然，未皇悉舉。

以上五端及諸他謬錯，年年推算如此，偶就《甲申曆》摘出證之。

順治元年七月二十五日。

欽天監監正戈承科，監副賈良棟、周胤等謹呈，爲恭請新曆以便頒行事：

據欽天監春官正等官潘國祥、左允化、賈良琦、劉有慶、戈永靖、周曉、戈永澄，恭照舊法年遠漸差，新法屢測密合，業奉令旨：所有明歲頒行《曆樣》，應照新式成造。其五星諸曆，一一遵新法推算，並無別論。伏乞俯鑒施行。

順治元年七月二十五日欽天監監正戈承科，左監副賈良棟，右監副周胤。

修改曆法臣湯若望謹題，爲遵旨預請遣官測驗日食事：

本年六月二十二日該臣若望題爲《恭報八月初一日日食》一疏，二十三日奉令旨：舊曆歲久差訛，西洋新法屢屢密合，知道了。這本內日食分秒時刻、起復方位，並各省直見食，有多寡先後不同，具見推算詳審，俟先期二日來説，以便遣官公同測驗。其窺測諸器，速造進覽，禮部知道。敬此。敬遵。今日食届期，理合先期恭請其測食處所，或於内院，或於觀象臺，相應奏請欽定，以便遵依。是日容臣照舊攜新法黄赤全儀等器，如法公同測驗。臣等未敢擅便，伏候命下施行，爲此具本謹具奏聞。

順治元年七月二十七日上。二十九日奉令旨：遣官已有旨了。湯若望照例攜帶儀器，前赴觀象臺如法測驗。禮部知道。

禮部一本遵奉令旨事，七月二十六日題，二十八日奉令旨：遣大學士馮銓率製勅房中書李正茂，前赴觀象臺，督監局官生，公同測驗。

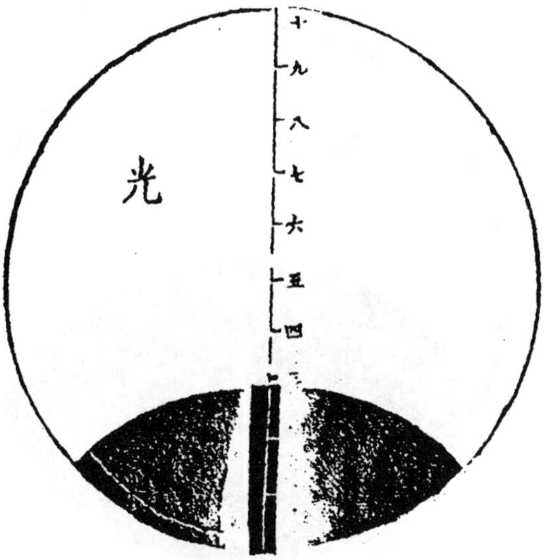

西洋新法

新舊法日食分秒時刻圖

順治元年八月初一日丙辰朔日食分秒時刻並起復方位

京師順天府依西洋新法推算

日食三分弱

初虧，午初初刻半弱　西南

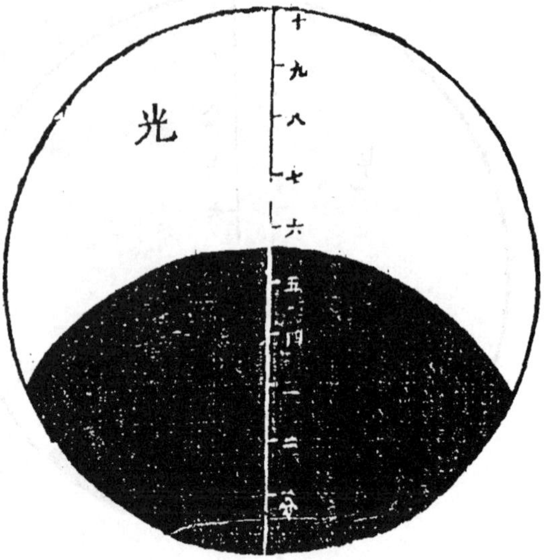

欽天監

食甚，午正一刻强　正南

復圓，未初二刻　東南

計食限内凡九刻十分

食甚日躔黄道鶉尾宫九度四分爲張宿八度一十八分

依《大統曆》推算

日食五分七十一秒

初虧，巳正一刻　西南

食甚，午初二刻　正南

復圓，未初初刻　東南

食甚日躔黄道張宿一十六度二十三分九十秒

依《回回曆》推算

日食四分二十一秒

初虧　午正一刻　西南

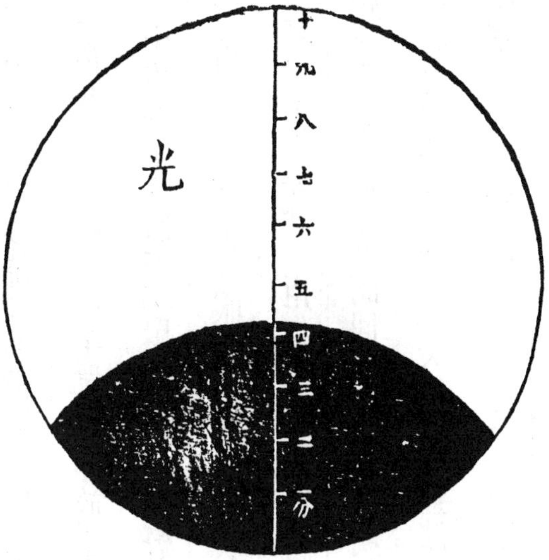

回回科

食甚　未初一刻　正南

復圓　未正初刻　東南

食甚日躔黃道巳宮九度九分三秒

內院大學士　批：中堂公同用儀器測驗，又《大統曆》差有一半，《回回曆》差有一個時辰。惟西洋新法，分秒時刻纖忽不差。以明朝二十年未及行之新法，大清朝以數日間行之。一試驗而合若符節，可謂奇矣。著用心精造新曆，以爲萬年法傳。

順治元年八月初一日批。

内院大學士臣馮銓謹啓：

臣敬奉王上差遣，於本月初一日早，率制勑房中書李正茂，詣觀象臺督監局官生，測驗日食。深維國家新定寶曆，祈天永命，迎億萬年無疆之休，非尋常比。因與遠臣湯若望、欽天監正戈承科等，及回回曆官吴明炫，約矢公矢慎，勿執成心，勿泥己見，一以天行爲準，遂將臺上璿璣玉衡，及遠臣新法儀器對正妥當，復調理刻漏如法，依該監舊法，候至巳正一刻，全無形跡；過正二正三正四，巳時已完，直至午初初刻半弱，日果如《時憲曆》新法，從西南食起。臣率衆官即於臺上行禮。候至午正一刻强，以個影觀之，果食甚三分。臣令中書李正茂從紙扇孔内，仰觀其食處在正南稍西。臣因取家藏紫色眼鏡再觀，已稍轉東，可見扇孔不如眼鏡之真。而食甚之在正南，無可疑也。未初二刻轉東南復圓，一如新法所算，毫無差謬。臣復率衆官行禮畢，若依《回回曆法》推算，則午正一刻食甚之時，方應如虧，訛舛殊甚，詳詢回回曆官吴明炫，無以置對。蓋相傳之法如此，非本官疎誤也。總之，《時憲曆法》，盡善盡美，即局監諸臣，無不衆口一詞，服其精確。依此法治曆明時，真可仰副朝廷敬天勤民之盛心矣。内院見有進到西洋儀器，臣初登臺時，即令局官朱光大赴院伺候安置，諒同官諸臣定已詳察。而朝臣俱在，禮部救護，該部亦設有儀晷，必皆灼見。

伏乞睿鑒下部，再加考訂。如果臣言不爽，見今造曆，宜定以新法爲則，此誠開天立極第一要務也。本日差回，理應具啓報命。今將新法、舊法、《回回曆法》日食時刻分秒三圖進呈上覽。臣謹啓。

八月初二日啓，初七日奉令旨：覽卿本知遠臣湯若望，所用西洋新法測驗日食時刻分秒方位，一一精確，密合天行，盡善盡美。見今定造《時憲新曆》，頒行天下，宜悉依此法爲準，以欽崇天道，敬授人時。該監舊法，歲久自差，非由各官推算之誤。以後都著精習新法，不得怠玩，禮部知道。〔一〕

校記

〔一〕本册第三十一葉至第三十六葉闕如。

修政曆法臣湯若望謹奏，爲恭報測驗日食事：

該臣於六月二十二日報稱，本局依西洋新法推算，得本年八月初一日丙辰朔京師順天府日食三分弱，初虧午初初刻半弱西南，食甚午正一刻强正南，復圓未初二刻東南，等因具奏。奉有這本内日食分秒時刻，起復方位，並各省直見食，有多寡先後不同，具見推測詳審。俟先期二日來説，以便遣官公同測驗之旨。復於先期奏報，又奉有湯若望照例攜帶儀器，前赴觀象臺如法測驗之旨。敬此。敬遵。是日大學士馮銓督同局監官生，齊赴觀象臺。臣若望亦攜遠鏡並黄赤全儀及臺上簡儀等器，悉心覘候。其初虧、食甚、復圓時刻分秒及方位等項，測之一一俱與臣法密合。其該監所推《大統》、《回回》兩法，俱各疏遠。此大學士逐刻登記，衆皆心悦誠服，悉聽大學士具題外，至於内院覘測，則有本局供事經歷朱光大，聽大學士公同如法窺驗，隨於日食分秒圖後批稱：中堂公同用儀器測驗，《大統曆》差有一半，《回回曆》差有一個時辰，惟西洋新法分秒時刻，纖忽不差。以明朝二十年未及行之新法，大清朝以數日間行之，一試驗而合若符節，可謂奇矣。著用心精造新曆，以爲萬年法傳等語。而曆局覘測，則有本局供事署正黄宏憲，及生儒掌乘徐瑍等，公同如法窺驗，各各俱與新法脗合。此新舊各法疏密自見，無庸微臣凟贅者也。緣係測驗日食事理，理合據實回奏，爲此具本謹具奏聞。

順治元年八月初二日上。初八日奉令旨：據報知内院諸臣，依新法測驗日食，纖忽不差，與觀象臺公同測驗無異，具見精密。湯若望即督率監局官生，用心精造新法，以傳永久，禮部知道。

修政曆法臣湯若望謹奏，爲請給新曆供費，以便推算速竣，兼陳本局要務事：

臣自六月間蒙特旨，悉用西洋新法，頒行《時憲曆》，即率本局官生，先推民曆，每覺其散早聚遲，總由各官生城外居住，又皆窮苦，每日饔飧，或就食於市肆，或待炊於本家，往返奔馳，費時失事，最爲未便。因而臣即設處墊用供給，並墊紙劄綾絹裝潢等費。乃今《民曆》雖完，尚有《七政躔度》，纂推正亟，功倍於前。臣欲再行墊用，力又不能。雖已兩次移行禮部速請補給，未見應發，守候半月有餘，推算無由起手。至於官生住居，臣愚以爲曆局房屋止有三層，大小計十二間，極爲窄狹。今幸局旁尚有空房兩處，半遭流寇燒毁，又無兵丁居住，亦且附近臣居，可以通連，俾官生得以聚處，庶於推算繕寫等功無誤，相應一並請給者也。他若推算之官，舊制列名曆尾，今鋪注神煞者，該監止須二人填寫，兩日即畢，而例得列名者十一員，乃本局推算者勤勞兩月，列名僅有朱光大、宋發二員，如順天生員宋可成、副榜監生李祖白、儒士掌乘焦應旭，此四人者，文理優通，有志曆學；訪舉在局，效力多年。止以未蒙授職，不便附列其名。兹因頒曆重典，推測繕寫，勞苦倍常，似應勅下吏部，查照辦曆事例，對加職銜，以便添名曆尾。其餘在局學習供事諸生，則有掌有篆、徐瑍、孫有本、張中鵠、鮑英齊、殷鎧、武之彦、李華、宋可立、劉藴德計共十人，亦應照天文生例，食糧辦事，以鼓後效。如此則前後相繼，自可傳法永久，而弗斁也。又曆局原有看門人役一名、書役一名、皂隸二名、匠役四名，因年久曆未頒行，漸皆散去。今令各役復還，必得月給米糧，庶身無他營，而公務自無遲誤也。以上三款並前供費房屋二事，係目前要務。懇乞聖明俯賜，俞允勅下該衙門一一遵奉施行，則事無推諉，而大典克襄矣。爲此具本，謹具奏聞。

順治元年八月十一日上。十五日奉令旨：治曆大典，官生供費各役，月糧既有成例，即察明支給，局旁空房，准作推算繕寫之所。宋可成等四人量授職銜，同朱光大等列民曆尾。在局諸生，照天文生例食糧辦事。該監各科並回回科官生，通曉新法的照舊留用；怠惰冒濫的應行裁汰。著禮部同禮科官，詳加考試，分別具啓。內靈臺儀器，並選曆局官生二人典守，該衙門知道。

禮部啓爲請給新曆供費，以便推算速竣，兼陳本局要務事：

祠察清吏司案呈奉本部，送禮科抄出修政曆法遠臣湯若望啓前事等因。奉令旨：治曆大典，官生供費各役月糧，既有成例，即察明支給。局旁空房，准作推算繕寫之所。宋可成等四人，量授職銜，同朱光大等列名曆尾。在局諸生照天文生例，食糧辦事。該監各科並回回科官生，通曉新法的照舊留用。怠惰冒濫的應行裁汰。禮部同禮科官詳加考試，分别具奏。內靈臺見在儀器，並選曆局官生二人典守，該衙門知道。敬此。又該內院大學士馮銓啓，二十二日考試欽天監官生等因，八月二十一日奉令旨：知道了。卿親監曆局考試，以定去留，具見敬慎，該部知道。敬此。敬遵。各抄到部送司，又據曆局手本，開送書辦吳勝，皂隸周于德、潘文曉，匠役高長春、李洪玉、李貴芳、王三聘，門役俞信，各花名前來，相應具覆通查，案呈到部，照得修曆遠臣湯若望所請供費一項，案查先經該局進呈《曆樣》，墊過筆札、綾絹、裝帙工價，官生供給等費，共銀二十兩有奇。所費爲數不多，先行補給。又稱尚有《七政躔度》等曆，纂修正亟，功倍於前，一應公費，俟有確數報部，再行酌給。各役月糧，業經該局開送書皂匠役吳勝等八名前來，應照各衙門例一體支給。局旁空房，已行遠臣安插住坐，爲推算繕寫之所。其生儒宋可成等四人，既以効勞有年，勤敏可加，相應照例量帶欽天監博士職銜，應同朱光大等附名曆尾。在局効勞儒士掌有篆等十人，令依原啓，准照天文生例食糧辦事。內靈臺儀器，遠臣遴委官生著令收掌，匙鑰管理外，其考試一節，於本月二十一日未時，蒙內院傳諭禮部同禮科官，於二十二日早先赴曆局，將欽天監各科官生，通行考試，分别等次，候内院到局，議定去留以憑，具啓請旨定奪等因。該本部左侍郎臣李明睿，右侍郎臣何瑞徵，遵即會同禮科給事中臣孟，署祠祭司精膳司郎中今復授山東道御史臣甯承勳，於二十二日黎明，督率欽天監監正戈承科，監副賈良棟、周胤，帶領官生潘國祥等到局伺候，即蒙内院大學士馮銓親臨考試。臣等在局齊集曆科等科官潘國祥等四十七員，並回回科官吳明炫等五員，曆科等科天文生朱光蔭等三十一名，及回回科天文生吳明耀等三名，命題考試，隨據各官生呈稱：今科各有專司株守，一遵成例，其於新法除賈良琦、劉有慶、朱光顯三名而外，求其熟習精通者，蓋甚難其人也。臣等細詰其由，則謂本年八月方奉有精習新法，不得怠玩之令旨。今學習伊始，若非寬限，講求未敢揣摩應試也。臣等以爲治曆明時，雖法分新舊，然而其人之勤惰，與其人之明昧，其年之衰壯，固可觀而知也。於是逐名細詢，或考其推算之異同，或察其占驗之得失，且課其職掌，觀其字義則見：有法雖守舊，而志願學新者；有新舊茫然而避考不到者；又有志欲學新，而年已向暮者。應留者似當責以後效，應去者似當汰其冗靡。官如潘國祥等四十五員，生如朱光蔭等一十八名，所當寬限三月，所當寬限三月，另定考期，此後效之可圖者也。又官如左承嗣等三員，生如左承業等十四名，非置象數於罔聞，即憚考試而不至，所當循名而責，實汰冗以省費，此冒濫之宜清者也。又官如左允化、李之猷，雖其世業是承，而耳目不靈，精力告竭，所當考其子弟之精勤者，以補其不逮可也。至如回回科原在新舊法之外，而自爲一科，官則仍存。吳明炫等五員以備參考，生則汰去吳明耀等五名，止存馬以才等三名，仍令改習，以候考試，庶天行有常度，而敬授無愆期矣。爲此具本，謹將考過官生姓名，分别開列上請，統祈睿鑒，勅下臣部遵施行。

順治元年八月二十五日上。九月初三日奉令旨：是潘國祥等姑准寬限再考，如仍前怠玩，一併究汰。

禮部儀制清吏司奉内院傳奉令旨，諭禮部聖駕至京，行登極禮，同日行告祭太廟社稷禮。告祭後，方頒赦詔，須選擇吉期二日，可傳與遠臣湯若望即率監局官生，恪恭詳擇，敬此。合行傳知等因，到部送司，相應移會，即率官生將登極告祭太廟社稷禮、告祭吉期，慎選二日，移送過司，以憑題請。合用手本，前去曆局湯處，煩爲應照選擇施行，須至手本者。

順治元年九月十六日。

修政曆法湯若望謹呈，爲恭請萬歲景命年庚，恪恭選擇登極吉期事：

本月十六日接禮部儀制清吏司手本，內開奉內院傳奉令旨：諭禮部聖駕至京，行登極禮，同日行告祭太廟社稷禮，告祭後方頒赦詔，須選擇吉期二日，可傳與遠臣湯若望，即率監局官生，恪恭詳擇，敬此。移會到局，該望即日率同監局官生，齊集詳擇吉期，恭照登極大典，應請萬歲景命年庚，庶得詳細擇吉。伏乞頒賜，須至呈者。

右呈內院

順治元年九月十九日。

修政曆法湯，爲傳奉事：

准貴司手本開奉內院，傳奉令旨，諭禮部聖駕至京，行登極禮，同日行告祭太廟社稷禮。告祭後方頒赦詔，須選擇吉期二日，可傳與遠臣湯若望，即率監局官生，恪恭詳擇。敬此。望於本月二十日卯刻，親赴內院，恭接萬歲景命年庚，隨即回局，率監局官生，推算吉星，恪恭詳擇。謹擇得本月二十一日丙午宜用，卯時午時上吉；又擇得十月初一日乙卯宜用，寅時卯時上吉；再擇得十月初十日甲子宜用，卯時午時上上吉，以上三日均屬大吉，伏乞裁定。望已面回内院，聽候裁定外，爲此合用手本，前去禮部儀制清吏司，煩爲查照，題請施行，須至手本者。

順治元年九月二十日修政曆法湯若望。

修政曆法臣湯若望謹題，爲恭進《萬年七政寶曆》事：

微臣奉旨用西洋新法推算，大清順治二年《時憲新曆》一册進上，業蒙發刊頒行。所有《七政經緯宿度五星伏見新曆》一部，臣隨晝夜督率，催儹告成。謹按舊法，向布《七政躔度》，有差至二三十度者，總不知出入昇度玄微，故交食謬拘於更點伏見，當伏而反見。今臣新法所算月及五星，皆有正斜昇度之遠近矣。舊法泥列宿終古不移，故淩犯每多舛訛，方位有失其序。今新法則有列宿密移之奥賾矣。至舊法原無度數可考，並茫無實理可據者，不必具載。今益以新法太陽行最高卑限度之真率，及五星有每年行高卑，與過中距之實歷矣。臣法種種創立維新，不過仰承聖明欽若授時，愛民之至意而已。此外尚有應用《淩犯》諸曆，昨既奉有一依新法推算之旨，俱屬臣局職掌。容臣陸續催儹，盡瘁所弗敢辭，謹將纂完《乙酉歲七政經緯新曆》一部，繕寫裝潢成帙，恭進御覽。伏乞皇上勅下該部刊刻，頒布施行，庶時憲寶曆永垂於萬萬禩矣。爲此具本，謹具奏聞。

計開：

《乙酉歲七政經緯新曆》一部

順治元年九月二十九日上。十月初二日奉聖旨：禮部知道。

修政曆法臣湯若望謹奏，爲敬陳本局應行緊要新法事宜，以抒葵赤事：

竊照曆法大典，所關萬世，匪直誇耀一時而已。目今寶曆既已大定，則行遠傳後之計，不可不亟講也。而微臣又再四思，維曆之所可貴者，上合天行，下應人事也。苟徒矜推測密合之美名，而遺置裨益民用之實學，聊將一切宜忌，仍依舊法鋪注，終非臣心之所安。以故曆局諸務，徐俟異日續請。若目前緊要之事，謹約舉條議二款，伏乞聖鑒施行。

計開：

一考驗七政情性，原與人事各有所宜，不明此理，則一切水旱災荒，無從預修救備之術。而兵農醫賈，總屬乖違。臣西庠是以有天文實用一書，已經纂譯首卷，未暇講求，合無恭請敕下臣局，陸續纂成，嗣後悉依實用新法鋪注，庶國計民生，大有裨益矣。至若占驗一事，原係該監職業，相應仍照舊規，勅令天文科官生，晝夜輪直，在臺占測。俟臣局天文實用纂畢，呈進之日，另依新法占報，伏候聖裁。

一推測七政真正行度，必藉新法精奥書器，庶測與算合，種種密符於天。臣於前朝修曆以來，著有《曆法書表》百十餘卷。雖經刻有小板，聊備教授後學並推算之用。況遭流寇殘毁，缺略頗多，合無請旨勅下臣局再加詳訂，將《闡發新法奥義曆指》，並《推布七政躔度》、《立成諸表》，約成數十卷，用官樣大字格式刊刻進呈，藏之内府。再有新法測天儀器十數種，臣等擬欲請製急用者三器，如渾天星球及地平經緯，與黄赤全儀，以爲測驗七政會合衡照之用。

以上書器，爲費無多，或勅該部措辦，或聽臣局勸輸，陸續造完應用，以成一代鴻謨，以垂萬年法式。伏候聖裁。

順治元年十月十五日奏。十八日奉聖旨：禮部一併看了來説。〔一〕

校記

〔一〕《奏疏》四卷本，第一卷至此止。

修政曆法臣湯若望謹奏，爲正朔新頒，適會聖主登極，千古奇逢，普天胥慶，懇祈皇上舉行祭告，大頒恩詔，並受萬方表賀，以諧天人，以和上下事：

臣覽載籍，自古開國帝王，莫不欽崇天道，敬授民時。如伏羲作干支，神農分八節，黃帝綜六術，顓頊命二正，是已六經可考者。則《虞書》之在璣曆象，《周禮》之土圭致日月，《馮相氏》會天位辨時敘也。而黃帝以下，六曆俱不傳。其傳者漢武帝而下，元世祖而上，曆凡五十餘改，創法者十有三家。其間因革損益，代有異同。雖後至王郭諸人，修改較前加密。然而闡理未精，立法易舛，從未有密合天行，纖忽不爽，如西洋新法。且預修幾二十年，以備聖朝垂憲萬世者也。況當主上登極之初，即是正朔首頒之日。天時人事，妙相會合，豈非天命興隆，享祚無疆之顯兆耶。臣嘗考古今以來，未有天道違甞，三光失其和，而民物得寧謐者。亦未有天道循常，三光得其理，而世宙不昇平者。夫曆法所以齊七政，協五紀也，則其有關國治，良非小補。而聖朝首重之，豈非獨得治天下之要道哉。臣查歷朝改曆告成，頒行天下臣民，恭逢其盛者，普荷恩施。若今日一人建極，與萬方受朔，二典並行，則尤爲曠代之奇逢。本朝之專美，禮宜聖躬敬答帝天，孝享祖廟，繼以群僚表賀，特詔頒恩，直使懷忠者，共效歡呼，戴德者均霑雨露，庶君師永承四方之寵，而尊親普及萬邦之應矣。緣係微臣躬任修曆事理，合行奏請寶曆告成，典禮以隆本朝，以光前古，臣不勝瞻仰待命之至，爲此具本，謹具奏聞。

順治元年十月二十三日具奏。二十六日奉聖旨：禮部知道。

禮部祠祭清吏司爲傳奉事：

本月二十九日辰時，蒙内院傳禮部奉叔父攝政王令旨：「新曆告成，該監局効勞官生，著湯若望分別等次，開列來看。敬此。」敬遵。傳奉到部，送司擬合就行，爲此合用手本，前去修政曆法湯處，遵照令旨事理，即將新曆告成，監局効勞官生，詳查勞績，分別差等，速覆前來，以便呈堂轉送内院，具啓施行，須至手本者。

順治元年十月三十日。

修政曆法湯若望爲傳奉事：

本月初一日蒙本部面諭，二十九日辰時，蒙内院傳禮部奉叔父攝政王令旨：「新曆告成，該監局効勞官生，著湯若望分別等次，開列來看。敬此。」敬遵。所有本局効勞官生，相應從公分別開列，以便轉送内院，具啓施行等因。著得新曆告成，輒舉敘典，此聖明有勞必酬、無微不録之德意，至深厚也。望思朝廷名器，自當慎重，不敢濫叨，謹遵諭旨事理，將効勞官生，從公分別開後。

計開：

曆局供事加通政使司經歷加俸一級朱光大

加光禄寺大官署署正加俸一級黄宏憲

加欽天監博士加俸一級宋發

加欽天監博士加俸一級朱廷樞

加欽天監博士李祖白

以上五員，允宜首敘。前四員在局最久，推測勞深；後一員授職方新，效勞已久，所當並列者也。

曆局供事欽天監博士加俸二級朱光顯

欽天監在局供事加監副管秋官正劉有慶

中官正賈良琦

曆局供事加欽天監博士宋可成
加欽天監博士掌乘
儒士孫有本、徐瑍
儒士殷鎧、鮑英齊
以上九員名或供事有年，或推測勤敏，允宜次敘者也。
曆局供事儒士掌有篆、劉藴德
加欽天監博士焦應旭
儒士宋可立
天文生朱光蔭
儒士李華、武之彦
以上七員名供事亦勤後効，揕鼓所當，一體附敘者也。其有本局生員張中鵠，曠業已久，應令出局回學，至如前朝修曆，尚有在局供事欽天監官數員如潘國祥等，不過隨效奔走之勞，未敢擅行開列。其所開列監局官生共二十一員名，既荷新恩，嗣後凡有一切新法，《交食節氣》《七政》等項，儘能辨理，此其職掌攸關，似無容諉卸者也。

爲此覈實開列具申，須至申呈者。

右申呈禮部。

順治元年十一月初四日。

禮部祠祭清吏司爲敬陳本局應行緊要等事：

該修政曆法湯奏前事等因奉聖旨：「禮部一併看了來説。欽此。」抄部送司奉此今本司查明所奏二款，具稿請題。適奉正堂郎面諭，即將曆法書表所刻小板送部查閲。如果儹壞缺略不堪，另行翻譯大字。所需板片刷印刊刻工價紙張，並渾天星球等三器，合用物料造作工價，一一開報，以憑入奏，無煩再請等因到司，相應移會，合用手本，前去修政曆法湯處，希即查覆施行，須至手本者。

順治元年十一月初九日。

修政曆法遠臣湯，爲敬陳本局應行緊要新法事宜等事：

該本局奏前事，奉有禮部一併看了來説之旨。本月初九日准貴司手本稱：奉堂諭即將《曆法書表》所刻小板，送部查閲。如果僨壞缺略不堪，另行翻譯大字，所需板片刷印刊刻工價紙張，並渾天星球等三器，合用物料造作工價，一一開報以憑入奏，無煩再請等因到司，移會到局。查照得本局前疏稱：將《闡發新法奥義曆指》並《推布七政立成諸表》，約成數十卷，再加詳訂，用官樣大字格式刊刻進呈，藏之内府，以成一代鴻謨之意，非以原刻聊備教授推算之小板，漫爲進藏而褻巨典也。其小板原係遠人自行刊刻，所有缺略不堪者，遠人自能修補。可以仍供推算之用，亦不因其僨壞，始議另行翻譯，以涸珍藏，況充棟之板，未易搬送查閲，即欲另刊官樣大字板片，去繁就簡，約有一千餘塊。謹將小樣書表刷印數業附覽，便知其詳。至於測驗儀器，向經承造黄赤星球二種，費止有千餘金。今益地平經緯全儀，論工價約增十分之五。總之俱屬創製精工，造完始見勸輸。念切原不欲專請，錢糧其他一切物料板片工價等項，自應隨時斟酌，務求節省，似難預爲臆度懸擬者也。合用手本回覆，前去禮部祠祭清吏司，煩爲查照前疏事理，應否成造，與夫勸輸措辨，悉聽貴部裁酌施行，須至手本者。

順治元年十一月十一日修政曆法湯若望。

禮部祠祭清吏司案爲移取職名事：

照得新曆告成，業蒙明旨查敘監局効勞官生，除貴局官生已經開送到部，但貴局既係督率，自應首敘，職名尚未開送，或願授職級，或應敘賚獎勵，均祈貴局自行裁酌，開送過部，以憑呈堂彙送内院啓奏施行，須至手本者。

順治元年十一月十三日。

修改曆法湯，爲敬陳本局應行緊要新法事宜等事：

該本局奏前事，奉有禮部一併看了來説之旨。本月初九日准貴司手本稱：奉堂諭等因，移會到局，隨時即回覆手本開明訖，復又發回手本，再問刊刻板片工價，並渾天星球等費，謹按擬緊要應刊官樣大字進呈。《曆指書表》板片一千餘塊。隨傳刊字匠，問其板價若干。言板每塊價約五分，每板兩面，字約八百餘個。刻字工價每百約銀六分，總共約銀五百五十餘兩。其測驗儀器三種，依新法式樣，製造輕巧，竭力節省，所費約一千餘金，以上之費，已經奏請，不敢求之内帑，相應招徠捐助，以成國家大典。既經詳問前來，不得不擬度回覆，合用手本，並發回手本，一併回覆。前去禮部祠祭清吏司，煩爲查照呈堂裁覆施行，須至手本者。

順治元年十一月十五日修政曆法湯若望。

修政曆法遠臣湯，爲移取職名事：

本月十三日接貴司手本，開稱本局既係督率云云等因。竊望自幼誠心天學，原無世外榮思。至明朝訪求修曆以來，歷經禮部尚書姜逢元等題覆敘勞，内開湯若望著書撰表，製造儀器。算測交食躔度，講教監局官生，數年來嘔心瀝血，幾於穎禿唇焦，功應首敘。但遠臣輩守素學道，不願官職，勞無可酬，惟有量給田房，以爲安身養贍之資等因。又題稱縱大官稍有所給，乃月僅兩餘，未供饔飧。而數萬里孤蹤，仕甘弗進，生産又絕，何以爲勞臣勸乎？則一廛之受數椽之棲，諒非浩蕩之所靳也等因。禮部又題稱：查得屢經題覆不願官職，遂議查給田房，具疏上請。臣部再四斟酌，似爲妥便等因。此皆在明朝曆法未頒，先有資給田産，以供贍養。今曆法恭遇大清聖主頒行，已成一代巨典，但望守素學道，不願官職。雖效微勞，志無可移，亦不敢冀其首敘。或念遠人昭事焚祝，日給無資，仍聽貴部查案開敘，以沐洪庥。既蒙移取職名，不得不據實開覆，希惟貴司裁酌呈送施行，須至手本者。

順治元年十一月十六日修政曆法湯若望。

修政曆法臣湯若望謹奏，爲恭報月食，並定進呈曆目以祈聖鑒事：

臣局謹遵勅旨：依西洋新法推算，得順治二年乙酉歲正月十四日戊戌夜望月食。其食限分秒時刻，例應先期上聞。臣再照得舊法，於每年春恭進次年《民曆式樣》之後，隨即造辦《七政》《經緯行度》，至冬初進呈者。除《七政》、《中曆》外，又有《上位》，又有《月令》。而臘月進呈者，除《淩犯上吉》、《壬遁》外，又有《揭帖》，又有《行程》，以上皆係重復之曆，名目雖各不同，而其中度分與用事則一。且其間所載神煞用事，不過復與《七政》、《經緯》、《淩犯》等曆，互相重疊，敷演如此，錯雜雷同，似難瀆塵睿覽。臣等再四參酌，凡舊法重復之曆，合行删去四種，每年惟以《民曆》、《七政》、《經緯躔度》，與夫《中曆》、《淩犯上吉》、《壬遁》六種之曆，依次虔造，恭進御覽。而《壬遁曆》内，亦不必重載《中曆》、《七政》、《淩犯》等項，免致瀆餚。庶幾端緒清而繁費省，職業一而無稽緩之誤矣。敬因恭報月食事理，一併奏知，伏祈聖明垂鑒，勅下永爲遵守。今將臣局新法推算得月食分數起復方位並圖像，及各省直時刻不同之數，逐一開列於左，乞勅禮部轉行該衙門照常頒行天下，至期觀候測驗施行。

計開：

順治二年乙酉歲正月十四日戊戌夜望月食分秒時刻並起復方位

月食八分七十秒

初虧，丑初初刻半弱，正東

食甚，丑正三刻强

復圓，寅正二刻弱，正西

計食限内凡一十三刻半强

食甚月離黄道鶉火宫二十二度三十八分，爲星宿初度一十四分

食甚月離赤道鶉火宫二十五度二十二分，爲張宿一度五十八分

各省直食甚時刻：

京師順天府　食甚丑正三刻一分

盛京　寅初初刻十分

高麗　寅初一刻十一分

南京　丑正三刻五分
山東　丑正二刻十一分
河南、湖廣　丑正二刻一分
山西、廣東　丑正一刻十一分
陝西、廣西　丑正初刻十二分
浙江、福建　丑正三刻十三分
江西　丑正三刻十一分
貴州　丑正初刻八分
四川　丑初三刻九分
雲南　丑初二刻八分

順治元年十一月二十五日奏。二十六日奉聖旨：禮部知道。欽天監印信著湯若望掌管，凡該監官員，俱爲若望所屬，一切進曆占候選擇等項，悉聽掌印官舉行，不許紊越。

禮部題爲傳奉事：

祠祭清吏司案呈，奉本部送十月二十九日蒙内院傳禮部奉叔父攝政王令旨：「新曆告成，該監局效勞官生，著湯若望分别等次開列來看。敬此。」敬遵。傳奉到部送司，行據修政曆法湯若望手本回稱云云，仍聽貴部。查案開敘，以沐皇恩。其曆局供事等，又據欽天監監正戈承科，監副賈良棟、周胤手本開稱，司曆李學謨書寫《曆樣》，較對板樣，其勞亦不敢泯。又如春官正潘國祥，冬官正戈永靖。保章周曉、戈永澄，雖有較對曆日之勤，思叨厚俸，而臣子分所當然，敢濫徇也各等因，案呈到部。看得新曆告成，既經遠臣湯若望開送監局效勞官生職名前來，相應題請恭候，命下臣部遵奉施行。

順治元年十一月二十八日題。旨未下。

禮部祠祭清吏司爲恭報月食等事：

奉本部送禮科抄出修政曆法湯若望奏前事等因，本月二十六日奉聖旨：「禮部知道。欽天監印信著湯若望掌管，凡該監官員，俱爲若望所屬，一切進曆占候選擇等項，悉聽掌印官舉行，不許紊越，欽此。」欽遵。擬合就行，爲此合用手本，前去修政曆法湯處查照，一體欽遵施行，須至手本者。

順治元年十一月三十日。

修政曆法臣湯若望謹奏，爲驚聞成命過隆，謹據實控辭，以安愚分事：

臣於十一月二十五日奏《爲恭報月食》一疏，隨奉聖旨：「禮部知道。欽天監印信著湯若望掌管，凡該監官員俱爲若望所屬，一切進曆占候選擇等項，悉聽掌印官舉行，不許紊越。欽此。」欽遵。臣竊念曆象授時，在《周官》爲太史之職，厥任匪輕。雖近因疇人子弟，流風陋惡，爲人所鄙，凡聞欽天監名，輒生厭惡之心。然此乃爲習俗所累，而其職掌固欽若之大典也。臣何人斯敢叨斯任乎？臣思從幼辭家學道，誓絕宦婚，決無服官之理，況臣疊遵督率職掌之旨，料理曆法無難。至於掌管印信，臣何敢當也。伏乞皇上收回成命，別選賢能管理，務期稱職，庶於大典有光，無忝古太史之稱矣。謹據實控辭，伏乞聖明垂鑒施行。臣無任激切惶悚待命之至，爲此具本謹具奏聞。

順治元年十二月初一日奏。初三日奉聖旨：湯若望著遵旨任事，不准辭，該部知道。

禮部祠祭清吏司爲驚聞成命過隆等事：

奉本部送禮科抄出修政曆法湯若望奏前事，奉聖旨：「湯若望著遵旨任事，不准辭，該部知道，欽此。」欽遵。擬合就行，爲此合用手本，前去修政曆法湯處，遵旨即便到任施行，須至手本者。

順治元年十二月初六日。

修政曆法臣湯若望謹奏，爲再剖愚衷，仰祈聖鑒以重曆任事：

臣於十一月二十五日恭報月食，奉有欽天監印信著湯若望掌管之旨。臣以學道之人，原無服官之理，隨具《驚聞成命》一疏控辭。本月初三日，奉聖旨：「湯若望著遵旨任事，不准辭，禮部知道。欽此。」欽遵。臣即當竭蹶料理印務，然而臣終有不安於心者。緣臣辭家學道，誓絕世榮，傳教東來，志非干祿。若以避榮之人，而司銜門官印，事不相宜，故爾具疏瀆辭。今既復奉聖旨，臣又念曆法創新，監規允宜整頓，疊奉恩綸，義不敢後，合無請給臣督理欽天監關防一顆，或復古太史院勑諭一道，暫爲料理，而該監印信繳部收貯，庶治曆之責，與學道之志，可以並行而不悖矣。伏乞聖明裁鑒施行，臣不勝激切惶悚，待命之至。

爲此具本，謹具奏聞。

順治元年十二月初七日奏。本日奉聖旨：湯若望著遵旨率屬精修曆法，整頓監規。所屬有怠玩侵紊的，即行參奏。勑印不必另給，該部知道。

内院行欽天監牌文：

内院爲公務事，照得各衙門官員應裁應留，及書吏各役裁汰等項，已經造册將完，即日上疏。惟欽天監七月間，雖經造册，八月内又有部疏選汰等項。又該監近日新掌印務，應再行斟酌裁定，以便即行入疏。爲此仰該監查堂上官及主簿原額幾名，應留幾員，曆科春官夏官等官五官保章正、司曆博士靈臺郎等官，並回回曆科等官，但係該監所屬官員必備開原額幾員，今曾考選，見任幾員，尚有見缺幾員。見缺者或尚應留缺若干，以候選補，或徑應裁汰不補，並天文生原額，及書辦、皂隸、刊字、刷印等匠名數，俱應酌定，見在若干，或應候補若干，應裁若干，應留若干，限兩日内造册明白，差官送内院，立等彙册上疏，毋遲時刻，須至牌者。

順治元年十二月初九日行，限十二日繳。

修政曆法管監正事臣湯若望謹奏，爲敬陳曆法事宜，仰祈聖鑒事：

臣考國家治曆，大約爲敬授民時也。除《月令》《中曆》等曆，獨關聖躬與夫國事機要，自應秘密外，如《民曆》、《七政》二曆，乃授時之典，允宜布聞中外，使作訛成易，不失其時；災荒旱潦，皆知預備。豈但農民，即工者商者醫者，與凡一切匠藝人等，莫不相時觀候，以知趨向，則二曆之於民用，所關豈細故哉。顧從來二曆，一時並行，惟今歲適當開國之初，儹造不及，以致《民曆》先頒，《七政》留待今日，已爲後時矣。議者又因外解曆日錢糧不到，紙張取給，户部維艱，便欲免散人間，不知有《七政》而不行，則國家授時之典缺略不備，無以光國制而示萬方。且曆官終年推算，何爲臨時鳩工刊刻，又何爲也。今欲布散，又告紙張缺乏，微臣反覆思維，合無請旨出示。凡民間用曆者，悉聽到監局印刷，每一郡縣許印百餘本。官不苦辦曆，民不苦無曆，上下兩便之道也。俟至次年，仍聽各省曆日錢糧解部之日，給付本監，照例同《民曆》一齊頒布，永爲定規，庶幾，一時之權與萬世之制俱得。而於國家治曆之意，不相背謬。即推算刊刻之工，不爲虚費矣。臣再查本監庫内，見有印造《民曆》，除存頒各府外，尚餘一萬多本。倘若積久不散，漸成廢紙，而民間需曆頗殷，又無覓處。合無請旨，給發變價，或歸户部，或歸該監，以備將來辦曆之需，是化無用爲有用，其於國計，又最便也。至若《民曆》、《七政》印板，原應存監，印刷便民。《中曆》印板應繳内庫秘藏。凡此皆係臣職掌攸關，故敢一併奏聞。伏乞聖明裁鑒施行，臣不勝激切，惶悚待命之至。

順治元年十二月二十日上。二十一日奉聖旨：《七政曆》著速頒行，禮部知道。

修政曆法管監正事臣湯若望謹題，爲月食事：

該臣於順治元年十一月二十五日，恭報順治二年正月十四日戊戌夜望月食。其食限分秒時刻，並各省直不同之數，已經先期上聞。隨奉有禮部知道之旨。今交食届期，理合再爲題知。但去歲日時，曾蒙欽遣大學士馮銓，詣臺公同測驗。茲月食亦當題請，伏候欽遣大臣一員，仍於觀象臺照常如法測驗施行。緣係月食事理，臣等未敢擅便，謹題請旨。

順治二年正月十一日上，十三日奉聖旨：遣大學士馮銓督監局官生，公同測驗。〔一〕

校記

〔一〕此折及以下據國圖《西洋新法曆書》補。

修政曆法管監正事臣湯若望謹題，爲測驗月食事：

該臣於去歲恭報順治二年正月十四日戊戌夜望月食八分七十秒，初虧丑初初刻半弱正東，食甚丑正三刻强，復圓寅正二刻弱正西。是夜蒙遣大學士馮銓，同滿洲官員督同禮部司官彭三益，局監官生朱光大、劉有慶等，天文科官李之貴、黃道隆等，生儒劉應昌、朱兆桂等，齊赴觀象臺，用新法黃赤全儀及簡儀，如法公同測驗。候至丑初初刻半弱，覘見初虧，正東，丑正三刻强，覘見食甚，正北，八分餘。至寅正二刻弱，覘見復圓。因月體行在午宮黃道，斜往於北，而方向應略偏北，距西地平正中不及二十度，尚在兩曜出沒廣限之內，依法仍屬正西。以上種種悉爲脗合，緣係測驗月食事理，未敢擅便，謹題請旨。

順治二年正月十七日上。本日奉聖旨：這所奏月食分秒時刻方位，公同測驗，一一脗合，知道了。禮部知道。

修政曆法管監正事臣湯，爲移催速覆未完欽件事：

查得本局於順治元年十月十五日奏，爲《竇曆頒布方新等事》一疏。十八日奉有禮部作速看了來說之旨。本日又一本爲《敬陳本局應行緊要新法事宜等事》一疏。同日奉有禮部一併看了來說之旨。再於十月二十三日爲正朔新頒，懇祈皇上舉行祭告，大頒恩詔等事。二十六日奉有禮部知道之旨。以上三本，奉旨已久，尚未酌覆。至十二月二十日爲《敬陳曆法事宜》一疏，内稱，餘存《民曆變價七政》，允宜頒布中外。既奉有《七政曆》著速頒行，禮部知道之旨。當即發紙刷印，庶不誤時。乃躭延數旬，尚無片紙以應。本年正月初八日，爲《生儒勞績已深，比例乞恩授職等事》一疏，隨奉有禮部確議速奏之旨，相應一並移催，爲此合用手本前去禮部祠祭清吏司，煩爲查照來文内事理，速爲呈堂，一一題覆施行，須至手本者。

順治二年正月十八日管監正事湯若望。

修政曆法管監正事湯若望謹題，爲恭進《萬年寶曆》事：

照得丙戌年《民曆式樣》，例應順治二年二月初一日具本恭進，隨發刊刻，四月内頒行。微臣曉夜督率局監各官，悉依西洋新法推算得：順治三年丙戌歲《時憲民曆式樣》一册，謹繕寫裝潢進呈御覽，伏乞勅下照例刊刻，頒布各省直遵奉施行。緣係恭進萬年寶曆事理，未敢擅便，謹題請旨。

計開：

《民曆式樣》一册

順治二年二月初一日題。初四日奉聖旨：禮部知道。曆式併發。

内院照議監員額數：

修政曆法掌管印務一員新任　監正一員應留　監副二員照議應裁一員應留一員

主簿一員應留

曆科原額春夏中秋冬官正五員應留，仍照議加五官副五員共十員　保章二員應留

司曆二員應留　教習博士原額三員見任十七員，爲數過多，應照議改教習爲繕寫官，應裁

七員應留十員

天文科原額靈臺郎四員，照議俱應留　五官監候二員應留　教習博士三員俱應留

尚不足用，仍照議加三員共六員

漏刻科原額五官挈壺二員司農三員博士三員内照議應裁二員應留六員

回回科原額秋官正一員五官挈壺一員博士六員共八員，今既欽定用《時憲曆》，照議

此科應革，其官生盡屬應裁

以上堂屬各科官原額四十一員，內議應裁十一員應留三十員。外加見任官十六員，共留用官四十六員。

天文生原無額數見在二十三名，照議應裁三名應留二十名

書辦一名、吏一名俱應留

皂隸八名應留　刊字匠二名應留　刷印匠三十名應裁十二名應留十八名

以上天文生並吏書匠役共六十五名，應裁十五名，應留五十名。

順治二年二月。

修政曆法管監正事臣湯若望謹題，爲微臣敬循職掌，考定官制，謹造册進呈御覽事：

臣於去年十二月內議定欽天監員缺，彙册造送內院，悉蒙照議。微臣仰體聖朝信任至意，因念速加考核，以定官制，職掌難辭，遂於二月初四日，遍集堂屬多官，當堂會議。是時回回科官，雖經裁革，猶在班行。臣因語吳明炫等曰：「該科向來備考者，緣《大統曆》無緯

度無占驗無淩犯之故。其實該科疎遠尤甚。今《時憲曆》三者俱全，又皆密合，本無缺失，不須參考。朝廷照議裁革該科者。」以此吳明炫等唯唯而退，臣然後議考。本日先以日躔土木二星考曆局生儒。內李華、宋可立微差，以未經食糧仍留學習考補，餘俱脗合。次日考核監曆科，詢以舊法《七政》過宫見伏日出沒等項，止有劉有慶、賈良琦一一能應，餘皆嘿然。除劉有慶、賈良琦有功新曆，不須再考外，其餘應考者，臣亦不敢概以新法相繩，任算舊法亦可，止有劉有泰、戈永靖、左允和、李學謨、戈繼文，以交食應，餘俱以八首面應。夫八首面不過蒙生之技，官益尊業益宜博。日食大官俸錢而以蒙技塞責，殊屬可恥，差否當無論矣。但思堅執此見，應留者止有五人，恐負朝廷優容德意。始就中從寬量留立身少過，年力堪鼓者，降調他科或降充天文生，以勵後效可也。又次日考天文生，有自量荒疎不到者周士禎等五名，赴考多差者戈維屏等二名，俱有黜革。當有黄鞏廪係去年被堂官以拈鬮汰去者，試點參箕二宿不差，書法又復端楷，念此貧生志堅上進，誤黜仍不失學，較之不肖官遠甚，特拔在博士之列，以風學士。又次日考天文漏刻二科，各詢以本等職業，止有挈壺趙從禮，夙學可嘉，應答不苦其年雖老，猶堪效用。此外再加從寬量留十員，如黄子賢、李光大、樊經、金延齡四員，悉皆黯無知識，俱已汰革。至若監正戈承科、監副周胤、罰俸署主簿戈永清，率屬怠玩有愧，官箴且並皆不諳新法，何以統領襄成新曆之人，所應革任回籍者也。考汰之餘，除曆局官黄宏憲告病，俟病痊起補外，諸如有功新曆並考試中式及從寬量留者，見任官共四十三員，空缺二員，存作陞降之用。臣謹酌量才力，填補堂屬實缺，因將裁留二項，各造册籍恭進御覽。再按臣兹遵照裁留，原爲皇上萬世官制之計，該監本係術業衙門，與别衙門有異，故所留者，止論才缺相當，即行填補。至於資俸深淺，俱在所略；其所汰者，在臣直道而行，不避嫌怨。若得蒙皇上異數，始開一線之恩，悉許降充天文生以待自新，此又出自聖裁，非微臣所敢必也。臣又念業荒於嬉成於勤，況曆學奥僻，易致遺忘，因與諸臣約，每歲按季考試，勤學中式者陞賞；怠惰不中式者罰；冶荒遠甚者，請旨褫奪，以爲竊禄曠職者之戒。誠如是也，不出三年，雖在降罰之科，亦必振勵成材，人人可用矣。又漏刻一科，照議留官六員，本年正月内别取二員，往督譙樓更鼓，事在議制之後。此二員者不在六員之内，統祈皇上鑒允施行，臣不勝惶悚瞻仰，待命之至。爲此具本謹具奏聞。

順治二年二月十二日具投内院，未准封進。

修政曆法管監正事臣湯若望謹奏，爲微臣執法，招尤屬官污衊太甚，謹瀝血控辭，以明心跡事：

臣本異域孤蹤，緣新法密合天行，奉命掌管欽天監印信。臣兩疏控辭不允，疊奉有精修曆法，整頓監規，怠玩者即行參奏之旨。夫整頓參奏，不責成禮部而責成臣局，臣即遵奉而行，未免開罪部臣矣。然而臣不敢顧也，嗣遵內院牌委，酌議監員，以定官制，夫亦自盡愚忠已耳，豈意概蒙內院照議裁留乎？是臣又開罪部臣矣。然而臣終不敢顧也。臣竊謂法必須以人行，規莫大於官守。誠使該監人人稱職，則又何法之不可修，而何規之不可整耶。臣即仰遵嚴旨，傳集該監堂屬，當堂議考，除回回科因《欽定時憲曆》不須參考照議外，其餘三科，逐日分別考核，但見有食俸十餘年或二十餘年，而推算僅以蒙技塞責者，甚有書算全然不會者。天文、漏刻二科，有食俸多年而詢以本業，黜無知識者。臣念曆法之不精，監規之不整，皆由此輩竊祿曠職之故焉，得不爲遵牌汰革，但恐有負朝廷優容德意，特又就中察其生平鮮過、年力堪鼓者，量留降用並考試合式及有功新曆諸臣，照定額四十五員缺，悉行填補，俱已造册送部，以遵部規，此一役也。臣奉公盡瘁，秉正無私，即彼曠職被汰諸人，良心未嘗不服，特以鑽營未遂，得失相形，遂乃捏造受賄讒言，欺誑禮部，此從來小人失志之常態。固爾在部臣自當鑒臣孤忠，責以大義，彼輩自然消阻，何乃率爾輕聽輒疑實有是事乎？若非同至内院質對，幾不可白，然而臣受窘辱至矣。即部臣亦頗責臣擅權，不知整頓監規，命出自上，臣則何權之有？況臣有五疏在部内，有奉旨速看者，半載遷延，未覆有罪者，仍然竊祿有功者，枵腹至今，臣皆不敢置問，而霄小廢材一翻誣謗，便爲躬先請命，貽罪於臣，尚謂臣有權乎？尤可駭者，監副周胤一門父子兄弟九人，曆法絲毫未諳，而糜冒俸廪者數十年，此其罪較之率屬怠玩爲尤大矣。今反挺身率衆，與臣爲難，臣亦無如之何，尚謂臣有權乎？臣伏念臣學道人也，原非服官之質。一念忠誠，上能信朝廷之尊，而見嫌於統轄之部臣；下能服通國之論，而不免於被汰之多口。匪類典讒，一倡百和，尊官弗察，以是爲非。臣之隻身，何以堪此？懇乞皇上憫臣孤危，全臣素志，念臣創立新法，已足報國。至於本監印務，别選賢能管理，庶人無怨言而臣免後禍矣。緣係剖白事理，字稍踰格，尚有未盡愚衷，容臣另疏具奏，統祈皇上原宥，臣不勝惶悚戰慄待命之至，爲此具本，謹具奏聞。

順治二年二月十六日具投内院，未准封進。

修政曆法管監正事臣湯若望謹題，爲月食事：

竊照本年閏六月十六日丙申夜望月食，其食限分秒時刻並起復方位，例應先期上聞。臣等依新法推步，謹將所得諸數，逐一開坐，並具圖象進呈御覽。臨期容臣同禮臣督率監局官生，前赴觀象臺，照常觀候。緣係月食事理，謹具題知。

計開：

順治二年閏六月十六日丙申夜望月食分秒時刻並起復方位：

月食一十一分七十秒

初虧，戌初初刻强　正東

食既，戌正一刻弱

食甚，戌正四刻弱

生光，亥初三刻弱

復圓，亥正三刻强　正西稍南

計食限凡一十五刻

食甚月離黄道玄枵宫一十五度五分爲女宿八度一十六分

各省直初虧時刻：

京師順天府　戌初初刻强月甫出地平即應初虧

盛京　戌初二刻半弱

高麗　戌初三刻

南京應天府、福建福州府　酉正四刻半强

山東濟南府　酉正四刻弱

山西太原府　酉正二刻半强月未出地平已食

湖州武昌府、河南開封府　酉正三刻半弱

陝西西安府、廣西桂林府　酉正二刻月未出地平已食

浙江杭州府　戌初一刻

江西南昌府　酉正三刻半强

廣東廣州府　酉正三刻弱

四川成都府　酉正一刻弱月未出地平已食

貴州貴陽府　酉正二刻弱月未出地平已食

雲南雲南府　酉初四刻弱月未出地平已食

順治二年五月初二日題。

欽命修政曆法掌管欽天監印務臣湯若望謹奏，爲新曆告成，恭呈御覽，以昭成憲，以光史册事：

臣竊計，聖人御世，憲天時行。我朝定鼎之初，即頒示臣所修新曆，俾晝守無，或浮議唐虞，敬授今古，同符矣。顧曆書之成，始於測驗，測驗又始於布算。測驗者，占星〔二〕以分度；布算者，立表以窮景。日躔盈縮，月離遲疾，去極遠近，既以測定分秒。所謂十二宫辰不越掌握，徑寸而得之。蓋得其理，又得其數也。元郭守敬弧矢圜算，如所謂横弧矢立弧矢，赤道變爲黄道，黄道變爲白道。雖足以發前人之所未備，後之曆官但知拘泥成法，無從窮求曆本，是以積漸差忒，氣朔不齊，刻應不驗，豈天道難知哉。臣自西洋入中國，海陸計程八萬里，孰遠赤道，孰近赤道，臣考驗最詳。臣創立新法，規製儀象，以測諸曜。視行如日出沒，如地半徑三差如蒙，氣差如諸曜諸行之距。赤道遠近，最高最卑，與夫歲差環轉，歲實參差。天有緯度，地有經度，宿有本行，日月五星，有本輪，日月有真會視會。此皆守敬之所未詳者也。

臣閲歷寒暑，晝夜審視，著爲《新曆》一百餘卷，恭遇聖朝龍興，特用臣法，開局演習，咸知布算，成曆測驗合天，非聖德隆盛，何以首重治曆如此。然而新法理明數著之功，終難泯也。以故是書在今日爲已驗之法，在異日爲不易之法。即百千年後，又爲測究差度，因而變通，以求合天，無異今日之法，伏望宣付史館，用著本朝曆法，度越前代，爲億萬年曆數無疆，永以爲訓。天下幸甚，微臣幸甚。緣係史臣，移文考究事理，臣謹捐資剞劂修補全書，恭進　覽施行，臣不勝榮忭，待命之至，爲此具本謹具奏聞。

計開：

《進西洋新法曆書》壹百卷拾叁套

順治二年十一月十九日上。十二月二十一日奉聖旨：新曆密合天行，已經頒用。這所進曆書，考據精詳，理明數著。著該監局官生用心肄習，永遠遵守，仍宣付史館，以彰大典。湯若望勤慎可嘉，宜加敘賚。著吏、禮二部議奏，該衙門知道。〔一〕

校記

〔一〕本疏中以上文字，據國圖《西洋新法曆書》補。

〔二〕《奏疏》四卷本，第二卷至此止。

奏疏（第七册）

加太常寺少卿掌欽天監印務臣湯若望謹題，爲建城所關非小，龍脈必合星垣，伏乞酌議以永萬年邦本事：

據他赤哈哈番畢璉器，本監漏刻科五官挈壺正杜如預，漏刻博士楊弘量呈稱：職等跟隨戸工二部丈量城基，格定方向。竊照都城大勢起自北幹，左碣石而右太行，枕居庸而襟河濟，形勝甲於天下。前人原有深意，無容再喙。今新建基址，乃龍脈之餘氣，土脈水勢未及都城。若不豫言，恐後有議。伏乞代陳以永國祚，以盡職分等情到監。該臣看得建城係億萬年之邦本。起九重之宮闕，自宜上合星垣，下依形勝。今所建之地，未爲盡善，臣因此而思。臣前屢奏，占驗有月生暈，有霧氣有風，皆主土工興之兆。然此兆建城所宜，乃天心垂愛示警也。兹若建城，恐蹈前占，未可輕舉。事關重大，臣不敢緘默。既經具呈前來，合應具題，謹具題知。

順治六年五月初五日上。初六日内字傳，至内院面説。上説你説的是，主意定了，不作了，該你説的。

加太常寺卿掌欽天監印務臣湯若望謹題，爲敬陳職掌，循例控請以光曆典，以沾皇恩事：

竊照臣修曆多年，恭逢聖主定鼎燕京，特用西洋新法定造《時憲》寶曆，頒行天下，誠帝王首重曆務，一代之盛典也。其曆法自三代以來，無定朔望之法，至元朝始有，尚無緯度。今及我朝《時憲曆》經緯度數、節氣時刻定法俱全，臣何敢自矜其則。但曆法之備在，聖朝見之，可爲慶焉。自皇上親政以來，臣未能輕瀆天聽。然臣謬膺監務，不得不循例控請。如欽天監衙門，在元朝名曰「太史院」，明朝國初仍用「太史院」之名，至十餘年後改名「欽天監」。今臣乃修曆立法之人，亦乞皇上仍以「太史院」名之，庶於曆典有光也。況鑾儀衛、秘書等院已蒙更名，而曆日衙門諒亦皇恩所不靳耳。再如臣署屬員，職居末品，不似別衙門陞轉。惟逢皇上吉慶大典，選擇修建工程，例有陞賞。即歷年選擇各項吉期，屬員效有微勞，亦應附之賞例，共沾皇恩。至於臣衙門，傾破不堪，體統無半，又往往爲外來借居損壞。經成驛所，雖辦曆清署，亦國家大典之處，更皇上俯賜修整曆體有賴。臣因職掌有關，方敢冒昧控請。伏祈皇恩統垂鑒察施行，臣無任瞻仰激切，惶悚待命之至，爲此具題，謹題請旨。

順治九年六月初三日題。初五日奉聖旨：著確議具奏，該部知道。

戶部爲欽奉聖諭事：

陝西清吏司案呈，奉本部送據司務廳呈准，内三院典籍廳手本，前事，内開奉中堂諭三月初二日大學士范等面奉聖諭：「太常寺卿管欽天監監正事湯若望應給褒獎勅諭，及優養俸祿，爾等擬議來奏。欽此。」欽遵。隨議湯若望擬名通玄教師，其祿應照太常寺卿原俸加一倍具奏。奉聖旨：「是著該部照伊太常寺卿原俸加一倍給與，欽此。」該廳著即移文戶部等因到部，奉批司遵照行送司奉此相應移咨禮部，並劄欽天監遵奉聖旨内事理，即照太常寺卿原俸加一倍，按季造册過部，以便給發可也等因，案呈到部，擬合就行，爲此合劄該監遵照施行，須至劄付者。

順治十年三月十三日。

太常寺卿管欽天監監正事湯若望，爲欽奉聖諭事：

蒙戶部劄付事，内開陝西清吏司，案呈奉本部送據司務廳呈，准内三院典籍廳手本前事，内開奉中堂論三月初二日大學士范等面奉聖諭：「太常寺卿管欽天監監正事湯若望，應給褒奬勅諭，及優養俸祿。爾等擬議來奏。欽此。」欽遵。隨議湯若望擬名通玄教師，其祿應照太常寺卿原俸加一倍具奏。奉聖旨：「是著該部照伊太常寺卿原俸加一倍給與。欽此。」該廳著即移文戶部等因到部，奉批司遵照行送司奉此，相應移咨禮部，並劄欽天監遵奉聖旨內事理，即照太常寺卿原俸加一倍，按季造冊過部，以便給發可也等因，案呈到部，擬合就行，爲此合劄該監遵照施行等因到監，奉此案查本監於順治四年三月三十日蒙禮部奏准湯若望止准戴太常寺少卿頂帽束帽，免隨朝參，不吃少卿俸薪，仍支卓兒銀兩，遵行在案。今蒙聖諭：「照伊太常寺卿原俸加一倍給與。欽此。」案查本監原未開支俸薪，應照卓兒銀米加支造册關領，伏乞轉咨戶部察給施行。須至申呈者。

順治十年三月十九日。

禮部咨爲給卓兒銀米事：

精繕清吏司案呈奉本部送，禮科抄出，該本部題前事，內開奉本部送，准戶部咨開，欽天監湯若望照太常寺卿俸薪，每歲應支銀二百零八兩八錢四分加一倍，該俸薪銀四百一十七兩六錢八分。本部欽遵聖諭，照數給發外，其卓兒銀米，應否支給，相應知會，禮部等因到部送司，案呈到部。臣部查得順治四年，該臣部題請湯若望官服俸祿緣由，奉旨著戴太常寺少卿頂子，不必上衙門，若卓兒銀比少卿俸多，裁去少卿俸，照前給卓兒銀，仍著理欽天監事。欽遵在案，遂未給俸，每月給卓兒銀一十六兩四錢，米四石四斗，茶十五兩，鹽十五兩，該臣等議得今戶部遵旨，每歲給湯若望照太常寺卿俸加一倍，俸薪銀四百一十七兩六錢八分。則月給卓兒銀米鹽茶，似應住支等因。三月二十七日具題，二十九日奉聖旨：「不必論俸，祇照原與卓兒銀米等項，加倍給與。欽此。」欽遵。抄出到部送司，案呈到部，擬合就行，爲此合咨貴部，煩爲遵照聖旨內事理，希將湯若望三月分卓兒銀米文册，照數給發施行，須至咨者。

順治十年四月初二日。

勅錫通微教師太常寺卿掌欽天監印務臣湯若望謹題，爲屬員習法已晰瞻生未敷，伏乞聖恩俯恤以甦寒微以盡職掌事：

恭照皇上特用新法推造《時憲曆日》，已成一代巨典。自臣掌管監務以來，十年於兹，昨歲三月內，內院傳禮部傳奉上傳諭，欽天監學習西洋曆法各官，務要遵守學習，毋得疏懶。臣欽遵隨，於去歲八月內考試，屬員學精新法者已多。今歲三月內，又考試學習者，亦皆諳曉。其天文漏刻之官，亦習新法，觀候天象。選擇供事監官，共計五十四員，各盡其職。然臣既責以專力本業，而各官家口數人，俸薪固養不給。且以連值時艱，覩其窘乏無倚，不得不爲之請恤也。倘蒙皇上俯憐世業寒官，不拘米布銀兩，聽候聖恩垂恤，以濟涸轍。再有請者，如在監譯寫曆日，滿洲官畢璉器、黄兔二員，歷年辛勤，亦乞皇恩垂恤。臣以職掌有關，謹冒昧控懇，伏祈欽定勅部賞給，舉皆焚頂再造洪慈靡極矣。臣不勝激切，瞻仰待命之至。

順治十一年四月十三日題。十五日奉聖旨：著察議具奏，禮部知道。

禮部題爲應進漢字曆日事：

據欽天監呈稱：照得每歲十月朔日，恭進御覽曆日，惟有印册滿字《民曆》、印册滿字《七政曆》、寫册滿字《總曆》，未有印册漢字《民曆》、印册漢字《七政曆》、寫册漢字《總曆》。今滿漢字並用，今應滿漢字曆並進御覽外，皇太后、皇后及親王郡王貝勒貝子公，各有滿字《民曆》、滿字《七政曆》，亦應滿漢字曆並用。至於漢字《七政曆》，每年止印三百五十本給散，各衙門亦應量行增印等因，到部送司，案呈到部。該臣等議得恭進御覽曆日，並皇太后、皇后，應滿漢字進呈，親王以下公以上，俱應滿漢字並用。至於漢《七政》，臣部於九年十月内奏准，頒發各衙門，數目永爲定例，無容再增等因。

順治十年四月二十八日題。二十九日奉聖旨：是漢字《七政曆》及漢字《民曆》，應聽該監自印廣行，以便民用，不必拘定數目。

吏部爲考滿事：

該本部覆考功清吏司，案呈奉本部，送吏科抄出該本部題太常寺卿管欽天監監正事湯若望呈前事等因。順治十二年七月十四日奉聖旨：「是。湯若望著復職，念其遠臣供職有年，勤勞可嘉，應優加恩典，爾部議奏。欽此。」欽遵。抄部送司，相應議覆，案呈到部。查得臣部職掌開載：欽天監堂上正官，九年任滿，奏請復職，或陞俸級，或量陞相應職事，以酬其勞。又《會典》開載：在京三品以上官，考滿復職，請給誥命，廕一子入監讀書。今遠臣湯於順治三年六月内，恭進西洋新法曆書，蒙恩加陞太常寺少卿；六年十月内，恭遇覃恩加陞太僕寺卿仍管監正；八年皇上親政以來，八月恭遇恩詔，加陞太常寺卿，照舊管事。本官不受俸薪，又無子可廕。今奉有優加恩典，爾部議奏之旨。欽此。該臣等公議遠臣湯供職有年，著有勤勞，應加通政使司通政使職銜，照舊管事，並賜羊酒以示優異殊恩。又查職掌一款内，有欽天監太醫院堂上正官，九年任滿，俱不宜陞，與九卿正佐職銜等語。湯奉特旨加恩，與常例不同，以後不得援以爲例等因具題。

順治十二年八月二十一日奉聖旨：是。湯若望加通政使司通政使，著用二品頂帶，照舊管事，仍賜羊酒。欽此。欽遵。抄出到部送司，相應照會，案呈到部，擬合就行，爲此照會前去遵奉旨内事理，欽遵施行，須至照會者。

順治十二年八月二十六日。

勑錫通微教師加二品頂帶通政使司通政使管欽天監事臣湯若望謹題，爲寒官勞苦事：

臣衙門天文科職司觀候，其靈臺郎〔李之貴〕〔二〕歷任我朝十有二年，勞苦爲最。而該科天文生四名，在臺晝夜輪值，疲頓難當。臣故於本年三月初五日具有《屬員勞苦可念》一疏，特請加陞李之貴職銜。該科天文生即不得照明季額設八十名，亦應量加十六名，共二十名，又以二十名視八十名，僅四分之一，人少則勞重，每名每月除額米外加給銀一兩，令少足自給，以便供事。隨奉有禮部知道之旨。嗣蒙部覆，止加天文生八名，其月給銀兩，並李之貴加恩，悉屬有待，迄今又七月餘矣。李之貴勞績有加，而新添天文生八名，以月米六斗不足聊生，並無一人來投。即今寒威逼迫，依舊四名上臺輪值。且因臣言下情既已上達矣，有恩可望，而終未之及，其何以堪。又臣衙門有譯曆滿洲官畢璉器、黃兔二員，埋頭冷署，供事小心，朝至暮歸，風雨無間，可謂勞且久矣。統乞皇上勅部將畢璉器、黃兔，並靈臺郎李之貴，各議陞加，以酬其前勞而勵其後効。天文科天文生仍請補足二十名，除月米外月給每人銀一兩，令彼身無自顧之憂，益得悉心供事矣。緣係寒官勞苦事理，臣未敢擅便，謹題請旨。

順治十二年十月二十六日上，二十八日奉聖旨：該部議奏。

校記

〔一〕「李之貴」三字，據臺灣「中央研究院」歷史語言研究所出版《明清檔案》（臺灣聯經出版事業公司印行）第二十四册A24-92(2-1)／B13573葉補。

敕錫通玄教師加二品頂帶通政使司通政使管欽天監事臣湯若望謹題，爲寒官勞苦事：

天文科靈臺郎李之貴職司觀候，歷年最久；譯曆滿洲官畢璉器、黄免翻譯勤勞，歷年亦久，三員各應陞加職銜，天文科天文生四名，晝夜上臺輪值不便，部議止加八名，其數尚少，仍請如臣前疏，再加八名，共二十名，視明季八十名僅四分之一，人少則勞重，再每人每月除月米六斗外加給銀一兩，以便供事。緣係寒官勞苦事理，臣未敢擅便，謹題請旨。〔二〕

校記

〔一〕第十六葉第十七葉闕如。本折與下一折兩折間文字不可考。

〔二〕七年不便照他人陞轉别衙門，應量授他赤哈哈番。又靈臺郎李之貴在天文科觀候勤苦，查得李之貴在天文科觀候，自順治元年以來，歷俸十二職，又無轉别科之例，相應優加職銜。此係吏部職掌，應聽吏部議覆。酬李之貴勤勞，仍應賞給皮邊披領一件、狐皮大襖一領。其天文生不足用，查得明季原有八十名，今止有十二名，人少勞重，恐致觀候有疏，相應再添二十八名，共補足四十名，每人添米一斗，照《會典》例給米七斗。俱係觀候責任，不避寒暑，每夜登臺觀候，應每名賞給貉皮大襖各一領。雖《會典》例無給銀，但今各項所用人役，俱有給銀米之例，相應除其米外，每月各給銀一兩，庶觀候勤慎，而無疎矣等因。順治十二年十二月初七日題，十五日奉聖旨：「這賞給太過，著另議具奏，餘依議。欽此。」欽遵。於本月十六日抄出到部送司，案呈到部。該臣等議得靈臺郎李之貴應減去皮邊披領，賞給貉皮大襖一領。舊天文生四人，不避寒暑，晝夜登臺，觀候年久，相應每名賞給青布面羊皮袍各一領。其餘三十六名天文生，俱係新行添補，其賞不必給等因。順治十二年十二月十八日題，十九日奉聖旨：「依議。欽此。」欽遵。抄部送司，相應移會，案呈到部，擬合就行。爲此合照會該監，遵照欽依内事理，欽奉施行，須至照會者。

順治十二年十二月二十二日。

校記

〔一〕見上折校記。

禮部爲寒官勞苦事：

祠祭清吏司案呈奉本部送准吏部咨開文選清吏司，案呈奉本部，送吏科抄出，該本部題覆，禮部題前事等因。順治十二年十二月十九日奉旨：「依議。欽此。」欽遵。於正月初三日抄出，到部送司，相應議覆，案呈到部。該臣等議得靈臺郎李之貴，在天文科觀候勤苦，禮部題請優加職銜前來。查靈臺郎係從七品，李之貴於六年恩詔加一級在案，今應再加一級。其譯曆滿洲官黄兔，亦應陞他赤哈哈番，俱照舊管事可也。理合具覆，恭候命下臣部，遵奉施行等因。順治十三年正月十二日奉聖旨：「依議。欽此。」欽遵。抄出到部咨會，到部送司，相應照會欽天監，案呈到部，擬合就行，爲此合照會該監，遵照施行，須至照會者。

順治十三年正月二十日。

勅錫通微教師加二品頂帶通政使司通政使掌欽天監印務臣湯若望謹題，爲監務非比諸司京察循例應免事：

竊照臣衙門所司者，天文曆法，學業家傳，世供其職。朝廷禄之終身，以及其子嗣之能者，他人所不願爲，亦他人所不能爲，不得不少加愛惜，以重曆典。如《會典》所載，監官不准丁憂，不强致仕。其考察概行停免。自隆慶三年以後，免察遂爲定例，無復議及矣。今臣屬員辦事，本朝十有三載，其不准丁憂，不强致仕，並同《會典》。而於順治十年皇上親核各衙門，臣監亦在所免，是即免察之例又定矣。乃今吏部考察京職，猶然移文臣監，往返不一。臣思監員依新法辦曆，日證於天行，日晰於睿鑒。天下臣民，有目共見，無由欺飾也。伏乞勅部仍照前例，免察施行，謹題請旨。

順治十三年三月二十一日題。二十四日奉聖旨：著照例行，吏部知道。

勅錫通微教師加二品頂帶通政使司通政使掌欽天監印務臣湯若望謹題，爲謹纂簡要曆書進塵御覽事：

竊照《時憲曆書》全部已於順治九年六月内恭進御覽，兼蒙宣付史館，用垂來禩，庶幾百世不惑矣。臣旋念我朝寶曆，密合天行，度越前代諸曆，是不可以不表出之。今特撮舉其所以不同者，彙成一書，名曰《新法表異》。而臣著新法，實本之西洋治曆諸名家。臣不敢忘所始，因撰有《曆法西傳》一書，《曆引》總曆法之大成。此三書者，疏列同異，敘述淵源，篇章不繁，義理盡括，雖較諸全部，不過一斑。而列之案前，誠爲便覽。謹裝潢成册，共二本，一進陳扆座之側，俟我皇上萬機之暇，留神披閱；一乞照前全部宣付史館，以傳永久，統冀鑒納。臣未敢擅便，謹題請旨。

順治十三年八月十四日具題，奉聖旨：知道了。禮部知道。

敕錫通微教師加二品頂帶通政使司通政使掌欽天監印務臣湯若望謹題，爲遵旨復進《時憲曆書》事：

竊照《時憲曆書》於順治二年十二月二十日進呈，荷蒙皇上宣付史館矣。臣復纂簡要曆書一套，於十三年八月十四日恭進。奉聖旨：「知道了。該部知道。欽此。」本年二月十一日，蒙皇上面諭：將先進曆書再進一部留覽。臣謹遵旨，復將先後所進曆書，裝潢共成十四套，恭呈御覽。其簡要曆書，伏祈皇上照前宣付史館，庶曆典彌光矣。臣未敢擅便，謹題請旨。

順治十四年三月二十八日題。四月初八日奉聖旨：這復進前後曆書，精詳可嘉，著留覽。其簡要曆書，仍宣付史館，該衙門知道。

勅錫通微教師加二品頂帶通政使司通政使掌欽天監印務臣湯若望謹題，爲曆典大定無容紊亂以滋紛囂事：

竊照臣修政曆法，在明季與《大統交食》、《回回交食》登臺公同測驗，已經十有七載。而《回回》之疏遠尤甚，舉國通知。於順治元年八月初一日日食，内院公同測驗，《大統曆》差有一半，《回回曆》差有一個時辰。新法密合，定爲《時憲》，頒行天下，隨於本年十月内，奉有回回科不許再報交食，以亂新法之旨。又於三年五月内，奉有《回回》、《凌犯曆》不必用之旨。於九年五月内又奉上傳：回回科不必再報夏季天象。自此姑容在監，虚糜廪禄，毫無職司。而吳明炫遂於十一年三月内，私自回籍，禮部題參，奉旨革職。於去歲來京，希圖復進，擅報交食天象，妄揣水星見伏，冒瀆天聽。如使其法之果密，何不爭於臣修曆之始，與我朝定曆之初。既已疏遠於前，豈能符合於後，理勢之所必無也。明係紊亂新法，有干律紀，且臣之新法，屢測脗合。幸蒙我朝洞鑒特用，今經十有四載，並無異議。突有吳明炫以革職之人，報疏遠之法，欲圖倖進。恣意溷淆，曆典攸關，恐非盛朝之所宜有也。仰祈乾斷，以杜囂爭。臣未敢擅便，謹題請旨。

順治十四年四月二十九日具題。五月初一奉聖旨：禮部一併議奏。

勅錫通微教師加二品頂帶通政使司通政使掌欽天監印務臣湯若望謹題，爲日食事：

該臣於本年五月初一日五鼓，督率監員，公同禮部祠祭司副理事官臣索尼、他赤哈哈番臣額勒、木員外郎臣宋徵璧等，齊在觀象臺用儀器觀候。至寅正二刻半，窺見日體已食二分餘，隨有陰雲稍蔽；候至卯初初刻，雲氣開朗，覷見食甚；候至卯正初刻復圓。自初虧至復圓，時刻分秒，一一與臣所奏悉相脗合。衆目共見，緣係日食觀候事理，理合具題，謹題請旨。

順治十四年五月初二日具題。初四日奉聖旨：知道了。禮部知道。

通政使司通政使用二品頂帶又加一級掌欽天監印務湯，爲就疏剖明以便回奏事：

頃閱邸報，有吳明炫爲詳述設科等事一疏，内列交食合朔之是非。除已經本監具摺辯明送部外，至所奏三款，盡皆以無爲有，以是爲非，言大而誇，不知而作。因貴部奉旨察明具奏，謹就三款，逐一辯明於後。又舊刻進呈曆書中，所載有關三款，及水星伏見者，一併簡彙成帙呈部，以憑詳察，具奏施行。

一辯遺漏紫氣

曆家爲司天，天有形乃有象。有象乃有理，論述生焉；有象乃有數，推算生焉。苟無其象，雖巧曆不能違天創一理、設一數也。今稱紫氣有名，而無星象。夫既無其象矣，理必並無，數從何起？明係後人無端妄增。唐以前不聞其說，即唐以後凡爲正術者，皆棄之弗録，《時憲曆》何得承訛存之？其所載孛羅計，皆指太陰行度。非餘氣之説，安得因載有理有數之孛羅計，而並欲載無理無數之紫氣乎？且國家將興，必有禎祥，天人相應之理誠然。但因此而强援東方之白氣，以爲紫氣，則又誣天甚矣。至於人主之不尚殺，自係修德行仁之驗，炫乃指爲木德之驗，以徵紫氣之必有。苟如其説，則天下臣民安享恬熙，皆不必感朝廷而感紫氣。而自古暴虐如桀、紂，皆得卸咎於紫氣之無靈矣。其説之舛謬，豈待智者而辯哉。

一辯顛倒參觜

天體如瓜，兩極如蔕；近極度狹，遠極度寬，此理人多知之。又經星每歲浸漸東行，歲差所由生也。行當狹處則速，行當寬處則遲。遲之既久，則原先者轉後；速之既久，則原後者轉先。不但西法，即中華從古，皆以爲然。觜之距參，漢測二度，唐測一度，宋測一度迄半度，元測五分，諸史可考。迨至前朝，崇禎戊辰，又越三百餘年，是時適當望修曆之始。細測觜宿，已浸入參宿二十四分。此天行之必然，毫無足訝者。炫不考諸古，不求諸天，而妄以爲顛倒，果顛倒乎？至若鬼宿，今仍在柳宿之西二度有餘，安得與參觜同論。夫曆者，歷也，按天行所歷之數以成曆也。苟欲附合一切緣飾之文，甘心悖天行而不顧，斯豈義之所敢出乎？况某先某後，皆指各宿距星而言。炫不曉此，而妄舉星座以恣彈駁，且又謂新法錯定參占度半，觜占十一度。望有《見界星圖》，刊行已久，炫獨未之見乎？何不詳考之圖，而信口放言也。

一辯顛倒羅計

羅計新法，皆指太陰行度。而炫沿舊説，謂羅爲火之餘氣，計爲土之餘氣，請得而辯之。夫所謂餘氣，必其與本星相連者也。譬謂雷發聲訖，猶有餘響，響必與雷相連。日在地頃，猶有餘光，光必與日相連。今曰火、土餘氣，豈得不與火、土相連乎？如其果連，則今年正月朔，土在辰宮五度。炫所指土之餘氣，乃在丑宮，是相連有三宮也。火在寅宮二十六度。炫所指火之餘氣，乃在未宮，是相連有五宮也。一星之氣，而占天九十度，或百五十度，有是理乎？如謂餘氣不與本星相連，則何所見，而以在辰之土，妄指其餘氣在丑；在寅之火，妄指其餘氣在未，又有是理乎？或曰舊算餘氣，皆有度分之數，非屬妄指。夫羅計既稱無星無象，則數本無從生，而謂有度分，是無數而有數也，豈非妄指乎？新法改正爲太陰行度，已十有四載。乃炫猶執此以爲爭端，可謂大惑不解已。羅計既非餘氣，則顛倒不辯自明。蓋羅睺計都，從原稱也，實爲月之交行，曰正交中交耳。西謂之龍頭龍尾，亦有謂天首天尾者。蓋初宮爲首，月行交此爲正交；六宮爲尾，月行交此爲中交。羅從初宮起算，計從六宮起算。首尾分明，正中順序。炫妄稱顛倒，何也？至於月食所見之色，本由蒙氣濕氣二影，與地影相參而生，詳《交食曆指》中，炫不曉此，而歸之羅計，又豈非妄乎？

勑錫通微教師加二品頂帶通政使司通政使掌欽天監印務臣湯若望謹題，爲請旨公同測驗以光曆典事：

竊照臣於本年五月初一日日食，臣同禮部祠祭司副理官索尼、員外郎宋徵璧等，登臺測驗，自初虧至復圓，分秒時刻，俱與臣之新法符合。在臺諸臣，衆目共見，已經具題。奉聖旨：「知道了。禮部知道。欽此。」是日吳明炫亦自登臺窺看。今仍復在部紛言溷亂，肆行欺誑。臣思五月十五日丑時月食在邇，測驗八月水星伏見，亦自不遠。伏乞皇上遣内大臣，同部堂滿漢官，於本月十四日夜，登臺公同測驗月食分秒時刻，庶曆法自明，而大典有光矣。臣未敢擅便，謹題請旨。

順治十四年五月初十日具題。十三日奉聖旨：禮部知道。

禮部題爲請旨事：

案照吴明炫疏稱：八月二十四日夜，水星出見，至九月二十二日伏於卯宫等語。據湯若望疏稱：八月水星不見。今八月二十四日少保兼太子太保内大臣公愛星噶、精奇尼哈番加一級劉良佐、太子太保内翰林國史院大學士管吏部尚書事王永吉、户部尚書加一級孫廷銓、刑部尚書白胤謙、兵部尚書加一級梁清標、太子太保工部尚書加一級衛周祚、臣部左侍郎加一級烏赫、左侍郎加二級薛所蘊、右侍郎加一級潘朝選、右侍郎加二級李奭棠、祠祭司正理事官石琳、副理官加一級索尼馬喇、郎中加一級田萃禎，俱登觀象臺，照吴明炫所稱時刻方向，詳細測驗，未見水星。是吴明炫所稱水星出見一節，事屬虛妄。應將吴明炫拿送刑部羈候，臣等另議具奏，謹題請旨。

順治十四年八月二十五日具題。本日奉聖旨：是。

禮部題爲天象原自著明，推法各有得失，冒死驗象以存絶學事：

祠祭清吏司案呈奉本部，送禮科抄出，該本部題覆，原任欽天監回回科秋官正革職臣吳明炫，測驗天象緣由等因。該臣等議得，吳明炫所稱水星出見一節，已於八月二十四日欽遣少保兼太子太保內大臣公愛星噶等，公同太子太保內翰林國史院大學士管吏部尚書事王永吉等五部堂上漢官及本部堂司滿漢官烏赫等，將湯若望、吳明炫俱傳至觀象臺，照吳明炫所稱水星出見方向時刻，自酉至戌，詳細測驗，未見水星。是吳明炫所奏已屬虚妄。再照湯若望原供，內稱望修曆三十餘年，吳明炫在明季時未出一言，我清朝定《時憲曆》時，亦未出一語。今吳明炫始言於革職之後，明係變亂新法等因在案。此吳明炫自明季湯若望修曆之日，及我清朝定《時憲曆》時，其身亦係欽天監回回科秋官正。既未出有此等言語，及至革職之後，乃始以善推天象自任，而冒瀆欺奏皇上，情關重大。況其所奏疏內，稱臣如以無爲有，以欺皇上，臣亦不敢逃刑。乞將下臣於獄，如八月水星伏而不見，則一應淩犯占驗皆虚，即斬臣頭，以爲妄推天象之戒等語。顯係自恃精奇，以爲必無虚妄，立供上奏，其情關係尤重。今水星出見一節，吳明炫既涉虛妄，其一應推算，亦涉虛妄可知矣。不必九月內再行測驗觜參，相應勅下刑部，從重議罪具奏可也。謹題請旨。

順治十四年八月二十七日具題，本月二十八日奉聖旨：依議。

刑部題爲天象原自著明等事：

山西清吏司案呈奉本部，送准禮部咨前事，內開禮科抄出，該本部題覆，咨送到部送司，奉此審問吳明炫：你題奏水星於本月二十四日出現；又你奏本內稱：若有一節虛妄，其一應推算，亦涉虛妄，即斬臣頭，以爲妄推天象之戒。今八月二十四日，內大臣同六部大臣等在觀象臺，傳湯若同你細看水星未出，你所奏俱虛，送來議罪，你今還有甚麼說處？據供八月二十四日水星現出，紅雲遮了未見。今水星現高了，於初五日有欽天監博士馬惟龍、計登洲、馬以才，來向我說，於初二日水星現出，初三日報到禮部。傳馬惟龍等問他，若說沒有，我也沒有說處了。隨傳博士馬惟龍、計登洲、馬以才：你等三人於初五日來對吳明炫說，初二日水星現出，報到禮部是實否？據供初五日並無對吳明炫說水星現出報到禮部，亦沒有到吳明炫跟前來。又問吳明炫：博士馬惟龍等供：未對你說，你今有何說？據供：他們說沒有，我還有甚說？隨差付理官加一級木成格到禮部問：九月初二日見水星，初三日報到禮部是實否？回說並無報部水星出現等因。該理事官加一級花尚、傅理事官加一級木成格、署司事員外郎加一級李昌齡審據呈堂，伏審無異。該少保兼太子太保內翰林弘文院大學士刑部尚書加一級臣圖海，右侍郎臣阿思哈、董應魁，啓心郎加一級臣對哈納，理事官加一級臣花尚，傅理事官加一級臣木成格，看得吳明炫供先題本，內稱湯若望所推，頒布天下，《七政曆》水星二八月皆伏不見。又稱八月二十四日，水星夕見，如八月水星伏而不見，則一應淩犯占驗皆虛，即斬臣頭，以爲妄推天象之戒等語。至八月二十四日奉旨：差少保兼太子太保內大臣公愛星噶等，隨傳湯若望、吳明炫，到觀象臺，未見水星。吳明炫所奏已屬虛妄，送臣部議罪，又欲行卸罪巧辯。九月初二日見水星，初三日報禮部。隨問禮部回說，並無報部。又問初五日向吳明炫說的博士馬惟龍等供，並無對吳明炫說，亦沒有到吳明炫跟前。吳明炫將變亂新法，將未現水星妄奏出現是真。合依凡對制及奏事上書，詐不以實者，杖一百徒三年。但吳明炫奏本內稱：以無爲有，以欺皇上，臣亦不敢逃刑，乞皇上下臣於獄，如八月水星伏而不見，則一應淩犯占驗皆虛。即斬臣頭，以爲妄推天象之戒等語。是吳明炫以善推天象自任，欺奏皇上，情關重大。因此將吳明炫擬絞監候，秋後處決。又該尚書臣白胤謙、左侍郎加一級臣杜立德、右侍郎加一級臣李藻、署司事員外郎加一級臣李昌齡，議得吳明炫以革職廢員，妄奏水星出現，希圖進用。據自稱：占驗皆虛，即斬臣頭，以爲妄推天象之戒。今占驗既虛，宜治吳明炫冒請之罪。臣等備查律文，吳明炫合依凡天文垂象，欽天監失於占候奏聞者，律杖六十。查吳明炫先經革職，非監員可比，合依凡對制及奏事上書，詐不以實者，律杖一百徒三年。今禮部題請從重議罪，奉有依議之旨。欽遵在案，吳明炫除所犯輕罪不坐外，應杖一百，流三千里，緣係云云，謹題請旨。

順治十四年九月十　日題。本月十九日奉聖旨：吳明炫著三法司核擬具奏。

敕錫通微教師加通政使司通政使用二品頂帶又加一級掌欽天監印務臣湯若望謹題，爲再陳曆務事：

臣衙門後堂之後，原有庫房，爲堆貯歷年曆板之所，有作房爲匠役刊刷之所，前爲光祿寺借去，以致曆板安放無處，匠役促聚後堂，往來煩褻，防閑不便。庫作房外，尚有司曆廳，又有匠作住屋，今皆久假不歸。且以辦造萬年寶曆公署，前有餘而後不足，殊爲非禮。

臣以爲以上房屋，所當一併取回者也。又臣衙門譯曆滿官，六員内有五員未給公費，朝進暮歸，風雨無間，終年枵腹辦事，其何以堪。臣以爲五員亦照例給與公費可也。事關曆務，伏乞皇上睿鑒施行。臣未敢擅便，謹題請旨。

順治十四年九月二十二日題。二十五日奉聖旨：該部議奏。

勅錫通微教師加通政使司通政使用二品頂帶又加一級掌欽天監印務臣湯若望謹題，爲辦曆急務事：

臣念今年曆典垂成，其間尚有事宜，爲久遠計，當上請者，謹爲我皇上陳之。臣衙門匠役共十七名，每名每月給米三斗五升，除刊匠二月内給價刊刻外，餘匠十五名，於七月初旬興工，日部給工價銀四十七兩二錢一分。内除裁匠二名銀六兩，作上曆匠一名銀四兩，修刀工銀一兩五錢，餘三十五兩零分給刷匠，顧役多人，一齊印造漢《民曆》三萬五千餘本，計造曆一本，給價一厘。而印造滿《民曆》、滿漢《七政曆》、《蒙古曆》共五千餘本，俱無工價。而此五千餘本，較之漢《民曆》，又功力加倍。臣聞内院文書館刷印匠每名每月米一石、銀一兩，興工印刷又日給銀一錢，裁下紙毛，盡與匠人。臣衙門匠人印造御覽諸曆，明季辦曆數十萬紙毛，亦盡歸匠人。我朝辦曆四萬餘本，元二年猶給與匠人紙毛，三年以來至今，則不復給。自臣言之以曆紙之餘材，給印曆之工匠，於義爲允。以後除早發工價外，紙毛悉給匠人可也。別有秤曆一事，尤爲可免。管年監副赴部領紙，遵部定規，計曆若干頁，領紙若干張。不多一張，不多一頁，乃又發紙秤觔，曆成復秤。不知紙自南方船載北來，多水濕氣，取入監庫數月，風氣散，濕而乾。濕則秤多，乾則秤少，此理易曉。况呈文台連紙，又非高麗厚紙，一可揭二者。比且曆爲國家重典，秤觔較量，屑越殊甚。查《會典》並無此例。臣以爲伺後免秤可也。事關曆務，伏乞皇上睿鑒施行。臣未敢擅便，謹題請旨。

順治十四年九月二十二日題。二十五日奉聖旨：該部議奏。

敕錫通微教師加通政使司通政使用二品頂帶又加一級掌欽天監印務臣湯若望謹題，爲循例敬陳譯曆勞員，懇乞擢用，以廣皇恩，以鼓後效事：

竊照臣監局向有譯曆滿洲官李蔚春等，以効力年滿陞用後，筆帖什哈番郎廷相等，亦皆比例陞用。今滿洲筆帖什哈番加一級奧幹、烏金超合，筆帖什哈番加一級王尚禮、鮑積倉、馬光遠共四員，皆已効力三載，與李蔚春等同。伏乞皇上一視同仁，准照前例陞用，庶有勞必酬，而後來譯曆官，益加鼓勵矣。緣係陞用譯曆勞員事理，臣未敢擅便，謹題請旨。

順治十四年十月初五日題，本月初七日奉聖旨：該部議奏。

勅錫通微教師加通政使司通政使用二品頂帶又加一級掌欽天監印務臣湯若望謹奏，爲微臣年力衰殘，恐負委任，特懇天恩，准辭印務事：

念臣萍飄孤旅，自幼學道，及壯東遊，宣傳天主正教。祇緣旁通曆學，効力明季，著書演器，測算合天，新法告成，恭遇興朝簡用造曆。迨我皇上親政以來，恩施優渥，晉秩崇高，復賜御製碑文，教法賴以堅定，感激隆知，踰涯溢分矣。顧臣自計，今竊有請者，年過六旬，血氣日益衰耗。印務殷煩，非精明强幹之人，不克勝任。若不及今控辭，恐致事有差違。況新法悉傳，監員所有印務，皆係料理。衙門事宜，舍臣自當有人語云。知子莫若父，知臣莫若君。臣荷皇上君父之知，已非一朝。伏乞皇上鑒臣愚悃，憐臣暮齡，終臣道業，成臣素志，准辭欽天監印務，令得息心静修，虔祝萬壽於無疆。臣仰藉恩榮，沒世不敢忘矣。爲此具本親齎，謹具奏聞。

順治十四年十月初七日奏。本月初九日奉聖旨：湯若望供職有年，勤勞懋著，著益殫心料理，不必請辭印務。該部知道。

吏部題爲循例敬陳譯曆勞員，懇乞擢用，以廣皇恩，以鼓後效事：

該敕賜通微教師加通政使司通政使用二品頂帶又加一級掌欽天監印務臣湯若望題前事，內開竊照臣監局向有譯曆滿洲官李蔚春等，以効力年滿陞用，後筆帖什哈番郎廷相等四員，亦皆比例陞用。今滿洲筆帖什哈番加一級奥幹、烏金超哈，筆帖式哈番加一級王尚禮、鮑積倉、馬光遠共四員，皆已効力三載，與李蔚春等同，伏乞皇上一視同仁，准照前例陞用，庶有勞必酬，而後來譯曆官益加鼓勵矣。謹題請旨。順治十四年十月初五日題，初七日奉聖旨：「該部議奏，欽此。」於本月初八日到部，該臣等議得，據欽天監掌管印務湯若望疏稱：筆帖式哈番加一級奥幹等，皆已効力三年，與李蔚春等同具題前來，奥幹、王尚禮、鮑積倉、馬光遠等，相應遇他赤哈哈番員缺，調用可也。謹題請旨。

順治十四年十月十八日奉聖旨：依議。

戶部題爲再陳曆務事：

陝西清吏司案呈奉本部送戶科抄出該本部覆欽天監題前事：順治十四年九月二十二日題，本月二十五日奉聖旨：「該部議奏，欽此。」欽遵。於十月二十二日抄出到部送司，奉此，相應議覆，案呈到部。該臣等看得，欽天監湯若望疏稱：光祿寺借住房屋，該監房屋所當取回，應聽該部議外，其譯曆滿官六員內，有五員未給公費。朝進暮歸，風雨無間，終年枵腹辦事，其何以堪。以爲五員亦照例給與公費等因。臣部查得六科他赤哈哈番，亦照內三院支給之例稟請。臣部於順治三年五月內題覆，每員支給公費二兩在案。今欽天監譯曆他赤哈哈番一員，筆帖式哈番四員。據稱風雨無間，終年枵腹辦事，其何以堪。題請照例支給前來。且譯曆係萬年寶曆，番造精細，一刻難遲。相應照内院他赤哈哈番、筆帖式哈番，各支公費二兩可也。相應具覆，恭候命下臣部轉行，遵奉施行等因。順治十四年十月二十日題，二十一日奉聖旨：「依議。欽此。」欽遵。抄出到部，奉批司照行送司，奉此，相應劄付，案呈到部，擬合就行。爲此合劄該監，遵照本部覆奉聖旨內事理，欽遵施行，須至劄付者。

順治十四年十月二十七日。

奏疏（第八册）

勅錫通微教師加通政使司通政使用二品頂帶又加一級掌欽天監印務臣湯若望謹題，爲屬員隨差遠方，日給不敷，伏懇恩勅地方，量加供應，以光盛典事：

前者臣緣年力向衰，具疏控辭印務，蒙恩眷切有加，不准私請，乃當臣聞命滋懼之時，忽有隨封琉球天文科五官靈臺郎黃道隆，差人投臣一呈，内稱抵閩以來，縣官日給銀一錢，物價騰貴，主僕數人，嗷嗷待斃。臣讀之不勝三嘆。蓋我朝於順治十一年六月内，册封琉球時，議天文官隨差。臣監差有博士朱廷樞前往。嗣因朱廷樞積勞物故，科部再題請補，又差靈臺郎黃道隆。豈期黃道隆跋涉至閩，海氛方熾，阻滯有年。該科正苦乏員控訴，哀呈突至。竊嘆監員卑秩奉差出使，與有恩光。乃朱廷樞病歿於前，黃道隆貧餓於後，何寒官遭遇之窮，一至此哉？

夫册封外邦，國家甚盛典也。使臣所在飲食居處，取給地方，正差隨差，莫非王事。豈得視爲贅疣，而令主僕數人，日共食銀一錢，於米珠薪桂之地，以致嗷嗷待斃，情何以堪？伏乞皇上垂念，此天文一官，原係欽遣。特勅該地方從長酬議，加給日用，免令萬里外有菜色之使臣。庶愛養臣工之德意，無遠弗届，無微弗及矣。緣係屬員日給不敷事理，臣未敢擅便，謹題請旨。

順治十四年十月二十九日題，十一月初三日奉聖旨：禮部議奏。

勅錫通微教師加通政使司通政使用二品頂帶又加一級掌欽天監印務臣湯若望謹題，爲申明曆務事：

臣於本年九月内，具有《辦曆急務》一疏，内一款爲印匠工價，部覆盡給滿漢曆紙毛，免給工價。臣查得明季造曆，每台連紙一疋，給匠二十張，百疋則匠得紙二千張，而又紙毛並給，緣此不給工價。目今紙價騰貴，數倍明季。若爲憐憫貧匠，而全依此例給與，計紙估價，幾及百金，如此則損在官。但邇來匠役僱役印刷，出錢亦數倍往年。若但依往年給價四十餘兩，則損在匠。故臣議嗣後照舊給價外，仍給與滿漢曆紙毛，並不議及給紙，是爲酌中之議。今部覆給與滿漢曆紙毛，因竟不與工價，不知紙毛變價無多，遠不能與工價相抵，及不如往年與工價，不與紙毛之爲愈矣。臣爲匠人賠累過多，故有此請。今因臣言而益增其賠累，於義實爲未安。伏乞皇上勅部盡給紙毛，仍照常給價，以恤貧匠，曆典幸甚。緣係申明前疏事理，臣未敢擅便，謹題請旨。

順治十四年十月二十九日題，十一月初三日奉聖旨：禮部議奏。

刑部題爲天象原自著明，推法各有得失，冒死驗象，以存絶學事：

山西司案呈，該本部覆題禮部咨，奉聖旨：「吳明炫著三法司核擬具奏，欽此。」於本月二十一日抄部送司，呈堂覆審無異。該少保兼太子太保内翰林弘文院大學士刑部尚書加一級臣圖海，右侍郎加一級臣阿思哈、董應魁，啓心郎加一級臣對哈納，理事官加一級臣柳愈琳，副理事官臣富當阿，大理寺左理事官加一級臣吳爾蝦赤，會看得吳明炫奏本内，稱湯若望所推，頒布天下之《七政曆》，水星二八月皆伏不見。八月二十四日水星夕見等語。及奉旨差少保内大臣公愛星噶等，傳湯若望、吳明炫看，水星並未出見。又欲行卸罪巧辯，九月初二日水星出見，初三日往禮部報過。問禮部回稱：不曾報過。吳明炫紊亂新法，妄奏情真。且吳明炫奏疏内云：臣如以無爲有，以欺皇上，臣亦不敢逃刑，乞將下臣於獄。如八月水星伏而不見，則一應淩犯占驗皆虚，即斬臣頭，以爲妄推天象之戒。吳明炫以善推天象自任，誑奏皇上，情關重大，應照原議，吳明炫擬絞監候，秋後處決。又該尚書臣白胤謙，左侍郎加一級臣季昌齡，都察院左都御史加一級今革職戴罪照舊管事臣魏裔介，太子少保左參政加一級今革職戴罪照舊管事臣能吐，左副都御史加一級今革職戴罪照舊管事臣傅維鱗，大理寺寺丞加一級臣郁之章，會看得吳明炫本内稱：湯若望所推，頒布天下《七政曆》，水星二八月皆伏不現。炫看得水星八月二十四日夕現，至九月二十二日伏於卯宮等語。及奉旨差内大臣公愛星噶等，同湯若望、吳明炫於八月二十四日夕觀看，水星未曾出現。其餘日雖未全往觀看，吳明炫妄奏是實。查律奏事上書，詐不以實者，律杖一百，徒三年。但吳明炫奏疏内云：臣如以無爲有，以欺皇上，臣亦不敢逃刑，乞將下臣於獄。如八月水星伏而不見，則一應淩犯占驗皆虚，即斬臣頭，以爲妄推天象之戒等語。吳明炫仍照原議杖一百，流三千里等因。順治十四年十月二十二日具題，本月二十七日奉聖旨：「恩赦已頒，這案罪犯應否寬減，著分别另議具奏。欽此。」於本月二十七日抄部送司呈堂。該刑部尚書臣圖海，左侍郎加一級臣吳喇插，右侍郎加一級臣阿思哈、臣董應魁，啓心郎加一級臣對哈納，理事官加一級臣柳愈琳，副理事官臣富當阿，看得吳明炫紊亂新法，誑奏是實。且奏疏内云：臣如以無爲有，以欺皇上，臣亦不敢逃刑，乞將下臣於獄。如八月水星伏而不見，則一應淩犯占驗皆虚，即斬臣頭，以爲妄推天象之戒。誑奏皇上事大，相應擬絞，今遇十四年十月二十六日恩赦吳明炫，減死一等，杖一百，流三千里。又該尚書臣白胤謙，左侍郎臣杜立德，郎中加一級臣吳顥，都察院左都御史加一級今革職戴罪照舊管事臣魏裔介，太子少保左參政加一級今革職戴罪照舊管事臣能吐，左參政加一級今革職戴罪照舊管事臣納都胡，大理寺右理事官加一級臣盧興祖，寺丞加一級臣郁之章，看得吳明炫妄奏是實。查律奏事上書，詐不以實者，律杖一百徒三年。但吳明炫奏疏內云：臣如以無爲有，以欺皇上，臣亦不敢逃刑，乞將下臣於獄。如八月水星伏而不見，則一應凌犯占驗皆虛，即斬臣頭，以爲妄推天象之戒等語。吳明炫應照原議杖一百流三千里。今遇十四年十月二十六日恩赦免罪等因。順治十四年十一月十七日具題。本月二十日奉聖旨：「這本内犯人釋放時，曾否釋放，著覆議具奏，欽此。」欽遵。該臣等議得十一月十八日奉有釋放犯人之旨，吳明炫免罪釋放訖。奉聖旨：依議。

禮部題爲申明曆務事：

祠祭清吏司案呈，奉本部送禮科抄出，該本部題覆，勅錫通微教師加通政使司通政使用二品頂帶又加一級掌欽天監印務湯若望題前事等因，於順治十四年十月二十九日題，十一月初二奉聖旨：「禮部議奏，欽此。」欽遵。於十一月初四日抄出到部送司。查得本部先題本，内開爲造曆日事，專設刷印匠十一名，修刀匠二名，刊匠二名，造殼匠一名於欽天監。既每月食米，而又給僱役工價，有屬重復。明季無此僱工給價之例。既稱曾給曆日裁下紙毛，應將欽天監刷印匠、修刀匠、造殼匠工銀停止，兹亦給與裁曆紙毛。至若刻匠止有二名，其工銀仍照該監呈請數目支給等因，題行在案。今該監湯若望疏内，匠役益增賠累。明季造曆每抬連紙一疋，給匠二十張等語。查《會典》舊案，未經開載，相應議覆，案呈到部。該臣等議得，欽天監湯若望雖題稱：明季造曆每抬連紙一疋，給與二十張。及查《會典》舊案，未經開載。雖云造曆等匠，益增賠累。但造曆等匠，既已每月給米，又給紙毛，其工銀似難全與，相應減半，給銀二十二兩八錢五分九厘可也。謹題請旨。

順治十四年十一月十七日題。十二月初十日奉聖旨：「這所議造曆匠役工價尚少，著另議具奏，欽此。」欽遵。於十二月十一日抄出到部送司，相應另議具題，案呈到部。該臣等另議得：除給紙毛外，仍照前全給工價銀四十五兩七錢一分八厘可也。謹題請旨。

順治十四年十二月十七日題。十八日奉聖旨：「依議，欽此。」欽遵。抄出到部送司，相應照會，案呈到部，擬合就行。爲此合照會該監，遵照施行，須至照會者。

戶部題爲屬員隨差遠方，日給不敷，伏懇恩勅地方，量加供應，以光盛典事：

廣東司案呈，禮部題覆欽天監湯若望，奉聖旨：依議。欽此。欽遵。該臣等看得掌欽天監印務臣湯若望疏稱：冊封琉球國靈臺郎黄道隆，福建知縣日止給銀一錢，物價騰貴，主僕數人，嗷嗷待斃，加給日用，題請前來。查順治十二年十二月内准禮部咨稱：靈臺郎黄道隆冊封琉球國，沿途需用廩給糧草單脚力，戶兵二部照例填給糧單，勘合到部。臣部照定例給發糧牌，沿途口糧官粳米八合三勺，跟筱粟米八合三勺，填發在案坐吃的。該部未曾開送臣部，亦未給發，但兵部勘合作何填發，臣部無從得知。咨查去後兵部咨稱：冊封琉球國朱廷樞病故，禮部將靈臺郎黄道隆咨送到部。本部照題定則，例給銀一錢前來。查十一年冊封琉球國朱廷樞日支粳米一倉升銀四分，填給糧單。今黄道隆加米一合七勺銀四分，照朱廷樞日給粳米一倉升銀四分。至於跟役二名，照張學禮跟役加粟米一合七勺，每日每名給粟米一倉升可也。奉聖旨：依議。

敕錫通微教師加通政使司通政使用二品頂帶又加一級掌欽天監印務臣湯若望謹題，爲進曆事：

臣監於順治二年歲終，進呈新法《淩犯時憲曆》後，奉上傳停免。十四年九月二十日遵奉皇上面諭：《淩犯曆》應進，隨傳五官等官至寓，重新指授測時捷法，考視差定緯距法，各官各法，晝夜拮据。而左監副劉有慶督辦竣工。今謹繕寫裝潢並《四季天象》，共成一册，進呈御覽。伏惟皇上鑒納施行，緣係進曆事理，謹題請旨。

順治十五年正月初六日題，二十九日奉聖旨：禮部知道，曆象留覽。

敕錫通微教師加通政使司通政使用二品頂帶又加一級掌欽天監印務臣湯若望謹題，爲遵旨題明員數職掌事：

順治十五年六月初四日准禮部照會，内開奉旨：在京各衙門滿漢司官自筆帖式以上，俱開列員數職掌，應聽各衙門開明具奏。臣按本監術業，衙門成法，世傳陞遷，不離本監，與别衙門不同。且天文奥繁，必詳加較算，庶免毫釐千里之謬。國初經制定爲六十一員，譯曆滿官六員，僅足克用，似難議減。今謹遵旨將員數職掌，一一開列：除監正掌理監務，左右監副二員，佐理監務，管造滿漢曆日外，滿洲副理事官一員，他赤哈哈番一員，筆帖式哈番四員，職掌譯寫《御覽總曆》、《滿洲蒙古曆稿》、《七政曆稿》。刊板曆主簿一員，職掌贊理監務禮儀，開給堂屬薪俸。此外諸員，分隸四科。曆科春夏中秋冬官正五員，保章正二員，司曆二員，博士二十六員，職掌推算七政，經緯宿度，日月交食、五星伏見月、五星淩犯、四季天象、鋪注御覽總曆民曆，選擇祀册及各大典禮儀，內外營建，一應吉期，並繕寫進呈等曆，每日與譯曆滿官對讀，以較差訛，督令人匠用心印造。天文科靈臺郎三員，監候一員，博士三員，職掌測候天象，輪直在臺，督率天文生晝夜周覽，所得象占每日呈報。漏刻科加監正銜管相度事仍管科務一員，五官挈壺正一員，司晨一員，博士七員，職掌相看營建內外宮室，山陵風水，推合大婚，選擇吉期，調品壺漏，管理譙樓，郊祀候時，兼鋪注奇門出師方向。回回科秋官正一員，博士四員，明季曆未修政，存此科以備參考。國朝曆法大全，曆典永定，《回回曆》雖不用，苟無罪愆，仍祿養其人，以終其身。以上滿漢各官職掌，理合開列具題，謹題請旨。

順治十五年六月十九日題。二十七日奉聖旨：禮部議奏。

敕錫通微教師加通政使司通政使用二品頂帶又加一級掌欽天監印務臣湯若望謹題，爲勞臣殞命遐方，伏懇代題垂憫事：

據隨封琉球靈臺郎黄道隆妻劉氏呈前事，内稱劉氏夫靈臺郎黄道隆，於順治十二年十二月内奉差隨封琉球，阻滯閩地，官卑道遠，供應不前，勞苦之後，繼以窮餓；窮餓未已，疾病因之。隨從人役，近皆星散，隻身旅邸，何以堪此。今查邸報，知已溘然朝露矣。出差不止劉氏夫，何獨不幸至此。有子天文生黄昌，方在弱齡，家傳謹守職業，此外别無能爲。寒苦異常，糊口不足，雖奔喪爲盡子分，行乞亦所甘心。但往返程途，萬里有餘。止此一子，劉氏倚之爲命，夫倚之爲後。夫忝天使尚不能保其生命，何況踉蹌一孺子乎？爲此叩懇，代爲題請。念夫歿於王事，寬恩得徼卹典。其棺木並行李衣物書籍等項，或令地方官設法押送，或交付奉旨撤回册封官，攜帶回京，劉氏夫妻母子存歿均感等因到臣。據此該臣看得：黄道隆以天文官隨封外國，至盛典也。去年具呈一紙，書一封寄臣，言主僕數人，廩給無措，僧房棲處，饘粥無餘，飄泊孤身，家鄉萬里，恐久淹留，終填溝壑。臣讀之不勝酸鼻，隨據呈疏請，得旨部覆加給去訖。而今遽報死亡，豈加給之恩未及到彼，而病已不起乎？何其命之窮也。該撫疏稱最堪憐恤，誠非虚語。宜其妻哀痛迫切，而以恩卹請也。伏念皇上覆育如天，無微不及。道隆雖係小臣，隨封則出欽遣。不幸隻身病歿，隨從漸皆星散。臨死並無一人，於情委屬可矜。其所請或地方押送，或撤回册封官，攜帶棺木衣物等項來京。懇乞勅部速覆，以慰九泉，以安孤寡。至於格外加恩，酌議卹典，此則伏候睿裁，而非臣之所敢必也。緣係請卹事理，臣未敢擅便，謹題請旨。

順治十五年七月十二日題，十五日奉聖旨：該部議奏。

勅錫通微教師加通政使司通政使用二品頂帶又加一級掌欽天監印務臣湯若望謹題，爲勞臣殞命遐方，伏懇代題垂憫事：

准禮部照會前事，內開儀制清吏司案呈奉本部，送禮科抄出，該本部覆掌欽天監印務湯若望題前事等因，奉聖旨：「該部議奏，欽此。」欽遵。於十六日抄出到部，送司案呈到部，該本部議得黃道隆奉差隨封，中途病故。念因王事殞身，所有棺木衣服等項，應准令該省撫臣委官押送。其卹典應聽監臣，察例題請。勅下臣部再行議覆可也等因具題。奉聖旨：「依議，欽此。」欽遵。於七月二十五日抄出到部送司，案呈到部，爲此合照會該監，察照奉旨事理，欽遵施行等因到監。准此。臣仰見皇恩浩蕩，無所不及；宸衷惘惻，無所不周。黄道隆之死，真不與草木同朽腐矣。除棺木衣物等項，聽部臣咨該省撫臣，委官押送外，所議卹典，臣謹查得《會典》一款，凡在京在外文武官員，不拘品級，其以死勤事者，卹典取自上裁。今黄道隆從七品官加一級，奉旨隨封，積勞貧病，歿於閩地，與此例合。蒙恩得徼卹典，伏候睿裁，謹題請旨。

順治十五年七月二十九日題，八月初一日奉聖旨：禮部議奏。

禮部爲勞臣殞命遐方，伏懇代題垂憫事：

祠祭清吏司案呈奉本部，送禮科抄出該本部題覆勅錫通微教師加通政使司通政使用二品頂帶又加一級掌欽天監印務湯題前事，内稱准禮部照會前事，内開儀制清吏司，案呈奉本部，送禮科抄出，該本部覆掌欽天監印務湯題前事等因，奉聖旨：「該部議奏，欽此。」欽遵。於十六日抄出到部送司，案呈到部，該本部議得黄道隆奉差隨封，中途病故。念因王事殞身等因。順治十五年七月二十九日題，八月初一日奉聖旨：「禮部議奏，欽此。」欽遵。於八月初二日抄出到部送司，察得《會典》開載：凡在京在外官員，不拘品級，其以死勤事者，卹典取自上裁等因在案。相應具題，案呈到部。該臣等議得：黄道隆奉旨隨封在閩省，病故尚未出界，難比勤事之例給卹。謹題請旨：「黄道隆奉差出封，在閩數年。病殞，爾部乃云難比勤事之例，何等方爲勤事？這所奏太偏，著另議具奏，欽此。」欽遵。於八月十九日抄出，到部送司，相應具題，案呈到部。該臣等看得黄道隆以監員隨封海外，病故閩省，所以臣部先疏未敢遽議卹典。今奉有著另議具奏之旨，該臣等酌議得：黄道隆隨封病歿，《會典》載有不拘品級，以死勤事之例，應照伊原品與祭一壇，造墳安塟，謹題請旨。

順治十五年九月初八日題，本月初九日奉聖旨：「黄道隆准與祭一壇，造墳安葬，欽此。」欽遵。抄出到部送司，相應照會欽天監等因，案呈到部，擬合就行。爲此合照會該監，查照施行，須至照會者。

順治十五年九月十七日。

吏部爲遵例考滿事：

該本部覆考功清吏司案呈奉本部，送吏科抄出勅錫通微教師加通政使司通政使用二品頂帶又加一級掌欽天監印務臣湯若望奏前事等因。順治十五年九月初五日奉聖旨：「湯若望修明曆法，年久著勞，著復職應得恩典，察例具奏，欽此。」欽遵。抄部送司，相應議覆，案呈到部。查得臣部開載：正二品三六年考滿，先年俱賜羊酒，並加宮保等項恩典。在京三品以上官，考滿復職，請給誥命，廕一子入監讀書。又欽天監堂上正官，九年任滿，奏請復職，或陞俸級，或量陞相應職事，以酧其勞。又十二年七月，禮部尚書胡世安正二品考滿奉旨加太子太保，廕一子入監讀書，仍給與應得誥命，欽遵在案。湯若望前三年考滿，奉旨加通政使司通政使用二品頂帶。今又足三年，遵例考滿。奉有湯若望修明曆法，年久著勞，著復職應得恩典，察例具奏之旨。察前例應賜羊酒，給與應得誥命，廕一子入監讀書。查本官又無子可廕，應否加銜，出自上裁等因。臣順治十六年九月二十二日奉聖旨：「湯若望賜羊酒，仍給與應得誥命，欽此。」欽遵。抄部送司，相應照會，案呈到部，擬合就行，爲此照會本監，奉旨內事理，欽遵施行，須至照會者。

順治十五年九月二十八日。

勅錫通微教師加通政使司通政使用二品頂帶又加一級掌欽天監印務臣湯若望

謹題，爲懇恩加恤官生事：

臣惟先事後食，人臣之義；而體恤臣工，恩出自上，如各衙門日給飯錢，號爲公費是也。臣監屬員清苦，甚於諸司。而月領公費一十五分，除左右監副及主簿一員，司曆二員，各給一分外，其餘十分，分給各科，天文科官七員，共給四分。内掌科官一整分，漏刻科官十員，共給二分，内掌科官一整分，曆科博士二十六員，共給一分，五官正五員，保章正二員共七員，共給三分。内掌科官一整分。臣惟曆科爲臣監首科，而五官等官職事，較爲繁重，推算鋪注，接續無間，焚膏繼晷，矻矻窮年。今内除掌科官一整分，乃以六員而共公費二分，似未定濟其饔飧，相應各給一整公費。博士二十六員，有日輪對讀之勞，亦應加給一分。又漏刻科十員，恪供乃職，晝夜候時，亦應加給公費二分，連曆科共請加給公費七分。伏乞勅部於臣監公費十五分外再加七分，共二十二分，各各照品關支，以昭本朝曲體小臣至意。又天文生月米《會典》明載七斗。今天文科天文生，已復七斗，而曆科天文生猶然六斗，於例未符，並乞勅部概給月米七斗，增米無幾，而蒙恩則均矣。緣係官生月給事理。臣未敢擅便，謹題請旨。

順治十五年十二月十三日上。十六日奉聖旨：該部議奏。

敕錫通微教師加通政使司通政使用二品頂帶又加一級掌欽天監印務臣湯若望謹題，爲裁官業奉新綸等事：

准禮部照會前事，該臣察得，臣監舊日典例，原有吏書一名，典吏一名，司曆廳司吏一名。自順治元年以來，臣監止有吏書一名，餘未撥給，合應不必添補可也。緣係裁官業奉新綸事理，理合具題，謹具題知。

順治十五年十二月十四日上。十六日奉聖旨：依議。

敕錫通微教師加通政使司通政使用二品頂帶又加一級掌欽天監印務臣湯若望謹題，爲祀典事：

恭照我皇上崇祀上帝，惟勤度越前代。臣監漏刻科員衙門直宿，晝夜候時，不敢少怠。但該科候時所置之香，皆係損貲，市買乾濕粗細不等。據該科呈稱：明季原有該管衙門製造此香，材質精堅，分兩匀稱，候時最準。臣愚以爲候時關係祀典，合無勅下該衙門，照舊製香，以給各官備用。臣又看得各官寒苦，當此隆冬天氣，晝夜直宿，不無可憫。昨據科呈移文，禮部復臣，《會典》無例，不知該科之晝夜候時，原非前代所有，《會典》安能預載。臣監天文科祗因在臺輪直，給有冬衣木炭。臣以爲即此是例也，並乞勅部一視同仁，照天文科給與冬衣木炭施行，緣係祀典事理。臣未敢擅便，謹題請旨。

順治十五年十二月二十三日上。二十八日奉聖旨：該部議奏。

禮部爲懇恩加恤官生事：

祠祭清吏司案呈，奉本部送禮科抄出，該本部題覆欽天監題前事等因。順治十五年十二月十三日題，本月十六日奉聖旨：「該部議奏。欽此。」欽遵。於本月十七日抄出，到部送司。查得《會典》開載：成化三年奏准，凡天文生食糧月支七斗。又查得順治十二年十二月內，欽天監題疏本部，覆天文科天文生添米一斗，照《會典》例給與七斗等因在案。其疏內公費銀兩一款，非本部所議，相應議覆，案呈到部。該臣等議得，既經該監具題，疏內所請曆科天文生增添米糧，應添米一斗。照《會典》例七斗，其公費銀兩，應否增添，戶部議覆可也等因具題。順治十六年正月初九日題，本月十一日奉聖旨：「依議。欽此。」欽遵，抄出到部送司，相應照會，案呈到部，擬合就行，爲此合照會該監。查照來文及奉旨內事理，欽遵施行，須至照會者。

順治十六年正月十七日。

勅錫通微教師加通政使司通政使用二品頂帶又加一級掌欽天監印務臣湯若望謹奏，爲微臣年力向衰，曆學相繼需人事：

臣惟曆之爲學，其數甚頤，其理甚微。新法傳自西洋，而西洋之法得至中土者，實由臣等學道之人。然自利瑪竇、龐迪峩輩，接踵來華，以至今日，五十餘人。而其間旁通曆學者，可指數而盡也，則曆學亦難言之矣。我朝以新法造曆，頒行十有六載，法已盡傳。該監但監員恪守成法，逐年辦曆無難。而至於講求奧旨，洞徹天行所以然之故，有疑必釋，無難不解，堪備顧問者，非臣等授法師儒，弗勝其任。而臣今老矣，昨會友瞿西滿遺臣一書，現今同會修士十餘人，聞風慕義，來嶴内有通曉曆學者。臣讀之不勝忻喜。但修士負有學行，與商賈覓利之徒殊科。最苦内地盤詰留難，兵丁淩侮，是以心欲進而足不前。幸今瞿西滿有事還嶴，臣即寄書此輩，修士促其束裝，更乞皇上勅部咨行該地方，禁止前途不得攔阻，俟其既入内地，容臣擇取一二人，來京另疏上聞，庶曆學接緒有人，而臣心自此無憾矣。爲此具本親賫，謹具奏聞。

順治十六年正月二十五日奏。二十六日奉聖旨：禮部議奏。

戶部爲懇恩加恤官生事：

陝西清吏司案呈，奉本部送戶科抄出，該本部題覆欽天監湯題前事等因。順治十五年十二月十三日題，本月十六日奉聖旨：「該部議奏，欽此。」欽遵。於十二月十九日抄出，到部送司，奉此相應議覆，案呈到部。該臣等看得：欽天監衙門左右監副劉有慶等二員，每月給公費銀三兩，其餘各給二兩在案。今據欽天監湯疏稱：屬員清苦，甚於諸司，請加公費七分。又曆科天文生月米，《會典》明載七斗。今天文科天文生已復七斗，而曆科天文生猶然六斗，於例未符，並乞勅部概給月米七斗等因前來。復查該監以各官推算，各有職掌，故分別科分。但臣部給發公費，並無照科分支給之例。今據稱屬員清苦，應准添給七員，共爲二十二員。又查欽天監衙門，原無照品支給之例。今據該監題請前來，將應給各官公費，准照各衙門例，照品給發。其曆科天文生，亦照天文科天文生，每月給米七斗可也等因。順治十六年正月十七日題，本月十八日奉聖旨：「依議。欽此。」欽遵。抄部送司，奉此相應照會，案呈到部，擬合就行。爲此合照會該監，煩爲查照本部覆奉旨內事理，欽遵施行，須至照會者。

順治十六年正月二十八日。

禮部爲祀典事：

祠祭清吏司案呈，奉本部送禮科抄出，該本部題覆欽天監題前事，内稱恭照我皇上，崇祀上帝惟勤，度越前代。臣監漏刻科員，衙門直宿，晝夜候時，不敢少怠。但該科候時所置之香，皆係捐貲，市買乾濕粗細不等。據該科呈稱，明季原有該管衙門製造此香，材質精堅，分兩匀稱，候時最準。臣愚以爲，候時關係祀典，合無勅下該衙門照舊製香，以給各官備用。臣又看得各官寒苦，當此隆冬天氣，晝夜直宿，不無可憫。昨據科呈移文，禮部覆臣，《會典》無例，不知該科之晝夜候時，原非前代所有，《會典》安能預載。臣監天文科止因在臺輪直，給有冬衣木炭。臣以爲即此是例也，並乞勅部一視同仁，照天文科給與冬衣木炭施行等因。順治十五年十二月二十三日題，本月二十八日奉聖旨：「該部議奏，欽此。」欽遵。於正月初二日抄出，到部送司，相應議覆，案呈到部。該臣等議得，欽天監湯疏稱：漏刻科員候時置香，原有該管衙門製造，材質精堅，分兩匀稱。至於該科各官寒苦，當此隆冬天氣，晝夜直宿，不無可憫，請給冬衣木炭等語。其香應欽天監徑行該造衙門，置辦備用。該科官員應照天文科官例，冬衣兩年一次，著戶部給發，其各部院所用木炭，俱係工部給與。今木炭亦應工部給發可也。謹題請旨。順治十六年正月二十二日題，本月二十四日奉聖旨：「依議。欽此。」欽遵。抄出到部送司，相應照會。案呈到部，擬合就行。爲此合照會該監，查照來文及奉旨內事理，欽遵施行，須至照會者。

順治十六年二月初一日。

勅錫通微教師加通政使司通政使用二品頂帶又加一級掌欽天監印務臣湯若望謹題，爲恭進《民曆式樣》事：

照得順治十七年《民曆式樣》，例應順治十六年二月初一日具本恭進，隨發刊刻，四月內頒行。臣等謹繕寫裝潢，進呈御覽，伏乞皇上勅下照樣譯寫，並刊刻頒布，各省遵奉施行，理合具題，謹題請旨。

計開：

《民曆式樣》一册

順治十六年二月初一日上。初三日奉聖旨：禮部知道，曆式併發。

吏部爲考滿事：

驗封清吏司案呈，奉本部送吏科抄出，該本部覆勅錫通微教師加通政使司通政使用二品頂帶又加一級掌欽天監印務湯若望題前事等因，奉聖旨：「吏部議奏，爲考滿事用題本，用印於例不合，著飭行，欽此。」欽遵。於十二月十三日抄出，到部送司，相應議覆，案呈到部。該臣等案查十五年九月内，本部覆勅錫通微教師加通政使司通政使用二品頂帶又加一級掌欽天監印務湯若望，三年考滿等因，奉聖旨：「湯若望賜羊酒，仍給與應得誥命，欽此。」欽遵隨經移取本官二代姓氏去後，尚未送部。本臣疏稱：臣用二品頂帶又加一級考滿，其應封二代三代，部臣未知所從，倘得徼恩，贈及曾祖，豈非至願，乞勅部施行等語。今臣等議得湯若望通政使司通政使用二品頂帶加一級。二品頂帶如論從二品，加一級係正二品。如論正二品加一級，係從一品。如從一品者，應封三代；正二品者應封二代。但本臣前次考滿，奉旨著用二品頂帶，臣部不便懸定正從品級，恭候睿鑒裁定，以便臣部遵奉施行等因。順治十六年正月十八日題。十九日奉聖旨：「爾部確議具奏，欽此。」欽遵。

於正月二十日抄出，到部送司，相應議覆，案呈到部。該臣等查得湯若望因前次考滿，奉旨加通政使司通政使，著用二品頂帶，又遇恩詔加一級。今考滿相應將通政使司通政使用二品頂帶加一級，擬從一品，封贈三代。至於廕子一節，前因無子未廕，不必再議。理合具覆，恭候命下臣部，遵奉施行等因。順治十六年二月初三日題，初四日奉聖旨：「依議，欽此。」欽遵。抄出到部送司，所有本官三代姓氏並履歷籍貫，相應移取送部，查照以便具題，案呈到部，擬合就行，爲此合照會前去，煩爲查照施行，須至照會者。

順治十六年二月十四日。

禮部爲微臣年力向衰，曆學相繼需人事：

祠祭清吏司案呈奉本部，送禮科抄出，該本部題覆欽天監奏前事。順治十六年正月二十五日奏，本月二十六日奉聖旨：「禮部議奏，欽此。」欽遵。於正月二十七日抄出到部，奉批司察照送司奉此，相應議覆。案呈到部，該臣等議得，欽天監湯疏稱：現今同會修士十餘人，聞風慕義來愙，內有通曉曆學者，應取來到京，選一二人以備曆學，相應如其所請，仍行文該地方官，給湯取來之人，路糧驛遞，送來到京，謹題請旨。順治十六年二月十二日題，本月十三日奉聖旨：「依議，欽此。」欽遵。抄部送司，相應照會，案呈到部，擬合就行，爲此合照會，查照來文及奉旨内事理，欽遵施行，須至照會者。

順治十六年二月十六日。

勅錫通微教師加通政使司通政使用二品頂帶又加一級掌欽天監印務臣湯若望謹題，爲衙門亟需修理事：

竊照臣衙門歷年已久，殘缺傾圮。最爲不堪，路人經其外，無復觀瞻，官生居其内，惟恐覆壓。在京各衙門，順治年來，大概重修。即有未經重修者，亦未至如臣衙門不堪之甚者也。曾於順治九年六月具疏上聞，時緣錢糧不敷，工部略加補葺，過一二年又復傾頹如故矣。乃今又值止工之時，臣何敢以重修上請。然有不得不加補葺者，如大門二門，並兩門之山牆、傍牆，又前堂之後門，積貯紙張錢糧堂庫之前簷之後牆，房上之瓦片，以至最後隔斷，光禄寺之界牆各處，或關係錢糧積貯，或關係行人出入。天氣陰晴難定，一遇陰雨，尤爲可虞。目下匠役印刷在邇，萬萬不可一刻緩者，自是緊急工程，非他項可比。伏乞皇上垂念曆典，特勅工部及時興工修理施行。緣係衙門修理事理，臣未敢擅便，謹題請旨。

順治十六年四月二十九日題，五月初四日奉聖旨：工部議奏。

敕錫通微教師加通政使司通政使用二品頂帶又加一級掌欽天監印務臣湯若望謹題，爲曆板事：

臣照順治十年四月内，部覆臣題《應進漢字曆》一疏，奏有漢字《七政曆》，及漢字《民曆》，應聽該監自印廣行，以便民用之旨。欽遵在案，從此屬員漸次輳助印行，乃邇來時□入夏，曆無餘剩，外鄉猶有赴京覓曆之人，則是民間猶未足用也。今欲多加刷印，勢必字畫模糊，曆不堪用。臣今請加板一副，以便廣行。況板片及刊價，共銀十有餘兩，爲數無幾，臣自捐刻，固所願也。緣係曆板事理，臣未敢擅便，謹題請旨。

順治十六年四月二十九日題，五月初五日奉聖旨：禮部議奏。

禮部爲曆板事：

祠祭清吏司案呈奉本部，送禮科抄出，該本部題，敕錫通微教師加通政使司通政使用二品頂帶又加一級掌欽天監印務臣湯若望題前事，内稱臣照得順治十年四月内，部覆臣題云云，自捐刻固所願也等因。順治十六年四月二十九日題，五月初五日奉聖旨：「禮部議奏，欽此。」欽遵。於本月初五日抄出，到部送司。察得順治十年四月內，欽天監爲曆日事，呈請前來，本部具題。奉聖旨：「是漢字《七政曆》及漢字《民曆》，應聽該監自印廣行，以便民用，不必拘定數目。欽此。」欽遵在案，相應議覆，案呈到部。該臣等議得：湯若望疏請漢字《民曆》，已經遵旨印刷廣行，不足應用，多加印刷，誠恐字畫模糊，今欲新加曆板一副，工價爲費不多，自捐刊刻，應照湯若望所請刊刻，謹題請旨。順治十六年五月十四日題，本月十五日奉聖旨：「依議，欽此。」欽遵。抄出到部送司，相應照會欽天監等因呈堂，奉批行送司，奉此案呈到部，擬合就行，爲此合照會欽天監察照施行，須至照會者。

順治十六年五月十八日。

工部爲衙門亟需修理事：

營繕清吏司案呈，奉本部送工科抄出，該本部題覆欽天監題前事等因。順治十六年四月二十九日題，五月初四日奉聖旨：「工部議奏。欽此。」欽遵。於五月初五日抄出，到部送司，奉此相應議覆，案呈到部，該臣等看得欽天監疏稱：臣衙門歷年已久傾圮，最爲不堪。伏乞皇上特勅工部，及時興工修理等因前來。查臣部因錢糧匱乏，各項工程具題，概行停止在案。今欽天監衙門關係曆典印刷收貯，今如不行修理，日久坍壞，所費錢糧愈多，如大門三間，二門三間，垂花門一座，大庫五間，並隔斷界牆，傾圮緊要處所。臣部差官約估應用銀六百餘兩，相應先行修理。其餘傾圮處所，俟錢糧充裕，再議具題可也等因。順治十六年五月二十四日題，二十五日奉聖旨：「依議，欽此。」欽遵。抄出到部，奉批行送司，奉此相應備劄，案呈到部，擬合就行，爲此合劄本監，欽遵施行，須至劄付者。

吏部爲官銜事：

文選清吏司案呈，奉本部送吏科抄出，該本部覆勅錫通微教師加通政使司通政使用二品頂帶又加一級掌欽天監印務湯若望奏前事等因。順治十六年五月初四日奉聖旨：「吏部議奏，欽此。」欽遵。抄出到部送司，相應議覆，案呈到部，該臣等議得，據欽天監湯疏稱，臣近蒙賜玉帶，又爲六年考滿，准吏部擬從一品，封贈三代。但臣前爲三年考滿，奉旨用二品頂帶。今蒙准擬從一品，又賜玉帶，則前此之二品頂帶，非現今所宜用宜稱。請皇上或准臣用從一品之稱，或仍舊用二品頂帶之稱，特賜鑒裁等因，奉有吏部議奏之旨。查湯若望順治十二年八月內考滿。奉旨加通政使司通政使，著用二品頂帶。十四年六月內，恭遇恩詔臣部，覆准加通政使司通政使用二品頂帶之上，又加一級在案。但查湯若望既用二品頂帶上又加一級。見用從一品頂帶，其用二品頂帶字樣，不便仍留。又原因用二品頂帶上加一級，所以至從一品。若即去用二品頂帶字樣，似無故至從一品。今臣等酌量改議得，湯若望應用通政使司通政使加二品又加一級可也，理合具覆，恭候命下臣部，遵奉施行等因。順治十六年五月二十九奉聖旨：「依議，欽此。」欽遵。抄出到部送司，相應照會，案呈到部，擬合就行。爲此合照會前去，煩爲欽遵查照施行，須至照會者。

順治十六年六月十八日。

勅錫通微教師加通政使司通政使加二品頂帶又加一級掌欽天監印務臣湯若望謹奏，爲曉曆修士底京事：

臣於本年正月內具有《微臣年力向衰，曆學相繼需人》一疏，奉聖旨：「禮部議奏，欽此。」部覆內稱：議得欽天監湯若望疏稱，現今同會修士十餘人，聞風慕義來愙，內有通曉曆學者，應取來到京，選一二人以備曆學。相應如其所請，仍行文該地方官，給湯若望取來之人，路糧驛遞，送來到京，謹題請旨。奉聖旨：「依議。欽此。」欽遵。臣隨又發書寄𧧦，迄今半載，不意臣同會友蘇納、白乃心已自今春北來，於本年六月十五日底臣寓。二臣自幼矢志精修，篤於昭事，更喜其各皆旁通曆學，從此學習漢語漢文。臣出曆書，相與參證，庶新法相繼不患無人矣。爲此具本親賫，謹具奏聞。

順治十六年六月二十一日上，二十五日奉聖旨：禮部知道。

禮部爲曉曆修士抵京事：

祠祭清吏司案呈，奉本部送禮科抄出，該本部題覆通政使司通政使加二品又加一級掌欽天監印務湯奏前事，内稱臣於本年正月内，具有微臣年力向衰云云，相繼不患無人矣，爲此具本親賫，謹具奏聞。順治十六年六月二十一日奉，本月二十四日奉聖旨：「禮部知道。欽此。」欽遵。於六月二十五日抄出，到部奉批司察照送司，奉此察得。本年正月内，據欽天監之疏，本部議覆，同會修士十餘人，聞風慕義來𧧦，内有通曉曆學者，應取來京，選一二人以備曆學，相應如其所請。仍行文該地方官，給湯若望取來之人，路糧驛遞，送來到京，奉有依議之旨，欽此遵行在案。今修士二人有同來跟役四名來至，相應具覆，案呈到部。該臣等議得湯若望疏稱：修士二人跟役四名，先來到京食用等項，相應酌量給發，應俟全到之日，令湯若望遵旨選擇具題，謹題請旨。順治十六年七月十三日題，本月十四日奉聖旨：「依議。欽此。」欽遵。抄出到部送司，相應移會，案呈到部，擬合就行。爲此合照會欽天監察照施行，須至照會者。

順治十六年七月十六日。

通政使司通政使加二品又加一級掌欽天監印務臣湯若望謹題，爲敬陳一得之愚，請復應行之典，仰祈宸裁以重觀候事：

准禮儀監知會前事，内稱靈臺事宜，相應設立，所有教習天象時刻，仍照舊於欽天監取四科十員官，進内教習。奉聖旨：「依議，欽此。」欽遵。知會委四科十員官教習等因到監准此。該臣看得明季曆法未全兼用，《回回曆》以備參考。我朝《時憲曆法》大全，業蒙乾斷畫一，無容參考。《回回曆》差謬太甚，久置不用，已一十六載於兹。今内臺設立，所須教習，止應教習曆科天文科漏刻科術業。《回回曆》既置不用，教習似屬可免。伏乞睿鑒裁奪施行，臣未敢擅便，謹題請旨。

順治十六年十月二十六日親賫到南苑，駕行亮星臺啓奏，金吐氣傳旨：依議。

通政使司通政使加二品又加一級掌欽天監印務臣湯若望謹題，爲屬員隨駕事：

臣衙門領有行在印一顆，恭遇皇上行幸在邇，特屬左監副劉有慶收管行在印，另委候時官五官挈壺正加一級楊弘量、博士加一級司爾珪二員隨駕，竊照各官，隨駕分誼當然。但臣屬員寒苦，甚於他官，出行正值冬時，鞍馬皮衣，一無所措。況候時用香，似非帳房不便。懇乞皇上軫念寒官，勅部給發施行。臣未敢擅便，謹題請旨。

順治十六年十月二十九日題，十一月初一日奉聖旨：該部議奏。

通政使司通政使加二品又加一級掌欽天監印務臣湯若望謹題，爲教習事：

臣前准禮儀監知會敬陳一得之愚，請復應行之典一疏內稱：靈臺事宜，相應設立，欽遵御旨，取四科官十員教習。臣隨題明明季曆法未全，兼用《回回曆法》以備參考。我朝《時憲曆法》大全，業蒙乾斷畫一，無容參考。《回回曆》差謬太甚，久置不用，已一十六載於兹。

今內臺設立，所須教習止應教習曆科天文科漏刻科術業。《回回曆》既置不用，教習似屬可免。伏乞睿鑒裁奪施行。本年十月二十六日具題，本日奉聖旨：「依議，欽此。」欽遵。隨行各科。據曆科呈稱，舊制用天文生三名，今擬每季輪委官二員，天文科呈稱，舊制用天文生三名，今擬每季輪委官二員；漏刻科呈稱，舊制用生一名，今擬每季輪委官一員，進內教習等因到臣。該臣看得舊制教習內[一]

校記

〔一〕本册第一百十一葉至第一百十四葉闕如，本折未完。

通政使司通政使加二品又加一級掌欽天監印務湯若望謹題爲進曆事：

照得順治十七年《凌犯曆日》，臣監造辦已成，謹用繕寫裝潢，並《四季天象》，合爲一册，進呈御覽。伏乞皇上鑒納施行，緣係進曆事理，謹題請旨。

順治十六年十二月二十四日題，正月初八日奉聖旨：禮部知道。曆書留覽。

通政使司通政使加二品又加一級掌欽天監印務臣湯若望謹題，爲恭進《民曆式

樣》事：

臣按新法曆書每年節氣，依太陽實行推算。夏至日行遲間，有一月一節氣者；冬至日行疾間，有一月三節氣者。今順治十八年《民曆式樣》告成，十一月係三節氣，與順治三年同。此爲天上真節氣，非舊法平節氣可同日語也。謹將《曆樣》繕寫裝潢，進呈御覽。伏乞皇上勑下照樣譯寫刊刻，並照例四月内頒布各省，遵奉施行，理合具題，謹題請旨。

計開：

《民曆式樣》一册

順治十七年二月初一日上，初三日奉聖旨：禮部知道，曆式並發。

通政使司通政使加二品又加一級掌欽天監印務臣湯若望謹題，爲關領紙張事：

照得臣監公用紙張，已經禮部題明數目，並於二七月各領一半，奉旨欽依在案。又准部文應用紙張，應照近例，各衙門自行具題支領。臣監所有本年公用紙張，具數於後，伏乞勑下户部，於二七月照數給發施行。緣係紙張事理，謹題請旨。

計開：

本紙九十七張

辦造《十八年曆日》有閏月台連紙七百八十張

呈文紙四十五張

連七紙一百六十五張

順治十七年二月初一日上，初三日奉聖旨：戶部知道。

贈言

〔清〕金之俊　魏裔介　龔鼎孳等撰　周岩標點

部 言

#《贈言》説明

《贈言》，清金之俊、魏裔介、龔鼎孳等人撰。

順治親政以後，對湯若望禮遇有加：湯若望獲贈朝衣朝帽，被賜通玄教師；又賜御製天主堂匾額一方，文曰「通玄佳境」；甚至順治議立皇儲之事亦曾徵詢湯若望意見，湯若望以玄燁曾出痘，力主之，遂一言而定。順治十八年（一六六一），湯若望七十大壽，順治降旨：「湯若望係外國之人，効力年久，原無妻室，不必拘例，其過繼之孫，差人（欽天監。」京中大員贈壽序、賀榮廕序以及贈詩者甚衆，彙集而爲《贈言》。

作者中，金之俊，吴江人，萬曆四十七年（一六一九）進士，曾任吏、兵、工三部尚書等；龔鼎孳，合肥人，崇禎七年（一六三四）進士，曾任戶、刑二部左右侍郎，都察院左都御史等；魏裔介，柏鄉人，順治三年（一六四六）進士，曾任翰林國史院庶吉士等；胡世安，井研人，崇禎元年（一六二八）進士，曾任兵部尚書；王崇簡，宛平人，崇禎十六年（一六四三）進士，曾任禮部尚書。此外，還有薛所藴、邵夔、吴統持、陳許庭、錢路加、艾吾鼎、董朝儀、潘治等多人。

湯若望曾譯《主制群徵》二卷，張賡題署，崇禎二年（一六二九）初刻於絳州。一九一五年天津大公報館重刊，一九一九年重印，陳垣先生作跋，乃將《贈言》從上海徐家匯藏書樓抄得，附於書後，得見者始多。本書即根據其影印本標點、整理。

贈言

道未湯先生七秩壽序

金之俊　吴江萬曆己未進士

歲辛丑四月朔日，敕賜通微教師加一品大銀臺道未湯公介七秩觴。大金吾諸君子謀言於余以爲公壽，其辭曰：「聞文軒皇肇甲子，則大撓董成，虞廷在璿璣，則羲和典職。」《易》之《革》曰：「天地革而四時成。」其《象》曰：「君子以治曆明時。」帝王順天應人，必有精思博聞之佐，應運而出，窮神盡智，以成一代欽若之憲。章皇帝御世立極，敬天勤民，首以授時爲亟。而先生以生知異稟，秘授靈樞，闡元會運世之法，訂歲紀日分之訛，乃至析景別躔，平五方之氣，以利民用。順治十有八年間，戎衣大介，綏邦屢豐，疫癘無災，蝁蟦不育。先生匡贊英主，躋一世於仁壽，彰彰也。以兹集致大年，直取懷而券耳。公其有以進此者爲先生颺言乎？余曰唯唯。如諸君子之言，先生殆以術而寓乎道者。余謂先生則以道而忘乎術者。蓋先生之全乎道，非以術教而以身教者也。先生綜洽過偃韋，懸裁超甘石，其學不爲不博，毋俟稽讖披圖。而占緯常符，不假登臺上庫，而休咎畢協，其智識不爲不精。遭熙時，展碩抱，服被五章，位階九列，錫號媲於上真，其名業不爲不尊以顯。然而學博不以長矜，識精不以市詭，名業尊顯不以形驕倨。士大夫之朝夕習於先生者，欽其卑牧，飲其和醇，而知驕陽不介於其躬也。坦坦愉愉，絶町畦，捐城府，無刻薄以示厲，而知沴陰不萌於其慮也。舉一切世態物情之爲疾雷震霆，淒風苦雨，無不有感而立消，忘言而自化，是以呰窳夭札之患，蔑由而致，豈藉斤斤亶昏夕之期，候耕耘之節，以袪眚戾而召休嘉者乎？謂先生之壽，其身以壽世，在此不在彼，詎曰不然，更進之而宣幽疏滯。攝護新天子沖德，大之衍應五事，以驗庶徵，小之寓規折柳，以扶化育。祈天永命，無疆惟休。先生之學，於是全乎大道；先生之壽，於是結爲大年也已。諸君子躍然曰：「是足以觴先生。」遂書之爲祝。

光祿大夫太傅兼太子太師吏部尚書中和殿大學士前少傅兼太子太傅充纂修《順治大訓》總裁乙未科會試大主考少保兼太子太保吏兵工三部尚書都察院左都御史吏兵二部右侍郎充丙戌己丑乙未三科殿試讀卷官進士出身通家侍生吳江金之俊頓首拜撰。

魏裔介　柏鄉順治丙戌進士

蓋聞命世大才，經綸名教者，不必華宗夏士，撥煩理亂；澄氛濟世者，不必八索九邱，信哉其言之也。以余觀於道未湯老先生，殆器大神宏，而無愧於古之聖賢者歟。先生生於西海之濱，航海數萬里至中華之地，大海茫茫，風波萬丈，蛟蜃魚龍，揚鬣奮舞。或遇山石錯鍔，險若峰刃，舟觸之則立碎；又海水鹽鹵，不可下咽，令人乾喝。所歷數十國，多鳥言卉服，鬼神出沒。而先生風帆數載，若履平地，所謂以道德爲干櫓，仁義爲甲兵，水不濡而火不爇者，先生之謂也。前此先生未至中華時，有利先生瑪竇者，宣揚其教，一時頗有信從之者。然猶沕闇未著，自先生由海壖北上，廣著鴻書，闡發至論，如《群徵》、《緣起》、《真福》諸籍，與此中好學之士，共聞共見，而又接引後來，勤勤不倦，樂於啓迪，所謂青天白日心事，光風霽月襟懷，先生之謂也。自古帝王治天下，最重曆法。堯命羲和敬授天，茂對育物，降及漢晉，至於明初，皆以太史掌之。誠有見於天道爲人事之本原，而敬天乃治民之實事也。故風雨以時，災沴不作，百姓和樂，萬物生遂，則天下太平，否則衡石程書，無益於治，智盡能索，反滋之亂也。乃先生精詳曆法，測驗布算，占星以分度，立表以窮景。日躔盈縮，月離遲疾，去極遠近，十二宫辰，不越掌握徑寸而得之，而歲差環轉，歲實參差。天有緯度，地有經度，宿有本行，日月五星有本輪，日月有正會視會，又發前人所未發。是以密合天行，特膺綸眷，所謂博物君子，學貫天人者，先生之謂也。天下甚大，九州之外，復有萬國。

其安危理亂，總以中華爲轉移。中華萬國之斗杓也。故海不揚波，則越裳重譯而來朝。大林國有神鐵之山，若中國之君有道，神鐵即自流溢，鎔之爲劍，以貢方物，此類不可勝紀。然斗杓之轉，又在人主一心。先生任太史之寄，登靈臺，望雲物，如氛祲災祥，知無不言，言無不盡。而國家大事，有關係安危者，必直言以爭之。雖其疏章謹密不傳，然而調變斡旋，不止一端。維袞有闕，仲山甫補之，所謂以犯言敢諫爲忠，救時行道爲急者，先生之謂也。

或曰先生之人，確然有道者也。先生之教，疑之者半，信之者半，與儒者有異同，吾子將何擇焉。余曰：「子未熟察夫先生之教也。夫先生之教，以天主爲名，原夫太始之元，虚廓無形，天地未分，混沌無垠。冥昭瞢闇，誰能極之？陰陽之合，何本何化，九重孰營，八柱何當。凡皆天地之所爲也，主教尊天，儒教亦尊天；主教窮理，儒教亦窮理。孔子之言曰：『下學而上達，知我者其天乎？』又曰：『天生德於予。』又曰：『獲罪於天，無所禱也。』孟子曰：『存其心，養其性，所以事天也。』『夭壽不貳，修身以俟之，所以立命也。』《易》曰：『天行健，君子以自强不息。』古聖賢懔懔於事天之學者如此，而後之儒者，乃以隔膜之見，妄爲註釋，如所謂天即理也，含糊不明。儒者如葛屺瞻諸人，固已辨其非。先生之論，豈不開發群蒙，而使天下之人各識其大父而知所歸命哉。謂先生爲西海之儒，即中華之大儒可也。先生之言曰：『各國各安，安於各法，萬國各安，安於公法；法之公尚有公於天主者哉？』至於闢佛老縱横逍遥之説，爲不足致太平，此尤廣廈細旃之上，所宜切切留意者。又如教戒貪淫，教戒欺詐强暴等惡，尤爲理性平情之要旨。克己復禮，即參贊位育，皆可由此以致之，而謂先生之教與儒者有異同乎？」余向聆先生之緒論，見其諄諄以興起教化爲念。而其著書之奥博宏瞻，嘗愧不能窮究其説。

今春届先生七袠之期，其門下諸君子以文爲請。余惟先生心同太虚，學超物表，方將延大椿之年，以八千歲爲春，八千歲爲秋，與廣成先生入無窮之門，籛鏗安期之流，固不足道。特爲述先生之爲人，與先生之學，足以壽世壽國壽民，其器大神宏有如此，而百家之自私自利者，可以改絃易轍，而知所趨向矣。是爲序。都察院左都御史前加太子太保左副都御史提督四驛館太常寺少卿兵科都給事中翰林國史院庶吉士賜進士出身柏鄉魏裔介頓首拜撰。

龔鼎孳　合肥崇禎甲戌進士

道未先生崛起海表，不遠八萬里，税駕乎京師，道德洽聞，傾動朝著。時則貴臣擁篲，當寧訪疇，開局治書，都爲百卷。燦然明備，待時而行。我國家肇造九有，卜年萬禩，敬天授人，首膺召命。先生以精微之學，仰贊欽文，測景別躔，提羲契和，作訛成《易》，上協乎辰紀；析因夷隩，俯考乎方輿；簡儀日晷，極制器尚象之能；三角害圓，有精義入神之法。於是兩儀之緯度經度，星宿之本行本輪，二曜之實會視會，以至環轉參差，歲差歲實之別，因時相地，交食淩犯之詳，莫不運以密心，深乎靈契。元會運世，表天官之書，迎日推策，布容成之算，是固一行之所卻步，守敬於焉遜心者矣。我世祖章皇帝，蘊剖軒圖，悟兼性道，崆峒之問，遂叶風雲；柱下之言，並參帷幄；登靈臺而望雲物，正朔肇頒；執譖人以投虎豺，群棼底定；錫之師號，爵以上卿；夜半受釐，時席前於宣室；宸游多暇，亦輦降於丹房；東第之冠舄如雲，尚方之問勞日至；魚水之合，鵷行所稀。先生因是感激恩知，誓捐形跡。睹時政之得失，必手疏以秘陳；於凡修身事天，展親篤舊，恤兵勤民，用賢納諫；下寬大之令，慎刑獄之威；磐固人心，鏃厲士氣。隨時匡建，知無不言。賈生太息，方當極治之朝；魏徵十漸，以成貞觀之盛。乃至獵阻相如，表抗韓愈，抵觸忌諱，罔懾震霆，微聞拂耳，終諧納牖。最後則直陳萬世之大計，更爲舉朝所難言。司馬公之累表待罪，范忠宣之頭鬚盡白。血誠輪囷，早見長慮，方諸古人，殆有過之，無不及焉。先皇帝神聖之姿，群下莫及。獨於先生危言極論，化吁咈爲都俞，止輦轉圜，欣然樂受，豈非以其至誠約結，焚草之忠，匪同訐激。而孤蹤獨立，批鱗之勇，不繇旁贊哉。迄今龍髯初遠，丹檻猶新，乃始發篋陳書，泫然流涕。感聖度之如天，慶孤臣之遭遇。而與先生遊者，亦幸得窺伏蒲叩閽之一斑，想造膝補天之盛事，舉手加額，信仁賢之有益人國，而益以見先皇帝虛懷從諫，貽宗社無疆之庥，爲千古所不再覯也。新天子手握乾符，光昭繼述。當周成負扆之年，正旦奭輔天之日，先生以老成宿望，再被温綸，晉號通微，俾仍師席。鞶帶三錫，矢卷阿鳴鳥之音，精白兩朝，遲黃石赤松之駕，爰值清和之合朔，蔚爲杖國之嘉辰。綠瞳赤舄，無須鳩玉之扶；鶴蓋文茵，均切凫藻之忭。高足弟子金吾潘君輩，以余緣殷圮履，賞辱夔琴，結縞帶之無斁，披翟羅而授簡。《書》曰：「詢茲黃髮。」言國家圖任耆碩，敦龐純固，以保我子孫黎民也，爲天子祝萬年焉。又曰：「天壽平格。」言世之正人君子，期頤難老。以其嘉言懿行，集純嘏而綏邦家也，爲先生誦九如焉。天休茲至，咸有一德。景星卿雲，諸福總萃。然則先生之身，視乎國家之景運，綿綿其未有艾也。安期羨門窈渺無徵之言，烏足以申介眉而侑康爵哉。

國子助教前都察院左都御史充乙未文武廷試讀卷官戶刑二部左右侍郎翰林院提督四譯館太常寺少卿吏禮兵科都給事中同進士出身通家侍生淮南龔鼎孳頓首拜撰。

賀道翁湯老先生榮廕序

胡世安　井研崇禎戊辰進士

道未先生以治曆上襄聖治，中外奉正朔者，幾達八維。新皇御極，疏恩大小臣工，而三品以上，咸得蔭一子入成均，昭異數也。先生以大銀臺加品加級，而例格於教，或謂缺典。九月初旬奉特旨：「湯若望係外國之人，効力年久，原無妻室，不必拘例，其過繼之孫，著入監，欽此。」遂得以撫養幼孫湯士弘，咨送國學，豈非異數中之尤異者哉。都人士莫不手額聖朝立賢之無方，而先生邀恩之獨渥也。門下士某等，丐余言志慶。余謂先生昌明天學，詎芥蔕於身名，矧復計承祧載貢耶？然而國家酬庸大典，周洽靡遺。前者考績，疏榮及其先代，今又曲體其啓佑同倫，推錫嗣裔；從古未膺之榮，自先生而始被。非夙昔宣勞，上徹黼扆，烏能叨兹異數哉。《小宛》有云「螟蛉有子，蜾蠃負之」，先生胞與殷懷，不獨善其身之謂也。《法言》亦云：「蜾祝類我，久則肖之。」在士弘異日者黽勉於學，思竚修立名，圖所以肖先生，以上報特恩，斯亦諸士所共願然者矣。順治辛丑長至日光祿大夫少傅兼太子太傅兵部尚書武英殿秘書院大學士西蜀胡世安拜撰。

王崇簡　宛平崇禎癸未進士

《易》稱「餘慶必歸積善之家」。王者恩施逮下，既被其躬，又及其子若孫。夫榮寵人心所希，而且及於數世，謂之餘慶。信非誣已，士之有志當代者，揣摩攻苦，致身青雲，因而功見名立，光增祖烈，澤蔭孫枝，蓋往往而有也。至欲以絶哉孤蹤而渥帝眷，清修道範而傳世家，此則未之前聞。而運際休隆，明良契合，其魚水相驩，恩遇創見，又有非恒情所可逆計者。若我道翁湯老先生，産自西海，齠齡悟澈性命，辭骨肉，入修士會，年壯抱道東來，迪我中夏，如揭日月而行中天。嗣典曆務，感激世祖章皇帝特達之眷，昌言偉論，雲蒸霞蔚，末陳萬世大計，老成謀國，社稷實永賴焉。今皇上繼天立極，推恩格外，特允送其撫養孫男讀書太學，一時稱爲異數。而余以爲先生物外高人，結知英主，力佐創垂，功同補浴。悃款報國之衷，超軼古今。則國家之所以報先生，又何得以例拘乎？此爲非常之恩，獨於先生有得當也。先生之門，有金吾潘君爾力，事先生久。凡先生夙夜在公，君左右之。章皇帝心鑒其勤勞，畀以今官，而今蔭孫湯士弘，又即君之子也。然則爾力之獲庇於先生者甚厚，而先生真可謂澤及於其後，慶餘於其家也歟。司天諸君子，謬謂余知言，索文爲先生侑一觴。余義不敢辭，遂泚筆數陳其概云。順治辛丑菊月之穀日，太子太保禮部尚書前吏部左右侍郎內翰林國史院學士詹事府少詹弘文院侍讀學士國子監祭酒秘書院侍讀檢討國史院庶吉士纂修《明史》會試同考官武會試總裁武英殿試讀卷官侍經筵進士出身通家侍生王崇簡頓首拜撰。

賀詩

道未先生邀同行屋貳公飲和蘭貢酒

胡世安

遐陬扇皇風，一十有三載。古昔不庭區，梯航來每每。和蘭輕重洋，修貢自西海。異物匪朝珍，傾葵應有綷。奇釀羅諸邦，瓶貯色爭璀。丹宸凜禹箴，惡旨寓下逮。頒予通微師，故國味斯在。秋色老梧桐，幽軒殊芳藹。招飲共獻酬，甘洌資澆磊。手捧玻瓈杯，心惟酒誥諧。沉湎絕九重，衎宴及臣寀。先生廣此意，觴政贈一解。

湯先生招飲上賜和蘭貢酒

薛所蘊 孟縣崇禎戊辰進士

聲教被遐荒，和蘭重譯至。方物多珍奇，不貴越裳雉。維酒清且烈，各國釀有制。一種三器盛，四種十二器。玻瓈製精巧，燦燦文理具。罌實色互映，表裏如一致。舟航天際來，蛟龍應所嗜。扃鑰固重篋，三年得供御。異人湯先生，上前全拜賜。持歸通微堂，馨聞莊逵暨。叩友二三人，相延就客次。啓罌懽命酌，開樽心已醉。珀光與珊瑚，精采難逼視。甘露和瓊液，不知何位置。盈盈異香浮，霍爾消積滯。平生躭麯蘖，市酤甘酣寐。豈知天壤寬，海外有此異。譙樓笳聲疾，嚴城將欲閉。醺然促歸輿，仰歎文德備。

過訪道未湯先生亭上登覽聞海外諸奇

王鐸　孟津天啓壬戌進士

道未先生學貫天人，養多淵秘，心服其爲人中龍象也。予曾畫一卷被盜去，因再書此，以贖遺失之愆，知道翁必大笑也。

風動鈴旗樹影斜，漆書奇變儘堪嗟。他山鳥獸諸侯會，異國琳球帝子家。可道天樞通海眼，始知日路小瓜窪。需時與爾探西極，浩浩崑崙未有涯。

殊方別自有煙巒，一葉艅艎世外觀。地折流沙繁品物，人窮星曆涉波瀾。眉間藥色三光納，匣裏龍形萬壑寒。好向橘官延受籙，知君定不恪瓊丹。

八萬遐程燕薊中，如雲弟子問鴻濛。慣除修蟒箐風息，屢縛雄鰌瘴霧空。靈藥施時回物病，玉衡齊後代天工。幽房牘有長生訣，一笑攏鬚遇苑風。

圖畫充廚始攝然，何珠層閣揖真仙。醉吟心映群花下，閒卧情遊古史前。琴瑟中和秋獨奏，錕鋙光怪夜雙懸。欲從龍拂求靈液，祇恐鸞車泛海煙。

自白下聞湯先生之名，今始見之而受經聽講，感喜而爲之賦二律

沈光裕　大興崇禎庚辰進士

多才多藝者，吾土謂周公。公欲教天下，自能超世中。勞謙無貴賤，晉接一西東。如此方稱聖，無令願落空。

博顙通尼父，修髯戒長公。千言明一向，萬國域其中。旨出爾行地，曆成吾道東。君糧不徒與，我信豈誠空。

題扇

魏裔介

大道先從泐漠開，羲文妙義一中裁。異端久溺虛無內，聖教還由敬慎來。凜凜心源思奉事，昭昭帝鑒在胚胎。堪憐憒憒多時輩，誰向洪鐘叩幾回。

壽湯道未七十

龔鼎孳

先生奧學貫人天，南極星輝綺里年。八萬路趨丹闕迥，五千言就谷神全。忠深獻納傳封事，道似羲文啓後賢。慙愧小儒難蠡測，也容進履圯橋前。

贈湯道未先生

徐元文　長洲順治己亥修撰

高冥有真宰，裔牒承其休。秉此西來符，沛乎塞四州。衍譯無賸義，正始匪旁流。兩間

一大塊，付形百形投。苟能擇所全，奚必論剛柔。先生獨全此，寄跡傳虛舟。用托冠蓋中，時以告王侯。二曜補元氣，瞬息同千秋。堅凝若混敦，象教莫能儔。愴此群生者，萬爍皆自謀。獨峙一標鑑，曠然遺浮丘。

霍叔瑾

雲海盪落日，君猶此外家。西程九萬里，東泛八年槎。蠲潔尊天主，精微別歲差。昭昭奇器數，元本浩無涯。（陳）垣按：或以此爲李日華贈利瑪竇作。日華，嘉興人，萬曆壬辰進士。

呂纘祖　滄州順治丙戌榜眼

維天開景運，間世鍾奇人。爕理分黄閣，欽崇佐紫宸。辨方識大塊，裁刻見洪鈞。寶號承君寵，應傳萬萬春。

莊冏生　武進順治丁亥進士

客有多髯者，天涯結德鄰。技餘奇器録，心印古時人。問俗談偏勝，探文理入新。往來知不厭，長此飲光醇。

邵夔

敷揚真學歷埏垓，九萬風波航海來。教主一天非異術，功專《七克》化群才。輿圖廣核通虚界，《時憲》新推列象臺。宣夜從今規獨制，郤㡣星聚奏雲台。

吴統持

此邦誰可語，西學自無鄰。海外推才子，寰中景異人。天心通兩代，曆法勝千春。媿我曾投契，重過又問津。

陳許庭

發軔由西陸，贏糧渡沃洲。縹囊蟲篆古，名理贔碑留。司契天爲撰，標風誼更優。攝提欣再整，諾厄慰重修。勾股三層外，盧牟六合週。方聞逾象表，博識徧荒陬。異雀星初紀，金魚曜始收。辰樞兩度辦，觜宿五分求。晷影標新測，渾儀正昔繆。佐時今太史，典職舊羲侯。洛下重逢聖，區中自罕儔。虚懷弘翕受，邁齒著謙裒。海畔遥瞻紫，燕臺幸御騶。尚期下瑤榻，摩頂答崇丘。

錢路加

吾師從西來，大道契無始。欽事天地尊，三一總非二。嗟我中原人，競爲邪所墜。自聞天鐸音，始悟超性事。拯溺在於淵，明星導其自。救焚在於烈，聖水滅其熾。正教震京華，八埏賴之利。誰謂鳳禎奇，孰云麟祥異。有此天際人，誠爲國之瑞。吾師有三絕，財色與私意；吾師有雙絶，治曆與演器。勾測貫幾何，郭李失其智。天子重師學，借以爲卿貳。紳士高其風，輒以弟子侍。憶師離家思，九萬里餘地。浮槎弱水西，三載始云至。布教在東方，一百有餘季。總其勞勤時，六十又將四。不數世間年，自有天國歲。道既證其全，猶遜以爲未。

艾吾鼎 漢陽崇禎壬午進士

大西湯氏老，道術果奇哉。格物無遺理，窮天能見胎。學從羲和始，曆爲帝堯開。古法流於外，今堪聖主裁。

潘治

誰道西來阻且長，乾坤何處得相忘。大聲永夜呼將旦，胼足泥涂種出香。萍寄中原四十載，薪傳弟子數千行。功成天國自南面，不共人間臣素王。

談遷

查慎行《人海記》云：「吾邑談孺木先生，留心明朝典故，不以詩名。然其《北遊集》中，如《贈湯道未太常》云：『休屠祭後全非像，博望歸時不待槎』，如此之類，皆名句也。」

董朝儀

擬爲先生書一聯，作十字曰：「窮道脈源流，奪天地造化。」不識有以頌先生之萬一否，是爲問。

〔清〕佚名輯　周岩標點

熙朝定案

《熙朝定案》説明

《熙朝定案》，佚名輯。此書流傳至今，頗有一些尚不可確定之情況：

本書爲二種或曰二册，乃梵蒂岡圖書館藏本。第一種收有關教會之文件，包括奏疏及諭旨等三十三件，最早者爲康熙七年（一六六八）十二月南懷仁（Ferdinandus Verbiest）所上奏摺，此摺無日期，但有「二十六日」奉旨之記載，故此奏必在二十五日之前。最晚者爲康熙十二年八月十八日（一六七三年九月二十八日），爲禮部所題奏摺。第二種收奏疏、上諭、御賜碑文、紀事等二十七件，其中二十四件屬康熙朝，最早一件記康熙二十三年（一六八四）九月二十八日事，最晚一件爲康熙三十一年（一六九二）二月初三日。另有三件則爲道光二十四年（一八四四）十一月十九日，奉硃批依議之兩廣總督耆英之奏摺；道光二十五年九月初一日，耆英等通飭大小衙門學習天主教免其治罪之咨文；道光二十六年二月二十一日，耆英等關於前案之告示。三件爲後人所加。

本書之所以或曰二册，即被視爲一種中之第一册與第三册，方豪神父在《影印〈熙朝定案〉第二種序》中有所介紹：「今所影印者爲寒齋所藏本，共五十二葉，全書版式大小約略相似，但决非同時刻印者。如書口十四葉『十四』二字，即較他葉之字體爲小。如第十八葉下另加『五』字，二十葉下另加『七』字，二十葉下另加『九』字，又如二十五、二十六兩葉下，另加『濟南一』及『濟南二』等字，在三十三至三十八葉下，另加『江寧一』至『江寧六』等字，在三十九、四十葉下，另加『濟寧一』及『濟寧六』等字。三十九葉之第一行並有『天恩恭紀』四字，似可另成一册者。蓋此册所記，皆爲清聖祖南巡時，在各處訪問教堂與西教士及西教士迎駕與獻禮之實録，教會嘆爲盛事，故隨記隨刻，以是略有參差。且各地西教士，各有其在當地宣傳之需要，爲此加刻『江寧』、『濟南』、『濟寧』等字者，或係上述各地教堂所需之抽印本也。」由此方豪神父進一步推斷：「《天主教東傳文獻初編》所收之《熙朝定案》止於康熙十二年八月十八日，而此册則始於康熙二十三年九月二十八日，中間尚缺十一年之文件，爲數必不在少，余早疑寒齋所藏者决非全本；及讀梵蒂岡藏本，所收文件在時間上較早，但兩册又無法銜接，乃檢柏應理（Philippus Couplet）於康熙二十五年（一六八六）所發表之《拉丁文天主教中文書目》，此書列爲二三六號，注明三册三卷。於是除現在已影印之二本外，天壤間當尚有一本，始爲完璧。」

關於此書，柏應理一六八六年（康熙二十五年）所發表《拉丁文天主教中文書目》中，注明凡三册三卷，費賴之《在華耶穌會士列傳·南懷仁傳》中《熙朝定案》亦著録有三卷，可附證柏應理之録與方豪神父之見。值得注意的是：在二種中的第二種或曰一種三册中的第三册，其最晚文件爲康熙三十一年，此時南懷仁已故五年，柏應理書目也已成六年矣。由此可以推斷此書係遷延多年編次而成，故費賴之或他人謂此書係南懷仁或某一人所編，似誤。

關於《熙朝定案》的著録與版本：

《古郎氏中文書目》編號1329—1331（Nouv.fonds 2907a2909），又不編號著録《熙朝定案》及《新製靈臺儀象志》。1329—1331爲三個號，可知書三册，或爲《熙朝定案》二册，《新製靈臺儀象志》一册。余未見原書，不知然否。

本書是根據《天主教東傳文獻·第二種》及《天主教東傳文獻續編·第二十種》整理，並將後人所加之三文附於書後一併標點刊出。

《熙朝定案》（第一種）

遠西臣南懷仁謹奏，爲遵旨查對曆本謹據實列册回奏事：

本年十一月二十六日，蒙皇上發下欽天監監副吴明烜所造康熙八年《七政》、《民曆》二本，著臣查對差錯。切念臣遠方孤旅，荷蒙皇上特知之隆，敢不竭力殫心，以求無負我皇上憲天授時之至意。

今以臣所推曆法查對，本曆所載，相去甚遠。如本曆載有康熙八年閏十二月，應是九年正月者；有一年節氣或先天或後天一二日有餘者；有一年兩春分兩秋分者；有每月晝夜長短，概不合於日出入時刻者；有五星伏見日失天，至三十日有餘者；如此等錯，俱已條詳册内。即使本曆所定無差，亦祇爲直隸一方之曆，而不可通用之天下各省，況爲一方且錯誤種種乎？蓋一年晝夜長短，日出入時刻與節氣時刻，隨地不同，並交食時刻，食分多寡，無不如之。故據本曆有外省日日失天，至十五度有餘者矣。

今我皇上德威遠播，拜玉帛數十國，奉正朔者幾萬里。自京師以至四訖，豈可使一年俱不得其真晝夜、真時候、真節氣哉。概天下之理，惟不明其所以然，則已然者，茫茫不知何來；其當然者，昧昧不知何往。今本曆差錯之所以然，誠非疏内數言可盡其詳，具在臣所較對曆法書百餘卷内。且此法非一時一人之力所能全備，遠方諸曆學專家，互相考訂，其來已久。自入中邦，部監公測審合者屢矣。若閏月節氣等差，即以本年十一月所驗表影可據。凡欲定某日表影之長短，必先定本日時刻太陽所躔某節氣度分。正午之刻在地平高下日日不同，表影之長短隨之。前臣所預定表影長短合天，既已如此，則是日所預定太陽躔節氣度分，不得不合明矣。

抑臣九萬里外之孤旅，無家無親，且自幼學道，口不言人之短長，兹叩奉上諭，以《七政》、《民曆》著臣查對，不敢不據實開晰明白，免蹈失實之咎。謹列册一本，並欽發《七政》《民曆》二本，一併繳呈御覽，仰憑乾斷。臣無任戰慄恐懼之至。爲此具本親賫，謹具奏聞。

計開：欽發《七政》、《民曆》二本，查對列册一本。

康熙七年十二月　日具奏。

本月二十六日奉旨：曆法關係重大，著議政王貝勒大臣九卿科道掌印不掌印官員，會同確定具奏，册併發該部知道。

禮部爲遵旨查對等事：

禮科抄出和碩康親王傑等題覆南懷仁奏前事，康熙八年正月二十四日題，本月二十六日奉旨：「南懷仁授欽天監何官云云，著再行明白確議具奏，欽此。」欽遵該臣等會議，得前奉旨，差出大臣二十員赴臺測驗。南懷仁測驗逐款皆符，吴明烜測驗逐款皆錯。據監正馬祜、監副宜塔喇供稱：同奉旨差出大臣二十員，赴臺測驗，南懷仁所算逐款皆符，吴明烜所算逐款皆錯，南懷仁所算曆日想必是等語。又據監副胡振鉞、李光顯供稱：看赴臺測驗，吴明烜的錯，南懷仁的合天象等語。前因百刻曆日，自堯舜以來，歷代行之已久，自今以後，應照一百刻推算曆日，准行在案。今南懷仁推算九十六刻之法，既合天象，自康熙九年起，應將九十六刻之法推行，一應曆日，俱交與南懷仁。

據南懷仁供：内羅睺、計都、月孛，係推算曆日所用，故此造上。其紫氣星無象，推算曆日時並無用處，故不造上等語。吴明烜供：内紫炁星，推算曆日，並無用處，造上也可，删去也可，但祇是算卦之人用得著等語。前因紫炁星，係自古以來有的，紫炁、月孛、羅睺、計都，四餘之星，湯若望伊造的曆日内，止寫「月孛、羅睺、計都星」，伊私自删去「紫炁」，大不合，相應照舊行等因在案。今南懷仁、吴明烜等既稱推算曆日，並無用處。應自康熙九年起，將紫炁星不必造入七政曆日內。其觜參星，今既將九十六刻曆日准行，仍應交與南懷仁推算，其二百年表已經題結，無容議。

據南懷仁既稱候氣者，因係自古以來之例，故此候氣推算曆日，並不相涉，亦無用處等語，以後停其候氣。據楊光先供：内以百刻推算，係中國之法；以九十六刻推算，係西洋之法。若將此九十六刻曆日頒行，國祚短了；如用南懷仁，不利子孫。又供不載書例，是我自己供的等語。楊光先伊身職司監正，曆日差錯之處，並不能修理，既屢以推算曆日差錯不合天象具題，今將合天象之曆日，又堅執西洋之法不可用，大言妄稱國祚，情罪重大，爲此相應將楊光先革職，交與刑部從重議罪。據監副胡振鉞、李光顯供：内我等止知天文，不知曆法。看赴臺測驗，吴明烜的皆錯，南懷仁的皆合天象等語。伊等原因知天文授職，無容議。

康熙八年二月初五日題。

本月初七日奉旨：楊光先本當依議交與刑部從重治罪，但前告湯若望，是實依議，著革職，姑從寬，免交刑部，餘依議。尋於本年七月内奉旨：諸王貝勒大臣九卿科道，會審得惡人楊光先誆詞誣告湯若望，情罪重大，議將楊光先即行處斬，妻子流徙寧古塔。

吏部題爲遵旨查對等事：

吏科抄出該禮部題前事、內開禮科抄出該臣等題前事，照得先經和碩康親王等會議具題，奉旨：「南懷仁授欽天監何官，著禮部議奏云云，欽此。」除曆日已經議政王等會議具題外，該臣等議得，奉旨：「南懷仁授欽天監何官，著禮部議奏。」今楊光先已經革職，所有員缺，將南懷仁應授欽天監監正，俟命下臣部之日，移咨吏部題授可也。謹題請旨。康熙八年二月初十日題。本月十二日奉旨：「南懷仁議以監正補授爲過，著再議具奏，欽此。」欽遵於二月十三日到部，該臣等再議得，欽天監見有監副二員，相應將南懷仁授以監副品級，料理衙門事務，俟監副缺出，將南懷仁補授，請敕吏部題授可也。

康熙八年二月十六日題，本月二十二日奉旨：「依議。欽此。」欽遵於二月二十五日抄出到部，該臣議得，禮部疏稱，欽天監衙門現有監副二員，將南懷仁授爲監副品級，管理監務，有監副缺出，將南懷仁補授，請敕吏部題授等語，相應將南懷仁授爲欽天監監副職銜，同理監務，遇監副缺出，禮部具題，到日題補可也。恭候命下，臣部遵奉施行。臣等未敢擅便，謹題請旨。

康熙八年二十九日具題。

三月初一日奉旨：依議。

治理曆法臣南懷仁謹奏爲驚聞寵命感懼交集，謹竭悃陳情，仰祈睿鑒事：

竊臣於本年二月內，蒙吏部遵旨查對等事題覆，准禮部疏内，將臣懷仁擬以欽天監監副。三月初一日奉有依議之旨。臣聞命悚愕，莫知所以。切念臣本西陬鄙儒，觀光上國，蒙世祖皇帝，以臣通曉天文曆法，欽取來京。兹荷皇上不棄樸樕散材，特授司天之職。臣捐軀磨踵，寧能圖報。但臣棄家九萬里，惟以澹泊修身爲務，一切世榮，久已謝絶。況受禄服官，非所克任，用是仰籲皇上，含弘俯鑒，臣愚不諳世務，容臣辭監副職銜，俾得褐衣遂願，則臣感激皇恩，靡窮靡極。至於一切曆務，臣敢不殫心竭力，效區區之忠，以答高厚，庶臣素心克遂，而犬馬報稱有日矣。臣不勝冒昧，惶悚待命之至。爲此具本謹具奏聞。

康熙八年三月十五日具奏。

十七日奉旨：南懷仁著遵前旨供職，不必控辭，該部知道。

治理曆法臣南懷仁謹奏爲明綸恩逾格外，微臣顧分難安，謹再疏瀝辭，仰祈俯允事：

案照該臣奏爲驚聞寵命等事一疏，三月十七日奉旨：「南懷仁著遵前旨供職，不必控辭，該部知道，欽此。」臣恭捧天言，不勝悚惕。浩蕩之恩，頂踵靡報。第臣草茅微悃，切切有請者：臣生長極西，自幼矢志不婚不宦，惟以學道修身爲務，業經三十餘年。荷蒙皇上不棄庸材，特畀簡用。犬馬尚知報主，臣非木石，敢不勉力以答高深。臣一疏再疏，控辭官職，出於臣至情，非敢勉强瀆陳。至於曆法天文一切事務，敢不竭蹶管理，寧憚煩勞。如唐一行亦任修曆法，亦未嘗授職。伏乞皇上憫臣之心，察臣之悃，允臣微志，臣感激皇恩，寧有涯涘。頃者，恭遇我皇上面詢臣藝業，如測量奇器等制。臣少時涉獵，係臣所長，容臣按圖規製各樣測天儀器，節次殫心料理，以備皇上採擇省覽。臣言出由衷，非敢蹈習巧餙，謹冒昧悚慄，伏乞睿鑒施行，爲此具本奏聞。

康熙八年五月　日具奏。

本月　日奉旨：禮部議奏。六月初十日，蒙禮部議覆。十五日奉旨：據奏南懷仁控辭官職，其曆法天文一切事務，俱殫心料理，情詞懇切，准其所請。每年應照何品給俸，著議奏。

禮部題爲明綸恩逾格外等事：

禮科抄出該本部題覆治理曆法南懷仁奏前事，内開該臣等議得，臣部先將南懷仁仍留以監副之職辦事等因具奏。奉旨：「據奏南懷仁控辭官職，其曆法天文一切事務，俱殫心料理，情辭懇切，准其所請，每年應照何品給俸，著議奏。欽此。」今南懷仁應照監副，俸銀俸米，户部支給可也等因。

康熙八年六月二十六日題。

十九日奉旨：南懷仁著每年給銀一百兩，米二十五石。

禮部題爲請定正朔之月以便依法推算曆樣事：

禮科抄出該臣部題前事，該臣等議得，據欽天監監正馬祜等供稱：今將九年曆日交與南懷仁推算，將八年閏十二月相應停止。其九年應否閏二月，我等不會曆法，不能知道。據主簿陳聿新供稱：今已經奉旨測驗合天，相應依九年閏二月，則八年閏十二月自應停止。據監副胡振鉞、李光顯、吴明烜，曆科五官正何雒書，博士焦應旭，天文科五官靈臺郎李光大，博士陳必新，漏刻科挈壺正吴周斌等供稱：應用九年閏二月。若留八年閏十二月，則九年之曆難以推算。應將八年閏十二月停止。據南懷仁供稱：若仍留八年閏十二月，則九年之曆無從推算。若停止九年閏二月，則九年曆日不能合天象等語。今欽天監各官俱稱：應九年閏二月，若仍留八年閏十二月，則九年曆日難以推算。其八年閏十二月應停止，相應照南懷仁九十六刻之曆法，將八年閏十二月停止，應九年閏二月推算，及停止閏十二月。若不通行，其南懷仁所推曆日，難以頒行。仍應通行直隸各省，見頒曆日所載閏十二月不必看。恭候命下臣部之日，通行遵奉可也。臣等未敢擅便，謹題請旨。

康熙八年三月初十日具題。

本月十二日奉旨：依議。

禮部題爲請旨事：

禮科抄出該本部題覆工部題前事等因，康熙八年七月二十七日題，八月初一日奉旨：「這觀象臺不必開展建造，舊有簡儀、渾儀，仍著收存，毋致損壞。其新製儀器，作何安設，禮部詳看議奏。欽此。」欽遵於八月初三日到部。臣等隨到觀象臺，看得臺基長十庹二尺八寸，闊十庹二尺五寸。簡儀長二庹三尺八寸，闊一庹四尺三寸五分，高一庹三尺一寸；渾儀長一庹二尺六寸，闊一庹二尺六寸，高一庹四尺；星球長一庹六寸，闊一庹六寸，高一庹二尺八寸。隨問南懷仁新造儀器共幾件，大小式樣若何。據稱臺上安新儀器共六件：東南角，黄道經緯儀；西南角，地平經儀；當中，赤道經緯儀；正東，象限儀；正西，紀限儀；正北，星球。每一件儀器約高一丈，圈徑約六尺，俱用磚臺，基約高四尺，寬長約一丈二尺。臺上板房一間，因遮儀器，不便測量，應將板房移在臨城東牆。風杆原在東南角，今有碍測驗，應移在北方等語。該臣等議得，見在觀象臺舊簡儀等三件儀器，若仍存在臺，則南懷仁新造六件儀器，難以安設。俟南懷仁所造新儀器告成時，將簡儀等舊儀器，應移於臺下廂房收存。令當值滿漢官員看守，挨班交付。當值官員既稱：臺上板房一間，遮蔽儀器，應移在臺東，靠臺將門向臺造作，風杆因碍測驗，將風杆亦應移在北方。其新造儀器，併安設儀器。臺基應聽工部俱照南懷仁所指式樣，速造可也。

康熙八年八月十四日題。

本月十六日奉旨：依議。

和碩康親王臣傑淑等謹題爲曆法必欲合天，成憲無庸更變，謹遵旨題明，以定一代曆典事：

禮科抄出該禮部題覆欽天監監正馬祜等題前事，康熙八年八月十九日題，本月二十三日奉旨：「這紫氣應否仍造入曆内，著議政王貝勒大臣，會同確議具奏。本内滿字獻訛，旋著改正飭行。欽此。」欽遵於八月二十四日到部。該臣等會議得，元朝明朝時，紫炁雖造寫《七政曆》内，但南懷仁疏稱：月孛、羅睺、計都，皆指太陰行度，係曆法所必用，故當載入《七政》。至於紫炁一項，實無理可考，無數可推，於天象則毫無憑據，於曆法則毫無干涉等語。且世祖皇帝時，《七政曆》内，並未造寫紫炁。今既將一應曆日，俱交與南懷仁推算，則紫氣不必造寫《七政曆》内可也。臣等未敢擅便，謹題請旨。

康熙八年八月廿七日和碩康親王臣傑淑

多羅惠郡王臣波利□

多羅平郡王臣羅□多

多羅順承郡王臣勒爾謹

多羅貝勒臣察尼

多羅貝勒臣董額

固山貝子臣尚書

議政大臣內大臣輔國公臣常書

議政大臣內大臣臣覺羅他達

議政大臣都統臣覺羅朱滿

議政大臣內大臣加一級臣噶布喇

議政大臣太子少保內大臣臣公頗尔彭

議政大臣都統加一級臣遏那

議政大臣都統臣賴塔

議政大臣都統加一級臣覺羅巴尔布

議政大臣都統臣喝爾哈

議政大臣都統加一級臣戈尔親

議政大臣都統臣科岳尔克

議政大臣都統伯加一級臣舜保

議政大臣都統加一級臣夸代
議政大臣都統臣鰲忒渾
議政大臣吏部尚書加一級臣馬希納
議政大臣戶部尚書臣米斯翰
議政大臣禮部尚書臣布顔
議政大臣兵部尚書臣科尔可大
議政大臣太子太保內國史院大學士管刑部尚書事加一級臣對
哈納

康熙八年八月二十七日題。
九月初二日奉旨：依議。

刑部題爲特參欺誑監副，伏乞敕部處分事：

刑科抄出吏科外抄該欽天監監正馬祜題前事，奉旨：「吴明烜著革了職，刑部嚴加議罪具奏。欽此。」該臣等看得監正馬祜等參疏內稱：吴明烜向因妄奏水星出現，已經擬絞，適遇恩赦獲免。又稱古法差訛，回回法善。及用回回之法，測驗不合，復稱古法堯舜相傳，豈可廢置等語。皇上面問：「南懷仁所推，爾會算否？」吴明烜實不會算，又復妄奏：「會算。」君父面前，毫無忌憚，妄肆欺誑等情。據吴明烜等口供：今舊法不合天象，應用南懷仁所推新法，我果然不如南懷仁，及星儀差錯星辰等項，缺少違限之處，於我有何辯處，自行招認。吴明烜不會推天象，皇上問時，謊奏會算是真。查律，凡對制及奏事上書，詐不以實者，杖一百，徒三年，吴明烜應照律擬。但吴明烜先因妄奏水星現擬絞，今經復用，既實不會天象，皇上問時，吴明烜不將伊不會情由據實回奏，又妄稱會算欺誑，應將吴明烜不准折贖，責四十板，並妻子流徙寧古塔可也。

康熙八年七月二十九日奉旨：「吴明烜姑從寬免流徙，著責四十板。」

和碩康親王臣傑淑等謹題爲請旨事：

禮科抄出禮部等衙門題前事，該臣等會議得，湯若望等建造天主堂，供獻天主，係伊國之例，並無誘人作惡、結黨亂行之處。祗因供獻伊國原供獻之天主緣由，將湯若望官職，並所賜嘉名革去。又因入教捐銀、作序情由，將許纘曾等革職，俱屬冤枉。且所賜湯若望

「通微教師」之名，因通曉天文曆法賜給，應將湯若望「通微教師」之名，復行給還。該部照依原品級賜恤，其許纘曾、許之漸等，應令該部查明，給還原職。至於阜城門外堂及房屋，工部具題變賣無容議。所賣原價並將空地，工部取還給南懷仁等。因天主教緣由，解送廣東西洋人栗安當二十五人，應行該督撫差官驛送來京，候到日該部請旨。關係西洋人書籍、銅像及《天學傳概》書板，前已焚燬，無容議。

楊光先告稱：榮親王係丁酉年生，納音屬火，以水爲殺，宜選一木生旺之日，以生火；令水不尅火而生木，以化殺忌，水生旺之月以尅火，以水能滅火也。一説亥子丑爲火，絶胎養之鄉，火至北方，而無元氣等語。李祖白等供稱：葬榮親王係壬山丙向，非子山午向也。《洪範五行》，壬山屬火，火墓在戌遁，得壬戌水運，納音屬水惟忌土，年月日時等語。隨據楊光先稱：《洪範五行》，乃唐朝丘延翰造，此顛倒生死之五行，以哄蠻彝，原是中國撰記，俾流外國，使其用之勦絶根源，蕩除種類，謂之《滅蠻經》等語。事關重大，故議將李祖白等正法。今據欽天監漏刻科五官挈壺正吴周斌、五官司晨正柱蔡九旌等呈稱：按學士傳《洪範五行》，以配八卦，取義郭璞，諸君子屢皆用之。吴景鸞進《五行表》於宋英宗，英宗允之，于是頒行天下。羅青霄《陰陽辨疑》云：《洪範五行》，作於唐僧一行，傳流外國以滅蠻，何遼金元反盛，而不可滅也。此立滅蠻之説以斥《洪範五行》者，益見其不經矣。説《洪範五行》者，起於唐，而唐之袁李楊曾爲陰陽之家，未聞斥其非也。《皇極範圖》衍於宋邵康節。邵乃理數之宗，亦未以納甲爲非也。宋輝山《通書》，明朝刊入司禮監，通行天下。劉誠意、姚恭靖諸公皆精於陰陽之術，亦未斥其非也。宋中散大夫田吾公同司太監楊維德奏編《塋原總錄》，首篇《論五行》云：洪範者，此名大五行。古今之極，有徵驗陰陽之妙，有不可詰。徐世彦《地理元關》云：洪範五行之起，例從先天，卦爻互變，而來者也源其始，始自《洪範九疇》，繼而管郭，但申明之而已。流而至於今日，以訛傳訛，諉以滅蠻荒唐之語。考之並代，並無此説。況蠻類萬千，漢二師之旅，孔明七縱之雄，亦不能盡其類，況《洪範》一書可滅也？且蠻與中華書不同文，《洪範》將何所用耶？

榮親王戊戌年八月二十七日壬辰日辰時安葬，係壬山丙向。據《洪範五行》，壬山屬火，火墓在戌，此戊戌年遁，得壬戌運，屬水忌土，年月日時尅山運。查戊戌年屬木，八月辛酉亦屬木，二十七壬辰日屬水，甲辰時屬火，年月日時俱不尅。查正五行，壬山屬水，水墓在辰，此年遁，得丙辰運，屬土忌水，年月日時尅山運。查戊戌年屬水，八月辛酉亦屬水，二十七壬辰屬水，甲辰時屬火，年月尅山運，日時不尅山運。戊戌年，亥上有刦殺，子上有災殺，丑上有歲殺。亥子丑三山是爲三殺，癸上有大禍，壬上有伏兵，查《安葬門類》無「忌」、「伏兵」字樣。看得《洪範五行》，自古以來，歷代悉皆用之，並無有碍而不用。楊光先稱：如將《洪範五行》用之，斷絶根源，滅除種類。《注》云：《滅蠻經》事關重大，未加詳察原由，將李祖白等各宦正法，子弟流徙，俱屬冤枉。應將李祖白等，該部各照原官恩恤，其流徙家屬，取回來京，有職者各還原職，其《洪範五行》，應仍照舊復用。

又，康熙五年，楊光先疏稱：今順天府候氣之制，陰陽官失其傳，准臣延訪博學有心計之人，與之製器共候，假以歲月，較正講求等語。禮部議覆：俱照伊所請舉行，其竹管並葭莩蘆葦秬黍等項，於該省取來，交與楊光先。已候氣二年，毫無徵驗，伊實不知候氣，謊奏虛費錢糧，此一也。康熙五年，楊光先疏稱曆科舊制，每年十二月二十五日推進《上吉曆》一本，漏刻科推進《壬遁曆》一本。開注逐日吉神，以備朝廷行幸省覽。自順治二年，不行推進，相應訪舉推造之人，以復舊制等語。禮部議覆，照伊所奏舉行。楊光先三年有餘，並未推進。伊自不能安生多事，謊奏訪舉推造之人，此二也。楊光先原用選擇曆書，所有吉凶之神，任意改造。新書將月建、續世、雷公、天嶽〔二〕、大殺、臨日、復日等諸神，云選擇曆書差錯，將名更改，以吉爲凶；以凶爲吉；有一神半爲吉神，半爲凶神，亂行更改，此一也。

爲水星出現，與湯若望相爭，屬虛。將擬死赦免之吴明烜，楊光先以推算淩犯曆日乏人，謊奏補授欽天監，此一也。康熙六年，楊光先疏稱：江南省觀象臺，有元郭守敬所造六合等儀，相應解送來京應用。禮部議覆：照伊所請，行文江南督撫，差官送部。楊光先並不能用解送儀器，以致苦累驛遞，虛費錢糧，此一也。今問楊光先供稱：親自不曾見西洋人的器械。人俱在香山嶴，係聽見人説，我不曾見。且領金牌之人，俱是他們的人，必定明明反了，纔作得反麽等語。俱係妄行捏詞謊供，此一也。看得楊光先原告之處，所造《始信録序》，伊稱係自己作的。又稱：明時崇禎要他爲大將軍，又因參了首輔温體仁，揚名在世，名垂史書，自行矜誇，造寫五千餘本傳行，此一也。楊光先將自古以來歷代所用之《洪範五行》，稱爲「滅蠻經」，用之則凶。故將李祖白等各官正法，此一也。且推算曆日與候氣、製造儀器、測驗天象等項，伊茫然不知；妄改神名，將吉凶顛倒，妄生事端，將無辜之人陷害；又種種捏造無影之事，誣告湯若望等謀叛之處；情罪重大，相應將楊光先先即行處斬，妻子流徙寧古塔可也。謹題請旨。

康熙八年七月二十日題。

本月二十三日奉旨：議政王貝勒大臣九卿科道，會同將這本内情節，再加詳議具奏。

校記

〔一〕「天岳」，似應爲天獄，星名。《晉書·天文志》上：「婁三星，爲天獄。」又，「又爲天獄，主殺伐。」

禮部題爲請旨事：

該臣等議得湯若望「通微教師」之名，既復行給還，照伊原品級賜恤，應照原任通政使司通政使加二級又加一級掌欽天監印務事，湯若望給與合葬之價，並給與一品致祭銀兩，遣官讀文致祭。祭文内院撰擬。

奉旨：依議。

康熙八年九月　日。

御祭湯若望文：

康熙八年十月　日，臣利類思、臣安文思、臣南懷仁，於勅賜通微教師通政使司通政使加二級又加一級掌欽天監印務事臣湯若望墓前，設香案，跪接御祭文一道，遣禮部官一員致祭。

皇帝諭祭原任通政使司通政使加二級又加一級掌欽天監印務事湯若望之靈曰：鞠躬盡瘁，臣子之芳踪；恤死報勤，國家之盛典。爾湯若望，來自西域，曉習天文，特畀象曆之司，爰錫「通微教師」之號。遽爾長逝，朕用悼焉，特加恩恤，遣官致祭。嗚呼！聿垂不朽之榮，庶享匪躬之報。爾如有知，尚克歆享。

皇帝特賜「通微教師」湯若望勅諭：

朕惟國家肇造鴻業，以授時定曆爲急務。羲和而後，如漢洛下閎、張衡，唐李淳風、僧一行諸人，於曆法代有損益。獨於日月朔望、交會分秒之數，錯誤尚多，以致氣候刻應不驗。至於有元郭守敬，號爲精密，然經緯之度，尚未能符合天行，其後晷度亦遂積差矣。爾湯若望，來自西洋，涉海十萬里，明末居京師，精于象緯，閎通曆法。其時大學士徐光啓特薦於朝，令修曆局中，一時專家治曆，如魏文奎等推測之法，實不及爾。但以遠人之故，多忌成功，歷十餘年，終不見用。

朕承天眷，定鼎之初，爰諮爾姓名，爲朕修《大清時憲曆》，迄於有成，可謂勤矣。爾又能潔身持行，盡心迺事，董率群官，可謂忠矣。比之古洛下閎諸人，不既優乎？

今特錫爾嘉名，爲通微教師。餘守秩如故，俾知天生賢人，佐佑定曆，補數千年之闕略，成一代之鴻書，非偶然也。爾其益懋厥修，以服厥官，傳之史册，豈不美哉！故諭。

禮部題爲請旨事：

查得欽天監監正楊光先已經革職，近遺監正員缺應補。將左監副胡振鉞擬正，右監副李光顯擬陪。俟命下臣部之日，移送吏部題授可也。臣等未敢擅便，謹題請旨。

康熙八年三月初七日題。

康熙九年六月初九日奉旨：曆法天文既係南懷仁料理，其欽天監監正員缺，不必補授。

工部爲請旨事：

該本部題前事，内開孝陵大石牌坊，需用柱子六根，坊子等石十二件。内柱一根，於十月初九日，臣等親至蘆溝橋，用滑車拉過。今柱一根，於本月十四日到橋。臣等仍著一員前往，用滑車拉過。又柱子四根，到橋之時，臣等仍著一員前往看視過橋。其別項枋子等零星石料十二件，應停止滑車，照常用騾車拉過可也等因。康熙十年十一月十三日綠頭牌奏。本日奉旨：「看過石料，著尚書吳達禮前去。過此石料之法，係南懷仁知道，仍帶他去。其零星石料，亦用滑車絞過。餘依議。欽此。」欽遵相應行劄，爲此合劄該監，遵照本部題奉旨內事理施行。先是蘆溝河決衝橋，修費八萬餘金，始告成。未幾，石料經過，内有重十餘萬斤者，猶恐震壓傷橋，部擬用木料護之，估計約費萬金，奉旨著用西洋滑車拉過。仁等遂以絞架滑車數具運之。每架用十餘人，共出數百斤之力，俄頃過橋，甚爲輕便，並無損傷，且省護橋之費云。

康熙十年十一月十四日。

禮部題爲天恩難報事：

准兩廣總督金光祖揭稱：看得西洋人栗安當等准部文，起送來京；其不曉曆法，即令各歸各省本堂。除查將通曉曆法恩禮格、閔明我二名送京，不曉曆法汪汝望等十九名，送各本堂訖。又西洋人萬濟國一名，係康熙十年三月内，准福建督臣劉斗咨，從福建驛送廣東安置之人，不係栗安當等人數之内，據西洋人何大化具呈，隨伊歸福建省堂，應否令歸該堂，相應請旨定奪者也。揭帖二十四日到部，覆該臣等議得，據廣東廣西總督金光祖疏稱：西洋人萬濟國，係福建督臣劉斗驛送廣東安置之人，不係栗安當人數之內。據何大化具呈，隨伊歸福建省堂，應否令歸該堂，相應題請等語。

查康熙九年內，據浙閩督臣劉兆麒，將流行西洋人萬濟國，從福建福寧州地方盤獲具題。臣部題覆，驛送廣東總督安置。其萬濟國原非福建省堂居住之人，不便與何大化同歸福建省堂。萬濟國應仍留香山嶴可也。臣等未敢擅便，爲此謹題請旨。

康熙十年九月　日奉旨：何大化既願帶萬濟國往福建居住，准其往福建居住。

禮部題爲天恩難報事：

該臣等議得欽天監治理曆法南懷仁等疏稱：恩禮格、閔明我亦係通曉曆法行取來京之人，所需食用等項，相應照例請給等語。

查順治十六年，據湯若望題爲曉曆修士抵京事一疏，臣部議覆修士蘇納、白乃心二人，跟役四名食用等項，相應酌量給發等因具題，奉旨：「依議。」遵行在案。今恩禮格、閔明我二人，應照蘇納、白乃心之例，行文各該部衙門，照例給與。俟命下臣部之日，劄令該監自行取給可也。臣等未敢擅便，謹題請旨。

康熙十一年四月初二日題。

初四日奉旨：依議。

欽天監治理曆法臣南懷仁謹奏，爲曆法賾奧需材，俸薄難以鼓勵，仰祈聖恩，破格作養，以光大典，以勉後効事：

竊照治曆明時，爲堯舜首命之官；即歷代以來，皆屬清班。迨至明末，始輕視其事，賤視其官，以致人才寥落，術業不精，日差日遠，所由來也。夫曆學義理宏深，如天之高，星辰之遠，七政形體之大小，所麗之高下，相距之近遠，太陽之盈縮，太陰之遲疾，五緯行度之留退，順逆相合相衝，伏見淩犯之日時刻分，與日月交食之時刻分秒方位，及諸曜視氣等差，種種所以然之理，最難推究。苟非使其餘裕從容，即恬心力學之士，雖討論亦莫得其精。臣自受事以來，召致官生開局講肄，按期考試，務使理數兼通，有裨國家億萬年曆典之用。奈何官微俸薄，陞轉無階，窶貧有慮，以故鼓勵不前，難期成效。其滿官據五官正屯主祜等呈稱：欽天監原無滿洲官員，職等於部院衙門，俸深年久，因曉漢文，陞入本監，原非通曉天文曆法題授。今六部大小衙門，滿洲官員盡皆按旗陞轉，惟職等十有餘員，六年加俸二級，不與陞轉，情實可矜等情。其漢官雖久經習業，然品秩既卑，俸禄益薄，上之無功名陞轉之望，下之有妻子啼饑之苦，即有聰敏之資志，日消於衣食，何能精業。

臣以爲滿官原係按旗陞轉之官，合無仍照舊例，與以陞轉各衙門，則滿員無偏枯之嘆矣。至於漢官似應一體邀恩陞轉，或賜量加品級。品加則俸增，庶小臣之日夜勤勞，以趨國事者，亦得沾蘇息之恩，而可藉手以報朝廷矣。又，本監天文生，輪日講肄，更番測候，勞苦困頓。且每年進曆，例有頂帶。伏乞勅部議覆頂帶，以鼓趨嚮，則臣黽勉以求，作人圖報皇上之微憂，庶幾有瘳也。緣係陳請事理，貼黄難盡。仰乞皇上俯賜全覽，勅部議覆施行，爲此具本親齎，謹具奏聞。

康熙九年七月二十三日奏。

本月二十七日奉旨：該部議奏。

禮部題爲曆法賾奥需材，俸薄難以鼓勵，仰祈聖恩，破格作養，以充大典，以勉後效事：

禮科抄出治理曆法南懷仁奏前事，内開康熙九年七月二十三日奏，本月二十七日奉旨：「該部議奏。欽此。」欽遵於七月二十八日到部，該臣等議得，據治理曆法南懷仁疏稱：滿官原係按旗陞轉之官，合無仍照舊例，與以陞轉各衙門，則滿官無偏枯之嘆矣。至於漢官，亦應一體邀恩陞轉，或賜量加品級。本監天文生，每年進曆，例有頂帶，併乞議復頂帶，以鼓趨嚮等語。

查滿漢官陞轉加級事隸吏部，應請勅下吏部議覆。查得《會典》，並無定有天文生頂帶。順治二年定例，舉人著生員、外郎、耆老定有頂帶，天文生並未定有頂帶。今欽天監天文生請給頂帶之處，無容議。臣等未敢擅便，謹題請旨。康熙九年八月十一日題，本月十四日奉旨：「天文生應否給與頂帶，著會同吏部議奏。欽此。」欽遵於本月十五日到部，該臣等會議得，查《會典》內，並順治二年所定之例，舉人、生員、外郎、耆老等令服頂帶，其天文生並無令服頂帶之例。所請天文生頂帶，無容再議可也。臣等未敢擅便，謹題請旨。康熙九年九月初七日題，本月初九日奉旨：「天文關係重大，不可不鼓勵習學。伊等應給何品頂帶，著再議具奏。欽此。」欽遵於本月初十日到部，該臣等會同再議得，先該臣等二部具題，內開《會典》及順治二年所定之例，舉人、生員、外郎、耆老等令服頂帶，其天文生並無令服頂帶之例，所請天文生頂帶無容再議等因具題。奉旨：「天文關係重大，不可不鼓勵習學。伊等應給何品頂帶，著再議具奏。欽此。」查得欽天監天文生，陞轉博士。博士係從九品。今天文生進曆之日，許服九品頂戴可也。臣等未敢擅便，謹題請旨。

康熙九年九月二十七日題。

本月三十日奉旨：天文生議止於進曆之日服頂帶不合，著給與從九品頂帶，照例補用。

欽天監治理曆法臣南懷仁謹奏爲曆法天文，已復世祖垂憲，兄屬精習成材，被陷流徙，伏乞代題，仰籲皇恩，俯賜赦回，以勸厥用事：

據本監博士鮑英華、鮑選呈前事，內稱：「胞兄鮑英齊，荷國厚恩，歷陞本監司曆，效忠守法，臨履冰兢，闔監官員共聞共見。禍遭亡賴積棍楊光先，倚恃權奸，妄變世祖成法，欺世盜名，濫竊監正之職。凡本監各官精通新法，能專其事者，盡遭陷害，有至於正法者，有流徙者，有革職者。痛兄英齊止因精習新法，觸迕光先，遂視爲仇讐，不置兄於死不已。於是揑稱職兄受紙行王永柱之賄，以作餽伊之禮，朦朧題參及下部鞫審，永柱三訊三刑，仰天抵死，無跡可認，已經回奏。無奈棍先權勢熏灼，見覆奏招由，盡屬子虛，自知誣疏罔上，惟恐反坐。遂調別司復審。又因永柱足脛潰腐，刑不能忍於再四，以故違心屈認，餽兄銀貳拾兩，冀免一時之死。至稱餽伊銀貳拾兩，實無其事，特棍先欲加三罪耳。比兄見永柱之認，乃事之大者，既已屈供成招，則知誣枉之罪，不能免於奸黨之阱。故於餽先禮銀之小節，不必再辯，蓋恐觸其嚴刑，徒受苦於無用之地，亦即隨口應認，聽其胡盧提以成獄耳。向使兄罪果當其實，亦當援天文生犯罪，習業已成，能專其事者，照例問罪，仍在本監應役之典。況兄本非罪，爲棍先之所誣乎。今查本監官員，凡受光先之誣陷而至死者，俱蒙皇恩賜祭以恤冤魂。其有無辜革職者，盡獲邀恩起復，以昭誣枉。獨兄英齊遭先陷阱，未蒙昭雪，尚在流徙地方。今天文曆法諳練者少，兄係精習成材，寔非其罪，伏乞代題，仰邀聖恩，憐察奸邪之陷害，准賜赦回，不惟兄冤得白，職等亦感佩無既矣」等情到臣，該臣看得天文曆法，係人間僻學，精習者難得，與別衙門官員不同。鮑英齊原屬精習之人，在監效職二十餘年，能專其事，具有成績。嗣因楊光先變行舊法之時，凡屬諳練新法者，意在剪鋤盡淨。英齊所習原係新法，光先見其迕己，亦借端參革流徙。

查本監官員，凡受光先之誣陷者。俱蒙聖鑒開釋。鮑英齊事亦在誣陷之中，情實可矜。今據鮑英華等具情前來，臣從曆法天文需人起見，故敢冒瀆聖慈，伏乞睿鑒施行，緣係據情陳請事理，字稍逾格，統祈鑒原，爲此具本親賫，謹具奏聞。

康熙十年六月二十七日奏。

七月初二日奉旨：該部察議具奏。

禮部題爲曆法天文，已復世祖垂憲，兄屬精習成材，被陷流徙，伏乞代題，仰籲

皇恩，俯賜赦回，以勸厥用事：

該臣等議得，據欽天監治理曆法南懷仁疏稱：鮑英齊在監效職二十餘年，原屬精習能專其事之人，具有成績。嗣因楊光先變行舊法之時，凡向諳練新法者，意在剪鋤盡淨。英齊所習原係新法，光先見其迕己，亦借端參革流徙等語。

查鮑英齊等原係刑部議罪，仍應請勅刑部查議可也。臣等未敢擅便，謹題請旨。

康熙十年七月十二日題。

本月十四日奉旨：依議。

禮部題爲曆法天文，已復世祖垂憲，兄屬精習成材，被陷流徙，伏乞代題，仰籲皇恩，俯賜赦回，以勷厥用事：

禮科抄出該臣部題前事，內開禮科抄出，刑科外抄刑部尚書莫落等題前事，內開刑科抄出，禮科外抄禮部尚書祁徹白等題前事，康熙十年七月十二日題，十四日奉旨：「依議。欽此。」欽遵於本月十八日到部，該臣等議得，禮部疏稱：據欽天監治理曆法南懷仁疏稱，鮑英齊在監效職二十餘年，原屬精習能專其事之人，具有成績。嗣因楊光先變行舊法之時，凡屬諳練新法者，意在剪鋤盡淨。英齊所習原係新法，光先見其忤己，亦借端參革流徙等語。查鮑英齊等原係刑部議罪，仍應請勅刑部查議等因具題。前來案查康熙五年八月內，楊光先疏參鮑英齊將買造曆紙張，侵剋紙鋪人王永柱銀二十兩。臣部審問時，鮑英齊招認受銀二十兩是實。故此照伊所認口供，將鮑英齊依官犯贓十兩以上，例責四十板，併妻流徙寧古塔議覆，奉旨：「依議。」欽遵在案，應無庸再議。今據南懷仁疏稱：鮑英齊原屬精習能專其事之人，事隸禮部，仍應請勅禮部議可也等因。康熙十年八月初十日題，十二日奉旨：「依議。欽此。」欽遵於本月十五日到部，該臣等議得，刑部疏稱：鮑英齊將買造曆紙張，侵剋紙鋪人王永柱銀二十兩緣由，依官犯贓十兩以上，例責四十板，併妻流徙寧古塔在案，應無容再議。今據南懷仁疏稱，鮑英齊原屬精習能專其事之人，事隸禮部，仍應請勅禮部議等語。查得南懷仁雖疏稱鮑英齊在監效職二十餘年，原屬精習能專其事之人，臣從曆法天文起見等語。但鮑英齊係職官犯贓流徙，且英齊流徙以來，曆日事務並未遲誤。據此南懷仁所奏無容議。臣等未敢擅便，謹題請旨。康熙十年八月二十七日題，本月三十日奉旨：「欽天監人員，被楊光先參酌的，著通行逐一察明，一併議奏。欽此。」欽遵於九月初一日到部，隨行吏刑二部及欽天監，將楊光先參處人員，逐一查明去後，續據欽天監將楊光先參處人員，開明呈送外，吏部於九月十六日，刑部於九月二十一日，將原議案卷移送臣部查閱，前來逐一查楊光先前首告題參處過人員及干連處過人員，有於康熙八年議政王等會議給還原官者，有未還原官者，有雖還原官，未還原廕家產者。除已故左監副周胤，見任博士劉必遠、李光宏、黄昌、司爾珪，靈臺郎黄鞏，五官保章正張問明、殷鎧已還原官，及監正馬祜，監副馬郎古、宜塔喇等罰俸已結，俱行不議外。該臣等議得，用《洪範五行》選擇日期之湯若望、李祖白等，俱屬冤枉，已經給還原官。子弟内有官員監生者，亦俱開復，惟杜如預、楊弘量及宋可成之弟宋可立、湯若望義孫湯士弘四人，未經議及。但伊等同案處過人員俱已開復，杜如預等四人原官原廕，似應給還，相應交與吏部議。又李祖白、宋可成、宋發、朱光顯、劉有泰、劉有慶、賈良琦七人，家産入官之處，亦未議及。但李祖白等既以寃枉給還原官，取回子弟，伊等家産似應給還，應交與刑部議。臧餘慶雖係欽天監參送降級休致，但稱被楊光先勒令取保授時曆法不從，藉端參處等語。臧餘慶似應給還原官，仍應交與吏部議。郝本純、張化鳳已經病故，應無容議。歐繼武雖稱爲較正選擇，光先怒其忤己，藉端勒令休致，但歐繼武原係自稱年過七十，病發嘔血，具呈欽天監滿漢堂官解任，歐繼武亦應無容議。畢璉器因係特差買紙官員，庫中錢糧，並不詳查紙價，以致鋪家得庫銀二百兩利息，削去加級紀錄，亦無容議。至於鮑英齊，雖據南懷仁疏稱，原屬精習能專其事之人。鮑英齊係職官犯贓，流徙應仍照前議。但查《會典》開載，欽天監天文生犯該充軍，果係習業已成，能專其事者，照例問斷充軍，仍在本監應役等語。今鮑英齊既稱原屬精習能專其事之人，似應比照天文生之例，取回該監辦事。但係刑部審擬之案，律例俱在刑部，相應交與刑部議再查。此案因逐一查明議奏，限内難完，已經題明寬限在案，相應一併題明，臣等未敢擅便，謹題請旨。康熙十年十月十六日題，十一月初二日奉旨：「依議。欽此。」該臣等議得，除杜如預等四人之處，應聽吏部議外，禮部疏稱：李祖白、宋可成、宋發、朱光顯、劉有泰、劉有慶、賈良琦等七人，家産入官之處，亦未議及。但李祖白等既以冤枉給還原官，取回子弟，伊等家産，似應給還，應交與刑部議。其鮑英齊既稱原屬精習能專其事之人，似應比照天文生之例，取回該監辦事。但係刑部審擬之案，律例俱在刑部，相應交與刑部議。李祖白等子弟，既經復還原職品級，其房産財物，應移咨該部衙門，照數取給李祖白等子弟收領。再查楊光先疏參鮑英齊侵尅紙鋪人王永柱銀二十兩。臣部審問時，鮑英齊招認受銀二十兩是實。故此照依所認口供，將鮑英齊依官犯贓十兩以上，例責四十板，併妻流徙寧古塔議覆。奉旨：「依議。」欽遵發遣在案。今據禮部疏稱：鮑英齊原屬精習能專其事之人，似應比照天文生之例，取回該監辦事等語。查律內天文生有犯徙流罪者，杖一百，餘罪收贖等語。應將鮑英齊併伊妻取回，交與該監可也。臣等未敢擅便，謹題請旨。

康熙十年十一月二十一日題。

本月二十三日奉旨：依議。

欽天監治理曆法臣南懷仁謹奏爲曆典之頒行大定，奸民之藐旨宜誅，伏祈宸嚴亟正亂法之罪，以杜羣邪，以重國是事：

竊惟一代之興，必有一代之曆，則曆者固帝王敬授之大權，非愚賤所得進而參其説者也。我大清定鼎之初，洞鑒《大統》之訛，簡用新法，屢經院部大臣公同測驗，奉有新法密合天行，盡善盡美。見今定造《時憲新曆》，頒行天下，宜悉依此法爲準。又，新曆密合天行，已經頒用。這所進曆書，考據精詳，理明數著，著該監官生用心肄習，永遠遵守，仍宣付史館以彰大典之旨。遵行二十餘年，毫無差謬。自楊光先變亂成法，矯用授時，三四年内，凡所推算，求一事之合乎天而不可得。曆典大壞，故於康熙八年正月内奉旨，差大臣二十員公同測驗，屢經議政諸王貝勒貝子大臣九卿科道會議具題，南懷仁所算逐款皆符，又推算九十六刻之法，既合天象，自康熙九年起，應將九十六刻之法推行，一應曆日，俱交與南懷仁。奉旨依議，欽遵在案。是則曆法已晦而復明，國是已搖而復定，將奉兹寶曆，傳之無窮。夫豈得而訾議之哉？頃者，見有江南吴縣奸民楊燝南，揑造《真曆言》一書，妄肆譏刺欽定之成曆。其立説大率勦撮類書中語，汗漫不中肯綮，如歲差、四餘、飛灰、置閏、節氣、百刻等項，又皆拾楊光先之唾餘。凡此業已屢經大臣公同測驗，臣向所辯論，具在會議案内可查也。總之，楊燝南本江湖無賴，行險僥倖，其所用心不過踵楊光先之故智，藉徑以希進用，故布散其書，冀惑當塗之聽，實無一能也。

竊思國家之寶曆，創制於祖宗，釐定於天子。燝南，何人？斯乃敢起而議其短長也邪？夫曆典關係朝廷之大政，楊光先亂之於前，爲傷於國體者既不少矣。今復有奸宄細民如楊燝南，又私訐於其後。則是朝廷釐定之曆典，忽是之而又忽非之，終不能取快於悠悠之口，而一代之大經大法，直同兒戲矣。臣愚以爲亂法之楊燝南，不置之重典，則後來尤而效之者，且日至而未有止也。豈所以昭畫一之法，而乖於永久乎？臣從國體起見，合將楊燝南所捏造之書《真曆言》，一併進呈御覽。伏冀皇上勅部處分。緣係指參撓亂曆典情由，字踰常格，統祈鑒宥施行，爲此具本，謹具奏聞。

右謹奏聞。

康熙十一年七月二十二日奏。

二十六日奉旨：據奏楊燝南造刻私書，撓亂曆法，殊干法紀。著該部嚴拿審擬具奏，書併發。

禮部題爲曆典之頒行大定，奸民之藐旨宜誅，伏祈宸嚴亟正亂法之罪，以杜羣邪，以重國是事：

禮科抄出禮部題前事，奉旨：「著圖海、李霨、杜立德、哈占達、都虎、郭廷祚、宋德宜、傅達禮、熊賜履，及本內所開九卿科道等官，會同驗看。欽此。」該臣等會同議得，據楊燝南供稱：今年立春、立秋、閏月各節俱錯，有各書坊刻本憑據。每節或前或後，參差不齊，必得飛灰、曆法、節氣，始明曆法。我從書上細推，聖人也不過述而不作。七政、四餘，也有一定度數可考，書上行度，也都算過，但從未到渾天儀前測驗。就是飛灰，也不敢家裏私造飛灰堂，並無別項驗看憑據也，不必同南懷仁驗看，書上所有，我照書上供稱等語。據此楊燝南並不知曆法，妄圖僥倖。因此，所稱差錯之處，無憑測驗。其楊燝南並不知測驗飛灰等事，任意造刻《真曆言》書，擾亂定曆，妄稱立春、立秋、閏月俱錯，揑指古書巧飾，殊干法紀，相應交與刑部嚴加議罪可也。臣等未敢擅便，謹題請旨。

康熙十二年八月十八日題。

二十日奉旨：依議。

刑部爲曆典之頒行大定，奸民之藐旨宜誅，伏祈宸嚴，亟正亂法之罪，以杜羣邪，以重國是事：

山西清吏司案呈，奉本部送刑科抄出欽天監治理曆法南懷仁題前事等因，康熙十一年七月二十二日題，二十六日奉旨：「據奏楊燝南造刻私書，撓亂曆法，殊干法紀，著該部嚴拿審擬具奏，書併發，欽此。」欽遵抄出到部，該本部議得楊燝南雖供因曆日舛錯，我在通政司說：曆日舛錯，寫奏疏要求代題具呈。通政司批，此事屬禮部之事，我因此在禮部控告。這《真曆言》之書，我欲進呈御覽。我獨自造，並無與我同夥造的人等語。據欽天監治理曆法南懷仁奏疏內稱，因曆法大壞，奉旨差大臣二十員公同測驗，屢經議政諸王貝勒貝子大臣九卿科道會議具題：南懷仁所算既合天象，一應曆日，俱交與南懷仁。奉旨依議。欽遵在案。玆實曆傳至無窮，夫豈得而訾議之哉。頃者，見在奸民楊燝南，揑造《真曆言》一書，妄肆譏刺定曆。今將楊燝南所造之書《真曆言》，一併進呈御覽。奉旨：「據奏楊燝南造刻私書，撓亂曆法，殊干法紀。著該部嚴拿審擬具奏，書併發，欽此。」查律私習天文者，杖一百等語。據此楊燝南應杖一百，折責四十板，其楊燝南私刻《真曆言》書併板燒燬可也等因。

康熙十一年閏七月二十二日題。二十七日奉旨：據楊燝南供稱：「曆日舛錯，今年立春、立秋、閏月差了等語，有何憑據，應差大臣科道等官驗看。其應差職名，禮部開列具奏。欽此。」抄部送司奉此，相應移咨案呈到部，擬合就行，爲此合咨貴部，煩爲查照，欽遵旨內事理施行，須至咨者。

康熙十一年八月　日。

刑部題爲曆典之頒行大定，奸民之藐旨宜誅，伏祈宸嚴，亟正亂法之罪，以杜羣邪，以重國是事：

刑科抄出刑部題前事，奉旨：「這所引條陳時務律未協，著再議具奏。欽此。」該臣等覆議得，大學士圖海等會議疏稱：楊燝南並不知曆法，妄圖僥倖。因此，所稱差錯之處無憑測驗，其楊燝南並不知測驗飛灰等事。任意造刻《真曆言》書，擾亂定曆，妄稱立春、立秋、閏月俱錯，捏指古書巧飾，殊干法紀，相應交與刑部嚴加議罪。前來臣等將楊燝南比照，「凡不係本職而條陳時務，詐妄不以實者，枚一百，徒三年」律等因具題，奉旨：「這所引條陳時務律未協，著再議具奏。欽此。」臣等查得楊燝南《真曆言》，內寫俱論天文曆日之語。查律文內載，不係天文生，私習天文者杖一百等語。又查得凡僞造諸衙門印信及曆日，爲首雕刻者，斬監候等語。將楊燝南引私習天文律，似屬太輕；擬僞造曆日律，又無僞造曆日，難引此律；亦無相合別條律例可引。但楊燝南伊身非係天文生，而任意造刻《真曆言》書，稱今時曆日舛錯，呈通政司代題。臣部故此引凡不係本職而條陳時務，詐妄不以實者，杖一百徒三年律。今楊燝南相應仍比照前擬律，杖一百，折責四十板，徒三年。其楊燝南私自所刻《真曆言》書並板，俱燒燬可也。臣等未敢擅便，謹題請旨。

康熙十一年九月　日奉旨：依議。

欽天監監正臣宜塔喇、治理曆法臣南懷仁、監副臣安泰、左監副臣李光顯、右監副臣劉蘊德謹題爲請旨事：

據西儒恩禮格呈稱：禮格原住山西太原府、絳州二堂。康熙四年八月內，奉旨往粵，所有天文曆法書籍儀器等項，俱存二堂之內。今應搬取來京應用，且二堂房宇照管無主，亦須令人居住看守，理合請假數月，給文往晉等情到臣。臣等看得西儒恩禮格呈稱，有天文曆法書籍儀器等項在晉，又二堂房宇照管無主，呈請前往搬取安頓等語，相應准其前往，爲此謹題請旨。

康熙十一年閏七月十六日綠頭牌具題。

本日奉旨：依議。

康熙十二年五月初八日，内務府滿官傳，奉旨：「著欽天監治理曆法南懷仁前往萬泉莊看視河道。」又本月初九日，總管内務府包衣昂邦噶，綠海喇孫傳旨：「將萬泉莊河道交與南懷仁看視，酌量開濬，自東往西，引水灌溉稻田。欽此。」是日，同工部尚書吴達禮，侍郎禪布、王天眷、梁鋐，監正宜塔喇，監副安泰、劉蘊德，工部郎中哈，員外郎穆，管理稻田提督等官，前往西山萬泉莊、海店等處踏看。時包衣大人擬以六年田租，約一萬餘金，爲修閘鑿渠之費。後工告成，所費不過千金。隨於本月十一日至十四日測驗。

欽天監治理曆法南，爲移會事：

照得測看開河之處，應自八溝橋往西偏北，挑至稻田交界爲便。今從本橋起，至西北地界，分爲一十三方，每方約長六十度。測得每方地面比本橋水面各高若干尺寸，以便每方應挑若干尺寸深，方可順流。如第十三方，在稻田交界，比八溝橋水面高一尺三寸三分，其餘諸方各有高低不等。又看得現在本橋之水，約深三尺，因而各方照依本橋水深，俱加三尺，又按開河之法，以定河底高下爲緊要。河流愈遠，河底愈下，行有一定之尺寸。故每方河底，依法應漸加深，各有不同之數，以得其宜。今將每方地面，至河底應挑尺寸，一併繪圖，以便依式開濬。其橋北應增水閘，以便蓄洩。外築土壩，以遏北流。新河之兩岸，並河底闊狹，上下兩面，尤宜相稱。當以河之最深處爲定，則本河最深處，爲九尺四寸三分，其上面兩岸當闊一丈；下面河底須收爲二尺五寸，各方相同，切面形勢見第二圖（圖略）。又以一方河體，按法推算，所容立方幾何，以便照樣定挑修工價。如第一方內，長一丈，深五尺，現第三圖（圖略）。該刨立方二托半零二尺五寸。其餘一十二方深淺不等，其見方尺亦多寡不同。俟挑河之時，另行開送。爲此合將應挑總數人工，先行移會。須至移會者。

今開：挑河由八溝橋起，至稻田交界止，共計一千五百八十一托零四十六尺見方。若每托用四工，共計六千三百二十四工。

右移會內務府。

康熙十一年五月十八日。

工部爲請旨事：

先經臣部同總管內務府、欽天監會議疏稱：「玉泉山堤東稻池，若可引萬泉莊泉水，建造閘座，挑濬溝渠，所費錢糧，約估數目，到日或令耕種，或令廢棄，以憑另議題覆等因具題，奉旨：「依議。欽此。」隨同欽天監治理曆法南懷仁，看得稻田，可以刨溝引水，應自八溝橋至稻田止，應挑長共一千五百八十二托，稻田溝渠三百四十托，共分五百九十三方等語。據差出工部內戶部官員挑看，乾處每方用夫四名，有水處每方用夫六名等語。臣等會議得，預先不知水勢大小，除將攔水壩橋座未估外，應自八溝橋至稻田止，共挑溝長一千五百八十二托，稻田挑濬溝渠三百四十托，折方五百九十三方，每方約估准夫五名，共計夫一萬八百七十五名，每名工價錢一百文，共計銀八百十五兩六錢零。堤東稻地二百四十四晌，每晌算稻米六斗，應徵米一百四拾六石四斗，約折銀一千四百兩有零。現今橋閘一併修理，雖費錢糧一千一兩有餘，其稻田每年耕種，應行挑渠，設立橋閘。時值田苗長成，應行暫停，秋收完日舉修，其挑渠刨挖田地，約估四晌有零。此刨挖田地，聽總管內務府酌量補給。其修理閘座，刨渠完日，將所費錢糧數目，工部題知可也等因。康熙十一年閏七月初九日綠頭牌具題，本日奉旨：「依議。欽此。」欽遵擬合就行，爲此合劄該監照依本部題，奉旨內事理，欽遵施行，須至劄付者。

康熙十一年閏七月十一日。

欽天監爲疏引泉水事：

康熙十一年十月內具文，擬將現通萬泉庄河南岸之泉，引入新河以助其勢，呈明在案。又蒙貴部劄付，內開明春預先速行看定等因到監。今看得新河南岸聖化寺前，及永寧寺南低漥之處，俱有水泉東流，應開濬溝渠，渠邊宜栽柳枝護岸。凡有大泉之處，俱用荆笆地釘，以防壅塞。渠之東西，各築大小二壩，以遏旁流。其自南往北，亦應挑濬溝渠，以二處泉水合之爲一，而導入〔新〕河。新河第十三方，其有淤沙之處，稍加疏濬，則可灌溉稻田矣。今依水勢，測定應挑溝渠淺深廣狹之數，並修築土壩丈尺，開列於後。咨呈貴部，查照施行，須至咨呈者。計開：

自聖化寺西小溝，至有泉處止，長一百二十一托，深五尺；小溝至橋中心止，長四十托，深四尺

橋中至東壩，長一百零五托，深三尺；

聖化寺西北有泉稻池至壩，長六十托，深五尺；

永寧寺南自有泉處，至東壩長一百二十五托，深五尺；自南往北至聖化寺，河長二百六十三托，深五尺；

聖化寺東稻池長一百八十托，深四尺；

稻池至新河長一百一十托，深六尺；

以上河口廣一丈，底三尺。

聖化寺西小壩長六托，廣五尺，高四尺；

東大壩長三十二托，廣二托，高八尺；

永寧寺西小壩長七托，廣一托，高四尺，渠東用攔水土岸，長二十五托，高低隨地三四尺不等，廣狹亦不等。

以上三項俱用荆笆地釘。

康熙十二年二月二十五日。

欽天監爲移會事：

蒙工部劄付，内開都水清吏司案呈，查得欽天監治理曆法南懷仁，將萬泉庄河南岸之泉，引入新河，挑濬渠邊，宜栽柳樹。若遇大泉之處，用荆笆地釘，並河上打壩等處，丈尺數目，開報前來。除栽樹不計外，挑河築壩，並買辦荆笆，共估銀伍百八十陸兩伍錢。已經移咨内務府，並知會欽天監在案。今照前用荆笆地釘，挑河築壩，或別處有無挑濬河渠、築壩之處，速行過部，以憑再議可也等因到監。除前文所開荆笆地釘、挑河築壩外，查本月二十六日會議，應於新河下流，增築小壩，並挑積水池，以資灌溉。河身之中，仍築小壩，以遏東流，其相近八溝橋，新河兩岸低窪之處，南北各築土岸，及河口築攔水小壩，預備天旱蓄水之用，合將挑築各項數目，開列咨呈貴部，查照施行，須至咨呈者。計開：

新河下流刨積水池，長二十二托，廣六托，深九尺。築攔水壩一道，長四托，廣四托，高九尺，用荆笆地釘；

池子前築壩一道，長十八托，廣四托，高二尺。刨流溝長二十托，廣三尺，深一尺；

八溝村後河内築壩一道，長四托，廣四托，高九尺，用荆笆地釘；

八溝橋河口築壩一道，長二丈，廣二丈，高八尺，用荆笆地釘；

八溝橋西兩邊築岸，通長二百十二托，高五尺，上廣四尺，下廣六尺，俱用荆笆地釘；

又往西兩邊築岸，通長二百零八托，高三尺，上廣四尺，下廣六尺。

右咨呈工部。

康熙十二年四月初三日。

禮部爲欽奉上諭事：

康熙十一年閏七月二十日奉上諭：「著取廣東香山嶴，有通曉曆法徐日昇，照湯若望具題取蘇納例，速行兵部取去。此去同南懷仁下之人一同去，爲此傳諭禮部。欽此。」欽遵到部，差本部五品主事錫忒庫，七品筆帖式加一級禪布珠，欽天監衙門治理曆法南懷仁下鄒立山、龎大良，前取徐日昇。伊等於本日起身，所騎驛馬、沿途口糧，照常給發，併差官一員，路上護送兵丁，相應給發。爲此合咨兵部，煩爲查照施行，須至咨者。

康熙十一年閏七月二十一日。

《熙朝定案》（第二種）

恭謝天恩江寧召對記

康熙二十三年九月二十八日，皇上東巡狩。鑾輿至濟南之日，特加惠於我西土遠人，即差侍衛至天主堂下問。不期汪先生往江南，弗克應召。迨仲冬朔日，上駕幸金陵，百官父老，簇擁趨迎。是時，傳旨問：「天主堂在何處？」衆父老奏云：「在旱西門内次。」三日晨蚤，差侍衛趙至堂備細詢問。畢先生恭迎應對。又問：「昨萬歲至濟南，差我到天主堂，爲何無西洋先生？」畢先生答云：「因汪先生來江寧看我，故此堂内無先生。」侍衛趙即飛馬回奏。復蒙皇上遣別位侍衛，至堂傳呼往見。汪畢二先生俱坐輿齊行，隨攜方物四種而往。將近御前，侍衛趙見畢、汪兩先生至，又進呈方物，即接捧獻上，天顔喜悦。傳旨云：「朕已收下。但此等方物，你們而今亦罕有，朕即將此賞賜你們，惟存留西蠟，即是准收。」遂蒙皇恩，賜汪儒望、畢嘉每位青紵白金，又傳旨密近御座之前。天語慰問姓名、年歲幾何、何年至中華、旅駐江寧幾載？汪、畢二先生逐一上奏。特賜各飲葡萄酒一盃，叩頭謝恩。又蒙皇上顧問：「你們在此，何所恃以度日。」隨奏云：「蒙皇上已開海禁，今得西洋寄來用度。」皇上又問：「你們亦知道格物窮理之學否？」隨奏云：「臣等亦略知道。」又問：「你們身上帶有天主像等物否？」畢嘉奏云：「臣見帶有十字在身。」即獻出御覽。汪儒望奏云：「臣今身上不曾帶。但臣等有帶有不帶。」後皇上見奏對已久，俞旨令回。

至初四日，鑾輿啓行，旋北出旱西門。汪、畢兩先生於天主堂門前，設排香案，執香跪送，手捧黄袱，函載《謝皇恩七言詩》進呈。是時，皇上停勒御馬，駐蹕堂門，旨命接收啓袱御覽。天容歡悦，良久始行。

及至臘朔之三日，皇上回都，臣南懷仁等恭趨海子迎駕。但前侍衛趙曾對汪、畢二先生説：「你們蒙皇上弘恩，即將此事情詳細寫書付我，帶回京交與南、閔、徐三位先生知道。」後奉旨，命將此帶回西書翻譯進呈。適際是日，閔先生差捧御筆，往山西葬恩先生而歸，復命遂同南懷仁等攜此翻譯之書，一齊赴朝，進養心殿御座前，恭進御覽，一併叩頭謝恩。隨奏云：「遠臣生者死者，均蒙殊恩，永報不盡。」皇上喜悦，隨蒙顧問某省某處有天主堂否，臣南懷仁等欽遵一一俱奏。

臣南懷仁等伏思上駕省方甫至東魯，即惓惓注念我等遠人，至金陵即召之慰問，寵錫厚頒，尤尚於饔飧資斧，重厪睿懷，不啻家人父子。自古柔遠之典，孰有若斯之巨盛哉？真所謂至誠治天下，肫肫其仁，浩浩其天者也。吾儕遠臣，何幸而叨此優渥異數之弘恩。今敬勒之書策，少申恭謝之忱，復思無可仰報，惟頌禱於旻天上帝，祝天子萬年國祚，永享無疆之曆云爾。

恭謝天恩隆寵愛惜周詳記

康熙二十四年二月十二日上諭，諭大學士勒德洪、明珠：「今南懷仁已有年紀，聞香山嶴尚有同南懷仁一樣，熟練曆法等事才能及年少者。爾等會同禮部，問南懷仁是何姓名，舉出具奏。又有善精醫業者，一併具奏。」至十三日，大學士勒明同禮部尚書杭，持十二日上諭，與南懷仁看。隨詢問見在香山嶴熟練曆法及善精醫業者有幾人，並係何姓名。南懷仁答云：「熟練曆法者，僅有一位，姓名安多。若善精醫業者，不知尚有人否。」大學士勒明，即將安多姓名奏聞。奉旨：「南懷仁同居閔明我、徐日昇兩人，著一人同去。」是時，南懷仁請旨：「臣同居通曉曆法閔明我，徐日昇，今差那一臣同禮部官往香山嶴，欽取熟練曆法安多。」奉旨：「著閔明我去。」十四日，南懷仁、閔明我、徐日昇齊進養心殿御座前，叩頭謝恩。蒙皇上賜坐，天語慰問，並賜棹。飯之時，即遣御前太監翟，捧銀五十兩，賜閔明我，傳旨云：「今萬歲賜爾做衣服。凡過山過水要保重，途中不宜太速。明日即宣諭禮部官，隨爾方便行走。」

臣南懷仁等伏思受此異數隆寵，復加愛惜周詳，誠高厚弘恩，亘古罕覯者也。特紀鐫簡篇，以頌揚皇上柔遠之巨典。

諭南懷仁造彈子砲式車樣記

康熙二十五年七月二十八日，侍衛趙昌傳旨：「著南懷仁照三十斤彈子，畫冲天砲式，並相稱之車樣，其砲底著造平底。欽此。」欽遵。今依製砲之法，將平底砲比例，畫其圖式。是時，聖駕駐蹕在外，遂將圖式交與侍衛趙昌代奏，進呈御覽。但其砲鑄造一位爲樣；其彈子或鑄十二個，或十五個，以便屢次所用，對相稱之高度，試驗其至丈步近遠若干，又推知在空中刻分之秒數，以定點火藥筒長短若干。爲其準法，需用銅炭木料等項，或從外工部取給，或從内工部取給。在砲廠鑄成，一併請旨。

八月初七日上諭：「傳凡所用銅炭木料等項，一概著南懷仁在外工部取。但試之時全在，爾等用心詳悉可也。砲式車樣甚好後，照式樣鑄成二位。」奉旨差侍衛趙、那、李三員，併海子提督襲過二員，至海子試放完畢，齊同回奏冲天砲有相稱效驗之處，天顏喜悅。

諭隨禮官員天主臺前叩頭

康熙二十五年丙寅孟冬之月，阿囉素國使臣二員，請旨往天主堂，叩禮天主。本月初八日，奉旨准往：「著禮部右侍郎孫果，理藩院左侍郎喇巴克，禮部郎中帕海帶他去。」後聖駕在海子。本月初十日，又特差侍衛趙昌傳旨：「著禮部右侍郎孫果，理藩院左侍郎喇巴克、禮部郎中帕海等，一併在天主臺前叩頭。」

請旨差南懷仁南行

康熙二十五年十月二十日，南懷仁奉旨往海子，測新開河道水面，至三十里遠高低不等，以定安置水閘七處所。是時因開江南下河，管河官、內慎刑司郎中王等到京，啓奏：「今開下河，至八百里遠，深一丈寬十丈，所費錢糧重大。但八百里遥遠，各處地勢高低不一。臣等難定應挑挖深淺若干，恐有過不及之差，致日後加用錢糧甚多。請旨差南懷仁同臣等南行，以便測量高低，並定各處應挑挖深淺尺寸若干，庶可省費。」奉旨：「南懷仁在京有多用處，不便差往。」

工部爲封砲刊鐫其用法等項請旨事：

覆欽天監治理曆法加工部右侍郎南懷仁題前事，康熙二十六年四月十一日題，十四日奉旨：依議。今地方官間有禁止條約，内將天主教同於白蓮教謀叛字樣，著删去。

禮部爲請旨事：

准工部咨開本部，會同禮部，覆欽天監加工部右侍郎南懷仁題前事，康熙二十六年四月十一日題。本月十四日奉旨：依議。今地方官間有禁止條約，内將天主教同於白蓮教謀叛字樣，著删去。欽此。等因到部，相應移咨山東、河南等處巡撫，如有將天主教同於白蓮教謀叛字樣，著删去可也。爲此移咨，欽遵施行，須至咨者。

禮部題爲報明事：

該臣等議得浙江巡撫金鋐疏稱：西洋人洪若等五名，由暹邏附粤商王華士之船到浙。據稱欲往蘇杭天主堂，探望同教之人。如肯容留，情願長住內地等語云云。康熙二十六年八月十九日題。九月初六日奉旨：「洪若等五人，內有通曆法者，亦未可定，著起送來京候用，其不用者，聽其隨便居住。〔一〕

校記

〔一〕原書第十三葉下闕如。

禮部謹題爲請旨事：

先經奉旨：洪若等五人，內有通曆法者，亦未可定。著起送來京候用。其不用者，聽其隨便居住。欽此。欽遵咨行該撫去後，今准該撫所送洪若、李明、劉應、白進、張誠，並伊等所帶渾天器等，共計大中小三十箱等因到部。相應將洪若等交與欽天監，問明果否通曉天文曆法可也。爲此請旨。康熙二十七年二月二十日題。本日奉旨：「此等物件即交與伊等使用，將伊等俱交與徐日昇引見。可用者留用，不可用者照原旨聽其隨便居住。」至二十一日引見在乾清宮大殿，蒙皇上慰問，臣徐日昇俱爲代奏，天顏喜悅。賜茶優待，各賜賚銀五十兩。遣侍衛趙同回天主堂寓所。奉旨：「留白進、張誠在京備用。」

欽天監治理曆法加工部右侍郎又加二級臣南懷仁謹奏爲君恩高厚未報臨死哀鳴仰祈睿鑒事：

臣懷仁遠西鄙儒，自幼束身謹行，遠來原意，皇上素所洞悉，不敢多贅。因臣粗知象緯，於順治年間，伏遇世祖章皇帝召臣來京，豢養多年。蒙皇上命臣治理曆法，未效涓埃，過荷殊恩，加臣太常侍卿，又加通政使司通政使。臣具疏控辭，未蒙俞允。尋又加臣工部右侍郎，叨茲異數，至隆極渥，稠疊無已，矧復寵賚頻頒，名難言罄。臣捫心自揣，三十年來，並無尺寸微勞，仰報皇恩於萬一。今聞太皇太后昇遐，皇上聖孝誠篤，哀毀過情。臣以卧疾不能趨侍禁廷，持服哭臨，悲感依戀，五中焚裂。痛臣病入膏肓，命垂旦夕，自此永辭天闕。然犬馬戀主之心不能自已。伏枕叩首，恭謝天恩。臣不勝涕泣感激之至，謹具疏奏聞。

奉旨：「南懷仁治曆法，効力有年。前用兵時，製造軍器，多有裨益。今聞病逝，深軫朕懷。應得卹典，察例從優議奏。該部知道。」

上諭

諭：朕念南懷仁，來自遐方，効力年久。綜理曆法，允合天度。監造砲器，有益戎行。奉職勤勞，恪恭匪懈。秉心質樸，終始不渝。朕素嘉之，前聞卧疾，尚期醫治痊可。今遽爾溘逝，用軫朕懷。特賜銀貳佰兩，大緞十端，以示優卹遠臣之意。特諭。

康熙二十七年正月二十七日

禮部謹題爲君恩高厚未報等事：

禮科抄出欽天監治理曆法加工部右侍郎又加二級南懷仁奏前事，等因到部。查得定例內開加級至二品侍郎病故者，照伊加級品級，給與全葬之價，並給一次致祭銀兩，遣官讀文致祭。應否與謚，請旨定奪。凡與謚官員，工部給與碑價，本家自行建立。碑文祭文，內閣撰擬等語。該臣等議得病故欽天監治理曆法加工部右侍郎又加二級南懷仁，應照定例按其所加品級，給全葬之價，並給一次致祭銀兩。遣官讀文致祭，祭文該衙門撰擬。今奉旨：「南懷仁治理曆法，效力有年，前用兵時，製造軍器，多有裨益。今聞病逝，深軫朕懷。應得卹典，察例從優議奏。該部知道。欽此。」南懷仁加祭並應否與謚之處，伏候上裁。

奉旨：依議。還與他謚。

禮部爲請旨事：

查得先因欽天監監正員缺，將監副胡振鉞擬正，李光顯擬陪等因題請。奉旨：「曆法天文既係南懷仁料理，其欽天監監正員缺，不必補授。」欽遵在案。《品級考》內開欽天監監正員缺，由監副陞任；監副員缺，由五官正等官陞任等語。今南懷仁病故，補授欽天監監正員缺，或將監副鮑英齊擬正挨俸，將冬官正何君錫擬陪，移送吏部，或將通曉曆法之人，令其治理，爲此請旨。

康熙二十七年二月二十九日題。本日奉旨：「閔明我諳練曆法，著頂補南懷仁治理曆法。閔明我現今執兵部文出差，如有治理應行之事，著問徐日昇、安多。」

康熙二十七年三月初四日，臣徐日昇、臣安多啓奏，爲謝恩事：

本日御前趙昌傳旨：「今閔明我出差在外，徐昌昇、安多如天文曆法，五星淩犯、日食月食事，照南懷仁管察。」

上諭

康熙二十七年三月十二日，理藩院奉旨：「朕看所用西洋人，真實而誠慤可信。羅剎著徐日昇去，會喇第諾文字，其文妥當，汝等也行移文，往說羅剎。」

禮部爲欽奉上諭事：

康熙二十七年三月十三日，欽天監治理曆法徐日昇傳旨：「禮部速差人往江寧府天主堂，取西洋人蘇霖赴京。恐或蘇霖在路，亦未可知，十分留心，路遇同來，欽此。」欽遵到部，本部八品筆帖式山圖撥什庫阿進，前往江寧，取西洋人蘇霖一同馳驛來京。

康熙二十七年三月十四日，上諭：「徐日昇等賞賜遺漏，伊等亦該給蟒服，但不會射箭，撒袋等物何用，以別物折賞，交與包衣昂邦，照去的甲喇章京品級，賞賜議奏。」

四月初六日，蒙皇上召徐日昇、張誠赴朝，各賜蟒袍一件，大緞四疋。

四月二十八日，蒙天語寵諭，賜蟒素鞍襯各二副。

五月初一日，又蒙皇上遣御前趙，捧賜團龍米色御服、御貂之外衣各二襲，至臣日昇、臣張誠寓所。

維康熙二十七年十一月十七日，皇帝遣經筵講官禮部左侍郎降一級仍管太常寺事席爾達，皇帝諭祭欽天監治理曆法加工部右侍郎又加二級謚勤敏南懷仁之靈曰：

朕惟設官分職授時，端重靈臺；振旅治兵制器，爰儲武庫。惟專心以涖事，斯運巧而成能。無忝厥官，宜膺殊典。爾南懷仁，遠來海表，久掌星官。學擅觀天，克驗四時之序；識通治曆，能符七政之占。非惟推步無差，抑且藝能兼備。鑄爲軍器，較舊式而呈奇；用以火攻，佐中堅而制勝。恪恭不怠，奉職惟勤。術數咸精，造思獨敏。方疏榮於蒼佩，乃奄息於黄壚。念夙夜之成勞，良深軫悼；稽儀文於舊典，特示褒崇。嗚呼！既賜以金，禮倍隆於存歿；載錫之謚，名永播於遐荒。爾靈有知，尚其歆享。

恭謝天恩濟南召對記

康熙二十八年正月十五日，聖駕至山東濟南府。早晨，遠西修士柯若瑟，乘馬出城十里，跪迎道左。萬歲在馬上，遠見西洋面貌，龍顔喜悦，即命近前。臣柯不敢驟近御前，蒙命駕前大人，將柯左手攙送，切近駕前。皇上駐蹕，御手親執臣柯左手，諭：「近來些。」問：

「你姓甚麽？」柯奏云：「臣姓柯名若瑟。」又問：「你幾時到中國？」奏云：「進來兩年。」又問：「可曾到京麽？」奏云：「臣未曾進京。臣不曉得天文，纔在這裏學話。」即諭云：「你回堂。」御手纔放臣柯手臂。當時，侍衛趙云：「先生回堂，我隨後來。」柯若瑟即遵旨回堂，隨備土儀六種。是時，聖駕往觀瀑突泉訖，隨上北門城樓，至南門即起駕南行。柯旁午賫土儀到南關，不遇，回堂。有侍衛趙、御前一等哈伍，捧欽賜賫銀二十兩，到堂先拜天主。趙、伍二位云：「萬歲爺命我們來拜叩天主，頒賜銀兩。」宣訖，臣柯即叩頭謝恩畢。隨邀二大人進內廳敘話，待茶並申獻土儀之意。侍衛趙云：「萬歲爺已去遠，難以追獻。」趙、伍二位即辭別，飛馬追隨聖駕。

恭謝天恩杭州蘇州召對記

康熙二十八年二月初九日辰時，聖駕南巡幸杭州。殷鐸澤特雇小船，恭持手本，迎至黃金橋，敬遇龍鑑。蒙傳問：「是何人？」謹對：「是天主堂殷鐸澤，在此迎接聖駕。」傳旨就近御艦，親覲天顏。蒙垂問在中國有多少年，先在何處，在此浙江有幾年，今有多少年紀？臣即一一上奏。問：「你認得中國字麽？」恭奏：「臣略認不能多記，因年老了。」問：

「京中徐日昇曾有書來麽?」臣奏云:「去年十二月曾有書來,説明年聖駕南巡,或臨杭州,不過疑惑之意。」問:「洪若在南京麽?」奏云:「洪若在南京,同畢——」然「嘉」字尚未出口,荷蒙皇上云:「嘉。」完成畢嘉姓名二字,足徵各省遠臣,日蒙皇上垂念,無已之恩也。又問:「曾到京中麽?」奏云:「因楊光先時曾到京師,並見過湯若望。」侍衛趙接云:「這些事我常到天主堂,尚不知道,萬歲爺逐事皆知。」奏對良久。蒙皇上慰諭:「莫慌。」奏云:「萬歲爺是臣等大父母,臣不慌。」即欽賜嘉果、異餅、乳酥三盤,並諭云:「這個,這裏難得的。」臣恭謝恩。又傳旨賜回手本,問:「天主堂在何處?」恭奏:「在北關門内,不遠。」更蒙聖慮垂念,小船不能追隨龍艦,著令:「你先回去。」恭奏云:「臣當即加水手,馳回天主堂門首接駕,並謝天恩。」及聖駕經過天主堂時,澤跪迎,天顔喜悦。

十一日,侍衛趙、伍來堂,叩拜天主聖像。禮畢,傳旨欽賜賫銀,與賜山東濟南天主堂是一樣的。澤攜方物八種,隨侍衛趨朝上獻。皇上閲畢,傳諭云:「不收他獻,老人家心裏不安,收玻璃綵球,餘著帶回。」侍衛趙引澤至殿前,恭行九叩首禮,謝恩而歸。

十七日聖駕回鑾,鐸澤同潘國良在天主堂門首跪迎。蒙駐鑾駕,顧國良云:「這是誰?」澤奏云:「這是松江天主堂臣潘國良,在蘇州接駕,因船多阻礙,不及遂願,急至杭州，又值聖駕渡江，爲此今日接駕。」駕過少許，差侍衛趙傳旨：著殷、潘二臣龍船面聖。即覓小船出拱宸橋外停泊，候御艦至。謹隨塘路排列，百官一體跪送。蒙招呼親傍龍艦，蒙問：「國良幾時到中國？」良奏：「有一十八年了。」又問：「曾在何處住？」良奏：「先在廣東，次到松江，後至山西絳州，今復來松江。」又問：「松江有天主堂麽？」對云：「有個小堂。」問：「有多少年紀？」奏云：「四十三歲。」問：「你同誰來？」良尋憶答遲，澤代奏云：「同廣東天主堂方濟各偕來。」蒙欽賜國良賚銀，侍衛傳諭云：「都一樣的。」又問：「你們要送到哪裏？」澤奏：「意欲送至蘇州。」皇上云：「送君千里終須別。老人家好好住在這裏。」叩首謝恩。返棹，侍衛又傳旨云：「萬歲爺命老人家好好安心，住在這裏。」澤即遵旨住杭，國良乘小船隨至蘇州。

十九日趨朝，侍衛趙出問，良云：「從杭州隨不上，今日纔到。」趨朝謝恩，並獻方物六種。侍衛進奏，傳旨：「不受人獻，你們大西洋人不比別人。」取進御覽畢，傳旨問小千里鏡來歷。良奏：「是好的。是西洋磨就帶來之物。」侍衛引良坐西側，進奏傳諭：「收小千里鏡、照面鏡、玻璃瓶二枚。」侍衛引良行九叩首禮，謝恩而出。

至二十二日，良船泊楓橋西，隨百官一體跪送。蒙呼親傍御舟。蒙又問有多少年紀，到中國幾年，曾住何處，到北京否？良即逐事回奏。蒙欽賜嘉果乳酥二盤，良奏：「蒙聖恩寵錫，臣不能仰報萬一，祇求天主保祐萬歲爺，永永榮福。」又蒙問：「認得中國字麽？」良奏：「臣略認得。」又問：「曾讀《漢書》麽？」良奏：「臣略看過。」又問：「曉得松江鄉談麽？」良奏：「臣略曉得幾句。」蒙諭特許進奏，良即如前，問：「依松江鄉談奏對？」天顔甚喜。奏對良久，諭著回去好好住著，國良叩首謝恩。返棹，侍衛又傳旨：「萬歲爺命你回去好好安心住著。」

伏念澤等不過西陬鄙儒，荷蒙恩賜果餅，復荷恩錫賚銀，更加頻賜慰問，高厚洪恩，誠不知將何仰報萬一也。

恭謝天恩江寧揚州召對記

康熙二十八年春正月，聖駕南巡，渡鎮江，往杭州會稽祭禹陵。

二月廿五日，由丹陽陸路至江寧，進通濟門時，遠西臣畢嘉、洪若先一日出郊外俟候。本日迎至上方橋逢皇上。此時正下大雨，畢、洪二臣即跪橋邊恭接聖駕。皇上一見即勒馬，垂問：「畢嘉你好麽？」畢奏云：「臣賴朝廷洪福好。」又問侍衛趙昌：「這是那個？」趙即啓奏：「就是舊年萬歲召進京的。」蒙皇上云：「是洪若麽？」隨又蒙上諭：「起來起來。雨大快些回去。」畢洪即奉命回堂，時日已暮矣。

廿六日昧爽，畢、洪二臣赴行宫，恭候皇上萬安。值侍衛趙出云：「二位先生來了麽？」畢答云：「我們來問上安，在此好久。」侍衛趙即入奏，隨出傳旨：「朕好，你們都好麽？」宣訖，即傳諭回堂。

廿七日早，皇上差侍衛趙，御前一等哈鄔，賫捧黄袱，内包白金到堂。先叩拜天主，次傳畢、洪二臣出廳，隨宣上諭：「朕將這些銀子，賜你們爲果餌之費。」宣訖，畢、洪謝恩而領。即邀二大人入内，座待茶談。敘間，侍衛趙云：「萬歲爺一路來，凡遇西洋先生，俱待得甚好。」畢隨稱謝云：「萬歲待我輩遠人，如此大恩，感謝不盡。」談久留飯而去。

至中午，畢、洪赴行宫謝恩，隨帶方物十二種。值駕他往，畢、洪即入宫門俟候。少頃，聖駕回宫，畢、洪即俯跪叩謝皇恩，隨獻方物。侍衛趙捧入奏獻。即出，傳旨：「朕在杭州，曾收殷鐸澤一二色，在蘇州亦收潘國良一二色。今你們所獻，朕見如收一般，但不卻你們來意，亦收二色，用表你們之心可也。」宣訖，畢、洪隨奏：「臣等遠人，屢沐皇恩，無可仰報。今之所獻，不過西海土物。但各省遠臣，俱蒙聖恩。臣亦替各省遠臣，叩謝萬歲。伏祈皇上全納，不獨二臣感激，即各省遠臣，均有攸賴。」奏訖，侍衛趙即入啓奏，隨出，傳旨：「據所奏，爾既爲各省西洋人之意，再收四色，餘可攜歸；若仍懇奏，朕全不收。」畢、洪遵旨謝恩訖。侍衛趙又云：「這二架驗氣管，萬歲爺要收下，奈途次難帶，先生往後遇便可送至京師。」當蒙皇上又命二位哈送出宮門。回堂未幾，侍衛趙又奉旨來堂，問南極老人星，江寧可能見否，出廣東地平幾度，江寧幾度等語。畢、洪一一講述。侍衛趙即飛馬復旨矣。後畢、洪因匆遽回答，恐難以詳悉，至晚戌初時分，觀看天象，驗老人星出入地平度數，詳察明白，另具一册，於二十八早，送入行宮。

三月初一日黎明，皇上臨行又差趙、鄔二大人，賫送食物三盤，木箱一擡到堂。畢、洪即擺香案，迎出門外俯叩，先問上安。次隨二大人到天主臺前，擺設御賜。侍衛趙云：「這是萬歲爺特差我們來賜你們的。品物不是平常，乃蒙古王進貢的，遠方所來，極是難得。」畢、洪云：「我輩遠人，蒙皇上恩隆格外，感戴難言。今朝廷所賜，不拘何物，皆爲至寶。」侍衛趙又云：「奉旨不必往行宮謝恩，就在天主臺謝恩罷了。」畢洪隨謝恩叩領。復承侍衛趙云：「萬歲今日出太平門，不在堂門過矣。二位先生要送聖駕，可先登舟候送。」言訖，即辭別而去。少頃，畢、洪亦即出城，至儀鳳門上船，急開到燕子磯，而御艦已掛帆江心。乃由儀真先至揚州灣頭，恭候送駕。於初五日辰刻，逢御艦過灣頭，即開船恭送。御前哈一見即啓奏，隨傳旨命畢嘉之船附靠皇舟。畢、洪即叩謝聖恩，朝拜未訖，即蒙勅問：「幾時來的？」畢奏：「臣前日由儀真到揚州的。」又問：「如此風浪，是什麼船過江。」奏云：「是臣自己僱的小江船。」又問：「怎麽能到得朕之船前。」奏云：「因有風浪，恐難過瓜州閘口，是以從儀真到揚州，故來得快些。」又問：「爲甚麽緣故來的。」奏云：「爲恭送聖駕，謝萬歲爺的洪恩。」奏對多時，龍顔喜悦。即撤御前饌四色，隨領謝恩。復蒙召過御艦，命入皇艙，密近御膝之下，隨問畢嘉：「你看朕擺設這書架可好麽？」奏云：「好。」又問：「前日江中有浪，你們如何過江？路上來可辛苦了，船可快麽？」奏云：「臣等托賴萬歲的洪福，過江來俱係平安，船亦不快不慢。」又問畢嘉：「你今年六十七歲了，洪若今年多少年紀？」畢代奏：「四十有五。」蒙皇上云：「你叫他自己答應。」時洪若中語尚未通熟，亦勉強學答。隨蒙天顔喜笑云：「還説不來。」跪未多時，蒙命起來，又問：「揚州有天主堂麽？」畢奏云：「揚州、鎮江、淮安都有天主堂，但無西洋人，皆是臣照管。」正奏對間，忽岸上有一臣啓奏，皇上一一勅之。勅訖，即轉問畢嘉：「朕纔所行之旨意好麽？」奏云：「萬歲天縱之聰，無不適中，皆是好的。」奏對許久，不覺在御艦内行十五里矣。又蒙皇上命侍衛趙送畢、洪過船。畢、洪奏云：「臣等蒙皇上隆恩，不忍即去，還要前送。」又蒙慰諭：「來送已遠，前途船多難行，不必再送，可速回堂。」畢、洪隨遵上命，謝恩叩辭聖駕，於初七日午後，回至省中。

天恩恭紀

康熙己巳歲三月十一日申刻，皇上南巡回鑾，經濟寧，龍船至石佛閘，遠臣利安寧迎接聖駕。隨有内大臣啓奏，奉傳聖諭云：「到駐船處來見。」復奉旨，令騎馬隨行，及到天井閘聖駕駐船，隨奉聖恩召見。蒙天語垂問：「姓什麽？」回奏：「臣姓利。」又問：「名叫什麽？」回奏：「臣名安寧。」又問：「號叫什麽？」回奏：「臣號惟吉。」又問：「那一國人？」回奏：「臣是意西巴你亞國人。」又問：「西洋的名叫什麽？」回奏：「臣叫瑪諾額爾。」又問：「來中國幾年？」回奏：「臣來已四年。」又問：「多少年紀？」回奏：「臣三十三歲。」又問：「會天文麽？」回奏：「曆理深奥，臣略知大概。」又問：「會説滿洲話麽？」回奏：「臣在濟寧，無人傳授，不曾學得。」蒙温諭云：「漢話説的明白。」又問：「格物窮理曉得麽？」回奏：「臣自幼習格物窮理及超性學，曉得。」又問醫學、造器等事，兹不細述。蒙皇上親賜御果四盤，謝恩退出。隨有内大臣吳、趙二位，到天主堂瞻禮聖像。傳諭接旨，臣安寧向北伏跪聽宣，内大臣云：「皇上賜白金貳拾兩，命你隨便使用。」臣欽遵叩頭謝恩訖。臣安寧即賫西洋土物四種獻上，蒙皇上收取水晶瓶一對，伏奉温諭：「收一件就同全收一般，欽此。」竊臣遠西儒末，航海中華，荷兹曠典，感激靡已，謹誌以彰聖德於無涯云。

極西遠臣利安寧謹紀

欽天監治理曆法加工部右侍郎又加二級謚勤敏南懷仁碑文

朕惟古者立太史之官，守典奉法，所以考天行而定歲紀也。苟稱厥職，司授時之典，實嘉賴之。況克殫藝能，有資軍國，則生膺榮秩，殁示褒崇，豈有靳焉。爾南懷仁，秉心質樸，肄業淵通。遠泛海以輸忱，久服官而宣力。明時正度，曆象無譌；望氣占雲，星躔式敘。既協靈臺之掌，復儲武庫之需。覃運巧思，督成火器；用摧堅壘，克俾戎行。可謂莅事惟精，奉職弗懈者矣。遽聞溘逝，深切悼傷；追念成勞，易名勤敏。嗚呼！錫命永光乎重壤，紀功廣示於遐陬。勒以貞珉，用垂弗替。

康熙二十八年四月初一日。

禮科抄出欽天監治理曆法臣徐日昇、安多謹題爲敬陳始末緣由仰祈睿鑒事：

本年九月内，杭州府天主堂住居臣殷鐸澤差人來説，該巡撫交與地方官，欲將堂拆毁、書板損壞，以爲邪教，逐出境外等語。此時不將臣等數萬里奔投苦衷，於君父前控訴，異日難免報仇陷害之禍。

伏見我皇上統馭萬國，臨涖天下，内外一體，不分荒服。惟恐一人有不得其所者，雖古帝王亦所莫及。即非正教，亦得容于覆載之中。且皇上南巡，凡遇西洋之人，俱頒温旨教訓，容留之處，衆咸聞知。今以爲邪教，撫臣一心何忍。且先臣湯若望蒙世祖章皇帝隆恩特知，盡心將舊法不可用之處，以直治理，惟上合天時，方可仰報知遇之恩而不知爲舊法，枉罹不忠之愆。後來楊光先等，屈陷以不應得之罪。皇上洞鑒，勅下議政王貝勒大臣九卿詹事科道，質明而是非自白。先臣湯若望雖經已故，奉旨召南懷仁，加恩賜予官爵，命治理曆法，承恩愈隆。故知無不言，言無不盡。西洋所習各項書籍、曆法本源、算法律吕之本、格物等書，在内廷纂修二十餘年，至今尚未告竣。皇上每項，既已詳明，無庸煩瀆。若以爲邪教，不足以取信，何以自順治初年以至今日，命先臣製造軍器；臣閔明我持兵部印文，泛海差往俄羅斯；臣徐日昇、張誠賜參領職銜，差往俄羅斯二次乎？由是觀之，得罪於人者，不在爲朝廷效力，而在懷私不忠。若忠而無私，無不心服者；若私而不忠，不惟人心不服，而亦不合於理。先臣跋涉數萬里者，非慕名利，非慕富貴而來。倘有遇合，將以闡明道教。自來至中國，隨蒙聖眷，於順治十年特賜勅命治理曆法，十四年又賜建堂立碑之地。康熙二十七年，臣南懷仁病故，以侍郎品級賜謚號，諭祭之處，案内可查。以臣等語音易習滿書，特令學習滿書。凡俄羅斯等處行文，俱在内閣翻譯。臣等何幸，蒙聖主任用不疑。若以臣等非中國族類，皇上統一天下，用人無方，何特使殷鐸澤無容身之地乎？實不能不向隅之泣。臣等孤孑，無可倚之人，亦不能與人爭論是非，惟願皇上睿鑒，將臣等無私可矜之處，察明施行，爲此具本謹題，臣等無任戰慄，待命之至。

康熙三十年十二月十六日具題。本月十八日奉旨：該部議奏。

禮部等衙門尚書降一級臣顧八代謹題爲欽奉上諭事：

該臣等會議得，查得西洋人仰慕聖化，由萬里航海而來，現今治理曆法，用兵之際，力造軍器火砲，差往阿羅素，誠心效力，克成其事，勞績甚多。各省居住西洋人，並無爲惡亂行之處，又並非左道惑衆，異端生事。喇嘛僧道等寺廟，尚容人燒香行走，西洋人並無違法之事，反行禁止，似屬不宜。相應將各處天主堂，俱照舊存留。凡進香供奉之人，仍許照常行走，不必禁止。俟命下之日，通行直隸各省可也。

康熙三十一年二月初三日會題。本月初五日奉旨：依議。

熊賜履　席爾達　王飈昌
多　奇　王澤弘　伊桑阿
阿蘭泰　王　熙　張玉書
滿　丕　圖納哈　思格則
王國昌　王尹方　王　機
李　枬

欽差大臣兩廣總督部院耆謹奏，爲具奏事：

竊查天主教，爲西洋各國所崇奉，意主勸善懲惡，故自前明入中國，向不禁止。嗣因中國習教之人，每有藉教爲惡，甚至誘污婦女，誆取病人目睛。經官查出，懲辦有案，於嘉慶年間，始定爲分別治罪專條。原所禁中國藉教爲惡之人，並非禁及西洋外國所崇奉之教也。

今據咈囒西使臣喇嗱呢，請將中國習教之人免罪之處，似屬可行。嗣後無論中外民人，凡有習學天主教，並不滋事行非者，仰懇天恩，准予免罪。如有誘污婦女，誆取病人目睛，及另犯別項罪名，仍照定例辦理。咈囒西及各外習教之人，止准其在通商五口地方建堂禮拜，不得擅入內地傳教，倘有違背條約，越界妄行，地方官一經拿獲，即解送各國領官管束懲治，不得遽加刑戮，以示懷柔，庶良莠不至混淆，而情法亦昭平允，所有請將習教爲善，免其治罪之處理合。恭摺具奏，仰祈皇上恩准施行。謹奏。

道光二十四年十一月十九日，奉到硃批：依議。欽此。

爲通行事，道光二十五年九月初一日准兩廣總督部堂耆、廣東巡撫部院黃咨：

照得學習天主教爲善之民，免其治罪一案，前經本大臣奏，奉硃批：「依議。欽此。」即經本大臣恭錄，行知貴部院，通飭所屬地方官，一體欽遵，查照在案。第思天主教以勸善戒惡爲本，而何者方爲習天主教爲善，前咨未經指明，恐各省礙難辦理。

茲查天主教，係按期會同禮拜，敬供十字架，圖像，念誦本教之書。此乃其教中規矩，不如此即不謂之天主教。現既准予免罪，所有會同禮拜，敬供十字架、圖像，念誦本教之書，講説勸善道理，係習教爲善之事，均毋庸禁止。其有設立供奉天主處所，會同禮拜，亦可聽從其便。但不准招集遠鄉之人，勾結煽誘，有違中國定制。倘有不法之徒，藉稱習教，結黨爲匪；即別教之人，因天主教新奉免罪恩旨，輒思溷跡匐，希圖倖免者，俱屬藉教爲惡，仍各按舊例治罪。除由本大臣、部院恭摺具奏外，相應咨行大小衙門，通飭各屬，一體遵照辦理毋違。

太子少保協辦大學士兵部尚書兼都察院右都御史總督廣東廣西等處地方軍務兼理糧餉宗室耆，兵部侍郎兼都察院右副都御史巡撫廣東地方提督軍務兼理糧餉黃，爲恭錄曉諭事：

照得本閣部堂院具奏摺，天主教爲善免罪一摺，於道光二十六年正月二十五日，奉上諭：「據耆等奏：學習天主教爲善之人，請免治罪，其設立供奉處所，會同禮拜，供十字架、圖像，誦經講説，毋庸查禁，均已依議行矣。天主教係勸善人爲善，於別項邪教，迴不相同，業已准免查禁。此次所請，一應一體准行。所有康熙年間，各省舊建之天主堂，除改爲廟宇民居者，毋庸查辦外，其原舊房屋尚存者，爲勘明確實，准其給還該處奉教之人。至各省地方官接奉諭旨後，如將實在學習天主教而並不爲非者，濫行查拏，即予以應得處分。其有藉教爲惡，及招集遠鄉之人，勾結煽誘，或別教匪徒，假托天主教之名，藉端滋事，一切作奸犯科，應得罪名，俱照定例辦理。仍照現定章程，外國人概不准赴内地傳教，以示區別，將此諭令知之。欽此。」合行恭録曉諭爲此示。仰官吏及軍民人等，咸各欽遵知照，毋違特示。

右仰知悉

道光二十六年二月二十一日告示。

改天主堂爲天后宫記

〔清〕李衛撰　周岩標點

《改天主堂爲天后宫記》説明

《改天主堂爲天后宫記》，清李衛撰。李衛，字又階，江蘇銅山人。《清史稿》有傳：「入貲爲員外郎，補兵部。康熙五十八年，遷戶部郎中。世宗即位，授直隸驛傳道，未赴，改雲南鹽驛道。雍正二年，就遷布政使，命仍管鹽務。三年，擢浙江巡撫。」後曾兼理兩浙鹽政，又曾授浙江總督管巡撫事。李衛在浙江五年，這篇《改天主堂爲天后宫記》就是他在這一時期撰寫的。

清代禁傳天主教，康熙時已露端倪。康熙八年（一六六九）八月上諭：「……其天主教除南懷仁等照常自行外，恐直隸各省復立堂入教，仍著嚴行曉諭禁止。」（《聖祖實録》卷三一，王先謙《東華録》康熙九年）至雍正五年四月初八日，上諭：「中國有中國之教，西洋有西洋之教，西洋之教，不必行於中國，亦如中國之教，豈能行於西洋？」教難既起，各處天主堂或被拆毁，或改爲公廨、書院及廟宇，諸如南京天主堂（位於螺絲轉灣）改爲積穀倉、上海天主堂（位於安仁里）改爲武廟及敬業書院……正是在這一背景下，杭州天主堂改爲天后宫。李衛爲此撰寫了這篇記文以記之，其目的是使「後人目不見天主之居，耳不聞天主之名，異端邪説，久且漸息」。

康熙三年，楊光先刊歷年所撰書狀論疏，爲《不得已》行世（見本書第三册）。晚清，「荆楚挽狂子」重刊楊氏《不得已》，題名《不得已輯要》，將本記列爲附件之一。今據北京大學圖書館藏《不得已輯要》之版本，單獨標點、整理。

改天主堂爲天后宫記

雍正浙江巡撫李衛

自明季萬曆間，大西洋利瑪竇入中國，造爲天主之名，而其教遂蔓延於愚夫愚婦之口，其徒之入中國者，遂大興土木，營建居室於通都大邑之中。我朝定鼎以來，聖祖仁皇帝念其人生長海外，遠來就化，雖爲説不經，然皆具心思知識，未必不可教導，居之京師，使沐浴聖朝德化之盛，久而幡然改悟，歸以教其國中之人，咸知天經地義之正。此覆載深仁，不遺一物之義也。豈知荒誕狂悖之見，固結而不可解。我皇上御極之初，洞燭其奸，黜其人皆歸南澳，不得盤踞内地，而直省之所爲天主堂者，以次而改。雖然自利瑪竇之入中國，迄今幾二百年，浸淫沈溺，惑其教者，未必一旦豁然有悟，即悟矣，或以爲不妨存而不論，以見天地之大，無所不有。是其得罪於天，而爲害於人心風俗者，卒未大白於天下也。夫不申其罪，無以服附和之心；不誅其心，無以破奸詭之膽。

夫教稱天主，是風雲雷雨陰陽寒暑，彼皆得而主持之也。不知未有天主之前，將竟無有陰陽寒暑風雲雷雨乎？亦將别有主持之者，俟天主出而授之柄乎！此其謬一也。入其教者，必先將本人祖宗父母神牌，送與燬棄，以示歸教之誠。不知天主生於空桑乎，抑亦由祖宗父母而生也。彼縱生於空桑，亦不得率天下之人，而盡棄其水源木本之誼。況人之所以敬天奉天者，以天實能生人生物耳。今以生我之父母祖宗而棄絶之，尚何取於生人生物之天而敬之奉之，此其謬二也。棄絶父母祖宗者，欲專其敬於天主也。然聞西洋之俗，亦有君臣，有兄弟朋友，且生生而不絶，則何不盡舉而廢之，而所以事天主者，尤專且篤，而獨父母祖宗棄若敝屣，此其謬三也。西洋之教，一技一能，務窮思力索，精其藝而後止。設所得止及於半而死，則舉而授之其子，脱其子猶有未就，則復舉而授之其孫，或一傳或三四傳，其藝始精，則群然推而奉之，以爲此可以行教之人矣。今之入中國者，悉此類也。夫一技一能，原無當於生人日用之重，至於奇技淫巧，尤爲王法所不容。今既不知有祖宗父母，則爲其祖宗父母者，當亦不復以子孫視之。獨至奇技淫巧之事，父忽念其爲子而不啻箕裘之授子，忽念其爲父而不啻堂構之承，此其謬四也。藝既精矣，遂可出而設教行道矣。夫既祖宗父母之盡棄，其他漠不相識之人，復何關欣戚而必窮數世之精力，以利他人之用，此其謬五也。然此雖足爲人心風俗之害，而弊止及於惑其教之人，其罪猶小。若其居心之險，則尤有大不可問者。西洋去中國數千萬里而遥，非經歲不得達，又有大海風濤之險。去故鄉，離妻子，跋涉而來，以人情論，必有所利而爲之。故攜帶土物，造作器用，其誑中國之金錢，誠不可數計。乃聞入其教者，必有所資給。人有定數，歲有定額，勞心焦思。取中國之財，而仍給之中國之人，圖利者恐不若是之拙也。或云每年紅毛船到，必廣載其國中之金錢，以濟其在中國行教之人；或又云彼來中國者，皆善黄白之術，以彼國之金錢而用之中國。夫以此數人之行教，而國中居守之人，肯傾貲以佐其用，則其所圖者非利也。彼既以天主之教惑人，而復借黄白之術以要結人心，是其設心殆有在矣；或又爲之説曰，彼其志欲行教耳，好名之人能讓千乘之國，何難去故鄉離妻子，蹈不測之大海，以博後世之名。夫好名之人，或有捨其身以徇人者。然一人好名，何爲盡一國之人亦皆好名，而傾貲以佐之也。且絡繹而來，其居天主堂者，所在而有，抑何好名者之多也。此蓋非無所爲而爲之者。一見其技於噶嚠巴矣，再見其技於呂宋矣，又幾肆其技於日本矣。爲行教計耶，抑不爲行教計耶？且愚夫愚婦，未有不以禍福動其心者。今日本於海口收港登陸之處，鑄銅爲天主跪像，抵其國者，不蹈天主像則罪至不赦。夫既爲天之主而受海外一國如此蹂踐毁蔑，卒亦無如之何，其不能禍福人明矣。所精者儀器，而璿璣玉衡，見之唐虞矣；所重者日表，而指南車，周公曾爲之矣；所奇者自鳴鐘、銅壺滴漏，而漢時早有之矣；所駭人者機巧，而木牛流馬，諸葛武侯已行之，鬼工之奇，五代時亦有之，至今尚有流傳之者。是其説不經，其所製造亦中國之所素有，其爲術又不能禍福人，吾不知何爲而人之惑之也。今毁其居室，改爲祠宇，撤其像塑之詭秘者，設以莊嚴。夫而後人目不見天主之居，耳不聞天主之名，異端邪説，久且漸息，其有關於風化，豈淺鮮哉。